Alles Klar

BwR-Abschlussprüfungs-Trainer
2023

LehrplanPLUS
Realschule Bayern

Autorinnen und Autoren

Sebastian Bader (Schondorf)
Thomas Grein (Großostheim)
Christine Leydel (Hösbach)
Christian Marchl (Schöllnach)
Magnus Ortinger (Freiham)
Tobias Stangl (Gmund am Tegernsee)

DRUCK+VERLAG ERNST VÖGEL GMBH

Impressum

1. Auflage 2022

© Druck+Verlag Ernst Vögel GmbH

Das Werk und seine Teile sind urheberrechtlich geschützt.

Jede Nutzung in anderen als den gesetzlich zugelassenen Fällen bedarf der vorherigen schriftlichen Einwilligung des Verlages.

Hinweis zu den §§ 46, 52a UrhG:
Weder das Werk noch seine Teile dürfen ohne eine solche Einwilligung eingescannt und in ein Netzwerk eingestellt oder sonst öffentlich zugänglich gemacht werden. Dies gilt auch für Intranets von Schulen und sonstigen Bildungseinrichtungen.

Herstellung: Druck+Verlag Ernst Vögel GmbH, Stamsried

ISBN: 978-3-89650-535-4

INHALTSVERZEICHNIS

Zusammenfassungen

Alles Klar für die Gründung eines Unternehmens 7
Alles Klar für den Einkaufsbereich 9
Alles Klar für den Verkaufsbereich 12
Alles Klar für das Marketing 14
Alles Klar für den Personalbereich 18
Alles Klar für Unternehmen und Staat (Steuern) 21
Alles Klar für die Unternehmensführung und das Unternehmereinkommen 25
Alles Klar für die Finanzierung 29
Alles Klar für den Anlagenbereich 33
Alles Klar für die Kapitalanlage 36
Alles Klar für den Forderungsausfall 40
Alles Klar für die Buchungen zum 31.12. 43
Alles Klar für die Unternehmensanalyse 48
Alles Klar für die Vollkostenrechnung 51
Alles Klar für die Teilkostenrechnung 56

Training

Übungs-Abschlussprüfung 1 61
Übungs-Abschlussprüfung 2 83
Übungs-Abschlussprüfung 3 105
Übungs-Abschlussprüfung 4 127
Übungs-Abschlussprüfung 5 149
Übungs-Abschlussprüfung 6 171
Übungs-Abschlussprüfung 7 193
Übungs-Abschlussprüfung 8 217
Beispiel-Abschlussprüfung 1 239
Beispiel-Abschlussprüfung 2 263

Abkürzungsverzeichnis 285
Stichwortverzeichnis 286

Kontenplan (ausklappbar)

ZUR MOTIVATION

Liebe Schülerinnen und Schüler,

am Ende dieses Schuljahres steht für Sie die Abschlussprüfung im Fach Betriebswirtschaftslehre/Rechnungswesen (BwR) an.

Wir wollen Sie dabei unterstützen, ein bestmögliches Ergebnis zu erzielen. Mit viel Übung können Sie Ihr selbst gestecktes Ziel erreichen!

Am Anfang dieses Vorbereitungsheftes finden Sie **Zusammenfassungen** aller BwR-Lernbereiche, die Ihnen die prüfungsrelevanten Inhalte in übersichtlicher und kompakter Form bieten.

Im zweiten Teil können Sie anhand von **zehn Übungs- bzw. Beispiel-Abschlussprüfungen gemäß LehrplanPLUS** testen, wie fit Sie im Fach BwR sind und ob Sie die nötigen Kompetenzen besitzen. Nach den Aufgaben haben wir für Sie die Lösungen in ausführlicher Form dargestellt. Weiterführende Informationen ergänzen die Lösungswege.

Nutzen Sie dieses Heft für eine intensive Vorbereitung. Zusätzlich bieten wir noch eine App an, mit der Sie nach dem Karteikartenprinzip Buchungssätze/Geschäftsfälle, Fachbegriffe oder auch die Rechenschemas in digitaler Form lernen können.

Wir wünschen Ihnen für die Abschlussprüfung den gewünschten Erfolg und natürlich auch viel Glück!

Das Autorenteam

ZUSAMMENFASSUNGEN

Kurz & knapp
schon fast geschafft

GRÜNDUNG EINES UNTERNEHMENS

Alles Klar für die Gründung eines Unternehmens

BUSINESSPLAN

Darstellung der Geschäftsidee eines Unternehmens. Er beschreibt strukturiert und detailliert, was der Unternehmensgründer tun und beachten muss, um seine Idee erfolgreich umzusetzen.

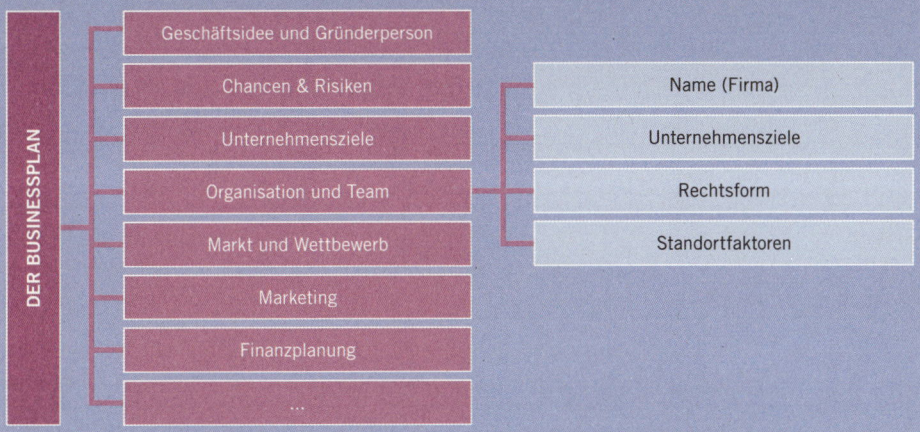

DER BUSINESSPLAN
- Geschäftsidee und Gründerperson
- Chancen & Risiken
- Unternehmensziele
  - Name (Firma)
  - Unternehmensziele
  - Rechtsform
  - Standortfaktoren
- Organisation und Team
- Markt und Wettbewerb
- Marketing
- Finanzplanung
- ...

UNTERNEHMENSZIELE

Hauptziel: Gewinnerzielung		
ökonomische Ziele	ökologische Ziele	soziale Ziele
• Gewinn erwirtschaften • Marktanteile steigern • Kosten senken • Hohe Qualität der Produkte sichern • Technische Neuerungen umsetzen • Gutes Firmenimage aufbauen	• Umweltschutz • Recycling • Abfallvermeidung • Umweltgerechte Entsorgung • Begrenzung von Schadstoffausstoß • Energieeinsparung	• Schaffung von Ausbildungsplätzen • Gerechte Entlohnung • Arbeitsschutz • Alterssicherung • Gute Arbeitsbedingungen

Unternehmensziele können sich unterschiedlich beeinflussen:

- Schaffung von Arbeitsplätzen — **Zielharmonie: Ziele ergänzen sich** — Gutes Firmenimage
- Kundenzufriedenheit — **Zielkonflikt: Ziele schließen sich gegenseitig aus** — Einsparungen im Servicebereich

GRÜNDUNG EINES UNTERNEHMENS

RECHTSFORM

Handelsregister beim zuständigen Amtsgericht	
Abteilung A	**Abteilung B**
• **Einzelunternehmen** e. K. = eingetragener Kaufmann e. Kfr. = eingetragene Kauffrau • **Personengesellschaften** z. B. OHG, KG	**Kapitalgesellschaften** • **GmbH** = **G**esellschaft **m**it **b**eschränkter **H**aftung • **AG** = **A**ktiengesellschaft

Merkmale	Einzelunternehmen (e. K.)	Gesellschaft mit beschränkter Haftung (GmbH)
Geschäftsführung	Einzelunternehmer (Inhaber)	Geschäftsführer
Gewinnverteilung	Einzelunternehmer erhält den gesamten Gewinn	Gewinn wird nach Verhältnis der Einlagen auf die Gesellschafter aufgeteilt
Haftung	mit dem gesamten Vermögen (Betriebs- und Privatvermögen)	beschränkt auf das Gesellschaftsvermögen
Kapitalbeschaffung	Vermögen des Unternehmers	Stammeinlagen der Gesellschafter
Mindestkapital	nicht vorgeschrieben	25.000,00 €

STANDORTFAKTOREN

Bedingungen und Gründe, die ein Unternehmen veranlassen, sich an einem bestimmten Ort anzusiedeln.

Harte Standortfaktoren Gut messbare, objektive Faktoren eines Standortes	**Weiche Standortfaktoren** Nur schwer messbare, subjektiv bewertete Faktoren eines Standortes
• Grundstückspreise • Verkehrsanbindung • Arbeitskosten • Qualifikation der Beschäftigten • Nähe zu Kunden und Lieferern • Energiekosten • Umweltauflagen/Bauvorschriften • Lokale Steuern und Abgaben • Förderangebote …	• Image der Region • Erholungs-, Kultur-, Freizeitangebote • Bildungseinrichtungen • Wohnqualität • Medizinische Versorgung • Einkaufsmöglichkeiten …

Alles Klar für den Einkaufsbereich

BESCHAFFUNG UND EINSATZ VON WERKSTOFFEN

- Werkstoffarten

Rohstoffe	Fremdbauteile	Hilfsstoffe	Betriebsstoffe
= Hauptbestandteile	= fertige Einbauteile	= Nebenbestandteile	= keine Bestandteile

- Der Vergleich von Angeboten (Liefererauswahl) erfolgt in zwei Schritten
  - Schritt 1: Einkaufskalkulation:

      Listeneinkaufspreis (Stückzahl · Stückpreis)   100 %
  − Liefererrabatt
  = Zieleinkaufspreis   100 %
  − Liefererskonto
  = Bareinkaufspreis
  + Bezugskosten
  = Einstandspreis

  - Schritt 2: Bewertung weiterer Kriterien, z. B.:

Nähe zum Lieferer	Service	Umweltschutz
Lieferzeit	Qualität	Zuverlässigkeit

- Der **Werkstoffverbrauch (Werteverzehr)** verursacht **Aufwendungen** für ein Unternehmen.

- **Sofortrabatte** (Mengen-, Treue- und Sonderrabatte) werden **sofort** vom Listeneinkaufspreis **abgezogen** und **nicht gebucht**.

  Hinweis: Für alle Buchungssätze wird als Beispiel der Werkstoff Rohstoff verwendet!

- **Ziel**einkauf → **Ziel**einkaufspreis buchen:

6000 AWR	*Zieleinkaufspreis*			
2600 VORST	*Steuerbetrag*	an	4400 VE	*Rechnungsbetrag*

  Statt 4400 VE kann je nach Zahlungsart auch 2800 BK oder 2880 KA stehen.

- **Bezugskosten** sind **Nebenkosten** beim Werkstoffeinkauf, z. B. Fracht und Verpackung
  - Bezugskosten als Bestandteil der Eingangsrechnung:

6000 AWR	*Zieleinkaufspreis*			
6001 BZKR	*Bezugskosten*			
2600 VORST	*Steuerbetrag*	an	4400 VE	*Rechnungsbetrag*

  - Gesondert berechnete Bezugskosten mit Barzahlung:

6001 BZKR	*Bezugskosten*			
2600 VORST	*Steuerbetrag*	an	2880 KA	*bar gezahlter Betrag*

EINKAUFSBEREICH

- **Rücksendungen** führen zu einer **Stornobuchung**
  - **Rücksendung von Werkstoffen** (zu viel, falsch, beschädigt bzw. defekt):

4400 VE	*Bruttogutschrift*	an	6000 AWR	*Nettogutschrift*
			2600 VORST	*Steuerkorrektur*

  - **Rücksendung von Leihverpackung** (Beitrag zum Umweltschutz durch Wiederverwendung):

4400 VE	*Bruttogutschrift*	an	6001 BZKR	*Nettogutschrift*
			2600 VORST	*Steuerkorrektur*

- **Nachträgliche Preisnachlässe**
  - **Gutschrift** vom Lieferer **aufgrund von Sachmangel** (Mängelrüge, **keine** Rücksendung):

4400 VE	*Bruttogutschrift*	an	6002 NR	*Nettogutschrift*
			2600 VORST	*Steuerkorrektur*

    Beispiele für Sachmängel, die möglicherweise nicht zu einer Rücksendung führen: leichte Beschädigung, anderes Material, abweichende Größe, kleinere Farbabweichungen

  - **Banküberweisung** an den Lieferer **innerhalb der Skontofrist:**
    (Diese Nebenrechnung ist eine Pflichtangabe!)

    ```
        Rechnungsbetrag
    –   Gutschrift (für Rücksendung von Leihverpackung, aufgrund von Sachmangel oder Teilrücksendung)
    =   offener Rechnungsbetrag          : 1,19  →  Nettoskonto (100 %)
    –   Bruttoskonto
    =   Überweisungsbetrag                       →  Steuerkorrektur (19 %)
        (Banklastschrift)
    ```

4400 VE	(offener) *Rechnungsbetrag*	an	2800 BK	*Überweisungsbetrag*
			6002 NR	*Nettoskonto*
			2600 VORST	*Steuerkorrektur*

- **Abschluss von Unterkonten** (vorbereitende Abschlussbuchungen zum 31.12.)
  - **Bezugskosten:**

6000 AWR	*Saldo*	an	6001 BZKR	*Saldo*

  - **Nachlässe:**

6002 NR	*Saldo*	an	6000 AWR	*Saldo*

- **Rücksendungen und nachträgliche Preisnachlässe** führen buchhalterisch zu einer **Erhöhung des Unternehmenserfolgs** (Gewinns).

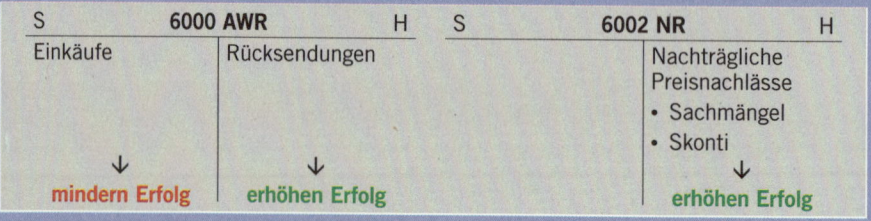

EINKAUFSBEREICH

- **Just-in-time-Verfahren**

    Verfahren, bei dem die Werkstoffe genau zu dem Zeitpunkt geliefert werden, wenn sie in der Fertigung gebraucht werden.

Vorteile	Nachteile
• Lagerkosten werden reduziert	• eventuelle Lieferverzögerungen bringen Produktionsablauf ins Stocken
• Bestände veraltern und verderben nicht	• häufig kleine Liefermengen führen zu Belastungen im Straßenverkehr und damit zu Umweltschäden

- **Optimale Bestellmenge**

Bestellkosten	Lagerkosten
• Fracht und Verpackung • Versicherung und Zoll • Verwaltungskosten	• Miete • Energiekosten (Strom, Heizung) • Löhne/Gehälter Lagermitarbeiter

Zielkonflikt	
Entweder <u>selten</u> in <u>großen</u> Mengen kaufen:	Oder <u>häufig</u> in <u>kleinen</u> Mengen kaufen:
Niedrige Bestellkosten ⚡ Hohe Lagerkosten	Hohe Bestellkosten ⚡ Niedrige Lagerkosten

    Lösung

    Ermittlung der optimalen Bestellmenge
    - **Bestellkosten** = **Lagerkosten**
    - geringste **Gesamtkosten**

    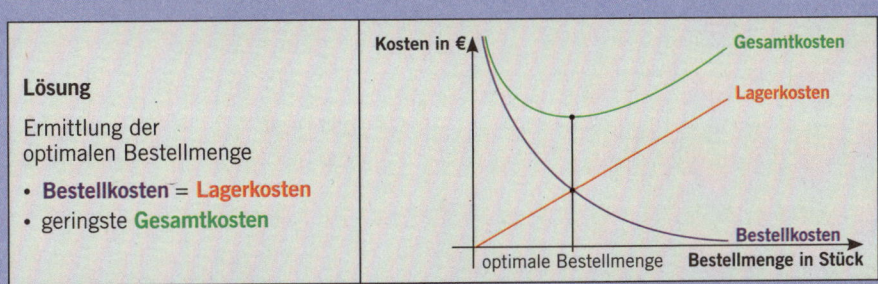

- **Bestandsveränderungen**

Minderbestand	Mehrbestand
S 2000 R H	S 2000 R H
Anfangsbestand | Schlussbestand / Minderbestand	Anfangsbestand / Mehrbestand | Schlussbestand
Anfangsbestand > Schlussbestand	Anfangsbestand < Schlussbestand
6000 AWR an 2000 R	2000 R an 6000 AWR

VERKAUFSBEREICH

Alles Klar für den Verkaufsbereich

VERKAUF VON FERTIGERZEUGNISSEN

- **Angebots-/Verkaufskalkulation:**

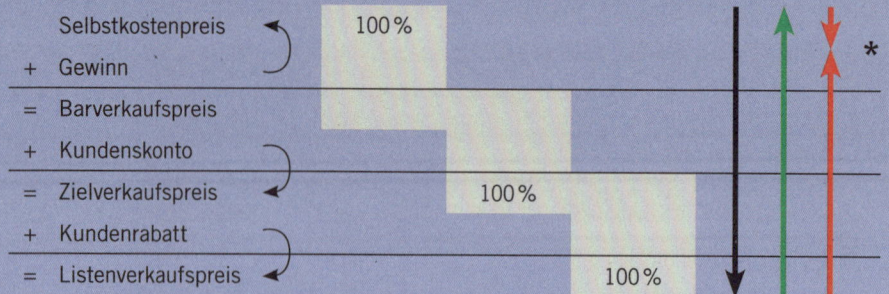

      Vorwärtskalkulation • Rückwärtskalkulation • Differenzkalkulation

$$* \text{ Gewinn in \%} = \frac{\text{Gewinn} \cdot 100}{\text{Selbstkostenpreis}}$$

- Die Menge der abgesetzten Waren multipliziert mit dem Zielverkaufspreis (bei Rabattgewährung) bzw. dem Listenverkaufspreis (ohne Rabattgewährung) ergibt die Umsatzerlöse.

- **Umsatzerlöse (Wertezuwachs)** sind **Erträge** für ein Unternehmen.

- **Sofortrabatte** (Mengen-, Treue-, Wiederverkäufer- und Sonderrabatte) werden **sofort** vom Listenverkaufspreis abgezogen und **nicht** gebucht.

- **Ziel**verkauf → **Ziel**verkaufspreis buchen:

2400 FO	Rechnungsbetrag	an	5000 UEFE	Zielverkaufspreis
			4800 UST	Steuerbetrag

Statt 2400 FO kann je nach Zahlungsart auch 2800 BK oder 2880 KA stehen.

- **Versandkosten**

  • Kauf von **Verpackungsmaterial** (für den Verkauf):

6040 AWVM	Nettowert			
2600 VORST	Steuerbetrag	an	4400 VE	Rechnungsbetrag

Beispiele für Verpackungsmaterial: Kartonagen, Verpackungsfolie, Paletten, Füllmaterial

  • **Ausgangsfrachten** für den Transport der Fertigerzeugnisse zum Kunden (mit Spedition oder Bahn):

6140 AFR	Nettowert			
2600 VORST	Steuerbetrag	an	4400 VE	Rechnungsbetrag

VERKAUFSBEREICH

- **Versandkosten,** die dem **Kunden in Rechnung gestellt** werden, erhöhen die Umsatzerlöse für eigene Erzeugnisse:

2400 FO	Rechnungsbetrag	an	5000 UEFE	Zielverkaufspreis + Versandkosten
			4800 UST	Steuerbetrag

- **Rücksendungen** (zu viel, falsch, beschädigt bzw. defekt) führen zu einer **Stornobuchung:**

5000 UEFE	Nettogutschrift			
4800 UST	Steuerkorrektur	an	2400 FO	Bruttogutschrift

  Für die **Rücksendung der Leihverpackung** wird der gleiche Buchungssatz gebildet.

- **Nachträgliche Preisnachlässe** als wichtige Instrumente der Kundenbindung

  - **Gutschrift** an Kunden **aufgrund von Sachmangel** (Mängelrüge, **keine** Rücksendung, Kunde behält Ware):

5001 EBFE	Nettogutschrift			
4800 UST	Steuerkorrektur	an	2400 FO	Bruttogutschrift

    Beispiele für Sachmängel, die möglicherweise nicht zu einer Rücksendung führen: leichte Beschädigung, anderes Material, abweichende Größe, kleinere Farbabweichungen

  - **Banküberweisung** des Kunden **innerhalb der Skontofrist:**
    (Diese Nebenrechnung ist eine Pflichtangabe!)

    ```
        Rechnungsbetrag
    –   Gutschrift (für Rücksendung von Leihverpackung, aufgrund von Sachmangel oder Teilrücksendung)
    =   offener Rechnungsbetrag
    –   Bruttoskonto
    =   Überweisungsbetrag
        (Bankgutschrift)
    ```

    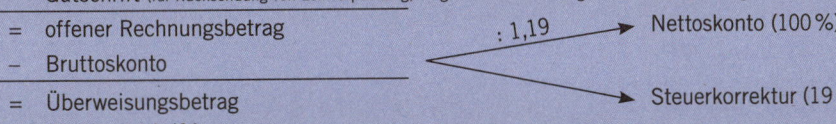

    : 1,19 → Nettoskonto (100 %)
    → Steuerkorrektur (19 %)

2800 BK	Überweisungsbetrag			
5001 EBFE	Nettoskonto			
4800 UST	Steuerkorrektur	an	2400 FO	(offener) Rechnungsbetrag

- **Abschluss des Unterkontos Erlösberichtigungen** (vorbereitende Abschlussbuchung zum 31.12.)

5000 UEFE	Saldo	an	5001 EBFE	Saldo

- **Rücksendungen und nachträgliche Preisnachlässe** führen buchhalterisch zu einer **Verringerung des Unternehmenserfolgs** (Gewinns).

S	5000 UEFE	H	S	5001 EBFE	H
Rücksendungen	Verkäufe		Nachträgliche Preisnachlässe • Sachmängel • Skonti		
↓	↓		↓		
mindern Erfolg	erhöhen Erfolg		mindern Erfolg		

MARKETING

Alles Klar für das Marketing

MARKETING-MIX

Für ein erfolgreiches Marketing sind die vier Instrumente miteinander zu kombinieren, damit das Produkt bestmöglich am Markt abgesetzt werden kann:

- Welche Eigenschaften muss das Produkt haben? → **Produktpolitik** (Product)
- Welchen Preis kann ich für das Produkt verlangen? → **Preispolitik** (Price)
- Wo verkaufe ich das Produkt am besten? → **Vertriebspolitik** (Place)
- Wie mache ich das Produkt bekannt? → **Kommunikationspolitik** (Promotion)

MARKETING-MIX „4Ps"

MARKETINGZIELE

Ökonomische Ziele sind zahlenmäßig **genau erfassbar**	Psychologische Ziele sind nur **schwer messbar**
• **Absatzzahlen** steigern • **Umsatz** erhöhen • **Marktanteil** vergrößern • **Gewinn** verbessern • **Kosten** senken	• **Image** steigern • **Bekanntheitsgrad** erhöhen • **Kundenzufriedenheit** verbessern • **Kundenbindung** ausbauen • **Produktqualität** sicherstellen

Marketingziele können sich unterschiedlich beeinflussen:

- Absatzzahlen steigern ⇄ **Zielharmonie: Ziele ergänzen sich** ⇄ Bekanntheitsgrad erhöhen
- Kosten senken ⇄ **Zielkonflikt: Ziele schließen sich gegenseitig aus** ⇄ Produktqualität sicherstellen

MARKETING

PRODUKTPOLITIK

- **Produktlebenszyklus**
  zeigt, in welcher Phase sich das Erzeugnis befindet:

- **Portfolio-Analyse**
  ermöglicht strategische Entscheidungen zu den einzelnen Produkten:

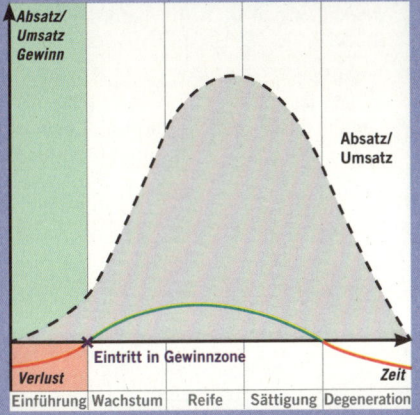

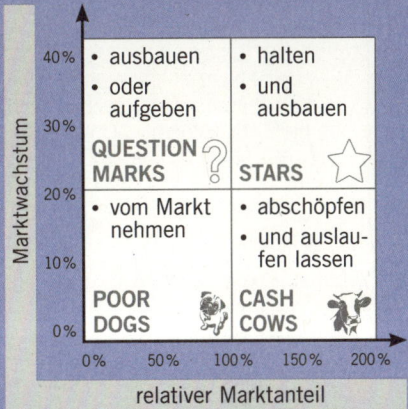

- **Programmgestaltung**

		Produkt-		
	-eliminierung	-innovation	-differenzierung	-variation
	Ein Produkt wird vom Markt genommen, z. B. am Ende des Produktlebenszyklus.	Es wird ein vollkommen neues Produkt auf den Markt gebracht.	Es werden verschiedene Arten des gleichen Produktes auf den Markt gebracht.	Ein Produkt, das schon zuvor auf dem Markt angeboten wurde, wird verändert.

PREISPOLITIK

- **Preisdifferenzierung**, d. h. das gleiche Produkt wird abhängig von einem bestimmten Kriterium zu unterschiedlichen Preisen angeboten:

  z. B. Alter der Kunden — **personell**

  z. B. Inland/Ausland — **räumlich**

  ARTEN

  mengenmäßig — z. B. Mengenstaffel

  zeitlich — z. B. Saisonpreise

- **Preisstrategien**

Dumping	Niedrigpreis	Hochpreis	Skimming	Schwellenpreis
Preis unter den Herstellkosten	bei Standard- und Massenware	bei hochwertigen Markenprodukten	Preissenkungen im Verlauf des Produktlebenszyklus	Preis endet auf „99" und wirkt günstiger, als er tatsächlich ist

MARKETING

KOMMUNIKATIONSPOLITIK

- **Möglichkeiten**

Werbung	Sponsoring	Public Relations (Öffentlichkeitsarbeit)	Sales Promotion (Verkaufsförderung)
bezahlte Maßnahmen, um die Zielgruppe auf das Produkt aufmerksam zu machen	Unterstützung von Personen/ Organisationen im sportlichen, sozialen oder kulturellen Bereich	Verbesserung von Ruf und Image eines Unternehmens, z. B. durch Tag der offenen Tür	kurzfristige Maßnahmen und Aktionen, die mögliche Kunden zum Kauf bewegen sollen

- **Umsetzung von Werbung**

Werbemittel Womit wird geworben?	Werbeträger Wo wird geworben?
Anzeigen, Werbespots, Plakate ...	Zeitungen, Fernsehen, Plakatwände ...

- **AIDA-Modell** beschreibt die psychologische Wirkung von Werbung:

ATTENTION Aufmerksamkeit erregen → **I**NTEREST Interesse wecken → **D**ESIRE Besitzwunsch auslösen → **A**CTION Kauf bewirken

VERTRIEBSPOLITIK

- **direkter Vertrieb**, d. h. ohne Einschaltung eines Zwischenhändlers mit unmittelbarem Kundenkontakt, z. B. Online-Shop, Fabrikverkauf, Verkaufsniederlassung:

Hersteller → Endverbraucher

Vorteile	Nachteile
• schnellere Wahrnehmung von Kundenwünschen	• höhere Lagerhaltungskosten
• persönliche Rückmeldung zu Qualität, Service etc.	• fehlende Verkaufserfahrung der Hersteller
• keine Gewinnabtretung an Zwischenhändler	• schwierige Markterreichbarkeit durch kleines Vertriebsnetz

MARKETING

- indirekter Vertrieb

Hersteller → Handelsvertreter → Einzelhändler → Endverbraucher

Hersteller → Großhändler → Einzelhändler → Endverbraucher

Vorteile	Nachteile
• großer Kundenstamm	• schwierige Kontrolle des Absatzgeschehens
• großes Vertriebsnetz	• (teilweise) Abhängigkeit von Zwischenhändlern
• Übernahme des Absatzrisikos bei schlecht verkäuflicher Ware	• erschwerte Kommunikation mit Endverbrauchern

AUFWENDUNGEN IM MARKETING

Je nach **Aufwandskonto**, **Fälligkeit von Umsatzsteuer** und **Zahlungsweise** ist folgender Buchungssatz zu bilden:

Aufwandskonto   *Nettobetrag*
2600 VORST   *Steuerbetrag*   an   **4400 VE**   *Rechnungsbetrag*

Aufwands-Konto-Nr.	USt.	Beispiele
6760 PROV	19 %	**Provisionen** (erfolgsabhängige Verkaufsprämie) für den Handelsvertreter
6770 RBK	–	**Rechts- und Beratungskosten**, z. B. Gerichtskosten
6770 RBK	19 %	Kosten für Notar, Rechtsanwalt, Steuer- und Unternehmensberater
6820 KOM	–	**Postwertzeichen** (Briefmarken)
6820 KOM	19 %	**Kommunikationsgebühren** (Telefon, inklusive Online-Gebühren)
6850 REK	7 %	**Reisekosten** für betriebliche Zwecke, z. B. Bahntickets, Bus/Taxi (bis 50 km)
6850 REK	19 %	Flugtickets, Taxi/Bus (über 50 km), Hotel (Übernachtung, Essen und Trinken)
6870 WER		**Werbekosten:** Aufwendungen für Werbematerial und Werbemittel
6870 WER	7 %	z. B. Broschüren (Druckerzeugnisse)
6870 WER	19 %	Plakate, Inserate, Fernsehspots, Homepage …

PERSONALBEREICH

Alles Klar für den Personalbereich

PERSONALBESCHAFFUNG

Intern	Extern
Die offene Stelle wird mit einem Mitarbeiter aus dem eigenen Unternehmen besetzt.	Die offene Stelle wird mit einem Mitarbeiter besetzt, der noch nicht im Unternehmen beschäftigt war.
Merkmale	
• Mitarbeitermotivation (Aufstiegschance) • keine Eingewöhnungszeit • Arbeitsverhalten und Persönlichkeit bekannt (geringeres Risiko einer Fehlbesetzung) • schnelle und kostengünstige Art der Stellenbesetzung	• exakte Besetzung nach benötigter Qualifikation • größere Auswahl an Bewerbern • kein negativer Einfluss abgelehnter Bewerber auf das Betriebsklima • frische Ideen
Beispiele	
• Schwarzes Brett • E-Mail an Mitarbeiter • Auswahl aus Auszubildenden/Praktikanten	• Inserate in Zeitungen • Stellenangebote Homepage/Soziale Medien • Vermittlung durch Arbeitsagentur • Inanspruchnahme Zeitarbeitsunternehmen

ELEMENTE VON STELLENANZEIGEN

Stellentitel	Aufgabenprofil	Chancen im Betrieb	Arbeitsform	Antrittsbeginn
Vorstellung Unternehmen	Anforderungsprofil	Leistungen des Unternehmens	Geschlechtsneutrale Formulierungen	Kontaktdaten des Unternehmens

KRITERIEN FÜR DIE BEWERBERAUSWAHL

Fachliche Qualifikationen	Überfachliche Qualifikationen
= **Hard Skills**, welche die berufliche Eignung nachweisen (z. B. den Zeugnisnoten zu entnehmen)	= **Soft Skills** wie Selbstständigkeit, Kommunikations-, Team- und Kooperationsfähigkeit

FREIWILLIGE BETRIEBLICHE SOZIALLEISTUNGEN

\multicolumn{4}{c}{Leistungen des Arbeitgebers an seine Mitarbeiter, die zusätzlich zum regulären Arbeitsentgelt freiwillig gezahlt bzw. gewährt werden.}			
Geldleistungen, z. B. Weihnachtsgeld	Sachleistungen, z. B. Firmenwagen	Vorsorgeleistungen, z. B. Altersvorsorge	Fürsorge/Gesundheitsförderung, z. B. bezahlte Kur

PERSONALBEREICH

UNTERSCHIEDLICHE ARBEITSFORMEN

Unterschiedliche Arbeitsformen		
Normalarbeitsverhältnis	Atypische Beschäftigung	
	Befristete Beschäftigung	Zeitarbeit
	Geringfügige Beschäftigung	Teilzeitarbeit (bis 20 h pro Woche)

ENTGELTFORMEN

Zeitentgelt	Leistungsentgelt	Beteiligungsentgelt
Entgelthöhe ist abhängig von der **Arbeitszeit**	Entgelthöhe ist abhängig von der **Arbeitsmenge**	**zusätzliche** Entlohnung durch Gewinnbeteiligung

ENTGELTABRECHNUNG

- **Abrechnung aus Sicht des ARBEITNEHMERS**

    Bruttoentgelt
    − Steuerabzüge
    − Sozialversicherungsabzüge (Berechnungsgrundlage: Bruttoentgelt)
    = **Nettoentgelt**

- **Abzüge**

Steuerabzüge:	Die **Höhe der Steuerabzüge** ist abhängig von:	Sozialversicherungsabzüge nach zunehmendem Beitragssatz:
• Lohnsteuer • Solidaritätszuschlag (nur bei hohen Einkommen) • Kirchensteuer	• der Höhe des Bruttoentgelts • der Steuerklasse (I bis VI) • dem Kinderfreibetrag • der Religionszugehörigkeit	• Arbeitslosenversicherung • Pflegeversicherung • Krankenversicherung • Rentenversicherung

- **Einteilung der Lohnsteuerklassen**

I	ledige, geschiedene oder verwitwete Arbeitnehmer **ohne Kind**
II	ledige, geschiedene oder verwitwete Arbeitnehmer **mit Kind**
III	verheiratete Arbeitnehmer • ein Ehepartner arbeitet nicht **oder** • beide arbeiten; hier Partner, der **mehr verdient** (der andere in V)
IV	verheiratete Arbeitnehmer; beide arbeiten; Verdienst ist in etwa gleich hoch
V	verheiratete Arbeitnehmer; beide arbeiten; hier Partner, der **weniger verdient** (der andere in III)
VI	Arbeitnehmer mit mehreren Beschäftigungsverhältnissen

PERSONALBEREICH

- **Abrechnung aus Sicht des ARBEITGEBERS**

      Entgelt für geleistete Arbeit (Direktentgelt)
  + Vergütung arbeitsfreier Tage/Sonderzahlungen

  = Bruttoentgelt
  + **Personalzusatzkosten**

  = Arbeitskosten

- **Arten von Personalzusatzkosten/Lohnnebenkosten**

PERSONALZUSATZKOSTEN	
Gesetzlich vorgeschrieben	Tariflich/betrieblich vereinbart
• Arbeitgeberanteil zur Sozialversicherung • Beiträge zur Berufsgenossenschaft (Unfallversicherung) • Leistungen nach dem Mutterschutzgesetz • Lohnfortzahlung im Krankheitsfall • bezahlte Abwesenheit (Urlaub, Feiertage, Fortbildung)	• betriebliche Altersversorgung • Gewinnbeteiligung • 13. Monatsgehalt (Urlaubs-/Weihnachtsgeld) • Zuschüsse zur Vermögensbildung (z. B. Bausparvertrag) • Zahlungen bei besonderen Anlässen (Heirat, Geburt, Jubiläum)

BUCHHALTERISCHE ERFASSUNG DES PERSONALAUFWANDS

- 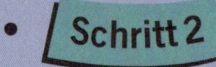 Buchungssätze zur Erfassung des gesamten Personalaufwands mit Auszahlung per Banküberweisung:

6200 LG	Bruttoverdienst	an	2800 BK	Nettoverdienst
			4830 VFA	einbehaltene Steuern
			4840 VSV	AN-Anteil SoV
6400 AGASV	AG-Anteil SoV	an	4840 VSV	AG-Anteil SoV

- 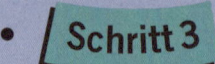 Buchungssatz für die Banküberweisung der einbehaltenen **Sozialversicherungsbeiträge** an die **Krankenkasse**:

4840 VSV	AN+AG-Anteil SoV	an	2800 BK	AN+AG-Anteil SoV

- *Schritt 3* Buchungssatz für die Banküberweisung der einbehaltenen **Steuern** an das **Finanzamt**:

4830 VFA	einbehaltene Steuern	an	2800 BK	einbehaltene Steuern

UNTERNEHMEN UND STAAT (STEUERN)

Alles Klar für Unternehmen und Staat (Steuern)

WIRTSCHAFTSKREISLAUF

Der Staat spielt eine wichtige Rolle im Wirtschaftskreislauf: Steuereinnahmen lässt er über Ausgaben für Staatsaufträge, Subventionen und Sozialleistungen wieder in den Kreislauf zurückfließen.

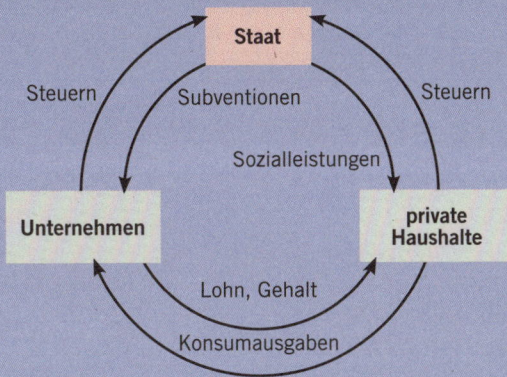

Subventionen	Sozialleistungen
Leistungen des Staates zur Unterstützung gefährdeter (z. B. Bergbau), innovativer (z. B. regenerative Energien) Industriebranchen oder für die Landwirtschaft, um deren Fortbestand zu sichern. Diese können aus Zuschüssen oder Steuererleichterungen bestehen.	Zahlungen des Staates sind zum Beispiel: • Arbeitslosengeld II (Hartz IV) • Grundsicherung • Kindergeld • Elterngeld • Bafög

WIE DER STAAT DAS WIRTSCHAFTSGESCHEHEN BEEINFLUSST

- **Festsetzung von Steuern**
- **Vergabe von Subventionen**
- **Gesetzgebung (Regulierung)**

Diese Handlungsmöglichkeiten des Staates haben Einfluss auf die (internationale) **Wettbewerbsfähigkeit** der Unternehmen.

- **Beispiele aus der Gesetzgebung**

Arbeitsrecht	
Gesetze z. B.: • Betriebsverfassungsgesetz (BetrVG) • Mutterschutzgesetz (MuSchG) • Mindestlohngesetz (MiLoG) • Kündigungsschutzgesetz (KSchG)	
Absicht des Staates: Fürsorge sowie Schutz der Arbeitnehmer vor Ausbeutung und ungerechter Behandlung	**Auswirkungen auf die Unternehmen:** • höhere Arbeitskosten • großer Verwaltungs- und Abstimmungsaufwand • Betriebe zögern mit nötigen Neueinstellungen

UNTERNEHMEN UND STAAT (STEUERN)

Wettbewerbsrecht

Gesetze z. B.: • Gesetz gegen unlauteren Wettbewerb (UWG)
• Gesetz gegen Wettbewerbsbeschränkung (= Kartellgesetz) (GWB)

Absicht des Staates:	Auswirkungen auf die Unternehmen:
Stärkung der Marktwirtschaft und Schutz der Verbraucher (Kunden)	• Gestaltung von Werbung wird eingeengt • Einschränkungen in der Preisfestsetzung

Umweltschutz

Gesetze z. B.: • Bundes-Immissionsschutzgesetz (BImSchG)
• Kreislaufwirtschaftsgesetz (KrWG)

Absicht des Staates:	Auswirkungen auf die Unternehmen:
Schutz von Natur und Umwelt sowie Gesunderhaltung der Bevölkerung	• hohe Umweltschutzauflagen verursachen Kosten • Dauer von Genehmigungsverfahren steigt

ABGABEN AN DEN STAAT

Beiträge	Gebühren	Steuern
• Abgaben für eine bestimmte Leistung des Staates • werden auch fällig, wenn die Leistung nicht gewünscht oder genutzt wird	• Abgaben für eine bestimmte Leistung des Staates • werden nur fällig, wenn die Leistung in Anspruch genommen wird	• Abgaben ohne eine spezielle Gegenleistung des Staates • Zahlung ist Pflicht
z. B.: Beiträge zur Grundstückserschließung	z. B.: Abwassergebühren	z. B.: Mineralölsteuer

GEBÜHREN

- werden im Konto 6730 GEB als Aufwand erfasst
- wirken sich erfolgsmindernd aus
- werden für besondere Fälle (z. B. Telefongebühren) in einem speziellen Konto (z. B. 6820 KOM) gebucht
- können umsatzsteuerpflichtig (19 % oder 7 %), aber auch umsatzsteuerfrei sein:

Steuersätze	Beispiele für Gebühren
Voller Umsatzsteuersatz (19 %)	Kaminkehrerarbeiten, Fortbildungskosten, Sondermüllentsorgung durch private Unternehmen
Ermäßigter Umsatzsteuersatz (7 %)	Wasserverbrauchsgebühren
Umsatzsteuerfrei	Müllentsorgung durch Gemeinde, Gebühren für Abwasser, Schmutzwasser, Kanal und Straßenreinigung

UNTERNEHMEN UND STAAT (STEUERN)

STEUERN

- **Steuerarten**

Steuern als durchlaufende Posten (Durchlaufsteuern)	Betriebliche Steuern (Aufwandssteuern)
• Umsatzsteuer • einbehaltene Lohnsteuer der Arbeitnehmer	• Gewerbesteuer • Grundsteuer • Kfz-Steuer
Private Steuern	**Aktivierungspflichtige Steuern**
• Einkommen- und Kirchensteuer der Unternehmerin/des Unternehmers	• Grunderwerbsteuer

- **Umsatzsteuer**
  - wichtigste Einnahmequelle des Staates
  - umgangssprachlich auch als Mehrwertsteuer bezeichnet
  - fast jeder Umsatz muss versteuert werden
  - in Deutschland beträgt der Regelsteuersatz 19 % auf den Nettobetrag, der ermäßigte Satz beträgt 7 % und gilt z. B. für Grundnahrungsmittel und Zeitschriften
  - stellt einen durchlaufenden Posten dar und ist daher **erfolgsneutral**

Regelsteuersatz 19 % USt.	Ermäßigter Steuersatz 7 % USt.	Steuerfreie Umsätze keine USt.
Beispiele: • Ein- und Verkauf von Gütern und Dienstleistungen • Reparaturleistungen aller Art • Leistungen der Steuerberater und Rechtsanwälte • Taxifahrten über 50 km	**Beispiele:** • Grundnahrungsmittel (auch Milch; aber keine Getränke) • Bildungsmöglichkeiten (Bücher, Zeitungen und Zeitschriften) • Kulturangebote (Museums- und Theatereintritt) • Bahnfahrkarten Nah- und Fernverkehr	**Beispiele:** • Erwerb und Verkauf von Grundstücken • Leistungen der Ärzte und Zahnärzte (nicht Tierärzte) • Umsätze der Deutschen Post AG (Briefmarken) • Finanzdienstleistungen der Banken (Gebühren und Zinsen) • alle Waren**aus**fuhren

- **Umsatzsteuerzahllast**

  Die Unternehmen müssen die bei Verkäufen eingenommene Umsatzsteuer an den Staat (Finanzamt) abführen. Allerdings dürfen sie die selbst bei Einkäufen gezahlte Umsatzsteuer (= Vorsteuer) davon abziehen. Aus dieser Rechnung ergibt sich die Umsatzsteuerzahllast.

  - Berechnung der Zahllast:

        eingenommene Umsatzsteuer (Saldo UST)
    − gezahlte Vorsteuer (Saldo VORST)
    _____
    = Umsatzsteuerzahllast

UNTERNEHMEN UND STAAT (STEUERN)

- **Buchungssatz zur Ermittlung der Zahllast:**

| 4800 UST | Vorsteuersaldo | an | 2600 VORST | Vorsteuersaldo |

- **Buchungssatz für die Banküberweisung der Zahllast an das Finanzamt am 10. des jeweiligen Folgemonats:**

| 4800 UST | Zahllast | an | 2800 BK | Zahllast |

- **Gewerbesteuer (7000 GWST)**
  - Berechnungsgrundlage: Gewerbeertrag (Ertragssteuer)
  - Hebesatz beeinflusst Standortwahl (Gewerbesteuer ist erfolgsmindernd)

Berechnungsschema:		Beispielberechnung
Gewinn aus Gewerbe		86.700,00 €
– Freibetrag	24.500,00 € bei e. K., OHG und KG	24.500,00 €
= Maßgebender Gewerbeertrag		62.200,00 €
* Gewerbesteuermesszahl	in Deutschland einheitlich 3,5 %	* 0,035
= Gewerbesteuermessbetrag		2.177,00 €
* Hebesatz	in Ingolstadt 400 %	* 4,00
= Gewerbesteuer		8.708,00 €

- **Grundsteuer (7020 GRST)**
  - Berechnungsgrundlage: Grundbesitz
  - Grundsteuer A: Vermögen Land-/Forstwirtschaft
  - Grundsteuer B: Privatvermögen oder Betriebsvermögen
  - Hebesatz beeinflusst Standortwahl (Grundsteuer ist erfolgsmindernd)

- **Kraftfahrzeugsteuer (7030 KFZST)**
  - Höhe abhängig: CO_2-Ausstoß und Hubraum
  - wirkt als Aufwandsteuer erfolgsmindernd

- **Einteilung der Steuern nach Empfänger**

Gemeindesteuer	Landessteuer	Bundessteuer	Gemeinschaftssteuer
• Gewerbesteuer	• Grunderwerbsteuer	• Kfz-Steuer	• Umsatzsteuer
• Grundsteuer	• Erbschaftsteuer	• Energiesteuer	• Lohnsteuer
• Hundesteuer	• Vermögensteuer	• Zölle	• Einkommensteuer

Alles Klar für die Unternehmensführung und das Unternehmereinkommen

AUFGABEN DER UNTERNEHMENSFÜHRUNG

1. Ziele setzen
2. planen
3. entscheiden
4. realisieren
5. kontrollieren
6. informieren/koordinieren

UNTERNEHMENSPHILOSOPHIE

Die Unternehmensphilosophie beinhaltet alle Grundsätze, nach denen das Handeln eines Unternehmens langfristig ausgerichtet ist.

Gesellschaftsbild	Unternehmensleitbild	Menschenbild
Adressaten		
Öffentlichkeit/Kunden	Wettbewerber/Konkurrenz	Mitarbeiter
Beispiel		
Nachhaltigkeit, Kundenorientierung	Preisstrategie	Führungsgrundsätze, Sozialleistungen

Beispiel für eine Unternehmensphilosophie:

Kundenorientierung

Der Kundennutzen und höchste Qualitätsansprüche stehen im Vordergrund unserer gesamten Tätigkeiten.

„Der Kunde ist König" ist das Leitmotiv, zu dem wir uns sowie alle Mitarbeiterinnen und Mitarbeiter verpflichtet haben. Unser Anspruch und unsere Motivation ist die Zufriedenheit aller unserer Kunden.

Mitarbeiterinnen und Mitarbeiter

Ein Unternehmen ist so gut wie seine Mitarbeiter.

Der Erfolg unseres Unternehmens wäre nicht zustande gekommen ohne die qualifizierten und engagierten Kolleginnen und Kollegen.

Alle Mitarbeiter sind für uns gleichwertige Menschen, deren Engagement und Fähigkeiten wir fordern und fördern.

AUFBAUORGANISATION: LEITUNGSSYSTEME (LINIENSYSTEME), ORGANIGRAMM

Begriffe-ABC

Abteilung	Zusammenfassung mehrerer Stellen, die gemeinsame oder zusammenhängende Aufgaben eines Arbeitsgebiets erfüllen und einer Leitungsstelle unterstellt sind.
Ausführungsstelle	Sie hat lediglich Ausführungskompetenzen, ist also nicht mit Leitungskompetenzen (z. B. Weisungen) ausgestattet.
Hierarchieebene	Stufe, die in einem Organigramm eine Über- bzw. Unterordnung zeigt.
Leitungsstelle	Sie ist durch Entscheidungs-, Weisungs- und Kontrollbefugnisse gekennzeichnet.
Organigramm	Grafische Darstellung von Hierarchiestrukturen zwischen Leitungs- und Ausführungsstellen.
Stelle (Arbeitsplatz)	Sie ist die kleinste Organisationseinheit, an die bestimmte Aufgaben gebunden sind.

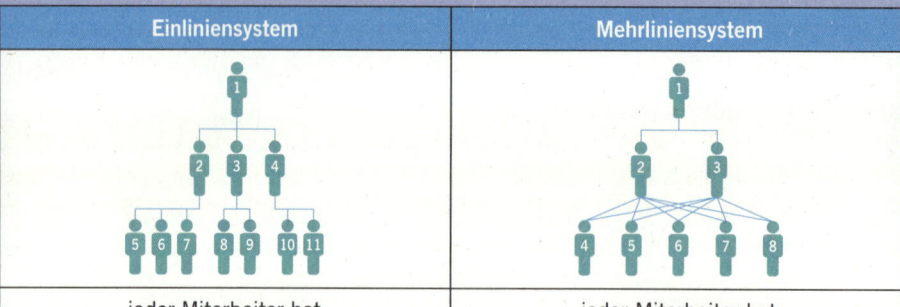

Einliniensystem	Mehrliniensystem
jeder Mitarbeiter hat **genau einen** direkten Vorgesetzten	jeder Mitarbeiter hat **mehrere** unmittelbare Vorgesetzte

Vorteile

• übersichtliche Organisation • klare Verantwortungsbereiche • leichte Kontrolle durch Vorgesetzte	• kurze Befehls- bzw. Dienstwege • Entlastung der Unternehmensleitung • spezialisierte übergeordnete Instanzen

Nachteile

• lange Befehls- und Dienstwege • Überlastung der Unternehmensleitung • schwerfällig	• unklare Verantwortungsbereiche • Verständigungsprobleme zwischen Stellen • Konfliktgefahr

Stabliniensystem

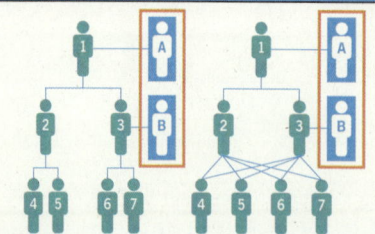

Stäbe übernehmen **Beratungsfunktion**, haben aber keine **Weisungsbefugnis**

UNTERNEHMENSFÜHRUNG UND UNTERNEHMEREINKOMMEN

PERSONALFÜHRUNG

- **Führungsstile (autoritativ, kooperativ)**

  Art und Weise, wie ein Vorgesetzter seine Führungsaufgabe im Umgang mit untergeordneten Mitarbeitern erfüllt:

Autoritativer Führungsstil		Kooperativer Führungsstil
• klare Anweisungen des Vorgesetzten • hohe Mitarbeiterkontrolle	**Merkmale**	• gemeinsame Zielsetzung • vielfältige Mitgestaltungsmöglichkeiten
• schnelle Entscheidungsfindung • klare Zuordnung der Verantwortung	**Vorteile**	• hohe Motivation der Mitarbeiter • angenehmes Arbeitsklima
• ungenutzte Kreativität der Mitarbeiter • evtl. Störungen im Betriebsklima	**Nachteile**	• lange Entscheidungsfindung • evtl. ungute Kompromisslösungen

- **Führungstechniken**

  Vorgehensweisen und Methoden der Personalführung zur Verwirklichung vorgegebener Ziele:

Management by Exception	Management by Delegation	Management by Objectives
= Führung nach dem *Ausnahmeprinzip*	= Führung durch *Aufgabenübertragung*	= Führung durch *Zielvereinbarungen*
Merkmale		
• Führungskräfte erledigen komplizierte Aufgaben • Mitarbeiter führen Standardaufgaben aus	• befähigte Mitarbeiter erhalten Aufgaben und Verantwortungsbereiche unterschiedlicher Schwierigkeit	• Führungskräfte und Mitarbeiter erarbeiten gemeinsame Ziele für konkrete Aufgaben
Vorteile		
• Führungskräfte werden entlastet • selbstständige Aufgabenausführung steigert Mitarbeitermotivation	• Führungskräfte konzentrieren sich auf Leitungsaufgaben • gutes Arbeitsklima und Motivation aufgrund Aufgabenübertragung	• Teamgeist wird gestärkt • höhere Leistungsbereitschaft der Mitarbeiter
Nachteile		
• Standardaufgaben bieten keine Herausforderung für Mitarbeiter • evtl. Unterforderung der Mitarbeiter	• wirkt bei zu einfachen Aufgaben demotivierend auf Mitarbeiter • Risiko schlechter Aufgabenausführung durch Mitarbeiter	• Leistungsdruck auf Mitarbeiter steigt • evtl. werden Qualität/Kundenservice wegen Zielverfolgung vernachlässigt

UNTERNEHMENSFÜHRUNG UND UNTERNEHMEREINKOMMEN

UNTERNEHMERLOHN

- **Angemessener Unternehmerlohn**

  Der Einzelunternehmer erhält seinen Gewinnanteil unter Berücksichtigung ...

  ... **marktüblicher Gehälter von Führungskräften** in Kapitalgesellschaften.

  ... einer **Risikoprämie** als Ausgleich für die unternehmerische Tätigkeit.

  ... eines Zinsbetrages für das im Unternehmen eingesetzte Eigenkapital (**Eigenkapitalzins**).

  → Unternehmerlohn als Kostenbestandteil der Verkaufskalkulation
  (kalkulatorischer Unternehmerlohn) ←

	Gewinn
−	Unternehmerlohn
−	Eigenkapitalzins
−	Risikoprämie
=	Gewinnrest

  → **Privatentnahmen möglich!**

- **Privatentnahmen und Privateinlagen**

Privatentnahmen	Privateinlagen
z. B.: 3001 P *Betrag* an 2800 BK bzw. 2880 KA *Betrag* **Beispiele:** • Überweisungen für Privatzwecke über das Geschäftsbankkonto • Entnahmen aus der Geschäftskasse • Spendenzahlungen • Bezahlung der Einkommen-, Kirchensteuer des Unternehmers	• **Geldeinlagen** aus einer Erbschaft oder einem Gewinnspiel z. B.: 2800 BK bzw. 2880 KA *Betrag* an 3001 P *Betrag* • **Sacheinlagen**, Pkw, Grundstück, etc. z. B.: 0840 FP *Betrag* an 3001 P *Betrag*
Beachte: • Privatvorgänge sind erfolgsneutral • die Umsatzsteuer wird nicht gebucht	

- **Abschluss des Privatkontos**

Entnahmen < Einlagen	Entnahmen > Einlagen
3001 P *Saldo* an 3000 EK *Saldo*	3000 EK *Saldo* an 3001 P *Saldo*

- **Erfolgsermittlung**

	Eigenkapital (Jahresanfang)
+/−	Gewinn (Jahresüberschuss) / Verlust (Jahresfehlbetrag)
+	Privateinlagen
−	Privatentnahmen
=	Eigenkapital (Jahresende)

Alles Klar für die Finanzierung

FINANZIERUNGSARTEN

Finanzierung = Maßnahmen zur Beschaffung und Bereitstellung von Finanzmitteln (Kapital), die zur Erfüllung der betrieblichen Aufgaben notwendig sind

Eigenfinanzierung	Fremdfinanzierung
Bereitstellung eigener Mittel	Kreditaufnahme bei Banken

Aktiva	Bilanz	Passiva		
Anlagevermögen	Eigenkapital		←	Eigenfinanzierung
Umlaufvermögen	Fremdkapital		←	Fremdfinanzierung

Formen der Finanzierung

Eigenfinanzierung

Selbstfinanzierung
- Nichtausschüttung des Gewinns (Thesaurierung)
- Nutzung von Abschreibungsrückflüssen

Zuführung von **Eigenkapital**

Innenfinanzierung

Einlagen- oder Beteiligungsfinanzierung
- Einlage des Inhabers
- Aufnahme eines Gesellschafters
- Ausgabe junger Aktien in einer AG

Zuführung von **Eigenkapital**

Außenfinanzierung

Fremdfinanzierung

- **Kreditfinanzierung:** Aufnahme von Krediten/Darlehen
- Leasing
- Öffentliche Förderprogramme (staatliche Fördermittel)

Zuführung von **Fremdkapital**

Außenfinanzierung

- **Eigenkapitalquote** zeigt den Anteil des Eigenkapitals am Gesamtkapital:

$$\text{Eigenkapitalquote in \%} = \frac{\text{Eigenkapital} \cdot 100}{\text{Gesamtkapital}}$$

Für die Beurteilung der Eigenkapitalquote ist ein Branchenvergleich zweckmäßig: Eigenkapitalquote Mittelstand (2021): ca. 30 %

Grundsatz: Je höher die Eigenkapitalquote, desto größer ist die finanzielle Unabhängigkeit und desto krisenfester und kreditwürdiger ist ein Unternehmen.

- **Goldene Finanzierungsregel** = Grundsatz der Fristengleichheit

Dies bedeutet, dass die Dauer der Kapitalbindung (Investierung) im Vermögen mit der Frist der Kapitalüberlassung (Finanzierung) übereinstimmen soll. Beispiel: Hat eine Maschine eine Nutzungsdauer von 9 Jahren, dann ist die Anschaffung mit Eigenkapital oder durch ein Darlehen mit einer Laufzeit von 9 Jahren zu finanzieren.

→ langfristiges Vermögen ≤ langfristiges Kapital
   Anlagevermögen ≤ Eigenkapital + langfristiges Fremdkapital

→ kurzfristiges Vermögen ≥ kurzfristiges Kapital
   Umlaufvermögen ≥ kurzfristiges Fremdkapital

FINANZIERUNG

EIGENFINANZIERUNG

Formen der Eigenfinanzierung

- **Selbstfinanzierung** eines Unternehmens
- **Einlagenfinanzierung** durch den Inhaber oder einen „Stillen Gesellschafter" im Einzelunternehmen
- **Beteiligungsfinanzierung** durch die Ausgabe „Junger Aktien" in einer Aktiengesellschaft

FREMDFINANZIERUNG

Kredit	Zinsen	Schuldendienst
zeitweilige Überlassung von Geld	Entgelt/Preis für den Kredit	Tilgung (Kreditrückzahlung) + Zahlung der Zinsen

ZINSRECHNUNG (NACH DER DEUTSCHEN ZINSMETHODE)

Deutsche Zinsmethode (Berechnung der Zinstage)
[Zeit (t) – lat. tempus = Zeit]

- Das **Zinsjahr** hat **360 Zinstage**.
- Jeder **Zinsmonat** hat **30 Zinstage**.

- Bei Berechnung der Zinstage wird der **erste Tag der Laufzeit nicht mitgerechnet**, aber der **letzte Tag wird mitgezählt**.

- Fällt der Beginn oder das Ende der **Zahlungsfrist auf den 31. eines Monats**, wird dieser **wie der 30. Tag** behandelt.

- Endet die Verzinsung am 28.02. bzw. 29.02., werden die **Zinsen bis einschließlich 28.02. bzw. 29.02.** gewährt. Läuft sie über den Monat Februar hinaus, wird er mit 30 Tagen gerechnet.

Zinstage = Differenz zwischen Beginn und Ende der Verzinsung (Wertstellung/Valuta)

$$\text{Zinsen} = \frac{\text{Kapital} \cdot \text{Zinssatz} \cdot \text{Tage}}{100 \cdot 360}$$

$$\text{Zinssatz} = \frac{\text{Zinsen} \cdot 100 \cdot 360}{\text{Kapital} \cdot \text{Tage}}$$

$$\text{Kapital} = \frac{\text{Zinsen} \cdot 100 \cdot 360}{\text{Zinssatz} \cdot \text{Tage}}$$

$$\text{Laufzeit (Tage)} = \frac{\text{Zinsen} \cdot 100 \cdot 360}{\text{Kapital} \cdot \text{Zinssatz}}$$

DISAGIO

= Unterschiedsbetrag zwischen dem vertraglich festgelegten Kreditbetrag und dem von der Bank ausgezahlten Betrag. Das Disagio gilt als vorausbezahlter Zins.

→ Tilgungsraten und Zinsen werden immer vom vollen Kreditbetrag berechnet. Der Kredit muss vollständig (inklusive Disagio) zurückgezahlt werden.

FINANZIERUNG

EFFEKTIVER ZINSSATZ

berücksichtigt für den Kreditvergleich **alle Kreditkosten** (Zinsen, Disagio ...) während der gesamten Laufzeit bezogen auf den Auszahlungsbetrag; er wird in drei Schritten ermittelt:

Schritt 1	Schritt 2
Kreditbetrag − Disagio = Auszahlungsbetrag	Zinsen + Disagio = tatsächliche Kreditkosten

Schritt 3
Effektiver Zinssatz (p_{eff}) = $\dfrac{\text{tatsächliche Kreditkosten} \cdot 100 \cdot 360}{\text{Auszahlungsbetrag} \cdot \text{Tage}}$

Beachte: Der effektive Zinssatz hat nur eine beschränkte Aussagekraft, da oft weitere Nebenkosten (Kontoführungsgebühren, Kreditversicherung, ...) erhoben werden.

BUCHUNGEN IM KREDITBEREICH

- Gutschrift eines Darlehens auf dem Geschäftsbankkonto unter Einbehaltung von **Disagio** (= vorausbezahlter Zins):

2800 BK	Auszahlungsbetrag			
7510 ZAW	Disagio	an	4250 LBKV	Kreditbetrag

- Die Bank belastet das Geschäftsbankkonto mit Sollzinsen (Zinsaufwand) für den Kredit:

7510 ZAW	Zinsbetrag	an	2800 BK	Zinsbetrag

- Banklastschrift von Kontoführungsgebühren:

6750 KGV	Gebührenbetrag	an	2800 BK	Gebührenbetrag

- Tilgung (Rückzahlung) des langfristigen Kredits:

4250 LBKV	Rückzahlungsbetrag	an	2800 BK	Rückzahlungsbetrag

DARLEHENSARTEN

	Annuitätendarlehen	Abzahlungsdarlehen	Festdarlehen
Tilgung	zunehmend	gleich	einmalig am Laufzeitende
Zinsen	abnehmend	abnehmend	gleich
Darlehensrate (Tilgung + Zinsen)	gleich	abnehmend	gleich (nur Zinsen)
Grafische Darstellung	Euro / Tilgung / Zinsen / Jahre	Euro / Zinsen / Tilgung / Jahre	Euro / Tilgung / Zinsen / Jahre
Vorteil(e)	• planbare, jährlich gleich hohe Darlehensrate	• niedrigere Zinsbelastung • steigender finanzieller Spielraum durch abnehmende Darlehensrate	• hohe Sollzinsen können steuerlich geltend gemacht werden

FINANZIERUNG

KONTOKORRENTKREDIT

= kurzfristiger Kredit (Überziehungskredit), der von Unternehmen ganz oder teilweise ohne weitere Rücksprache mit der Bank bis zur vereinbarten Kreditlinie (Kreditlimit) in Anspruch genommen werden kann. [Entspricht Dispositionskredit im Privatbereich.]

→ **Kreditlinie:** Maximaler Betrag, bis zu dem ein Kontokorrentkredit immer wieder in Anspruch genommen werden kann.

→ teure Kreditart, da hoher Sollzinssatz

LIEFERANTENKREDIT

= kurzfristiger Kredit, den ein Lieferer seinen Kunden durch Gewährung eines Zahlungsziels für die Begleichung seiner Rechnung einräumt. **Prinzip des Lieferantenkredits:**

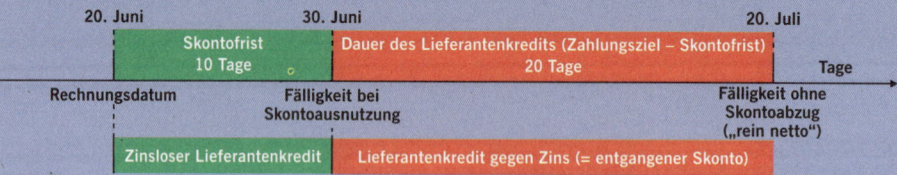

VERGLEICH LIEFERANTENKREDIT/KONTOKORRENTKREDIT

Schritt 1: Kosten Lieferantenkredit	Schritt 2: Kosten Kontokorrentkredit
Rechnungsbetrag → Nettoskonto − Bruttoskonto → Steuerkorrektur = Überweisungsbetrag (Banklastschrift)	Zinstage = Zahlungsziel − Skontofrist $$\text{Zinsen} = \frac{\text{Überweisungsbetrag} \cdot p \cdot \text{Zinstage}}{100 \cdot 360}$$
Schritt 3: **Finanzierungsgewinn (Skontovorteil)**	Nettoskonto − Zinsen = **Finanzierungsgewinn (Skontovorteil)**

ZAHLUNGSVERZUG

Rechtswidrige und schuldhafte Verzögerung einer Zahlungsverpflichtung. Ein Schuldner gerät ab dem Tag in Zahlungsverzug, der auf den festgelegten Zahlungstermin (Zahlungsziel) folgt.

Schema zur Berechnung des neuen Gesamtbetrags:
    Rechnungsbetrag
+ Verzugszinsen
+ Mahngebühren (max. 40,00 €)
= neuer Gesamtbetrag

Buchungssatz für die Belastung mit Verzugszinsen und Mahngebühren durch den Lieferer:

7510 ZAW	Verzugszinsen			
6750 KGV	Mahngebühren	an	4400 VE	Belastung

ALTERNATIVE FINANZIERUNGSMÖGLICHKEITEN

→ **Leasing** (= Überlassung von Anlagegütern [Immobilien, Mobilien] des Leasinggebers gegen Zahlung einer Leasinggebühr durch den Leasingnehmer)

→ **Öffentliche Förderprogramme** (= Staatliche Förderung des Unternehmens durch Kredite, Zuschüsse, Bürgschaften oder Beteiligungen)

→ **Factoring** (= Verkauf von Forderungen gegenüber Kunden vor ihrer Fälligkeit an den Factor [Finanzierungsinstitut])

Alles Klar für den Anlagenbereich

ANLAGENBEREICH

INVESTITIONSARTEN

Erweiterungsinvestition	Ersatzinvestition	Rationalisierungsinvestition
zur Steigerung der Produktionsmenge	zum Austausch abgenutzter/veralteter Anlagen	zur Einsparung von Kosten

INVESTITIONSZIELE

ökonomische Ziele	soziale Ziele	ökologische Ziele
• Gewinnsteigerung • Ausbau Marktanteil • Verbesserung Produktqualität	• Arbeitsplatzsicherung • Verringerung Unfallgefahren • Verbesserung Arbeitsbedingungen	• Einsparung knapper Werkstoffe • Verringerung Schadstoffausstoß

ANSCHAFFUNGSKOSTEN

= Kosten, um ein Sachanlagegut zu erwerben und es in einen betriebsbereiten Zustand zu versetzen.

Die Anschaffungskosten werden auf dem entsprechenden Sachanlagenkonto **aktiviert**, z. B. Buchungssatz beim Zielkauf einer Maschine:

Berechnungsschema:

```
  Anschaffungspreis
− Anschaffungspreisminderungen
+ Anschaffungsnebenkosten
─────────────────────────────
= Anschaffungskosten
```

| 0700 MA | *Anschaffungskosten* | | | |
| 2600 VORST | *Steuerbetrag* | an | 4400 VE | *Rechnungsbetrag* |

EINTEILUNG DER WIRTSCHAFTSGÜTER

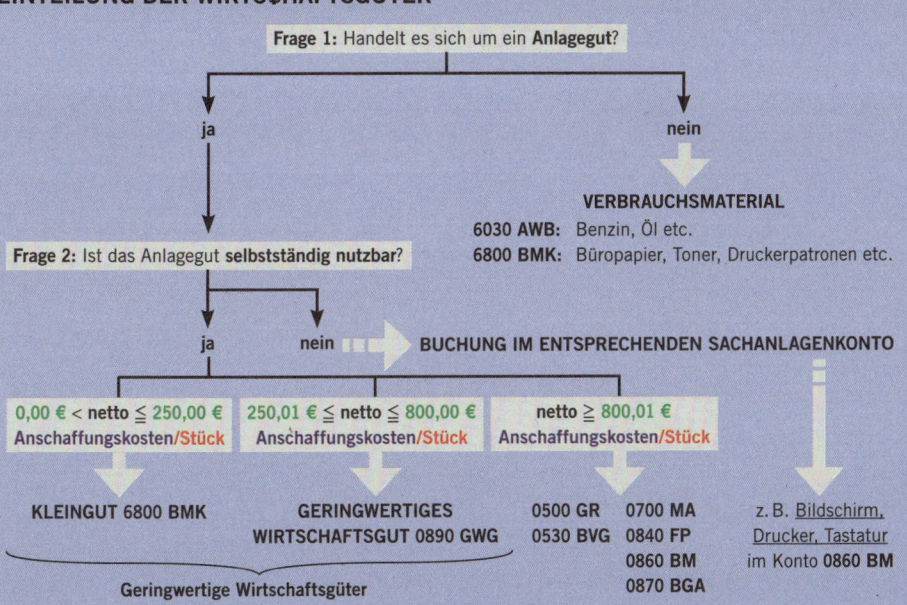

ANLAGENBEREICH

BESONDERHEITEN BEIM KAUF VON IMMOBILIEN

Anschaffungsnebenkosten		
Grunderwerbsteuer	Notariatskosten	Grundbuchgebühren
Vermessungskosten	Maklergebühren	Erschließungskosten

Anschaffungsnebenkosten sind anteilig auf Grundstück und Gebäude zu **verteilen**

z. B.:   gesamte Notariatskosten ≙ gesamter Anschaffungspreis Immobilie
             Notariatskosten Grundstück ≙ Anschaffungspreis Grundstück
             Notariatskosten Gebäude = gesamte Notariatskosten − Notariatskosten Grundstück

AUFWENDUNGEN IM SACHANLAGENBEREICH

Je nach **Aufwandskonto**, **Fälligkeit von Umsatzsteuer** und **Zahlungsweise** ist folgender Buchungssatz zu bilden:

Aufwandskonto	Nettobetrag			
2600 VORST	Steuerbetrag	an	**4400 VE**	Rechnungsbetrag

Aufwandskonto-Nr.	USt.	Beispiele
6160 FRI	19 %	**Fremdinstandhaltung:** Erneuerungsmaßnahmen durch Abnutzung von Sachanlagen (z. B. Austausch Ersatzteile), Wartungsarbeiten, Reparaturen, Renovierungen (Neuanstrich Gebäude)
6700 AWMP	19 %	**Miet- und Pachtaufwendungen**, z. B. für Büro- und Geschäftsräume, Produktionsstätten, Lagerräume, Freiflächen
6900 VBEI	–	betrieblich bedingte **Versicherungsbeiträge** (Prämien), z. B. Feuer-, Diebstahl-, Einbruch-, Kfz-Versicherung für Firmenfahrzeuge, Betriebshaftpflichtversicherung → **umsatzsteuerfrei**

WERTMINDERUNGEN BEI ANLAGEGÜTERN

Ursachen		
technischer Fortschritt (Anlagegut veraltet)	Abnutzung (Gebrauch und Alterung)	außerordentliche Umstände (z. B. Brand, Unfall)
Begriff		
HGB: Abschreibung		**EStG: Absetzung für Abnutzung (AfA)**
Betriebswirtschaftliche Bedeutung der Abschreibung		
Selbstfinanzierung		AfA reduziert als Aufwand die gewinnabhängige Steuerbelastung
Besonderheiten		
• Grundstücke sind nicht abnutzbar und werden **nicht abgeschrieben**. • Kleingüter werden **nicht abgeschrieben**, da Aufwandsbuchung sofort beim Kauf (6800 BMK).		
Buchungssätze		
Abschreibung bei den Konten BVG, MA, FP, BM und BGA: **6520 ABSA** an Sachanlagenkonto *AfA-Betrag*		Abschreibung der geringwertigen Wirtschaftsgüter (GWG) **in voller Höhe**: **6540 ABGWG** an 0890 GWG *AfA-Betrag*

ANLAGENBEREICH

LINEARE ABSCHREIBUNG

Merkmale		
• jährlich gleichbleibende Abschreibungsbeträge • Abschreibung erfolgt von den Anschaffungskosten		• Buchwert sinkt gleichmäßig auf 0,00 €

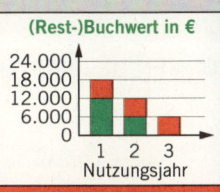

Vorteil	Nachteil
• einfache Berechnung der Abschreibung	• tatsächliche Abnutzung stimmt mit gebuchtem Wertverlust nicht überein; er ist in den ersten Nutzungsjahren höher als im letzten

Abschreibung für ein gesamtes Jahr

jährlicher Abschreibungsbetrag in € = Anschaffungskosten : Nutzungsdauer
Abschreibungssatz in % = 100 : Nutzungsdauer

Abschreibung zeitanteilig (monatsgenau) im 1. Jahr (bei Anschaffung von Feb. bis Dez.)

Schritt 1 **jährlicher Abschreibungsbetrag in €** = Anschaffungskosten : Nutzungsdauer
Schritt 2 **Abschreibungsmonate 1. Jahr** = 12 – Anschaffungsmonat + 1
Abschreibungsbetrag 1. Jahr in € = jährl. Abschreibungsbetrag : Abschreibungsmonate 1. Jahr

Merke: angefangene Monate zählen zur Abschreibung im Anschaffungsjahr (daher + 1)

Erinnerungswert

Wird eine Sachanlage über die vorhergesehene Nutzungsdauer hinaus genutzt, wird auf den **Erinnerungswert von 1,00 €** abgeschrieben!

INVESTITIONSRECHNUNG

Kostenvergleichsrechnung (Betrachtung der Gesamtkosten)

Variable Kosten pro Jahr	
Personalkosten pro Jahr	= Personalkosten/Stück · Stückzahl
+ Materialkosten pro Jahr	= Materialkosten/Stück · Stückzahl
+ Energiekosten pro Jahr	= Energiekosten/Stück · Stückzahl
+ sonstige variable Kosten pro Jahr	
= Summe variable Kosten pro Jahr	
Fixe Kosten pro Jahr	
Abschreibung pro Jahr	= Anschaffungskosten : Nutzungsdauer
+ Kalkulatorische Zinsen pro Jahr	= $\dfrac{\text{Anschaffungskosten} \cdot \text{Zinssatz}}{100 \cdot 2}$
+ sonstige fixe Kosten pro Jahr	
= Summe fixe Kosten pro Jahr	
GESAMTKOSTEN PRO JAHR	

Amortisationsrechnung

Wann decken die mit einer Investition erzielten Einnahmen die Anschaffungskosten?

$$\text{Amortisationszeit} = \frac{\text{Anschaffungskosten}}{\text{Abschreibung} + \text{kalkulatorische Zinsen} + \text{Gewinn}}$$

→ jeweils pro Jahr

Entscheidung für eine Investition, wenn Amortisationszeit < Nutzungsdauer!

KAPITALANLAGE

Alles Klar für die Kapitalanlage

FORMEN DER KAPITALANLAGE

- **Bankeinlagen**
  - Einlageformen:

Sichteinlagen	Termineinlagen	Spareinlagen
Geldanlage **ohne feste** Laufzeit	Geldanlage **mit fester** Laufzeit	Geldanlage **mit unbefristeter** Laufzeit
Zugriff jederzeit möglich (täglich verfügbar)	verfügbar erst nach fest vereinbarter Zeit oder nach Kündigung	verfügbar erst nach Ablauf einer mindestens 3-monatigen Kündigungsfrist
zur Abwicklung des täglichen Zahlungsverkehrs	zur Anlage von vorübergehend nicht benötigtem Geld	zum Sparen und längerfristigem Anlegen
Zinsgutschrift erfolgt auf dem Girokonto	Zinsgutschrift erfolgt nach Fälligkeit oder nach Kündigung	Zinseszinseffekt: Zinsgutschrift erhöht die Spareinlage
Beispiele: Geschäftsgirokonto, Tagesgeldkonto	**Beispiele:** Festgeld, Kündigungsgeld	**Beispiele:** Sparbuch, Sparbrief, monatlicher Sparplan

- **Buchhalterische Erfassung von Zinserträgen:**
  Bankgutschrift von Zinsen für eine Geldanlage (Zinserträge sind von der USt. befreit)

  | 2800 BK | Bankgutschrift | an | 5710 ZE | Zinsertrag |

- **Zinsrechnung bei Bankeinlagen:**
  Zinsrechnung nach der deutschen Zinsmethode
  (Zinsjahr: 360 Zinstage und Zinsmonat: 30 Zinstage)

$$\text{Zinsen} = \frac{\text{Kapital} \cdot \text{Zinssatz} \cdot \text{Tage}}{100 \cdot 360}$$

$$\text{Kapital} = \frac{\text{Zinsen} \cdot 100 \cdot 360}{\text{Zinssatz} \cdot \text{Tage}}$$

$$\text{Zinssatz} = \frac{\text{Zinsen} \cdot 100 \cdot 360}{\text{Kapital} \cdot \text{Tage}}$$

$$\text{Laufzeit (Tage)} = \frac{\text{Zinsen} \cdot 100 \cdot 360}{\text{Kapital} \cdot \text{Zinssatz}}$$

- **Immobilien**
  - **Buchhalterische Erfassung von Mieterträgen:**

  | 2400 FO | Rechnungsbetrag | an | 5400 EMP | Mietertrag |
  | | | | 4800 UST | Steuerbetrag |

KAPITALANLAGE

- **Vermögensanlage in Immobilien:**

<Vorteile>
- Unabhängigkeit von Börsenschwankungen und politischen Konflikten
- Schutz vor Inflation (Geldentwertung)
- Sachwert tatsächlich vorhanden und nicht nur Zahl auf Stück Papier
- Steuerersparnis bei Kreditfinanzierung durch Absetzung der Sollzinsen
- Wertsteigerung in gefragten Wirtschaftsregionen möglich

<Nachteile>
- hohe Kaufnebenkosten (z. B. für Notar und Grundbucheintrag)
- langfristige Bindung des Kapitals
- aufgrund hoher Investition wenig Spielraum für andere Geldanlagemöglichkeiten
- laufende Kosten für Instandhaltung
- hoher Verwaltungsaufwand bei Vermietung

- **Edelmetalle**

  Beispiele: Gold, Silber und Platin

<Vorteile>
- Seltenheit von Edelmetallen, daher wertvoll
- Greifbarkeit von Edelmetallen schließt Totalverlust so gut wie aus
- Krisensicherheit bei politischen und wirtschaftlichen Krisen
- Kauf in Ladengeschäften einfach möglich (Tafelgeschäft)
- Steuerfreiheit der Gewinne beim Verkauf (nach mindestens einem Jahr Besitz)

<Nachteile>
- starke Preisschwankungen möglich (Verlustrisiko bei Verkauf)
- Wertsteigerung ist einzige Ertragsmöglichkeit (Aktien bieten mehrere Möglichkeiten)
- Gefahr von Diebstahl
- Anfall von Aufbewahrungskosten (für Bankschließfach oder Safe)

- **Wertpapiere**

Kleines Börsenlexikon (Teil 1)	
Aktie (Teilhaberpapier)	Wertpapier, das dem Aktionär ein Teilhaberrecht an einer AG einräumt.
Aktienfonds	Sammlung mehrerer (erfolgversprechender) Aktientitel, die von Fachleuten verwaltet werden. Ein Anleger kauft sie z. B. wegen Risikominimierung.
Aktienindizes	Fassen die Kurse großer Aktiengesellschaften zusammen, um raschere und bessere Aussagen über Trends und Kursentwicklungen der Börse treffen zu können, z. B. DAX (Deutscher Aktienindex) oder Dow Jones (USA).
Anlagestrategien bei Aktien	• zu niedrigen Kursen → kaufen! • zu hohen Kursen → verkaufen! **Merke:** Aktien sind Risikopapiere; sie empfehlen sich nur: • als langfristige Geldanlage • wenn man nicht auf das Geld angewiesen ist

KAPITALANLAGE

Kleines Börsenlexikon (Teil 2)	
Baisse („bäss")	(Längerer) Zeitraum fallender Kurse (Bären-Markt)
Börsenplätze	Deutschland: Frankfurt/Main (größte deutsche Börse), München ... USA: Wall Street in New York ...
DAX (Deutscher Aktienindex)	Wichtigster deutscher Aktienindex, der über die Entwicklung der 40 größten und umsatzstärksten deutschen AGs Auskunft gibt.
Dividende	Gewinnausschüttung einer AG am Jahresende an die Aktionäre. Die Höhe der Stückdividende hängt vom erwirtschafteten Gewinn ab.
Hausse („oss")	(Längerer) Zeitraum steigender Kurse (Bullen-Markt)
Order	Auftrag an die Bank, Aktien zu kaufen bzw. zu verkaufen
Spesen	Spesen sind beim Kauf zu aktivieren, d. h. für die Spesen gibt es kein eigenes Konto, sie werden als Nebenkosten im Aktivkonto 1500 WP gebucht. Beispiele: Maklergebühr (Courtage) und Provision der Bank

GELDANLAGEKRITERIEN

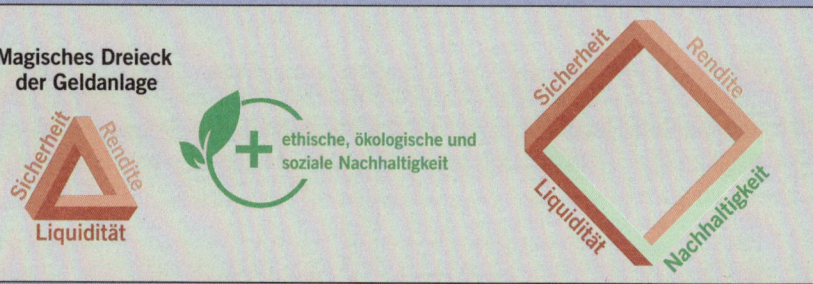

Rendite (Rentabilität)	Sicherheit	Verfügbarkeit (Liquidität)
Die Geldanlage soll einen hohen Ertrag abwerfen.	Die Geldanlage soll vor Verlust sicher sein.	Die Geldanlage soll „flüssig" sein, also bei Bedarf schnell in Anspruch genommen werden können.
Erweiterung des Dreiecks um das Kriterium Nachhaltigkeit		
Die Geldanlage soll ethischen, ökologischen und sozialen Kriterien genügen.		
Es gibt folgende Zielkonflikte:		
Je kürzer die Anlagedauer einer Geldanlage ist (hohe Liquidität), desto geringer ist meist die zu erzielende Rendite und umgekehrt.		Je risikoreicher eine Geldanlage ist (geringe Sicherheit), desto höher sind meist die Renditechancen und umgekehrt.

Bewertung	Rendite (Rentabilität)	Sicherheit	Verfügbarkeit (Liquidität)
Sichteinlagen	↓	↑	↑
Termineinlagen	→	↑	↓
Spareinlagen	↓	↑	→
Immobilien	↗	↑	↓
Gold	→	↗	↑
Aktien	↗	↓	↑

KAPITALANLAGE

DIVERSIFIKATION (ALS ERFOLGSREZEPT)

Um das Risiko zu begrenzen oder die Liquidität zu erhöhen, sollte verfügbares Geld immer in verschiedene (= diverse) Geldanlagemöglichkeiten eingebracht werden (= „Streuung").

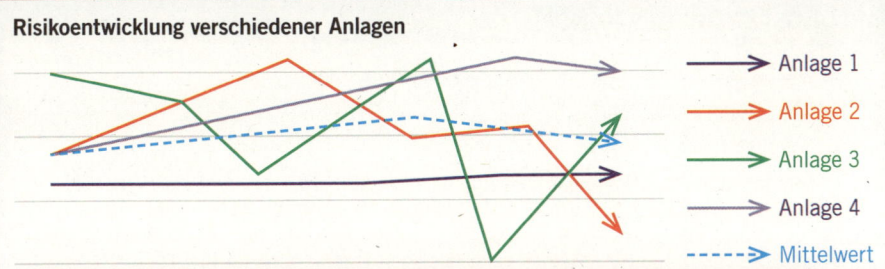

Risikoentwicklung verschiedener Anlagen
- Anlage 1
- Anlage 2
- Anlage 3
- Anlage 4
- Mittelwert

Ziel der Diversifikation: Durch geeignete Mischung der Anlagemöglichkeiten eine möglichst hohe Rendite bei gleichbleibendem, kalkuliertem Risiko zu erreichen.

Arten der Diversifikation:
- nach Anlageformen, z. B. Aktien, Bankeinlagen, Immobilien oder Edelmetalle
- nach Branchen/Regionen, z. B. national bzw. international
- nach Anlagezeitraum, z. B. Tagesgeldkonto (kurzfristig) oder Immobilie (langfristig)

BERECHNUNGEN UND BUCHUNGEN IM ZUSAMMENHANG MIT AKTIEN

Kaufabrechnung	Kurswert (Stückzahl · Kurs) + Spesen = Anschaffungskosten (Banklastschrift) (= Buchwert)	100 % 1 % 101 %
Buchungssatz für den Aktienkauf	Spesen werden **aktiviert**: 1500 WP Anschaffungskosten an 2800 BK Banklastschrift	
Berechnung und Buchungssatz beim Dividendenertrag	Gesamtdividende = Stückdividende · Stückzahl Aktien 2800 BK Bankgutschrift an 5780 DDE Dividende	
Buchungssatz bei anfallenden Depotgebühren	6750 KGV Depotgebühren an 2800 BK Banklastschrift	
Verkaufsabrechnung	Kurswert (Stückzahl · Kurs) − Spesen = Bankgutschrift	100 % 1 % 99 %

Berechnung des Kursgewinns bzw. Kursverlusts	− Bankgutschrift
	   Banklastschrift
	 = Kursgewinn oder
	   Kursverlust
		Bankgutschrift > Banklastschrift
		 → Kursgewinn
		 Bankgutschrift < Banklastschrift
		 → Kursverlust

Buchungssatz bei Kursgewinn	2800 BK Bankgutschrift an 1500 WP Buchwert 5650 EAWP Kursgewinn	
Buchungssatz bei Kursverlust	2800 BK Bankgutschrift 7460 VAWP Kursverlust an 1500 WP Buchwert	
Bei allen Geschäftsfällen wird keine Buchung von Umsatzsteuer vorgenommen!		

Alles Klar für den Forderungsausfall

ZAHLUNGSVERZUG DES KUNDEN

- **Schema** für die Berechnung der neuen **Gesamtforderung**:

	Rechnungsbetrag alt
+	Verzugszinsen
+	Kostenpauschale (Mahngebühren) max. 40,00 €
=	neue Gesamtforderung

    Verzugszinsen: 9 % p.a. über dem Basiszinssatz (– 0,88 % p.a.) → 8,12 % p.a.
    [Stand: Januar 2022]

- **Berechnung der Verzugszinsen:**

$$\text{Verzugszinsen in €} = \frac{K \text{ (entspricht Rechnungsbetrag)} \cdot p \text{ (Zinssatz, hier 8,12 \%)} \cdot t}{100 \cdot 360}$$

- **Ermittlung der Zinstage:**
  Gläubiger (= Verkäufer) kann ab dem Tag, der auf den Zahlungstermin bzw. auf das Ende des Zahlungsziels folgt, Verzugszinsen verlangen.

  Bsp.: Zahlungsziel 31.08.20.. → Verzugszinsen ab 01.09.20..

- **Buchung von Verzugszinsen und Mahngebühren:**

2400 FO	Rechnungsbetrag	an	5710 ZE	Zinsen
			5430 ASBE	Mahngebühren

ABLAUF EINES INSOLVENZVERFAHRENS FÜR UNTERNEHMEN

Insolvenz = Zahlungsunfähigkeit, die meist aufgrund von Überschuldung entsteht.

Schritt 1:	**Insolvenzantrag** wird beim Insolvenzgericht gestellt
Schritt 2:	**Vermögensprüfung** durch Insolvenzverwalter
Schritt 3:	Abweisung **mangels Masse** (vorhandenes Vermögen des betroffenen Unternehmers reicht nicht einmal aus, um die Verfahrenskosten bzw. Gerichtskosten zu decken) oder **Eröffnung Insolvenzverfahren**
Schritt 4:	Insolvenzverfahren führt nach Entscheid der Gläubigerversammlung zu **Sanierung** (Erhalt des Unternehmens auf Grundlage eines Insolvenzplans) oder **Liquidation** (Zwangsauflösung des Unternehmens, z. B. Verkauf oder Versteigerung)

FORDERUNGSAUSFALL

FACTORING

Verkauf von Forderungen vor ihrer Fälligkeit an ein Finanzierungsinstitut (Factor)

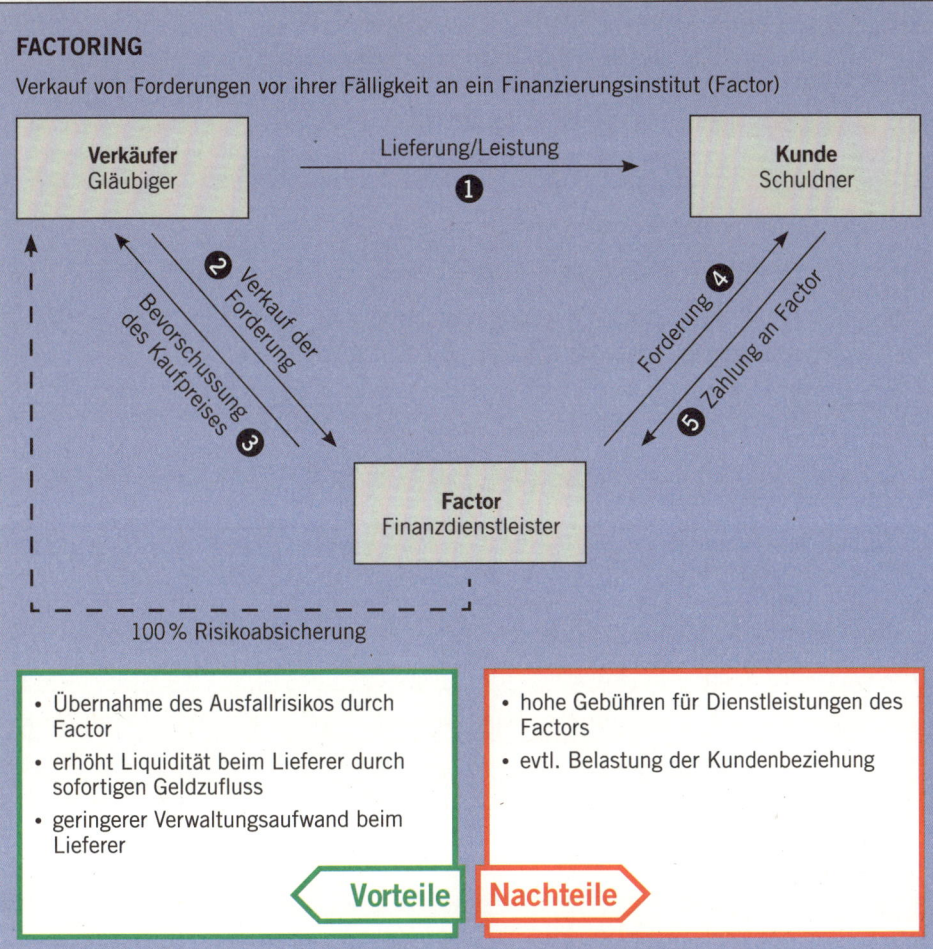

Vorteile
- Übernahme des Ausfallrisikos durch Factor
- erhöht Liquidität beim Lieferer durch sofortigen Geldzufluss
- geringerer Verwaltungsaufwand beim Lieferer

Nachteile
- hohe Gebühren für Dienstleistungen des Factors
- evtl. Belastung der Kundenbeziehung

BEWERTUNG UND BUCHUNG VON FORDERUNGSAUSFÄLLEN

Forderungsarten		
einwandfreie Forderungen	**zweifelhafte** Forderungen	**uneinbringliche** Forderungen
Zahlungseingang ist sicher	Mit einem Forderungsausfall ist zu rechnen: • Kunde wurde mehrmals **vergeblich gemahnt** • Kunde bittet um **Zahlungsaufschub** (Stundung) • **Insolvenzverfahren** wurde beantragt	Zahlungsunfähigkeit des Kunden steht endgültig fest: • **Insolvenzverfahren** wird **mangels Masse** eingestellt • **Zwangsvollstreckung** (= **Pfändung**) verläuft **ohne Erfolg** • **Forderung** ist **verjährt**
	Buchungssatz bei Bekanntwerden des Problems:	
	Umbuchung: 2470 ZWFO an 2400 FO	sofortige (direkte) Abschreibung: 6950 ABFO 4800 UST an 2400 FO

FORDERUNGSAUSFALL

mögliche Buchungssätze laufendes Jahr:

Abrechnungsschema bei Ausfall:

FO/ZWFO	❶	
− Zahlungseingang	❷	
= Bruttoausfall		119 %
− Umsatzsteuer	❸	19 %
= Nettoausfall	❹	100 %

vollständiger Ausfall ohne Zahlung (direkte Abschreibung):

6950 ABFO ❹
4800 UST ❸   an   2400 FO bzw. 2470 ZWFO ❶

teilweiser Ausfall mit Zahlung (direkte Abschreibung):

2800 BK ❷
6950 ABFO ❹
4800 UST ❸   an   2400 FO bzw. 2470 ZWFO ❶

unerwarteter Zahlungseingang einer bereits vollständig abgeschriebenen Forderung:

2800 BK   an   5495 EFO
                4800 UST

Bewertung zum 31.12.:

- Wertberichtigung aufgrund kaufmännischer Vorsicht bzw. des **allgemeinen Ausfallrisikos**
- **Pauschalwertberichtigung** auf den Nettobestand der einwandfreien Forderungen, z. B. 1 %

     einwandfreie FO brutto 119 %
    − Umsatzsteuer   19 %
    = einwandfreie FO netto 100 %
     davon 1 % PWB ❺

- **indirekte** Abschreibung
- **keine Umsatzsteuerkorrektur,** da Ausfall geschätzt

- **Einzelwertberichtigung** in Höhe des vermuteten Ausfalls für jede zweifelhafte Forderung
- Die Berechnung erfolgt summarisch:

Kunde	Zweifelhafte Forderung	UST 19 %	Zweifelhafte Forderung netto	Geschätzter Ausfall	Wertberichtigung
Kunde 1	...	...	...	...	...
Kunde 2	...	...	...	...	...
...	...	...	...	...	...
				❻	Summe in €

- **indirekte** Abschreibung
- **keine Umsatzsteuerkorrektur,** da Ausfall geschätzt

- keine Bewertung

Bildung der PWB:
(vorbereitende Abschlussbuchung):
6950 ABFO an 3680 PWB ❺

Bildung der EWB:
(vorbereitende Abschlussbuchung):
6950 ABFO an 3670 EWB ❻

BEGRIFFLICHKEITEN

- Insolvenzquote 30 % (entspricht Zahlungseingang) → Ausfall 70 %
- Schlussverteilung Anteil $\frac{1}{2}$ → Ausfall 50 %
- Bewertung der ZWFO mit 70 % → Ausfall 30 %

BUCHUNGEN ZUM 31.12.

Alles Klar für die Buchungen zum 31.12.

BUCHUNGSKREISLAUF

Die Arbeiten wiederholen sich Jahr für Jahr.

Schlussbilanz des Vorjahres (31.12.) = Eröffnungsbilanz des Folgejahres (01.01.)

ERÖFFNUNG BESTANDSKONTEN

Aktive Bestandskonten Der Anfangsbestand wird **ins Soll** übernommen.	**Passive Bestandskonten** Der Anfangsbestand wird **ins Haben** übernommen.

ERFASSUNG LAUFENDE BUCHUNGEN

→ siehe ausführlich in den einzelnen Kapiteln

INVENTURDIFFERENZEN ZUM 31.12.

Ermittlung Inventurdifferenz (Abweichung Istbestand vom Sollbestand):

    Sollbestand (Schlussbestand des Kontos)
–   Istbestand (Bestand lt. Inventur)
―――――――――――――――――――――――
=   Inventurdifferenz

Gründe Inventurdifferenzen: Diebstahl z. B. durch Kunden, Personal und Lieferer; Fehler bei der Preisauszeichnung und beim Kassieren; Mängel bei der Erfassung und Buchung; Verzählen bei der Inventur; Schwund, Verderb oder Bruch von Waren, ...

Vermeidung von Inventurdifferenzen: Diebstahlsicherung, Kameraüberwachung, Mitarbeiterschulung, Datenauswertung, Wareneingangskontrolle, achtsamer Umgang mit Waren, ...

BUCHUNGEN ZUM 31.12.

AUSFÜHRUNG ABSCHLUSSBUCHUNGEN

Abschluss des Kontos 2800 BK als Beispiel:

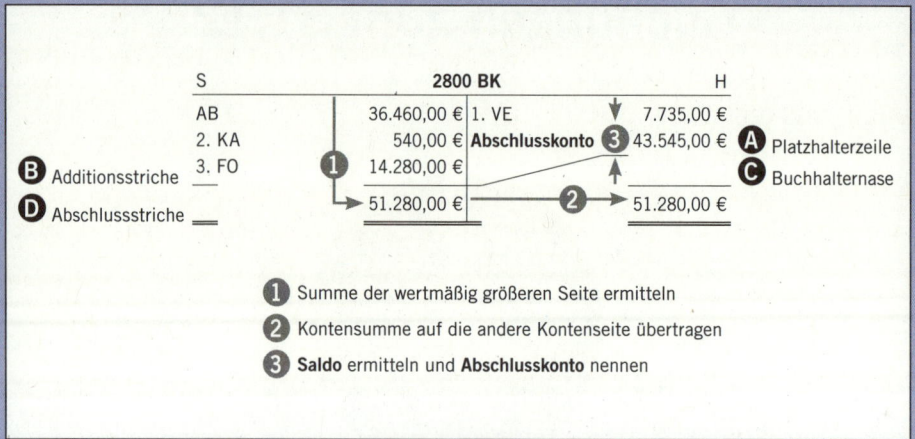

B Additionsstriche
D Abschlussstriche
A Platzhalterzeile
C Buchhalternase

❶ Summe der wertmäßig größeren Seite ermitteln
❷ Kontensumme auf die andere Kontenseite übertragen
❸ **Saldo** ermitteln und **Abschlusskonto** nennen

VORBEREITENDE ABSCHLUSSBUCHUNGEN (VABS)

- **Erfassung der Bestandsveränderungen**

Minderbestand		Mehrbestand	
S 2000 R H		S 2000 R H	
Anfangsbestand	Schlussbestand / Minderbestand	Anfangsbestand / Mehrbestand	Schlussbestand
Anfangsbestand > Schlussbestand		Anfangsbestand < Schlussbestand	
6000 AWR an	**2000 R**	**2000 R** an	**6000 AWR**

- **Erfassung der Wertminderung von Anlagegütern (Abschreibung)**
  - Buchhalterische Erfassung der Wertminderung hochwertiger Sachanlagen zum 31.12.:

| **6520 ABSA** | *AfA-Betrag* | an | **Sachanlagenkonto** | *AfA-Betrag* |

  - Geringwertige Wirtschaftsgüter sind zum 31.12. vollständig abzuschreiben:

| **6540 ABGWG** *volle Anschaffungskosten* | an | **0890 GWG** | *volle Anschaffungskosten* |

- **Bewertung der Forderungen**
  - **Pauschalwertberichtigung** auf den Nettobestand der einwandfreien Forderungen, z. B. 1%

	einwandfreie Forderungen brutto	119%
–	Umsatzsteuer	19%
=	einwandfreie Forderungen netto	100%
	davon 1% PWB ❶	

| **6950 ABFO** | *Betrag* | an | **3680 PWB** | *Betrag* ❶ |

BUCHUNGEN ZUM 31.12.

- **Einzelwertberichtigung** in Höhe des vermuteten Ausfalls für jede zweifelhafte Forderung; die Berechnung erfolgt summarisch:

Kunde	Zweifelhafte Forderung	UST 19%	Zweifelhafte Forderung netto	Geschätzter Ausfall	Wertberichtigung
Kunde 1	...	...	...	...	...
Kunde 2	...	...	...	...	...
...	...	...	...	...	...
				❷	Summe in €

6950 ABFO *Betrag* an **3670 EWB** *Betrag* ❷

- **Aktive Rechnungsabgrenzung** (Ausgabe im alten, Aufwand teils im neuen Geschäftsjahr)

  Aufteilung der Beträge

altes Jahr	neues Jahr
	abzugrenzender Betrag
31.12.	

2900 ARA *abzugrenzender Betrag* an **Aufwandskonto** *abzugrenzender Betrag*

- **Passive Rechnungsabgrenzung** (Einnahme im alten, Ertrag teils im neuen Geschäftsjahr)

  Aufteilung der Beträge

altes Jahr	neues Jahr
	abzugrenzender Betrag
31.12.	

Ertragskonto *abzugrenzender Betrag* an **4900 PRA** *abzugrenzender Betrag*

- **Rückstellungen**

Bildung von Rückstellungen

Rückstellungen stellen **Verbindlichkeiten** dar, die hinsichtlich **Höhe** und/oder **Fälligkeit** noch **ungewiss** sind. Sie entstehen für Aufwendungen des alten Geschäftsjahres.

Beispiele:
- Prozesskosten bei laufenden Verfahren
- Aufwendungen für aufgeschobene Instandhaltungsmaßnahmen, die im folgenden Geschäftsjahr innerhalb von drei Monaten nachgeholt werden (Kostenvoranschläge bei Reparaturen)

Merkmale von Rückstellungen	
Aufwand	im alten Jahr
Ausgabe	im neuen Jahr
Betrag	ungewiss
Fälligkeitstermin	steht nicht fest

6770 RBK bzw. 6160 FRI *Schätzbetrag* an **3900 RST** *Schätzbetrag*

Die Umsatzsteuer wird bei der Bildung von Rückstellungen nicht berücksichtigt.

BUCHUNGEN ZUM 31.12.

- **Abschluss der Unterkonten**
  - **Einkaufsbereich** (am Beispiel von Rohstoffen)
    Bezugskosten:

    | 6000 AWR | Saldo | an | 6001 BZKR | Saldo |

    Nachlässe:

    | 6002 NR | Saldo | an | 6000 AWR | Saldo |

  - **Verkaufsbereich**
    Erlösberichtigungen:

    | 5000 UEFE | Saldo | an | 5001 EBFE | Saldo |

  - **Abschluss des Privatkontos**

Entnahmen < Einlagen	Entnahmen > Einlagen
3001 P Saldo an 3000 EK Saldo	3000 EK Saldo an 3001 P Saldo

ABSCHLUSS DER ERFOLGSKONTEN ÜBER DAS KONTO GUV

- **Aufwandskonten:**

  | 8020 GUV | Saldo | an | Aufwandskonto | Saldo |

- **Ertragskonten:**

  | Ertragskonto | Saldo | an | 8020 GUV | Saldo |

ABSCHLUSS DES GUV-KONTOS AUF DAS EIGENKAPITALKONTO

- Abschlussbuchungssatz bei **Gewinn**:   Eigenkapital wird erhöht

  | 8020 GUV | *Gewinn* | an | 3000 EK | *Gewinn* |

- Abschlussbuchungssatz bei **Verlust**:   Eigenkapital wird gemindert

  | 3000 EK | *Verlust* | an | 8020 GUV | *Verlust* |

ERFOLGSERMITTLUNG

```
    Eigenkapital (Jahresanfang)
+/- Gewinn (Jahresüberschuss)/Verlust (Jahresfehlbetrag)
 +  Privateinlagen
 -  Privatentnahmen
―――――――――――――――――――――――――――――――――
 =  Eigenkapital (Jahresende)
```

BUCHUNGEN ZUM 31.12.

ABSCHLUSS DER BESTANDSKONTEN ÜBER DAS SCHLUSSBILANZKONTO

- **Aktive Bestandskonten:**

| 8010 SBK | Saldo | an | Aktives Bestandskonto | Saldo |

- **Passive Bestandskonten:**

| Passives Bestandskonto | Saldo | an | 8010 SBK | Saldo |

START IN DAS NEUE GESCHÄFTSJAHR

- **Auflösung von Rechnungsabgrenzungsposten**
  - Aktive Rechnungsabgrenzung:

| Aufwandskonto | abzugrenzender Betrag | an | 2900 ARA | abzugrenzender Betrag |

  - Passive Rechnungsabgrenzung:

| 4900 PRA | abzugrenzender Betrag | an | Ertragskonto | abzugrenzender Betrag |

- **Auflösung von Rückstellungen**

  Je nach Situation können im neuen Geschäftsjahr vier Fälle eintreten.

  Die Umsatzsteuer ist dabei in Form der Buchung auf dem Konto 2600 VORST zu berücksichtigen (Ausnahme Gerichtskosten, diese sind umsatzsteuerfrei).

  → **Fall 1:** Rückstellung und tatsächlicher Aufwand sind gleich hoch

| 3900 RST | Schätzbetrag | | | |
| 2600 VORST | Steuerbetrag | an | 4400 VE | Rechnungsbetrag |

  → **Fall 2:** Rückstellung war zu niedrig: **periodenfremder Aufwand**

3900 RST	Schätzbetrag			
6990 PFAW	Aufwand			
2600 VORST	Steuerbetrag	an	4400 VE	Rechnungsbetrag

  → **Fall 3:** Rückstellung war zu hoch: **periodenfremder Ertrag**

3900 RST	Schätzbetrag			
2600 VORST	Steuerbetrag	an	4400 VE	Rechnungsbetrag
			5490 PFE	Ertrag

  → **Fall 4:** Rückstellung wird gegenstandslos (= entfällt): **periodenfremder Ertrag**

| 3900 RST | Schätzbetrag | an | 5490 PFE | Ertrag |

Alles Klar für die Unternehmensanalyse

AUFBEREITETE GUV-RECHNUNG

Aufwendungen	Aufbereitete GUV-Rechnung	Erträge
Materialaufwand	**Umsatzerlöse**	
6000 AWR + 6010 AWF + 6020 AWH + 6030 AWB + 6040 AWVM + 6140 AFR + 6160 FRI	5000 UEFE	
Personalaufwand	**Sonstige betriebliche Erträge**	
6200 LG + 6400 AGASV	5400 EMP + 5430 ASBE + 5490 PFE + 5495 EFO	
Abschreibungen auf Anlagevermögen	**Erträge aus anderen Wertpapieren**	
6520 ABSA + 6540 ABGWG	5650 EAWP	
Sonstige betriebliche Aufwendungen	**Zinsen und ähnliche Erträge**	
6700 AWMP + 6730 GEB + 6750 KGV + 6760 PROV + 6770 RBK + 6800 BMK + 6820 KOM + 6850 REK + 6870 WER + 6900 VBEI + 6950 ABFO + 6990 PFAW	5710 ZE + 5780 DDE	
Betriebliche Steuern		
7000 GWST + 7020 GRST + 7030 KFZST		
Verluste aus Finanzanlagen		
7460 VAWP		
Zinsen		
7510 ZAW		
Jahresüberschuss		

DIE SIEBEN POSTEN EINER AUFBEREITETEN BILANZ

Aktiva	Aufbereitete Bilanz zum 31.12.20.. in €	Passiva
A. Anlagevermögen	**A. Eigenkapital**	
0500 GR + 0530 BVG + 0700 MA + 0840 FP + 0860 BM + 0870 BGA + 1500 WP	3000 EK	
B. Umlaufvermögen	**B. Fremdkapital**	
I. Vorräte	**I. Langfristiges Fremdkapital**	
2000 R + 2010 F + 2020 H + 2030 B	4250 LBKV	
II. Forderungen	**II. Kurzfristiges Fremdkapital**	
2400 FO + 2470 ZWFO + 2600 VORST + 2900 ARA − 3670 EWB − 3680 PWB	3900 RST + 4200 KBKV + 4400 VE + 4800 UST + 4830 VFA + 4840 VSV + 4900 PRA	
III. Flüssige Mittel		
2800 BK + 2880 KA		

Unstimmigkeit der Bilanzsummen vor und nach der Aufbereitung der Bilanz

Die Bestände aus den Posten 3670 EWB und 3680 PWB, die der Passivaseite der ausführlichen Bilanz zugeordnet sind, werden von den Forderungen der aufbereiteten Bilanz subtrahiert. Aus diesem Grund resultiert der Unterschied bei den Bilanzsummen.

UNTERNEHMENSANALYSE

UNTERNEHMENSKENNZAHLEN

- **Gründe für die Berechnung von Unternehmenskennzahlen**

Interessengruppen	Vorteile von Unternehmenskennzahlen		
• Unternehmensführung (Controlling) • Arbeitnehmer (Betriebsrat) • Banken und Lieferer (Gläubiger) • Öffentliche Stellen (Förderbanken)	Erkennbarkeit von Abweichungen und Schwachstellen	Herausgabe von Zielwerten als Orientierungshilfe	Vereinfachung von Steuerungs- und Planungsprozessen

- **Arten von Unternehmensvergleichen**

Unternehmensvergleiche

Interner Vergleich (Zeitvergleich)
Hier werden die Kennzahlen mit denen früherer Jahre **desselben Unternehmens** verglichen.

Externer Vergleich (Branchenvergleich)
Hier werden die Kennzahlen eines Jahres mit denen anderer Betriebe **derselben Branche** verglichen.

Schwierigkeiten beim externen Vergleich

Jahresabschlüsse von Einzelunternehmen sowie Personengesellschaften müssen im Gegensatz zu Kapitalgesellschaften nicht veröffentlicht werden.

Unterschiedliche Unternehmensgrößen erschweren einen Vergleich.

Formeln für die einzelnen Kennzahlen sind nicht gesetzlich definiert und daher oft nicht einheitlich.

- **Zwei Gruppen von Unternehmenskennzahlen**

Unternehmenskennzahlen

Bilanzkennzahlen
orientieren sich am Zahlenmaterial der aufbereiteten Bilanz

Erfolgskennzahlen
greifen auf das Zahlenmaterial der Gewinn- und Verlustrechnung zurück

UNTERNEHMENSANALYSE

- **Liquiditätskennzahlen (Bilanzkennzahlen)**

$$\text{Barliquidität in \%} = \frac{\text{flüssige Mittel} \cdot 100}{\text{kurzfristiges Fremdkapital}}$$

Zielwert: ca. 20 %

$$\text{Einzugsliquidität in \%} = \frac{(\text{flüssige Mittel} + \text{Forderungen}) \cdot 100}{\text{kurzfristiges Fremdkapital}}$$

Kriterien zur Beurteilung der Einzugsliquidität
- Kennzahl < 100 %: Unterliquidität; Insolvenz droht
- Kennzahl = 100 %: Idealwert
- Kennzahl > 100 %: Überliquidität; „totes Kapital" liegt vor – die flüssigen Mittel könnten gewinnbringender angelegt werden (z. B. Investition)

Gründe für Unterliquidität
- lange Zahlungsziele für Kunden/kurze Zahlungsziele beim Lieferer
- negative Umsatzentwicklung
- zu hohe Produktionskosten

Maßnahmen zur Verbesserung der Liquidität
- Verkürzung Zahlungsziele beim Verkauf/Verlängerung Zahlungsziele beim Einkauf
- Verkauf von gebrauchten, nicht mehr benötigten Sachanlagen
- Umschuldung von kurzfristigem auf langfristiges Fremdkapital

- **Vermögenskennzahlen (Bilanzkennzahlen)**

Anlagendeckung I	$\text{Anlagendeckung I in \%} = \dfrac{\text{Eigenkapital} \cdot 100}{\text{Anlagevermögen}}$ **Zielwert:** zwischen 70 % und 100 %
Anlagendeckung II	$\text{Anlagendeckung II in \%} = \dfrac{(\text{Eigenkapital} + \text{langfristiges FK}) \cdot 100}{\text{Anlagevermögen}}$ **Zielwert:** größer als 100 %

- **Rentabilitätskennzahl (Erfolgskennzahl)**

$$\text{Eigenkapitalrentabilität in \%} = \frac{\text{Jahresüberschuss} \cdot 100}{\text{Eigenkapital (Anfangsbestand)}}$$

Zielwert: zwischen 10 % und 20 %

Die Eigenkapitalrentabilität sollte weit über dem marktüblichen Zinssatz für Kapitalanlagen liegen, um den Unternehmerlohn und die Risikoprämie abzudecken.

- **Berechnung vom Eigenkapital (AB):**

  Eigenkapital (Jahresanfang)
  + Gewinn (Jahresüberschuss)
  + Privateinlagen
  − Privatentnahmen
  ─────────────────
  = Eigenkapital (Jahresende)

- **Ermittlung vom Jahresüberschuss:**

  Erträge > Aufwendungen
  ⬇
  Jahresüberschuss (Gewinn)

VOLLKOSTENRECHNUNG

Alles Klar für die Vollkostenrechnung

AUFGABEN UND ZIELE DER BETRIEBSBUCHFÜHRUNG

Aufgaben und Ziele der Betriebsbuchführung

1. Erfassung der **betrieblichen Kosten und Leistungen** in einem Abrechnungszeitraum (Monat, Quartal, Geschäftsjahr)
   Welche Kosten sind angefallen? ➡ Kostenartenrechnung
   Wo sind Kosten angefallen? ➡ Kostenstellenrechnung
   Wofür sind Kosten angefallen? ➡ Kostenträgerrechnung
2. **Grundlage für die Kalkulation** der eigenen Erzeugnisse (Berechnung der Selbstkosten für Fertigerzeugnisse als Grundlage zur Ermittlung der Verkaufspreise)
3. **Kontrolle der Wirtschaftlichkeit** des Betriebs durch ständige Planung und Überwachung der Kosten und Leistungen
4. Grundlage für **Planungen und Entscheidungen** im Betrieb (z. B. welches Produkt vom Markt genommen werden muss)
5. Ermittlung des **Betriebsergebnisses**

Leistungen > Kosten ➡ Betriebsgewinn
Leistungen < Kosten ➡ Betriebsverlust

BETRIEBSBUCHFÜHRUNG
Alle Aufwendungen und Erträge, die eng mit der Beschaffung, Produktion und dem Verkauf von Fertigerzeugnissen (= Betriebszweck) zusammenhängen.
KOSTEN- UND LEISTUNGSRECHNUNG

BETRIEBSWIRTSCHAFTLICHE GRUNDBEGRIFFE

Unternehmen	Betrieb	Firma
wirtschaftlich-finanzielle und rechtliche Einheit	konkrete Produktionsstätte	Name des Unternehmens

GESAMTERGEBNIS, ABGRENZUNGSERGEBNIS, BETRIEBSERGEBNIS

Der Industriekontenrahmen ist nach dem Zweikreissystem aufgebaut. Die **Abgrenzungsrechnung** stellt die Verbindung zwischen beiden Rechnungskreisen dar.

Sie „filtert" die nicht betrieblichen Aufwendungen und Erträge (= neutrale Aufwendungen und Erträge) heraus und lässt nur die auf den eigentlichen Betriebszweck bezogenen Aufwendungen (Kosten) und Erträge (Leistungen) für die KLR passieren. Die Gegenüberstellung von Kosten und Leistungen in der Betriebsbuchführung (RK II) ergibt das Ergebnis (Betriebsgewinn bzw. Betriebsverlust) der eigentlichen betrieblichen Tätigkeit.

VOLLKOSTENRECHNUNG

Rechnungskreis I Geschäftsbuchführung	Abgrenzungsrechnung „FILTER"	Rechnungskreis II Betriebsbuchführung
Aufwendungen (Kontenklassen 6 und 7) und **Erträge** (Kontenklasse 5) bezieht sich auf das **gesamte Unternehmen** Konto 8020 GUV Erfolgsrechnung **GESAMTERGEBNIS**	 betriebsfremde, außerordentliche oder periodenfremde Aufwendungen = neutrale Aufwendungen betriebsfremde, außerordentliche oder periodenfremde Erträge = neutrale Erträge **ABGRENZUNGSERGEBNIS**	**betriebsbedingte Aufwendungen = Kosten** und **betriebsbedingte Erträge = Leistungen** bezieht sich nur auf den **Betriebszweck** (Fertigung und Verkauf von Fertigerzeugnissen) Konto 92 Kosten und Leistungen Kosten- und Leistungsrechnung (KLR) **BETRIEBSERGEBNIS**

Aufgaben Abgrenzungsrechnung

❶ ermittelt
→ Gesamtergebnis = Erträge – Aufwendungen
→ Betriebsergebnis = Leistungen – Kosten

❷ filtert neutrale Aufwendungen und Erträge heraus

KALKULATORISCHE KOSTEN

= Kosten, denen kein gleich hoher oder gar kein Aufwand in der Geschäftsbuchführung gegenübersteht:

Kalkulatorische Abschreibungen	Kalkulatorischer Unternehmerlohn
= Anderskosten	= Zusatzkosten
Unterschiedlicher Wertansatz (Wiederbeschaffungskosten in RK II statt Anschaffungskosten in RK I)	Wertansatz in KLR (RK II) steht **kein Wert in der Geschäftsbuchführung** (RK I) gegenüber

VOLLKOSTENRECHNUNG

- **KOSTENARTENRECHNUNG:** „Welche Kosten sind angefallen?"

Einzelkosten	Sondereinzelkosten der Fertigung	Gemeinkosten
Kosten, die einem Kostenträger (Produkt) **direkt** zugeordnet werden können	Kosten, die **direkt zugerechnet** werden können, die aber nur für einen **bestimmten Auftrag** anfallen	Kosten, die einem Kostenträger (Produkt) **nicht direkt** zugerechnet werden können
Fertigungsmaterial Fertigungslöhne	z. B.: Lizenzgebühren, Patentkosten, Kosten für Modelle oder Schablonen sowie Spezialwerkzeuge ...	z. B.: Gehälter für die kaufmännischen Mitarbeiter, Miete, Abschreibungen, Stromkosten, Schmiermittel ...

- **KOSTENSTELLENRECHNUNG:** „Wo sind Kosten angefallen?"
  - **Kostenstellen** = Orte im Betrieb, in denen Kosten anfallen:

I: Material	II: Fertigung	III: Verwaltung	IV: Vertrieb

  - Entsprechend den vier Kostenstellen teilen sich die Gemeinkosten auf in:

Materialgemeinkosten (MGK)	Fertigungsgemeinkosten (FGK)	Verwaltungsgemeinkosten (VwGK)	Vertriebsgemeinkosten (VtGK)

  - **Gemeinkosten** werden indirekt mithilfe von **Verteilungsschlüsseln** den Kostenstellen zugerechnet.

  Beispiele:

Schlüssel	Verteilungsgrundlage	Gemeinkosten
Mengenschlüssel	Fläche (m²), Raum (m³) Zahl der Beschäftigten kWh km (Fahrtenbuch) ...	Miete, Heizung Unfallversicherung Strom Kfz-Kosten ...
Zeitschlüssel	Arbeitsstunden Maschinenstunden ...	Hilfslöhne Reparaturen ...
Wertschlüssel	Wert der Sachanlagen investiertes Kapital ...	Abschreibungen Zinsen, Versicherungen ...

Ein Teil der Gemeinkosten kann direkt auf der Grundlage von Belegen (Lohn-/Gehaltslisten, Materialentnahmescheine) oder Mess- und Zähleinrichtungen auf die Kostenstellen verteilt werden (= **Kostenstelleneinzelkosten**). Der Betrag je Kostenstelle ist dann angegeben. Der andere Teil der Gemeinkosten kann den Kostenstellen nur indirekt mithilfe von Verteilungsschlüsseln zugerechnet werden (= **Kostenstellengemeinkosten**). Der Betrag für die jeweilige Kostenstelle muss erst berechnet werden.

VOLLKOSTENRECHNUNG

- **Betriebsabrechnungsbogen (BAB)** = tabellarische Kostenrechnung zur **verursachungsgerechten Verteilung der Gemeinkosten** auf die vier Kostenstellen

Senkrecht nach Gemeinkostenarten und waagerecht nach Kostenstellen gegliedert:

Betriebsabrechnungsbogen						
Gemein-kostenarten	Zahlen der KLR	Verteilungs-grundlage	Kostenstellen			
			I: Material	II: Fertigung	III: Verwaltung	IV: Vertrieb
...	...	...	...	...	...	...
...	...	...	...	...	...	...
Summe der Gemeinkosten	...		❶	❷	❸	❹
		Zuschlagsgrundlagen	❺	❻	❼	❽
		Gemeinkostenzuschlagssätze	...	...	...	...

Mithilfe des Betriebsabrechnungsbogens lassen sich folgende Größen ablesen/ausrechnen:

- **Summe der Gemeinkosten in den Kostenstellen:**
  - ❶ Materialgemeinkosten
  - ❷ Fertigungsgemeinkosten
  - ❸ Verwaltungsgemeinkosten
  - ❹ Vertriebsgemeinkosten

- **Zuschlagsgrundlagen für die Kostenstellen:**
  - ❺ Fertigungsmaterial
  - ❻ Fertigungslöhne
  - ❼ Herstellkosten des Umsatzes
  - ❽ Herstellkosten des Umsatzes

- **Materialkosten = ❺ + ❶**   **Fertigungskosten = ❻ + ❷**

- **Herstellkosten der Erzeugung = Materialkosten + Fertigungskosten**

Der Unterschied zwischen den Herstellkosten der Erzeugung und den Herstellkosten des Umsatzes ergibt sich durch die **Bestandsveränderungen** bei den unfertigen und fertigen Erzeugnissen.

- **Berechnung der Gemeinkostenzuschlagssätze**

$$\text{Materialgemeinkostenzuschlagssatz in \%} = \frac{\text{Materialgemeinkosten} \cdot 100}{\text{Fertigungsmaterial}}$$

$$\text{Fertigungsgemeinkostenzuschlagssatz in \%} = \frac{\text{Fertigungsgemeinkosten} \cdot 100}{\text{Fertigungslöhne}}$$

$$\text{Verwaltungsgemeinkostenzuschlagssatz in \%} = \frac{\text{Verwaltungsgemeinkosten} \cdot 100}{\text{Herstellkosten des Umsatzes}}$$

$$\text{Vertriebsgemeinkostenzuschlagssatz in \%} = \frac{\text{Vertriebsgemeinkosten} \cdot 100}{\text{Herstellkosten des Umsatzes}}$$

VOLLKOSTENRECHNUNG

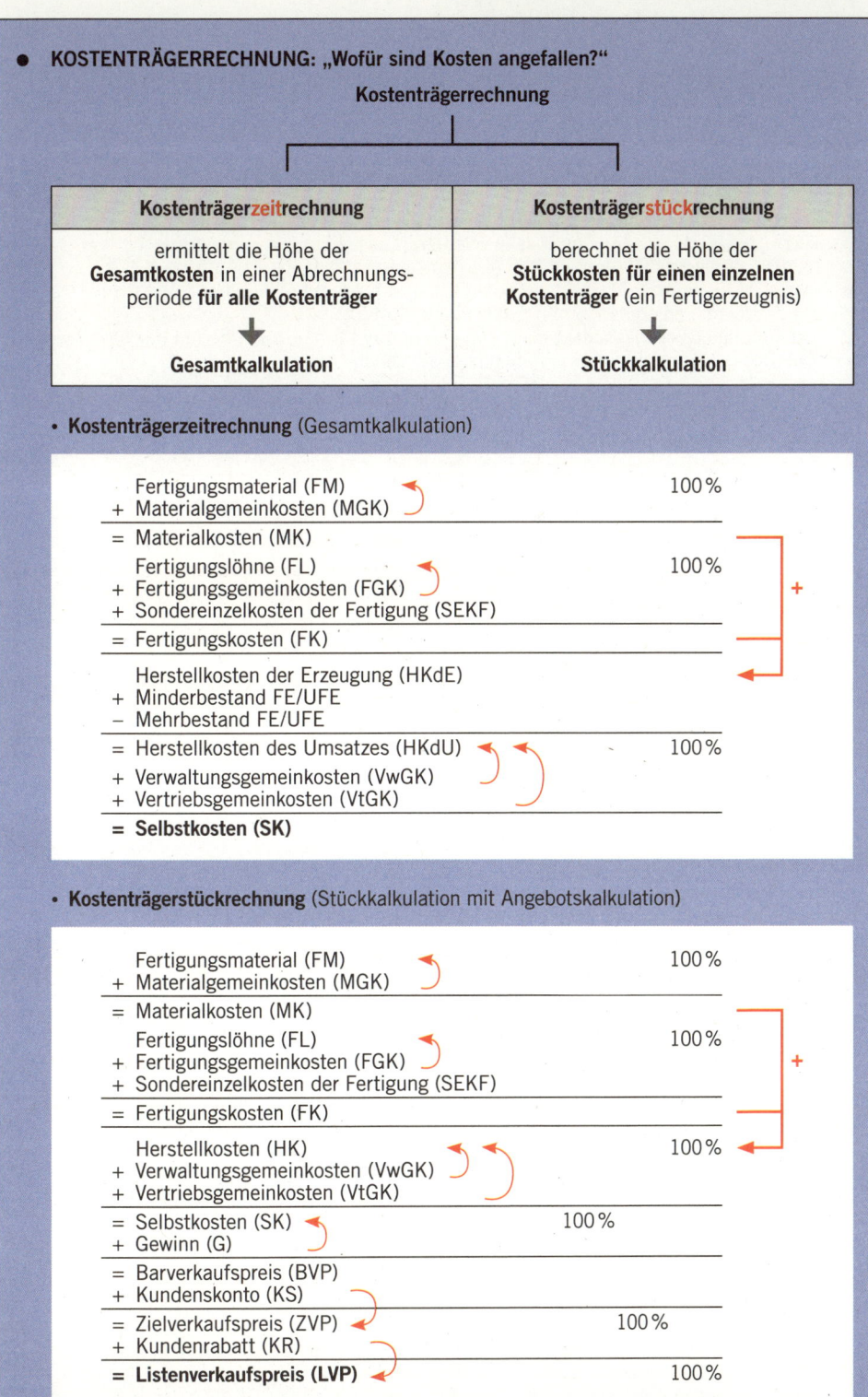

TEILKOSTENRECHNUNG

Alles Klar für die Teilkostenrechnung

TEILKOSTENRECHNUNG/DECKUNGSBEITRAGSRECHNUNG

- Orientierung am Preis, der am Markt erzielt werden kann
- kurzfristige Sichtweise bei unternehmerischen Entscheidungen
- untersucht die Kostenarten auf ihre Abhängigkeit von der Produktion
- klammert die immer anfallenden Kosten aus (**fixe Kosten**) und berücksichtigt die nur bei der Produktion entstehenden Kosten (**variable Kosten**)
- ermittelt den **Deckungsbeitrag** als relevanten Betrag für marktorientierte Entscheidungen
- Ziel: Deckung der nur bei der Produktion anfallenden Kosten

KOSTENARTEN DER TEILKOSTENRECHNUNG

variable Kosten	fixe Kosten
• fallen nur an, wenn produziert wird	• fallen unabhängig von der Produktion an
• variable Kosten **pro Stück** bleiben **konstant**	• fixe Kosten **pro Stück nehmen** mit steigender Produktionsmenge **degressiv ab**
• variable **Gesamtkosten nehmen proportional** zur produzierten Menge **zu**	• **gesamte Fixkosten** bleiben unabhängig von der produzierten Menge **konstant**
• variable Kosten sind **Einzelkosten**	• fixe Kosten sind **Gemeinkosten**
• Beispiele: – Rohstoffkosten (Fertigungsmaterial) – Facharbeiterlöhne (Fertigungslöhne) – Patente (Sondereinzelkosten d. Fertigung)	• Beispiele: – Miete – Abschreibungen – Gehälter

SELBSTKOSTEN (GESAMTKOSTEN)

	gesamte variable Kosten (FM, FL, Sondereinzelkosten der Fertigung)	... €
+	fixe Kosten (MGK, FGK, VwGK, VtGK)	... €
=	Selbstkosten (Gesamtkosten)	... €

DECKUNGSBEITRAG

= Differenz zwischen Nettoverkaufspreis und variablen Kosten, die zeigt, welchen Beitrag ein Produkt zur Deckung der fixen Kosten leistet.

ERMITTLUNG BETRIEBSERGEBNIS IM EINPRODUKTUNTERNEHMEN

	Nettoverkaufspreis je Stück	... €		Nettoverkaufserlöse gesamt	... €
–	variable Kosten je Stück	... €	**oder:**	– variable Kosten gesamt	... €
=	Deckungsbeitrag (DB) je Stück	... €		= Deckungsbeitrag (DB) gesamt	... €
	Deckungsbeitrag (DB) gesamt	... €			
–	fixe Kosten	... €		• DB > fixe Kosten → Gewinn	
=	Betriebsergebnis (Gewinn/Verlust)	... €		• DB < fixe Kosten → Verlust	

TEILKOSTENRECHNUNG

GEWINNSCHWELLE (BREAK-EVEN-POINT)

Gewinnschwellenmenge = Produktionsmenge, bei der die Nettoverkaufserlöse genauso hoch sind wie die Selbstkosten (Gesamtkosten)

bzw.

Wie viele Produkte müssen hergestellt und verkauft werden, damit die fixen Kosten gedeckt sind und die Verlustzone verlassen wird?

- Deckungsbeitrag bei dieser Produktions- und Absatzmenge reicht gerade aus, um die gesamten fixen Kosten zu decken
- Betriebsergebnis: 0,00 €
- Produktions-/Absatzmenge > Gewinnschwellenmenge → Gewinn
- Produktions-/Absatzmenge < Gewinnschwellenmenge → Verlust

- **rechnerische Ermittlung:**

$$\text{Gewinnschwellenmenge} = \frac{\text{fixe Kosten}}{\text{Deckungsbeitrag je Stück}}$$

Achtung: Stückzahl auf ganze Zahl aufrunden, um in die Gewinnzone zu gelangen!

- **graphische Ermittlung:**

Die **Gewinnschwelle** ergibt sich als Schnittpunkt der Erlösgeraden mit der Selbstkostengeraden. Hier wechselt das Betriebsergebnis von der Verlustzone in die Gewinnzone:

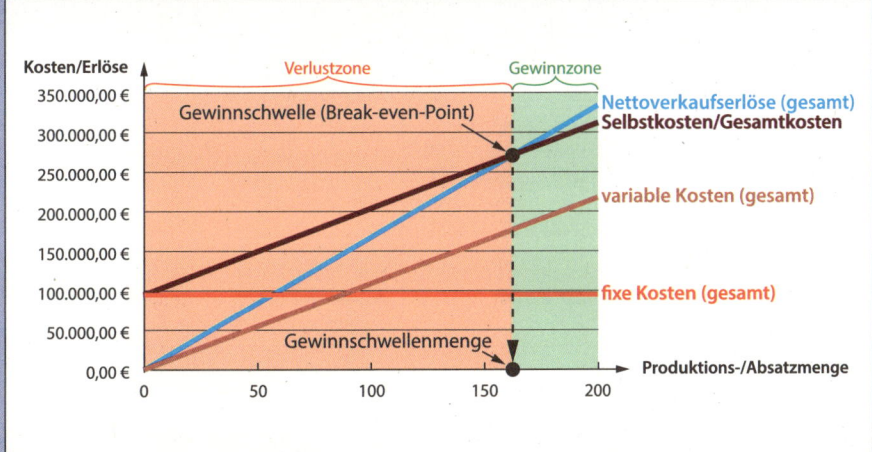

AUSLASTUNG UND KAPAZITÄT

Auslastung
= Tatsächlich von einem Unternehmen hergestellte und verkaufte Stückzahl in einem bestimmten Zeitraum.

Die Auslastung wird durch die Kapazität begrenzt.

Kapazität
= Maximal mögliche Stückzahl, die ein Unternehmen in einem bestimmten Zeitraum herstellen kann.

TEILKOSTENRECHNUNG

ERMITTLUNG BETRIEBSERGEBNIS IM ZWEIPRODUKTUNTERNEHMEN

	Produkt A	Produkt B	gesamt
Nettoverkaufspreis je Stück	... €	... €	
– variable Kosten je Stück	❶ ... €	❶ ... €	
= Deckungsbeitrag (DB) je Stück	... €	... €	
Deckungsbeitrag (DB) gesamt	❷ ... €	❷ ... €	❸ ... €
– fixe Kosten			❹ ... €
= Betriebsergebnis (Gewinn/Verlust)			... €

Bei der Berechnung muss wie folgt vorgegangen werden:

❶ Berechnung Deckungsbeitrag pro Stück für jedes Modell
❷ Deckungsbeitrag gesamt = Stückzahl · Deckungsbeitrag je Stück
❸ Addition der gesamten Deckungsbeiträge für beide Modelle
❹ Subtraktion der Fixkosten ergibt Betriebsergebnis

ENTSCHEIDUNGSSITUATIONEN

- **Produktionsprogramm** wird entsprechend der Deckungsbeiträge der Produkte optimiert; Produkteliminierung von Produkten mit niedrigstem Stückdeckungsbeitrag

- **Verkaufsförderung (Sales Promotion)** = kurzfristige Maßnahmen und Aktionen, die mögliche Kunden zum Kauf bewegen sollen; Wahl des Produkts mit dem höheren Stückdeckungsbeitrag

- **Preisuntergrenzen**

langfristige Preisuntergrenze	kurzfristige Preisuntergrenze
Deckung aller Kosten Deckungsbeitrag gesamt = Fixkosten Betriebsergebnis = 0,00 €	Deckung der variablen Kosten Deckungsbeitrag = 0,00 € Betriebsergebnis = Verlust in Höhe der Fixkosten
Langfristig kann ein Unternehmen bestehen, wenn es keinen Verlust macht, d. h. alle Kosten gedeckt sind.	Kurzfristig kann die Produktion auch aufrechterhalten werden, wenn nur die variablen Kosten gedeckt sind.

rechnerische Ermittlung:

Langfristige Preisuntergrenze Produkt A			
	Produkt A	Produkt B	gesamt
Produktion/Absatz			
Nettoverkaufspreis je Stück	❻		
– variable Kosten je Stück			
= DB je Stück	❺		
DB gesamt	❹	❸	❷
– fixe Kosten			
= Betriebsergebnis			❶ 0,00 €

Kurzfristige Preisuntergrenze Produkt A	
	Produkt A
Produktion/Absatz	
Nettoverkaufspreis je Stück	
– variable Kosten je Stück	
= DB je Stück	0,00 €

TEILKOSTENRECHNUNG

- **Zusatzaufträge** können angenommen werden, wenn folgende Bedingungen zutreffen:

1. Es sind genügend **freie Kapazitäten** vorhanden.	2. Die **variablen Kosten** werden durch den Nettoverkaufspreis mindestens **voll gedeckt**. (NVP/Stück ≥ var. Kosten/Stück)

Ziele marktorientierter Entscheidungen mithilfe der Teilkostenrechnung:

- Sicherung von Arbeitsplätzen
- Optimale Auslastung der Produktionsanlagen
- Verbesserung des Betriebsergebnisses
- Überbrückung schwieriger Marktlagen
- Beibehaltung der Marktstellung

} Langfristig muss ein Unternehmen eine Gewinnerzielung anstreben und den in der Vollkostenrechnung kalkulierten Preis erzielen.

EIGENFERTIGUNG ODER FREMDBEZUG (MAKE OR BUY)

Bei freier Kapazität ist die Eigenfertigung dem Fremdbezug dann vorzuziehen, wenn die Herstellkosten (variable Kosten + fixe Kosten) unter dem Einstandspreis bei Fremdbezug liegen.

Eigenfertigung („make")

Vorteile
- Unabhängigkeit vom Lieferer
- Qualitätssicherung

Nachteile
- Investitionen notwendig
- Kosten für Wartung und Instandhaltung

Fremdbezug („buy")

Vorteile
- Flexibilität bei Stückzahl
- Nutzung des Know-how des Lieferers
- Konzentration auf das Kerngeschäft

Nachteile
- Abhängigkeit vom Lieferer (Lieferzeit-, Qualitäts- und Preisschwankungen)

- **rechnerische Ermittlung:**

$$\text{kritische Menge} = \frac{\text{fixe Kosten}}{\text{Einstandspreis} - \text{variable Stückkosten}}$$

- **graphische Ermittlung:**

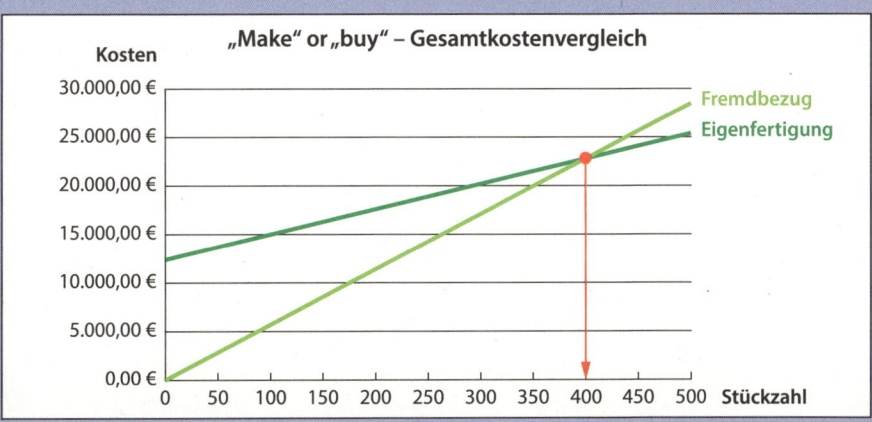

TRAINING

Übung

macht den Meister

ÜBUNGS-ABSCHLUSSPRÜFUNG 1
für den LehrplanPLUS

Als Mitarbeiterin bzw. Mitarbeiter im Unternehmen „Luisa Stein Kletterwände e. Kfr.", kurz „LSK", bearbeiten Sie verschiedene betriebswirtschaftliche Aufgaben.

Luisa Stein Kletterwände e. Kfr.
Alte Straße 15
83607 Holzkirchen

Inhaberin:	Luisa Stein
Rechtsform:	Einzelunternehmen
Geschäftsjahr:	1. Januar bis 31. Dezember 2021
Zweck des Unternehmens:	Hauptwerk Holzkirchen: Herstellung von Kletterwänden Zweigwerk Bad Aibling: Fertigung von Sprossenwandsystemen
Unternehmensphilosophie:	Klimaneutrale Kletterwände für ein Mehr an Leistungskraft und Sportfreude

Werkstoffe:

Rohstoffe
Kiefernholz, Fichtenholz, Kunststoffgranulat

Fremdbauteile
Klettergriffe, Klettersteine, Schlaufen, ...

Hilfsstoffe
Schrauben, Lacke, Leim, ...

Betriebsstoffe
Strom, Schmieröl, ...

Formale Vorgaben:

- Bei Buchungssätzen sind stets Kontennummern, Kontennamen (abgekürzt möglich) und Beträge anzugeben.
- Bei Berechnungen sind jeweils alle notwendigen Lösungsschritte und Nebenrechnungen darzustellen.
- Alle Ergebnisse sind in der Regel auf zwei Nachkommastellen gerundet anzugeben.
- Soweit nicht anders vermerkt, gilt ein Umsatzsteuersatz von 19 %.

A1 Im Unternehmen „LSK" liegt Ihnen der folgende Beleg vor:

Paul Berg Kletterfreund e. K.

Paul Berg Kletterfreund e. K., Stadtplatz 13, 83646 Bad Tölz

Firma
Luisa Stein Kletterwände e. Kfr.
Alte Straße 15
83607 Holzkirchen

Paul Berg Kletterfreund e. K.
Stadtplatz 13, 83646 Bad Tölz

Telefon: 08041 11 19 09
Telefax: 08041 11 19 21
E-Mail: service@kletterfreund.xyz
Internet: www.kletterfreund.xyz

Bad Tölz, 5. Februar 2021

RECHNUNG

Bestellung: 31.01.2021
Kunden-Nr.: 240351

Lieferdatum: 03.02.2021
Rechnung-Nr.: 210551/21

Pos.	Artikel/Bezeichnung	Menge	Einzelpreis (EUR)	Gesamtpreis (EUR)
1	Klettersteine – 23456	80	15,00	1.200,00
2	Schrauben – 41839	100	0,20	20,00
	Frachtkosten			0,00
Warenwert netto				1.220,00
+ 19 % Umsatzsteuer				231,80
Rechnungsbetrag				**1.451,80**

Wir bedanken uns für Ihren Auftrag!

Zahlbar innerhalb von 30 Tagen rein netto.
Bei Zahlung bis zum 13. Februar 2021 gewähren wir 2 % Skonto.
Die gelieferte Ware bleibt bis zur vollständigen Bezahlung unser Eigentum.

Bankverbindung:
Isarbank Bad Tölz
IBAN: DE74 5200 0000 0002 2213 48
BIC: GBBADEM1SRG

Amtsgericht München: HRA 221109
USt-IdNr.: DE 233 265 691
Steuernummer: 143/152/466621
Inhaber: Paul Berg

Bearbeiten Sie dazu folgende Aufgaben:

1.1 Bilden Sie den Buchungssatz zu nebenstehendem Beleg.

1.2 Erklären Sie die Zahlungsbedingung „30 Tage rein netto".

1.3 Geben Sie auf dem Lösungsblatt unter Angabe des Kennbuchstabens an, ob die Aussagen A bis C richtig oder falsch sind.

A	Im Gegensatz zum Unternehmen „Paul Berg Kletterfreund e. K." haftet Luisa Stein auch mit ihrem Privatvermögen.
B	Der Vermerk „Die gelieferte Ware bleibt bis zur vollständigen Bezahlung unser Eigentum" wird als Eigentumsvorbehalt bezeichnet.
C	Da „LSK" keine Frachtkosten in Rechnung gestellt werden, lautet die Lieferbedingung „ab Werk".

1.4 Bilden Sie den Buchungssatz zu folgendem Beleg:

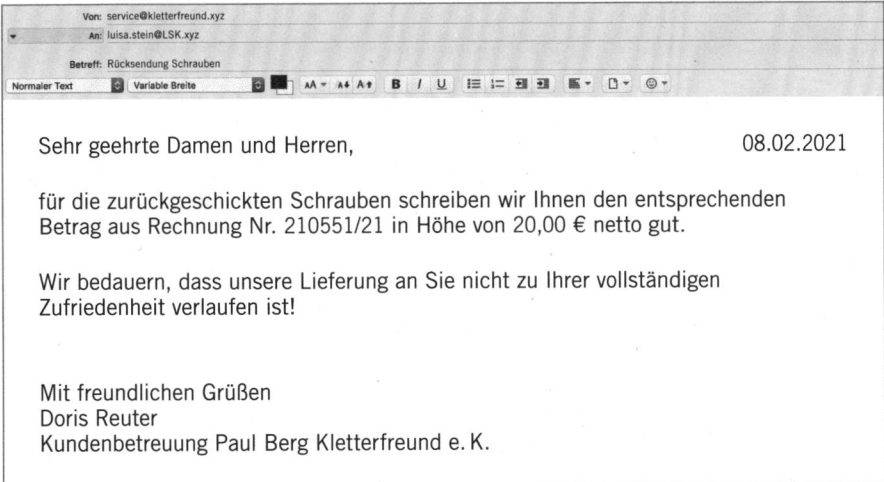

1.5 Beschreiben Sie einen Vorteil für den Lieferer durch die Skontogewährung sowie einen Vorteil für „LSK" für die Bezahlung innerhalb der Skontofrist.

1.6 Bilden Sie den Buchungssatz für den Ausgleich des noch offenen Rechnungsbetrags am 12. Februar 2021 per Banküberweisung.

1.7 Bei einer Lagebesprechung über die grundsätzliche Bestellpolitik des Unternehmens wundert sich Luisa Stein über die nach ihrer Meinung zu geringen Bestellmengen bei den Werkstoffeinkäufen.

Erläutern Sie in diesem Zusammenhang den Begriff der „optimalen Bestellmenge".

A 2 Luisa Stein beabsichtigt, liquide Mittel langfristig ertragreich anzulegen. Ein Internetartikel zur Kapitalanlage weckt das Interesse an zwei unterschiedlichen Anlageformen.

2.1 Lesen Sie dazu den Artikel auf dem Handy und ergänzen Sie die Lücken A bis C in vorliegendem Text (keine Abkürzungen).

FINANZEXPERTE

Innerhalb der letzten 50 Jahre konnte sowohl eine Geldanlage in das Edelmetall Gold als auch ein Investment in den **Weltaktienmarkt** (gemessen am **MSCI World Index**) gehörige Wertzuwächse verzeichnen.

Letztlich belief sich die Rendite bei einem reinen Goldinvestment im Zeitraum von 1970 bis 2020 auf ca. vier Prozent. Eine Geldanlage in den Weltaktienindex MSCI World hingegen kann im selben Zeitraum eine Rendite von knapp neun Prozent aufweisen. Im betrachteten Zeitraum kam es bei beiden Anlageformen immer wieder zu größeren Preisschwankungen. Schließlich hat aber ein reines Goldinvestment Anlegern langfristig weniger Rendite und mehr Schwankungen beschert als ein Investment in den Weltaktienindex MSCI World.

Ein Investment in Gold sowie eine Anlage in Aktien bilden attraktive Anlageformen für den … **Ⓐ** … Vermögensaufbau. Neben den Preisschwankungen der einzelnen Anlageformen ist die Höhe der möglichen … **Ⓑ** … ausschlaggebend für das jeweilige Investment. Einzelne Geldanlagen können aufgrund von Preisschwankungen zum Teil sehr stark an Wert verlieren. Daher empfiehlt es sich, das Vermögen gleichmäßig in verschiedene Anlagemöglichkeiten zu investieren. Diese Geldanlagestrategie wird als … **Ⓒ** … bezeichnet.

2.2 Mithilfe eines Schaubildes informiert sich Luisa Stein weiter zum Thema Aktien. Berechnen Sie den prozentualen Anteil der Anleger, die nur Aktien besitzen.

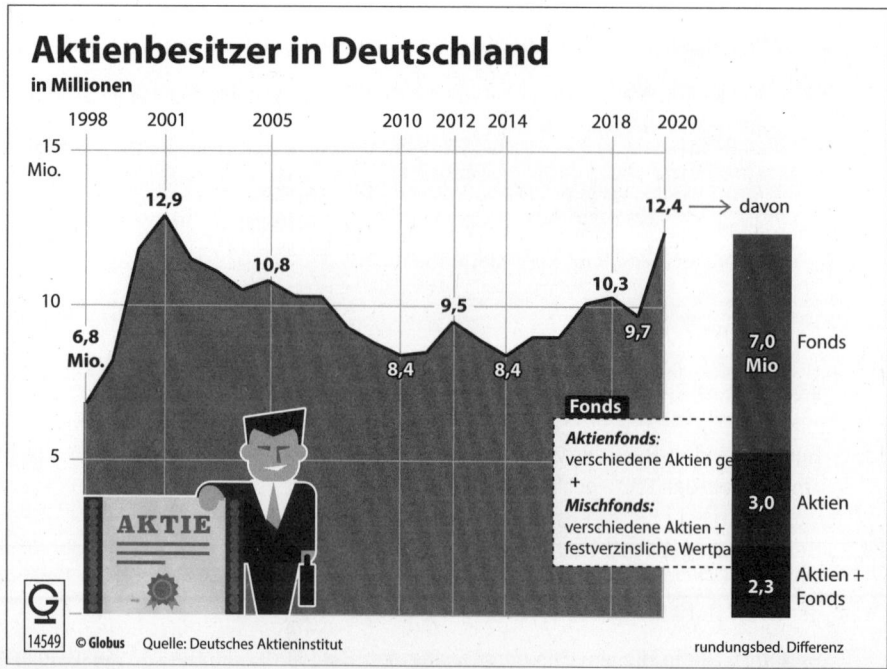

2.3 Nach reichlicher Überlegung investiert Luisa Stein einen Großteil ihrer liquiden Mittel in unterschiedliche nachhaltige Aktien. Folgender Ausschnitt eines Tabellenblattes zeigt die sich im Depot befindlichen Wertpapiere:

	Aktienbezeichnung	Stückzahl	Buchwert
1	Pumpspeicherkraftwerk Bluewater AG	122	13.307,76 €
2	Regenerative Energien Bayern AG	230	18.235,55 €
3	Windkraft Stürmich AG	95	5.277,25 €

Ermitteln Sie durch Rechnung den Stückkurs beim Kauf der „Regenerative Energien Bayern AG" Aktie, wenn die Bank 1 % Spesen vom Kurswert verlangt hat.

2.4 Seit dem Bekanntwerden einer unerwarteten Gerichtsniederlage im Rechtsstreit mit der Umweltbehörde beschließt Luisa Stein alle Aktien der „Pumpspeicherkraftwerk Bluewater AG" zu verkaufen. Bilden Sie den Buchungssatz zu folgendem Belegauszug:

ABRECHNUNG WERTPAPIERVERKAUF   Mittelstandsbank AG

Firma	Auftragsnummer	399455
Luisa Stein Kletterwände e. Kfr.	Verwahrungsart	Girosammeldepot
Alte Straße 15	Depot-Nr.	3650495
83607 Holzkirchen	Schlusstag/-zeit	03.03.2021 um
		13:21:59 Uhr

ORDERABRECHNUNG

VERKAUF	AM 03.03.2021	UM 13:21:59
Wertpapierbezeichnung	WKN	ISIN
Pumpspeicherkraftwerk Bluewater AG	238102	DE000472965
Einheit	Umsatz (Stückzahl)	Kurs
Stück	122	62,50 Euro

Kurswert	7.625,00 Euro
Spesen 1 % v. Kurswert	76,25 Euro
Gutschrift	7.548,75 Euro

Verrechnung über Konto 628 491 000 (IBAN: DE22 7606 2150 0628 4910 00); Valuta: 04. 03. 2021
Die Order wurde an folgender Börse gehandelt: Frankfurt
Order: Limitkurs: 62,50 Euro

*Bitte prüfen Sie diese Abrechnung auf Vollständigkeit und Richtigkeit.
Kapitalerträge sind einkommensteuerpflichtig. Diese Meldung wird nicht unterschrieben.*

2.5 Luisa Stein verfügt neben Wertpapieren auch noch über eine Immobilie, die derzeit an ein Fotoatelier vermietet ist. Nennen Sie neben dem Vorteil regelmäßiger Mieteinnahmen einen weiteren Vorteil, aber auch ein Risiko, das bei Geldanlagen in Immobilien besteht.

ÜBUNGS-ABSCHLUSSPRÜFUNG 1

A 3 Das Unternehmen „LSK" beabsichtigt den Ausbau des Online-Handels und schreibt deshalb die Stelle eines Kaufmanns (m/w/d) im E-Commerce-Bereich extern aus.

3.1 Geben Sie je einen Vor- und Nachteil der externen Personalbeschaffung an.

3.2 Julian Maier wird für die Stelle ausgewählt und erhält laut Arbeitsvertrag pro geleistete Arbeitsstunde einen in seiner Höhe gleichbleibenden Betrag.

3.2.1 Begründen Sie, welche Entgeltform mit Julian Maier vereinbart wurde.

3.2.2 Ihnen liegt die Lohn-/Gehaltsabrechnung des Mitarbeiters für den Monat Juli vor:

LOHN-/GEHALTSABRECHNUNG			
Abrechnungsmonat:	Juli 2021	Arbeitszeit:	40,00/40,00
Name, Vorname	Straße	PLZ/Ort	
Maier, Julian	Ottostraße 3	82054 Sauerlach	
Personalnummer	Geburtsdatum	Eintrittsdatum	Steueridentifikationsnummer
48939-28	03.04.1984	01.05.2021	59385859324
Steuerklasse	Kinderfreibetrag	Religion	Bankverbindung
Drei	1,0	röm.-kath.	IBAN: DE72 4502 0000 0322 3723 86

Steuerpflichtiges Bruttogehalt		**5.000,00 €**
Lohnsteuer	581,00 €	
Kirchensteuer	31,29 €	
Steuerabzüge gesamt		*612,29 €*
Krankenversicherung	379,74 €	
Pflegeversicherung	73,77 €	
Rentenversicherung	465,00 €	
Arbeitslosenversicherung	60,00 €	
Sozialversicherungsabzüge gesamt		*978,51 €*
Summe der gesetzlichen Abzüge		**1.590,80 €**
Nettogehalt (Auszahlungsbetrag)		**3.409,20 €**

Berechnen Sie den Anteil der gesetzlichen Abzüge vom steuerpflichtigen Bruttogehalt des Angestellten Julian Maier in Prozent.

3.2.3 Arbeitgeber- und Arbeitnehmeranteil zur Sozialversicherung sind bei Julian Maier gleich hoch. Begründen Sie diese Tatsache mithilfe der Lohn-/Gehaltsabrechnung.

3.3 Ihnen liegt das Lohn-/Gehaltsjournal des Betriebs „LSK" für den Monat Juli vor:

LOHN-/GEHALTSJOURNAL
Luisa Stein Kletterwände e. Kfr.
Monat Juli 2021

Luisa Stein Kletterwände e. Kfr.
Alte Straße 15
83607 Holzkirchen

Name	Brutto	Steuern	Soz. Vers. AN	Soz. Vers. AG	Netto
Babl, Sophia	3.000,00 €	155,87 €	603,75 €	603,75 €	2.240,38 €
Eckl, Daniel	2.500,00 €	59,57 €	503,13 €	503,13 €	1.937,30 €
...	...	...	...	...	...
Summe	67.429,50 €	7.434,34 €	24.759,59 €	24.759,59 €	35.235,57 €

Bilden Sie auf Grundlage des Lohn-/Gehaltsjournals die Buchungssätze zur Erfassung des gesamten Personalaufwands, wenn die Auszahlung per Banküberweisung erfolgt.

Das Zweigwerk in Bad Aibling hat sich auf die Produktion der Sprossenwandsysteme „Climb" sowie „Upstairs" spezialisiert. Ende des 3. Quartals liegen der Unternehmensleitung für das Zweigwerk folgende Angaben vor:

A4

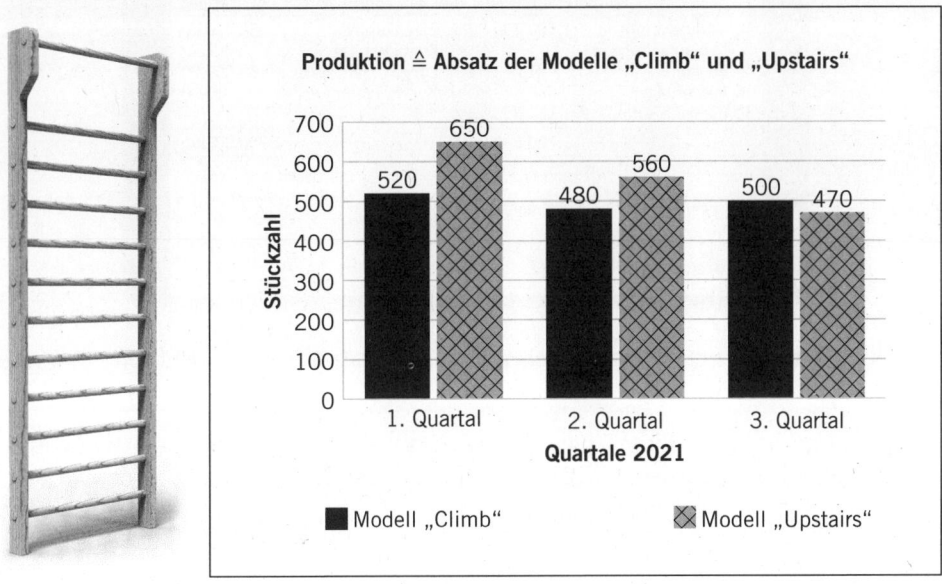

3. Quartal	„Climb"	„Upstairs"
Nettoverkaufspreis/Stück	199,00 €	99,00 €
Variable Kosten/Stück	140,00 €	65,00 €
Fixkosten	45.000,00 €	

4.1 Die Nettoverkaufspreise beider Modelle wurden von Luisa Stein bewusst gewählt. Nennen Sie den Fachbegriff für die Strategie, den Preis knapp unter den nächsten vollen Euro-Betrag zu setzen.

4.2 Um einen weiteren Absatzrückgang des Modells „Upstairs" zu verhindern, entscheidet sich Luisa Stein den Preis dieses Modells zu senken. Berechnen Sie die langfristige Preisuntergrenze auf Grundlage der Werte des 3. Quartals.

4.3 Trotz der Preissenkung ist ein weiterer Absatzrückgang beim Modell „Upstairs" erkennbar. Der Unternehmensleitung liegt eine Anfrage eines Internethändlers zur Produktion von 120 Sprossenwandsystemen des Modells „Upstairs" zum Stückpreis von 60,00 € netto vor.

4.3.1 Obwohl noch freie Kapazitäten vorhanden wären, entscheidet sich Luisa Stein gegen diesen Zusatzauftrag. Begründen Sie diese Entscheidung.

4.3.2 Als absatzfördernde Maßnahme für das Modell „Upstairs" sollen bei Kletterevents in der Region Flyer von „LSK" verteilt werden. Die Quittung für die Erstellung der Flyer über 1.200,00 € netto liegt vor. Bilden Sie den Buchungssatz.

A 5 Zu Beginn des neuen Geschäftsjahres soll ein Transporter angeschafft werden. Über die Vermögens- und Kapitalsituation von „LSK" liegt Ihnen folgendes Zahlenmaterial vor:

Aktiva	Aufbereitete Bilanz zum 31.12.2021 in €		Passiva
A. Anlagevermögen	1.500.200,50	A. Eigenkapital	950.420,00
B. Umlaufvermögen		B. Fremdkapital	
I. Vorräte	51.660,00	I. Langfr. Fremdkapital	560.000,00
II. Forderungen	38.289,00	II. Kurzfr. Fremdkapital	190.080,00
III. Flüssige Mittel	110.350,50		
	1.700.500,00		1.700.500,00

Aufwendungen	Erträge	Privatentnahmen	Privateinlagen
425.380,00 €	523.468,00 €	25.000,00 €	4.500,00 €

5.1 Die Eigenkapitalquote gibt Aufschluss über den finanziellen Zustand von „LSK". Berechnen Sie diese Kennzahl.

5.2 Die Verzinsung des Eigenkapitals ist ebenfalls von Bedeutung. Ermitteln Sie die Kennzahl der Eigenkapitalrentabilität von „LSK" und beurteilen Sie diese.

5.3 Bei der möglichen Finanzierung von Sachanlagen wird auch die Kennzahl der Anlagendeckung II herangezogen.

5.3.1 Berechnen und beurteilen Sie die Kennzahl der Anlagendeckung II.

5.3.2 Erklären Sie die „Goldene Finanzierungsregel" in Bezug auf die Finanzierung des Transporters. Das Fahrzeug soll neun Jahre im Unternehmen genutzt werden.

5.4 „LSK" hat sich Kreditangebote von zwei unterschiedlichen Banken zusenden lassen:

Kreditangebote zur Finanzierung des neuen Transporters		
KREDITKONDITIONEN	Sparbank Holzkirchen	Mittelstandsbank AG
Kreditbetrag	65.000,00 €	65.000,00 €
Zinssatz p. a.	1,70 %	1,40 %
Disagio	0,50 %	1,00 %
Laufzeit (Tage)	2160	2160
Effektiver Zinssatz	1,79 %	???

Weisen Sie rechnerisch nach, dass das Angebot der Mittelstandsbank AG dem Angebot der Sparbank Holzkirchen vorzuziehen ist.

5.5 Bilden Sie jeweils den Buchungssatz für die vorbereitenden Abschlussbuchungen zum 31.12.2021.

5.5.1 Der Versicherungsbeitrag für den Lieferwagen von „LSK" wurde am 01.10.2021 mit 1.848,00 € für ein Jahr im Voraus durch Banklastschrift eingezogen.

5.5.2 Die Geschäftsbuchführung weist bei den Klettergriffen einen Anfangsbestand von 1.300,00 € und einen Schlussbestand von 750,00 € aus.

Zur Überwachung der Kosten im Betrieb hat das Unternehmen „LSK" für den Monat November 2021 einen Betriebsabrechnungsbogen (BAB) erstellt, der Ihnen auszugsweise vorliegt:

A6

Kostenarten		I Material	II Fertigung	III Verwaltung	IV Vertrieb
Heizkosten	9.600,00 €	1.920,00 €	4.800,00 €	1.152,00 €	1.728,00 €
Hilfslöhne	12.400,00 €	1.250,00 €	7.560,00 €	1.470,00 €	2.120,00 €
Gehälter	43.000,00 €	4.300,00 €	15.050,00 €	12.900,00 €	10.750,00 €
Leasing	8.000,00 €	2.800,00 €	4.100,00 €	700,00 €	400,00 €
Kalkulatorische Abschreibungen	20.500,00 €	4.500,00 €	14.300,00 €	1.000,00 €	700,00 €
Steuern	16.100,00 €	3.220,00 €	7.245,00 €	3.220,00 €	2.415,00 €
...	...	...	...	...	...
Summe der Gemeinkosten	252.928,00 €	26.640,00 €	143.520,00 €	35.692,00 €	47.076,00 €
	Zuschlagsgrundlage	Fertigungsmaterial	Fertigungslöhne	?	
	Beträge	?	95.680,00 €	413.840,00 €	
	Zuschlagssätze	18 %	150 %	20 %	

6.1 Geben Sie einen möglichen Verteilungsschlüssel für Hilfslöhne an.

6.2 Nennen Sie die Zuschlagsgrundlage zur Berechnung des Verwaltungs- und Vertriebsgemeinkostenzuschlagssatzes.

6.3 Berechnen Sie die Höhe der Kosten des Fertigungsmaterials.

6.4 Geben Sie auf Ihrem Lösungsblatt die Kennbuchstaben der zwei zutreffenden Aussagen bezüglich eines Betriebsabrechnungsbogens an.

A	Der BAB dient dazu, die Gemeinkosten auf die einzelnen Kostenstellen verursachungsgerecht zu verteilen.
B	Die Miete für das Holzlager ist ein Beispiel für Verwaltungsgemeinkosten.
C	Sondereinzelkosten werden in den BAB aufgenommen.
D	Die kalkulatorischen Abschreibungen werden als Anderskosten bezeichnet.

6.5 Für die Herstellung einer Kletterwand „Brecherspitz" im Monat Dezember rechnet das Unternehmen mit folgenden Kosten: Materialkosten 153,40 €, Selbstkosten 648,00 €. Berechnen Sie die geplanten Fertigungskosten für eine Kletterwand, wenn die Zahlen aus dem BAB zugrunde gelegt werden.

6.6 Für die Verpackung der Kletterwand ist eine Luftpolsterfolie notwendig. Der Rechnungsbetrag für den Kauf der Folie beläuft sich auf 755,65 €. Bilden Sie den Buchungssatz.

6.7 „LSK" verkauft dem Kunden „Bergsport GmbH" Kletterwände des Modells „Brecherspitz" für 8.000,00 € netto auf Ziel. Bilden Sie den Buchungssatz.

ÜBUNGS-ABSCHLUSSPRÜFUNG 1

A 7 Ihnen liegt auszugsweise eine amtliche Bekanntmachung vor:

Amtsgericht Rosenheim   **Aktenzeichen 821 IN 1556/14**

Eröffnung Insolvenzverfahren

Über das Vermögen der Firma

Kletterspezialist Wimmer GmbH, Brannenburg,
vertreten durch den Geschäftsführer Luca Wimmer, Wendelsteinstr. 7, 83098 Brannenburg,
Registergericht: Rosenheim HRB Nr. 16666,

wird heute am 05.12.2021, um 11:00 Uhr das Insolvenzverfahren gemäß §§ 2, 3, 11, 17 ff. InsO eröffnet. Die mündliche Durchführung des Verfahrens wird angeordnet.

7.1   Nennen Sie einen möglichen Grund für die Einleitung eines solchen Verfahrens.

7.2   „LSK" stellt fest, dass die Rechnung Nr. 755/14 in Höhe von 6.545,00 € vom Kunden „Kletterspezialist Wimmer GmbH" noch nicht beglichen wurde. Bilden Sie den Buchungssatz für obigen Beleg.

7.3   Das Verfahren gegenüber „Kletterspezialist Wimmer GmbH" wurde mangels Masse eingestellt.

7.3.1   Erklären Sie diesen Sachverhalt.

7.3.2   Bilden Sie den entsprechenden Buchungssatz.

7.4   Factoring bildet eine Möglichkeit, sich gegen einen Forderungsausfall abzusichern.

7.4.1   Erläutern Sie den Ablauf des Factorings.

7.4.2   Beurteilen Sie folgende Aussage von Luisa Stein: *„Factoring bietet zahlreiche Vorteile. Ich werde dies in meinem Unternehmen einführen."*

7.5   Luisa Stein liest in der Zeitung folgende Nachricht:

Jobverlust durch Insolvenz

Berlin (diz) – Im Falle einer Unternehmensinsolvenz sind die Arbeitnehmer immer die ersten, die betroffen sind. Wenn ein Insolvenzverfahren eröffnet wird, müssen diese zunächst ihre Forderungen innerhalb einer bestimmten Frist beim Insolvenzverwalter anmelden. Ist ihnen noch nicht gekündigt worden, bekommen sie ihr Geld dann auch von ihm ausgezahlt.

Nach Schätzungen von Experten waren im Jahr 2019 insgesamt 218 000 Personen betroffen, die durch eine Unternehmensinsolvenz ihren Arbeitsplatz verloren haben. Das waren 20 000 mehr als im Jahr zuvor.
Von den 19 900 Unternehmen, die im Jahr 2019 in die Insolvenz gegangen sind, hatten ca. 81 % höchstens fünf Beschäftigte.

(Quelle: Globus; bearbeitet)

7.5.1   Geben Sie an, wer den Arbeitnehmern nach Eröffnung eines Insolvenzverfahrens das Arbeitsentgelt auszahlt.

7.5.2   Die Arbeitsplatzverluste, die durch insolvente Unternehmen entstanden sind, haben sich 2019 gegenüber dem Vorjahr erhöht. Ermitteln Sie den Anstieg dieser Arbeitsplatzverluste in Prozent.

7.5.3   Ermitteln Sie die Anzahl der insolventen Unternehmen mit höchstens fünf Mitarbeitern im Jahr 2019.

"LSK" gestaltet die komplette Fertigungsstraße um. Diese Maßnahme ermöglicht es dem Unternehmen, sich auf dem Absatzmarkt neu auszurichten.

A8

8.1 Für die Finanzierung der Erneuerungen ist ein Bankkredit nötig. Als Bewilligungsgrundlage für den Kredit wird der aktualisierte Businessplan herangezogen.

8.1.1 Definieren Sie den Begriff „Businessplan".

8.1.2 Im Businessplan begründet Luisa Stein unter dem Gliederungspunkt „Organisation" auch die Wahl der Rechtsform. Nennen Sie zwei Vorteile von Einzelunternehmen.

8.1.3 Geben Sie einen weiteren Gliederungspunkt in einem Businessplan an.

8.2 Die Bank hat „LSK" einen Kredit in Höhe von 250.000,00 € mit einer Laufzeit von zehn Jahren bewilligt. Ihnen liegt in diesem Zusammenhang der folgende Beleg vor:

Mittelstandsbank AG					
IBAN DE22 7606 2150 0628 4910 00 BIC BMIBDEGHXXX				Auszug/Jahr 238/2021 Blatt-Nr. 1	
KONTOAUSZUG					Betrag in €
BuTag	**Wert**	**Bu.-Nr.**	**Vorgang**	**Alter Kontostand**	24.785,20 +
01.11.	01.11.	471	Darlehen Nr. 10073758 Zinsen: 1.354,25 € Tilgung: 6.308,00 €		7.662,25 −
				Neuer Kontostand	17.122,95 +
Luisa Stein Kletterwände e.Kfr., 83607 Holzkirchen					
Als Bank immer für Sie da! – Nutzen Sie unseren Service vor Ort sowie online –				Letzte Erstellung: 29.10.2021 Erstellungstag: 02.11.2021 / 11:40	

8.2.1 Bilden Sie den Buchungssatz zu Buchungs-Nr. 471.

8.2.2 Im Folgemonat Dezember werden erneut 7.662,25 € abgebucht. Diese zweite Rate setzt sich aus 6.342,25 € Tilgung und 1.320,00 € Zinsen zusammen. Ermitteln Sie die Höhe der Restschuld nach diesen beiden Ratenzahlungen.

8.3 Für die Umsetzung der Produktionsmodernisierung liegt Luisa Stein ein Angebot für eine neue Maschine vor:

Maschinengroßhandel A&M Angebot: Press- und Klebemaschine „PKM – 4.0"	
Motorleistung:	45 kW
Stromkosten pro Jahr:	2.800,00 €
Listenpreis:	85.800,00 €
Lieferkosten (netto):	500,00 €

8.3.1 Berechnen Sie die mögliche Einsparung in Euro, wenn die neue Press- und Klebemaschine die Stromkosten der Fertigungsstraße pro Jahr um 12,5 % reduzieren würde.

8.3.2 „LSK" nimmt das Angebot vom „Maschinengroßhandel A&M" an. Bilden Sie den Buchungssatz für den Rechnungseingang.

LÖSUNGEN ÜBUNGS-AP 1

A 1 **1.1**

6010 AWF	1.200,00 €				
6020 AWH	20,00 €				
2600 VORST	231,80 €	an	4400 VE	1.451,80 €	4

ⓘ In der vorliegenden Abschlussprüfung sind Sie Mitarbeiterin bzw. Mitarbeiter des Unternehmens „LSK". Da es sich um eine Eingangsrechnung, ausgestellt vom Lieferanten Paul Berg Kletterfreund e. K., handelt, ist der Buchungssatz für den Zieleinkauf zu bilden. Dabei ist zu unterscheiden, dass die Klettersteine als Fremdbauteile im Konto 6010 AWF und die Schrauben als Hilfsstoffe im Konto 6020 AWH jeweils im Soll gebucht werden.

1.2 Bei Zahlung innerhalb von 30 Tagen ist der in der Rechnung genannte Rechnungsbetrag in voller Höhe zu bezahlen. | 1

ⓘ Bei den Zahlungsbedingungen werden die beiden Arten „Mit Skontoabzug" und „Ohne Skontoabzug" unterschieden. Der Zahlungsbedingung „Ohne Skontoabzug" wird auch die Formulierung „rein netto" gleichgesetzt. Nach Ablauf der Skontofrist bis zum Zahlungsziel (z. B. 30 oder 60 Tage) ist somit der volle Rechnungsbetrag ohne Abzug zu begleichen.

1.3

A	falsch	B	richtig	C	falsch	3

ⓘ
A	Sowohl Paul Berg als eingetragener Kaufmann (e. K.) als auch Luisa Stein als eingetragene Kauffrau (e. Kfr.) führen ein Einzelunternehmen. Bei dieser Rechtsform schließt die Haftung neben dem Geschäftsvermögen auch das Privatvermögen ein.
B	Der Eigentumsvorbehalt ist ein Vermerk in einer Rechnung, durch den sich der Verkäufer das Eigentum an der Ware bis zur vollständigen Kaufpreiszahlung des Kunden sichert. Wird der Kaufpreis nicht bezahlt, hat der Lieferer einen Herausgabeanspruch des betreffenden Gegenstands.
C	In der Eingangsrechnung werden keine Transportkosten berechnet. Die entsprechende Lieferbedingung wird als „frei Haus" bezeichnet.

1.4

4400 VE	23,80 €	an	6020 AWH	20,00 €	
			2600 VORST	3,80 €	3

ⓘ „LSK" erhält eine Gutschrift für die Rücksendung von Schrauben (= Hilfsstoffe). Der Wert muss deshalb mithilfe einer Storno- bzw. Rückbuchung korrigiert werden. Der ursprüngliche Buchungssatz wird dabei „umgedreht". Die Rücksendung vermindert den Aufwand, deshalb wird im Konto 6020 AWH im Haben gebucht. Entsprechend muss auch die Vorsteuer im Haben korrigiert werden.

1.5
Vorteil für den Lieferer: Er erhält sein Geld früher und bleibt somit liquide.
Vorteil für uns als Kunde: Wir müssen weniger bezahlen, da sich der Rechnungsbetrag um den Skontoabzug verringert. | 2

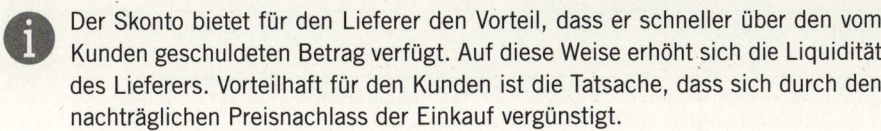

Der Skonto bietet für den Lieferer den Vorteil, dass er schneller über den vom Kunden geschuldeten Betrag verfügt. Auf diese Weise erhöht sich die Liquidität des Lieferers. Vorteilhaft für den Kunden ist die Tatsache, dass sich durch den nachträglichen Preisnachlass der Einkauf vergünstigt.

1.6

ursprünglicher Rechnungsbetrag	1.451,80 €			
− Gutschrift für Rücksendung	23,80 €			
= offener Rechnungsbetrag	1.428,00 €	100 %	: 1,19 →	24,00 €
− Bruttoskonto	28,56 €	2 % →		4,56 €
= **Überweisungsbetrag**	**1.399,44 €**	98 %		

4400 VE	1.428,00 €	an	2800 BK	1.399,44 €
			6012 NF	24,00 €
			2600 VORST	4,56 €

„LSK" überweist laut Angabe die vorliegende Rechnung Nr. 210551/21 am 12. Februar 2021. Gemäß Zahlungsbedingungen (siehe Beleg) wird bis zum 13. Februar 2021 ein Skontoabzug von 2 % gewährt, weshalb hier der Skontobuchungssatz des Einkaufsbereichs zu bilden ist. Die Angabe der Nebenrechnung ist Pflicht!

Außerdem ist zu beachten, dass vor der Durchführung der Skontoberechnung der ursprüngliche Rechnungsbetrag um die Gutschrift aus der Rücksendung zu berichtigen ist.

1.7 Unter einer optimalen Bestellmenge ist die Beschaffungsmenge zu verstehen, bei der die Gesamtkosten (Bestell- und Lagerkosten) am niedrigsten sind.

Zu bedenken ist jedoch, dass bei der Bestimmung der optimalen Bestellmenge immer ein Zielkonflikt zwischen niedrigen Bestellkosten (z. B. Bezugskosten) und niedrigen Lagerkosten (z. B. Personalkosten) vorherrscht.

ÜBUNGS-ABSCHLUSSPRÜFUNG 1

A2 **2.1**

A	langfristigen	B	Rendite	C	Diversifikation

A	Der Artikel gibt über die positive Entwicklung der Anlageformen Gold und Aktien innerhalb von 50 Jahren (1970 bis 2020) Auskunft.
B	Vergleichskriterium für den Erfolg einer Anlageform ist in dem Artikel der erzielte Wertzuwachs, also die Rendite.
C	„Diversifikation" erschließt sich aus dem Inhalt des Artikels, aber nicht im genauen Wortlaut. Sie ist eine Methode, mit der die Risiken der Vermögensanlage verringert werden können. Dabei wird das verfügbare Geld immer in verschiedene (diverse) Geldanlagemöglichkeiten eingebracht (Streuung).

2.2 12,4 Mio. $\triangleq$ 100 %
3,0 Mio. $\triangleq$ x %

$x = \dfrac{3{,}0 \cdot 100}{12{,}4} = 24{,}19$ → Der prozentuale Anteil der Aktienbesitzer im Jahr 2020 beträgt 24,19 %.

Um den Prozentanteil zu berechnen, müssen die Werte dem Schaubild entnommen werden. Die Anzahl derjenigen, die lediglich Aktien besitzen, beträgt 3,0 Mio. im Jahr 2020. Die Gesamtzahl der Aktien- und Fondsbesitzer in Deutschland stellt den Grundwert dar (100 %).

2.3

Kurswert		18.055,00 €	100 %
+ Spesen		180,55 €	1 %
= Banklastschrift (Buchwert)		18.235,55 €	101 %

Stückkurs in € = 18.055,00 : 230 = 78,50

In der Banklastschrift (18.235,55 €) sind die Spesen als Anschaffungsnebenkosten bereits erfasst. Es wird auf den Kurswert ($\triangleq$ 100 %) zurückgerechnet. Um den Stückkurs zu erhalten, wird der Kurswert durch die Stückzahl dividiert.

2.4

Bankgutschrift		7.548,75 €
– Banklastschrift (Buchwert)		13.307,76 €
= Kursverlust		**– 5.759,01 €**

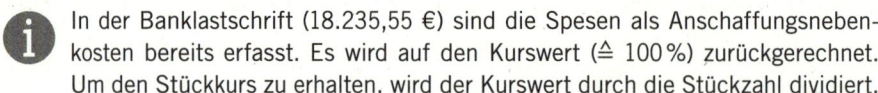

2800 BK	7.548,75 €			
7460 VAWP	5.759,01 €	an	1500 WP	13.307,76 €

Durch den Aktienverkauf vermindert sich der Bestand an Wertpapieren im aktiven Bestandskonto 1500 WP, das mit dem Buchwert aus Angabe 2.3 im Haben gebucht wird. Die Bankgutschrift ist im Konto 2800 BK im Soll zu erfassen. Um den Erfolg des Aktiengeschäfts zu ermitteln, wird die Bankgutschrift beim Verkauf mit der Banklastschrift beim Kauf verglichen. Als Differenz ergibt sich ein Kursverlust (negativer Betrag), der als Aufwand im Soll des Kontos 7460 VAWP gebucht wird. Anfallende Spesen werden sofort abgezogen und nicht gebucht.

2.5 Vorteil: z. B.: Wertsteigerung bei einer guten Lage der Immobilie
Nachteil: z. B.: Ausbleiben von Mieteinnahmen aus verschiedensten Gründen

Weitere Vorteile: Unabhängigkeit von Börsenschwankungen und politischen Konflikten, Schutz vor Inflation (Geldentwertung), …
Weitere Nachteile: Hohe Kaufnebenkosten (z. B. für Notar und Grundbucheintrag), laufende Kosten für Instandhaltung, …

ÜBUNGS-ABSCHLUSSPRÜFUNG 1

3.1 Vorteil: z. B.: Besetzung nach allen geforderten Qualifikationen möglich
Nachteil: z. B.: Längere Eingewöhnungszeit als bei interner Besetzung

> Weitere Vorteile: Größere Auswahl an Bewerbern, kein negativer Einfluss abgelehnter Bewerber auf das Betriebsklima, ...
> Weitere Nachteile: Arbeitsverhalten und Persönlichkeit nicht im Detail bekannt, kostenintensivere Art der Stellenbesetzung, ...

3.2.1 Julian Maier bezieht ein Zeitentgelt. Hier erfolgt die Bezahlung der Arbeitsleistung nach der erbrachten Arbeitszeit.

> Weitere Entgeltformen sind das Leistungs- und Beteiligungsentgelt. Beim Leistungsentgelt wird die Arbeitsleistung nach der geleisteten Arbeitsmenge (Stückzahl) berechnet. Das Beteiligungsentgelt (Gewinnbeteiligung) ist durch eine zusätzliche Entlohnung (oft nach Höhe des Unternehmenserfolges) mit dem Ziel der Bindung zum Unternehmen gekennzeichnet.

3.2.2 5.000,00 € ≙ 100 %
1.590,80 € ≙ x %

$$x = \frac{1.590,80 \cdot 100}{5.000,00} = 31,82$$ → Der prozentuale Anteil der gesetzlichen Abzüge vom Bruttogehalt beträgt 31,82 %.

> Um den Prozentanteil zu berechnen, müssen die Werte der Lohn-/Gehaltsabrechnung entnommen werden. Die Summe der gesetzlichen Abzüge beläuft sich bei Julian Maier auf 1.590,80 € (Steuer- und Sozialversicherungsabzüge). Das steuerpflichtige Bruttogehalt stellt den Grundwert dar (100 %).

3.2.3 Die Anteile zur Sozialversicherung unterscheiden sich lediglich im Zuschlag für kinderlose Arbeitnehmer ab 23 Jahren. Da Julian Maier Kinder hat, muss er diesen Zuschlag nicht leisten.

> Die Kranken-, Pflege-, Renten- und Arbeitslosenversicherung gehören zu den gesetzlichen Sozialversicherungen. Die Höhe der Beiträge ist abhängig von der Höhe des Bruttoentgelts. Arbeitgeber und -nehmer teilen sich dabei die jeweils fälligen Beiträge hälftig auf. Lediglich Kinderlose mit Vollendung des 23. Lebensjahres haben bei der Pflegeversicherung einen Zuschlag von 0,25 % im Vergleich zum Arbeitgeberanteil zu leisten.

3.3

6200 LG	67.429,50 €	an	2800 BK	35.235,57 €
			4830 VFA	7.434,34 €
			4840 VSV	24.759,59 €
6400 AGASV	24.759,59 €	an	4840 VSV	24.759,59 €

> Für die Erfassung des Personalaufwands sind zwei Buchungssätze zu bilden. Im ersten werden die gesamten Bruttoverdienste der Mitarbeiter als Aufwand (6200 LG) im Soll bei gleichzeitiger Berücksichtigung der Auszahlung des Nettoverdienstes per Banküberweisung (2800 BK) und der Steuer- (4830 VFA) und Sozialversicherungsbeiträge des Arbeitnehmers (4840 VSV) im Haben erfasst. Im zweiten Buchungssatz sind die Sozialversicherungsbeiträge des Arbeitgebers (6400 AGASV) in einem separaten Buchungssatz zu buchen. Die Beträge zu den jeweiligen Konten können dem Lohn-/Gehaltsjournal entnommen werden.

A4

4.1 Schwellenpreisstrategie

ℹ️ Die jeweiligen „glatten" Modellpreise von 199,00 € und 99,00 € erscheinen für den Kunden günstiger, obwohl sie nur unwesentlich niedriger sind. Der Kunde lässt sich u. a. aus psychologischen Gründen zum Kauf bewegen.

4.2

	„Climb" 500 Stück (€)	„Upstairs" 470 Stück (€)	gesamt (€)
Nettoverkaufserlöse	199,00	❻ 97,98	
− Variable Kosten	140,00	65,00	
= Stück-DB	59,00	❺ 32,98	
Gesamt-DB	❸ 29.500,00	❹ 15.500,00	❷ 45.000,00
− Fixkosten			45.000,00
= Betriebsergebnis		❶	0,00

→ Langfristige Preisuntergrenze „Upstairs" = 97,98 €

ℹ️ Die Ermittlung der langfristigen Preisuntergrenze erfolgt in sechs Schritten:
❶ Das Betriebsergebnis wird auf 0,00 € gesetzt.
❷ Die Höhe des Gesamtdeckungsbeitrags entspricht den gesamten Fixkosten.
❸ Die Preise für das andere Produkt (hier „Climb") bleiben unverändert.
❹ Durch Subtraktion des Deckungsbeitrags für das Produkt „Climb" vom Gesamtdeckungsbeitrag wird der neue Deckungsbeitrag für das Produkt „Upstairs" ermittelt.
❺ Anschließend wird beim Produkt „Upstairs" der Deckungsbeitrag gesamt durch die Stückzahl dividiert, sodass sich der Deckungsbeitrag/Stück ergibt.
❻ Die Rückwärtsrechnung mit unveränderten variablen Kosten/Stück liefert den neuen Nettoverkaufspreis = langfristige Preisuntergrenze.

4.3.1 z. B.: Der Zusatzauftrag wird nicht angenommen, da die variablen Kosten in Höhe von 65,00 € nicht gedeckt sind.

ℹ️ Allgemein müssen zwei Bedingungen für das Annehmen eines Zusatzauftrages überprüft werden. Zum einen müssen freie Kapazitäten vorhanden sein. Zum anderen kann das Betriebsergebnis nur dann verbessert werden, wenn der Nettoverkaufspreis je Stück höher ist als die variablen Kosten je Stück.

4.3.2

| 6870 WER | 1.200,00 € | | | |
| 2600 VORST | 228,00 € | an | 2880 KA | 1.428,00 € |

ℹ️ Der Nettopreis für die Erstellung der Flyer ist als Aufwand für Werbung im Konto 6870 WER im Soll zu buchen. Die fällige Vorsteuer wird ebenfalls im Soll gebucht. Da die Flyer bar (Quittung!) bezahlt werden, wird als Zahlungsmittelkonto das Konto 2880 KA im Haben benötigt.

ÜBUNGS-ABSCHLUSSPRÜFUNG 1

5.1 Eigenkapitalquote in % = $\dfrac{950.420,00 \cdot 100}{1.700.500,00}$ = 55,89

ℹ️ Zur Berechnung der Eigenkapitalquote sind in die folgende Formel die entsprechenden Werte einzusetzen:

Eigenkapitalquote in % = $\dfrac{\text{Eigenkapital} \cdot 100}{\text{Gesamtkapital}}$

Der Durchschnittswert beträgt in Deutschland ca. 30 %.

5.2 Gewinn (Jahresüberschuss) in € = 523.468,00 − 425.380,00 = 98.088,00

Eigenkapital (Anfangsbestand)	872.832,00 €
+ Gewinn (Jahresüberschuss)	98.088,00 €
+ Privateinlagen	4.500,00 €
− Privatentnahmen	25.000,00 €
= Eigenkapital (Schlussbestand)	950.420,00 €

Eigenkapitalrentabilität in % = $\dfrac{98.088,00 \cdot 100}{872.832,00}$ = 11,24

→ z. B.: Die Eigenkapitalrentabilität ist im Vergleich zu anderen Anlageformen gut, da sie mit 11,24 % weit über dem marktüblichen Zinssatz liegt.

ℹ️ Zunächst muss mit dem bekannten Schema durch Rückwärtsrechnung der Anfangsbestand des Eigenkapitals ermittelt werden. Um die Eigenkapitalrentabilität zu berechnen, sind die Werte in die folgende Formel einzusetzen:

Eigenkapitalrentabilität in % = $\dfrac{\text{Gewinn (Jahresüberschuss)} \cdot 100}{\text{Eigenkapital (Anfangsbestand)}}$

Die Verzinsung des eingesetzten Eigenkapitals sollte weitaus höher sein als der aktuelle marktübliche Zinssatz auf den freien Kapitalmärkten. Die Zielvorgabe liegt in Deutschland bei 10 % bis 20 %. Diese Höhe berücksichtigt, dass durch den Gewinn außerdem noch der Unternehmerlohn abgegolten und das unternehmerische Risiko abgedeckt wird.

5.3.1 Anlagendeckung II in % = $\dfrac{(950.420,00 + 560.000,00) \cdot 100}{1.500.200,50}$ = 100,68

→ Das Ergebnis zur Anlagendeckung II liefert einen guten Wert, da der Zielwert größer als 100 % sein sollte.

ℹ️ Zur Berechnung der Anlagendeckung II sind in die folgende Formel die entsprechenden Werte einzusetzen:

Anlagendeckung II in % = $\dfrac{(\text{Eigenkapital} + \text{langfristiges FK}) \cdot 100}{\text{Anlagevermögen}}$

Der Idealwert sollte größer als 100 % sein.

5.3.2 z. B.: Langfristiges Vermögen soll auch langfristig finanziert sein. Strebt Luisa Stein die Anschaffung eines neuen Transporters an, der neun Jahre nutzbar ist, dann sollte die Finanzierung des Transporters auch auf neun Jahre ausgerichtet sein (Grundsatz der Fristengleichheit).

ℹ️ Wird die Goldene Finanzierungsregel eingehalten, ist die benötigte Liquidität vorhanden, um die mit der Sachanlage erwirtschafteten Finanzmittel für die Kreditrückzahlung zu verwenden.

5.4 ❶ Kreditbetrag 65.000,00 € | 100 %
– Disagio 650,00 € | 1 %
= **Auszahlungsbetrag** 64.350,00 € ↓ 99 %

❷ Zinsen in € = $\dfrac{65.000,00 \cdot 1,4 \cdot 2160}{100 \cdot 360}$ = 5.460,00

Zinsen 5.460,00 €
+ Disagio 650,00 €
= **tatsächliche Kreditkosten** 6.110,00 €

❸ Effektiver Zinssatz in % = $\dfrac{6.110,00 \cdot 100 \cdot 360}{64.350,00 \cdot 2160}$ = 1,58

→ z. B.: Das Angebot der Mittelstandsbank AG ist dem der Sparbank Holzkirchen aufgrund des niedrigeren effektiven Zinssatzes vorzuziehen. **4**

> Die Berechnung des effektiven Zinssatzes erfolgt in drei Schritten:
> ❶ **Berechnung des Auszahlungsbetrags**
> Laut Angabe ist bei der Kreditbereitstellung ein Disagio von 1% zu berücksichtigen. Dieser vorausbezahlte Zins wird zuerst in einem Rechenschema vom Kreditbetrag abgezogen und es ergibt sich der Auszahlungsbetrag.
> ❷ **Berechnung der tatsächlichen Kreditkosten**
> Der effektive Zinssatz berücksichtigt alle Kreditkosten. Daher werden zuerst die anfallenden Kreditkosten (Zinsen und Disagio) addiert. Die Berechnung der Zinsen erfolgt mit der Tageszinsformel:
>
> Zinsen in € = $\dfrac{\text{Kreditbetrag} \cdot \text{Zinssatz} \cdot \text{Kreditlaufzeit}}{100 \cdot 360}$
>
> ❸ **Berechnung des effektiven Zinssatzes**
> In die umgestellte Zinsformel werden die entsprechenden Werte eingesetzt:
>
> Effektiver Zinssatz in % = $\dfrac{\text{tatsächliche Kreditkosten} \cdot 100 \cdot 360}{\text{Auszahlungsbetrag} \cdot \text{Kreditlaufzeit}}$

5.5.1
```
01.10.21        31.12.21                               30.09.22
|    3 Monate    |            9 Monate                    |
|    462,00 €    |           1.386,00 €                   |
```

2900 ARA 1.386,00 € an 6900 VBEI 1.386,00 € **3**

> Da der Versicherungsbeitrag (6900 VBEI) bereits im Voraus (Oktober) als Aufwand gebucht wurde, liegt eine Aktive Rechnungsabgrenzung (2900 ARA) vor. Der abzugrenzende Betrag bezieht sich immer auf das nächste Jahr (hier 9 Monate).

5.5.2 Schlussbestand 750,00 €
– Anfangsbestand 1.300,0 €
= **Bestandsminderung** – 550,00 €

6010 AWF 550,00 € an 2010 F 550,00 € **3**

> Eine Bestandsminderung bedeutet im aktiven Bestandskonto 2010 F: Anfangsbestand > Schlussbestand. Es wurden weniger Fremdbauteile eingelagert als entnommen und verbraucht. Der tatsächliche Fremdbauteilaufwand ist höher als zunächst gebucht. Dies muss im Soll des Kontos 6010 AWF korrigiert werden.

23

ÜBUNGS-ABSCHLUSSPRÜFUNG 1

A6

6.1 Nach Arbeitsstunden (Zeitschlüssel)

> Ein verursachungsgerechter Verteilungsschlüssel für die Hilfslöhne ist der Faktor Arbeitsstunden (= Zeitschlüssel), da zwischen Hilfslöhnen und Arbeitsstunden ein hohes Maß an Abhängigkeit besteht.

6.2 Herstellkosten des Umsatzes

> Als Zuschlagsgrundlage gelten sowohl in der Kostenstelle III (Verwaltung) als auch in der Kostenstelle IV (Vertrieb) die Herstellkosten des Umsatzes.

6.3

Fertigungsmaterial	**148.000,00 €**	100 %
+ Materialgemeinkosten	26.640,00 €	18 %
= Materialkosten		118 %

$$\text{Fertigungsmaterial in €} = \frac{26.640,00 \cdot 100}{18} = 148.000,00$$

> Das Fertigungsmaterial fällt in der Kostenstelle I (Material) an. Daher wird das Berechnungsschema dieser Kostenstelle mit den anfallenden Einzel- (Fertigungsmaterial) und Gemeinkosten benötigt. Ausgehend von den Gemeinkosten werden mit dem Dreisatz die Kosten für das Fertigungsmaterial berechnet.

6.4 A, D

A	Gemeinkosten können dem Kostenträger nur indirekt über den Betriebsabrechnungsbogen mithilfe von Verteilungsschlüsseln zugerechnet werden.
B	Das Holzlager ist der Kostenstelle I Material zugeordnet. Beispiele für Verwaltungsgemeinkosten sind: Gehalt der Chefsekretärin, Reinigungskosten für die Büros, ...
C	Sondereinzelkosten fallen für einen einzelnen Auftrag an. Sie können einem Kostenträger zwar direkt zugeordnet werden, fallen aber außerhalb des normalen Rahmens an, z. B. für Spezialwerkzeug, Lizenzen und Patente.
D	Kalkulatorische Abschreibungen sind Anderskosten, die im Rechnungskreis II in anderer Höhe anfallen als im Rechnungskreis I. Dies liegt u. a. daran, dass die bilanziellen Abschreibungen im Rechnungskreis I von den tatsächlichen Anschaffungskosten und die kalkulatorischen Abschreibungen im Rechnungskreis II vom erwarteten Wiederbeschaffungswert berechnet werden.

6.5

Materialkosten	153,40 €	
+ **Fertigungskosten**	**386,60 €**	
= Herstellkosten	540,00 €	100 %
+ Verwaltungs-/Vertriebsgemeinkosten	108,00 €	20 %
= Selbstkosten	648,00 €	120 %

> Ausgehend von den gegebenen Selbstkosten (vermehrter Grundwert) ist eine Rückwärtsrechnung mit den entsprechenden Angaben des Betriebsabrechnungsbogens (gemeinsamer Zuschlagssatz im Verwaltungs- und Vertriebsbereich von 20 %) zu den Herstellkosten vorzunehmen. Anschließend können entsprechend dem Schema mit dem zusätzlich gegebenen Materialkostenbetrag durch eine Differenzrechnung die Fertigungskosten bestimmt werden.

ÜBUNGS-ABSCHLUSSPRÜFUNG 1

6.6
6040 AWVM	635,00 €			
2600 VORST	120,65 €	an	4400 VE	755,65 €

3

ℹ️ Verpackungsmaterial (Luftpolsterfolie), das für den Versand unserer Fertigerzeugnisse gebraucht wird, wird als Aufwand im Konto 6040 AWVM im Soll gebucht. Der Kauf ist umsatzsteuerpflichtig. Da eine Eingangsrechnung vorliegt, wird das Konto 4400 VE im Haben benötigt.

6.7
2400 FO	9.520,00 €	an	5000 UEFE	8.000,00 €
			4800 UST	1.520,00 €

3

ℹ️ Da es sich um einen Zielverkauf von uns an den Kunden „Bergsport GmbH" handelt, ist der Buchungssatz für den Zielverkauf von Fertigerzeugnissen zu bilden.

15

A7

7.1 z. B.: Zahlungsunfähigkeit, weitere Überschuldung des Unternehmens oder drohende Zahlungsunfähigkeit

1

ℹ️ Ein Insolvenzverfahren kann zum einen durch das von einer Insolvenz betroffenen Unternehmen selbst, als auch durch einen Gläubiger mithilfe eines Insolvenzantrags eingeleitet werden.

7.2
2470 ZWFO	6.545,00 €	an	2400 FO	6.545,00 €

2

ℹ️ Durch die Bekanntmachung, dass ein Insolvenzverfahren gegen den Kunden eröffnet wurde, wird die bisher als einwandfrei geltende Forderung zu einer zweifelhaften Forderung. Der Forderungsbetrag ist aus dem Konto 2400 FO im Haben auszubuchen und ins Konto zweifelhafte Forderungen im Soll umzubuchen.

7.3.1 z. B.: Das vorhandene Vermögen des Schuldners reicht nicht einmal aus, um die Verfahrenskosten für Insolvenzverwalter und Gericht zu decken.

1

ℹ️ Das Unternehmen wird schließlich aufgelöst und aus dem Handelsregister gelöscht. Es folgt das Liquidationsverfahren.

7.3.2
6950 ABFO	5.500,00 €			
4800 UST	1.045,00 €	an	2470 ZWFO	6.545,00 €

3

ℹ️ Der Forderungsausfall (Nettoausfall) wird direkt abgeschrieben und im Konto 6950 ABFO auf der Sollseite gebucht. Die nicht erhaltene Umsatzsteuer muss auch nicht an das Finanzamt abgeführt werden und wird auf der Sollseite mit dem entsprechenden Betrag korrigiert.

7.4.1 z. B.: Beim Factoring verkaufen Unternehmen ihre offenen Rechnungen vor deren Fälligkeit an einen Finanzdienstleister, den Factor. Dieser übernimmt die Forderung und kümmert sich um den Einzug der fälligen Beträge inklusive Mahnwesen, Inkasso und Buchführung.

2

ℹ️ Durch Factoring sichert sich der Verkäufer vor Zahlungsausfällen ab. Die eigene Finanzplanung wird damit unabhängig vom Zahlungsverhalten der Kunden.

7.4.2 z. B.: Ich finde die Entscheidung sinnvoll, da dadurch im Unternehmen „LSK" der ausstehende Forderungsbetrag sofort zur Verfügung steht.

oder: Ich finde die Entscheidung nicht gut, da durch den Verkauf der Forderung an den Factor ggf. die Kundenbeziehung belastet wird.

| 2

ℹ️ Factoring bietet zahlreiche Vorteile wie z. B. die Übernahme des Ausfallrisikos durch den Factor oder den geringeren Verwaltungsaufwand beim Lieferer. Dennoch dürfen die Nachteile wie z. B. die hohen Gebühren für die Finanzdienstleistung nicht übersehen werden.

7.5.1 Insolvenzverwalter

| 1

ℹ️ Der vorliegende Zeitungsbericht ist genau zu lesen. Der geforderte Fachbegriff kann dem Text entnommen werden.

7.5.2

2018	+ x %	2019
198 000 ≙ 100 %	+ 20 000	218 000

198 000 ≙ 100 %
 20 000 ≙   x %

$$x = \frac{20\,000 \cdot 100}{198\,000} = 10{,}10 \quad \rightarrow \text{Der Anstieg beträgt 10,10 \%.}$$

| 2

ℹ️ Als Grundwert (100 %) bei Vergleichen zwischen zwei Jahren wird stets der Wert für das Jahr herangezogen, das am längsten zurückliegt, hier 2018. Um diesen Grundwert zu erhalten, wird von der für das Jahr 2019 im Text gegebenen Zahl an Arbeitsplatzverlusten die Steigerung im Vergleich zu 2018 abgezogen. Die rechnerische Ermittlung der prozentualen Veränderung erfolgt mit dem Dreisatz.

7.5.3 19 900 ≙ 100 %
         x ≙ 81 %

$$x = \frac{19\,900 \cdot 81}{100} = 16\,119$$

→ Im Jahr 2019 beträgt die Anzahl der insolventen Unternehmen mit höchstens fünf Mitarbeitern 16 119.

| 1

ℹ️ Bei dieser Anteilsrechnung stellt die Gesamtzahl an Unternehmen den Grundwert (100 %) dar. Mit dem gegebenen Prozentsatz erfolgt die rechnerische Ermittlung des Prozentwertes mit dem Dreisatz.

15

8.1.1 z. B.: Ein Businessplan ist ein detaillierter Geschäftsplan, in dem u. a. unternehmerische Ziele schriftlich dargestellt werden.

A8

| 1

ℹ️ Ein Businessplan wird typischerweise im Rahmen von Unternehmensgründungen, bei der Einführung von neuen Produkten oder zur Einleitung von Umstrukturierungsmaßnahmen erstellt. Somit ist der Geschäftsplan (Geschäftskonzept) kein fertiges Werk, sondern muss in regelmäßigen Abständen an die aktuellen unternehmerischen Gegebenheiten angepasst, d. h. aktualisiert werden.

ÜBUNGS-ABSCHLUSSPRÜFUNG 1

8.1.2 z. B.: Im Einzelunternehmen erhält der Inhaber den gesamten Gewinn. Zudem ist für die Gründung kein Mindestkapital notwendig.

ℹ️ Als Nachteile von Einzelunternehmen gelten die alleinige Verantwortung des Inhabers, beschränkte Kapitalbeschaffungsmöglichkeiten sowie die Haftung mit dem gesamten Vermögen (Geschäfts- und Privatvermögen).

8.1.3 z. B.: Die Finanzplanung stellt einen weiteren Teilbereich des Businessplans dar.

ℹ️ Neben der Finanzplanung existieren weitere Bestandteile, die in einem Businessplan aufgeführt sein können: Geschäftsidee und Gründerperson, Markt und Wettbewerb, Chancen und Risiken, Marketing.

8.2.1
4250 LBKV	6.308,00 €			
7510 ZAW	1.354,25 €	an	2800 BK	7.662,25 €

ℹ️ Die Tilgung (Rückzahlung) des Darlehens wird im passiven Bestandskonto 4250 LBKV im Soll gebucht. Die fälligen Zinsen für das Darlehen werden als Aufwand im Konto 7510 ZAW im Soll erfasst. Die Tilgung und die Zinsen führen zu einer Buchung im aktiven Bestandskonto 2800 BK im Haben (= Minderung).

8.2.2
Kreditsumme	250.000,00 €	
– Tilgung	12.650,25 €	(6.308,00 € + 6.342,25 €)
= **Restschuld**	**237.349,75 €**	

ℹ️ Zur Ermittlung der Restschuld werden von der Kreditsumme die Tilgungsbeträge vom Monat November (ersichtlich auf dem Kontoauszug) und dem in der Aufgabenstellung gegebenen Tilgungsbetrag vom Monat Dezember abgezogen.

8.3.1
alte Stromkosten – 12,5 % → neue Stromkosten
100 %   – x €   2.800,00 € ≙ 87,5 %

2.800,00 € ≙ 87,5 %
x € ≙ 12,5 %

$$x = \frac{2.800,00 \cdot 12,5}{87,5} = 400,00$$

→ Die Einsparung beträgt 400,00 €.

ℹ️ Als Grundwert (100 %) bei Vergleichen zwischen zwei Zeitpunkten wird stets der Wert für denjenigen herangezogen, der am längsten zurückliegt, hier die alten (ursprünglichen) Stromkosten. Da die prozentuale Änderung (Einsparung) gegeben ist, kann damit der Prozentsatz für den verminderten Grundwert (neue Stromkosten) ermittelt werden. Die Berechnung der Einsparung erfolgt mit dem Dreisatz.

8.3.2
Anschaffungspreis	85.800,00 €
+ Anschaffungsnebenkosten	500,00 €
= **Anschaffungskosten**	**86.300,00 €**

0700 MA	86.300,00 €			
2600 VORST	16.397,00 €	an	4400 VE	102.697,00 €

ℹ️ Die Lieferkosten der Press- und Klebemaschine sind Anschaffungsnebenkosten, die im Konto 0700 MA im Soll zu aktivieren sind. Der Kauf ist umsatzsteuerpflichtig. Die Eingangsrechnung wird im Konto 4400 VE im Haben erfasst. Die Angabe der Nebenrechnung ist Pflicht!

ÜBUNGS-ABSCHLUSSPRÜFUNG 2
für den LehrplanPLUS

Als Mitarbeiterin bzw. Mitarbeiter im Unternehmen „Trimmy Dichtl Sportbekleidung e. Kfr.", kurz „Trimm-dich-Sport", bearbeiten Sie verschiedene betriebswirtschaftliche Aufgaben.

TRIMM —DICH— SPORT

Trimmy Dichtl Sportbekleidung e. Kfr.
Jahnstraße 20
97076 Würzburg

Inhaberin:	Trimmy Dichtl
Rechtsform:	Einzelunternehmen
Geschäftsjahr:	1. Januar bis 31. Dezember 2021
Zweck des Unternehmens:	Hauptwerk Würzburg: Fertigung von Sportbekleidung Zweigwerk Augsburg: Fertigung von Sporttaschen
Unternehmensphilosophie:	Hochwertige Sportbekleidung nachhaltig produziert

Werkstoffe:

Rohstoffe
Baumwollstoffe, Kunstfaserstoffe, ...

Fremdbauteile
Knöpfe, Reißverschlüsse, ...

Hilfsstoffe
Faden, Textilkleber, ...

Betriebsstoffe
Strom, Schmieröl, ...

Formale Vorgaben:

- Bei Buchungssätzen sind stets Kontennummern, Kontennamen (abgekürzt möglich) und Beträge anzugeben.
- Bei Berechnungen sind jeweils alle notwendigen Lösungsschritte und Nebenrechnungen darzustellen.
- Alle Ergebnisse sind in der Regel auf zwei Nachkommastellen gerundet anzugeben.
- Soweit nicht anders vermerkt, gilt ein Umsatzsteuersatz von 19 %.

ÜBUNGS-ABSCHLUSSPRÜFUNG 2

A 1 Bearbeiten Sie zu nachstehendem Beleg die folgenden Aufgaben:

Trimmy Dichtl Sportbekleidung e. Kfr., Jahnstr. 20, 97076 Würzburg

Firma
Sportblitz – Fabian Baum e. K.
Burgstr. 67
91301 Forchheim

Inhaberin: Trimmy Dichtl
Registergericht HRA 338
Steuernummer: 257/119/54321
USt-IdNr. DE 097432571

Tel.: 0931 09734
Fax: 0931 09734-5

RECHNUNG

Nr.: 291071/21 (Bei Zahlung bitte angeben!)   Würzburg, 08. Januar 2021

Ihr Auftrag vom: 04.01.2021 – Auftrags-Nr.: 21/21 – Kunden-Nr.: 210573
Am 08.01.2021 lieferten wir Ihnen frei Haus:

Pos.	Menge	Art.-Nr.	Artikel	Einzelpreis (EUR)	Gesamtpreis (EUR)
1	50	300815	Sweatshirt „Winner"	42,00	2.100,00
2	100	070615	T-Shirt „Runners"	20,00	2.000,00
3	50	290115	Joggingjacke „Joy"	69,00	3.450,00
4	15	040615	Trainingsanzug „Motivation"	99,00	1.485,00
					9.035,00
			Rabatt 5 %		451,75

Warenwert	USt 19 %	Rechnungsbetrag
8.583,25 €	1.630,82 €	10.214,07 €

Bei Zahlung bis zum 18.01.2021 gewähren wir 2,5 % Skonto.
Zahlung fällig „rein netto" am 08.02.2021.

**Die Ware bleibt bis zur vollständigen Bezahlung
Eigentum von Trimmy Dichtl Sportbekleidung e. Kfr.
Vielen Dank für Ihren Auftrag.**

Bankverbindung: Frankenbank Würzburg
IBAN: DE76 7801 5000 0002 7632 15 • BIC: FRABKWXX1

1.1 Geben Sie auf Ihrem Lösungsblatt jeweils unter Angabe des Kennbuchstabens an, ob folgende Aussagen A bis E richtig oder falsch sind.

A	Der Rabatt von 5 % ist ein sofortiger Preisnachlass.
B	Die Kosten für den Transport trägt „Trimm-dich-Sport".
C	Gemäß den Grundsätzen ordnungsmäßiger Buchführung muss dieser Beleg 6 Jahre aufbewahrt werden.
D	Trimmy Dichtl haftet als Einzelunternehmerin mit ihrem Geschäfts- und Privatvermögen.
E	Das Zahlungsziel ist der 18. Januar 2021.

1.2 Bilden Sie den Buchungssatz zu nebenstehendem Beleg.

1.3 Ihnen liegt folgender Auszug aus der Unternehmensphilosphie von „Trimm-dich-Sport" vor:

„Unser Familienunternehmen zeichnet sich durch Werte wie Fleiß, Bescheidenheit und Aufrichtigkeit aus. Diese Tugenden spiegeln sich in unseren sorgfältig verarbeiteten Produkten wider. Dass unser Unternehmen langfristig bestehen kann, ist uns wichtiger als das Wachstum. Ständiges Optimieren nach dem Motto ‚Viele kleine und rasche Schritte ergeben auch einen großen Schritt' ist seit jeher Bestandteil unserer Unternehmensphilosophie. Unsere Sportbekleidung wird ausschließlich nach den Prinzipien von Nachhaltigkeit in Deutschland produziert und aus hochwertigen Materialien hergestellt …"

1.3.1 Geben Sie die Textstelle aus der Unternehmensphilosophie an, die beschreibt, dass die Vergrößerung des Unternehmens kein vorrangiges Ziel von „Trimm-dich-Sport" ist.

1.3.2 Umweltschutz ist ein Teilbereich des Unternehmensziels „Nachhaltigkeit". Nennen Sie eine konkrete Maßnahme, wie „Trimm-dich-Sport" zum Umweltschutz beitragen kann.

1.4 Am 17. Januar 2021 erfolgt die Gutschrift für Rechnung Nr. 291071/21 auf dem Geschäftsbankkonto. Bilden Sie den Buchungssatz.

1.5 Das Unternehmen „Trimm-dich-Sport" möchte die Absatzzahlen für seine Sportbekleidung weiter steigern, ohne jedoch Preisänderungen vorzunehmen. Beschreiben Sie zwei verschiedene Instrumente aus dem Marketing-Mix, um dieses Ziel zu erreichen.

ÜBUNGS-ABSCHLUSSPRÜFUNG 2

A2 Für den Monat Februar 2021 liegt Ihnen aus der Personalabteilung des Unternehmens „Trimm-dich-Sport" folgender Auszug der Lohn-/Gehaltsliste vor (Beträge in Euro):

Arbeit-nehmer	Steuer-merkmal	Brutto-verdienst	Lohn-steuer	Kirchen-steuer	Soz. Vers. AN	Soz. Vers. AG	Netto-verdienst
Vollmer, Steffen (rk)	IV/1	3.126,00	427,58	25,95	621,29	621,29	**A**
Fuchs, Selina (rk)	II/1	3.124,00	**B**	14,76	620,90	620,90	#####
Schröder, Karla (ev)	III/1	3.127,00	171,00	**C**	621,49	621,49	#####
...	...	...	...	...	...	...	...
Summe		25.650,00	3.965,00		5.123,50	5.123,50	16.561,50

2.1 Berechnen Sie den Nettoverdienst des Mitarbeiters Steffen Vollmer (Kennbuchstabe A).

2.2 Geben Sie unter Angabe der Kennbuchstaben B und C die fehlenden Beträge in obiger Lohn-/Gehaltsliste an. Verwenden Sie dazu folgenden Auszug aus der Lohnsteuertabelle:

Kinderfreibetrag			0		0,5		1		1,5	
ab €	Stk	Steuer	SolZ	KiStr	SolZ	KiStr	SolZ	KiStr	SolZ	KiStr
3.123,00										
	I	426,83	–	34,14	–	25,89	–	18,13	–	10,86
	II	379,16	–	–	–	22,30	–	14,76	–	7,72
	III	170,33	–	13,62	–	7,34	–	2,24	–	–
	IV	426,83	–	34,14	–	29,96	–	25,89	–	21,95
	V	761,66	–	60,93	–	–	–	–	–	–
	VI	797,91	–	63,83	–	–	–	–	–	–
3.126,00										
	I	427,58	–	34,20	–	25,95	–	18,18	–	10,91
	II	379,83	–	–	–	22,36	–	14,82	–	7,76
	III	171,00	–	13,68	–	7,40	–	2,26	–	–
	IV	427,58	–	34,20	–	30,02	–	25,95	–	22,00
	V	762,66	–	61,01	–	–	–	–	–	–
	VI	798,91	–	63,91	–	–	–	–	–	–

2.3 Bilden Sie die Buchungssätze für die Erfassung des gesamten Personalaufwands laut obiger Summenzeile, wenn die Auszahlung per Banküberweisung erfolgt.

2.4 Einer Fachzeitschrift entnimmt Trimmy Dichtl folgende Infografik:

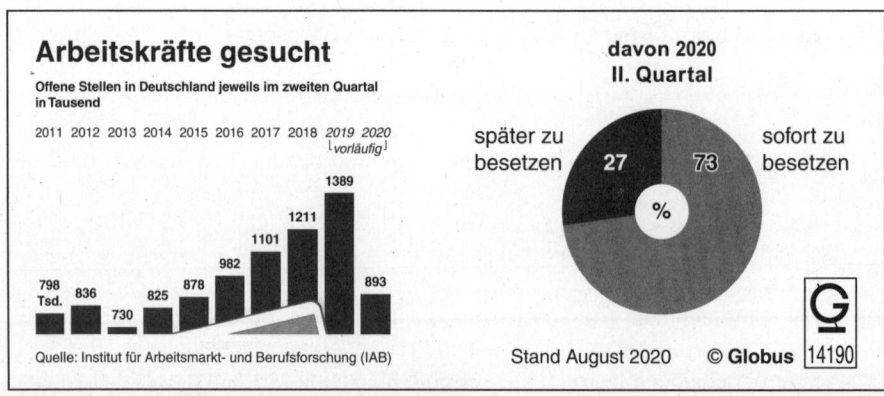

2.4.1 Nennen Sie den Fachbegriff für die Art des Diagramms, mit der die Zahl der offenen Stellen in Deutschland dargestellt wird.

2.4.2 Berechnen Sie den Anstieg der offenen Stellen in Deutschland von 2013 bis 2019 in Prozent.

2.4.3 Ermitteln Sie rechnerisch die Anzahl der freien Stellen, die im zweiten Quartal des Jahres 2020 sofort zu besetzen waren.

2.5 Zur Besetzung einer offenen Stelle im Unternehmen „Trimm-dich-Sport" hat ein Auszubildender folgende Zeitungsanzeige erstellt:

Wir sind ein inhabergeführtes Fertigungsunternehmen, das hochwertige Sportbekleidung nachhaltig herstellt. Zur Verstärkung unseres Teams suchen wir eine/einen

Sachbearbeiter/in (m/w/d) im Vertriebsinnendienst
Vollzeit

Ihr Aufgabengebiet:
- Angebotserstellung und Auftragsabwicklung
- telefonische und persönliche Beratung der Kunden
- Anlage und Pflege der Kundenstammdaten

Sie erwartet eine interessante und abwechslungsreiche Tätigkeit in enger Zusammenarbeit mit unseren Handelsvertretern und Großhändlern.

Bitte senden Sie Ihre Bewerbungsunterlagen an:
Trimmy Dichtl Sportbekleidung e. Kfr.
Jahnstraße 20 – 97076 Würzburg
trimmy.dichtl@trimm-dich-sport.de
Telefon: 0931 09734

2.5.1 Die Stellenanzeige ist unvollständig. Analysieren Sie die Anzeige im Hinblick auf zwei fehlende Elemente.

2.5.2 Das Zeitungsinserat gehört zu den Möglichkeiten der externen Personalbeschaffung. Stellen Sie zwei Vorteile dieser Form der Mitarbeitergewinnung dar.

2.5.3 Nennen Sie ein Beispiel für interne Personalbeschaffung.

2.6 Trimmy Dichtl will angesichts des immer knapper werdenden Angebots an qualifizierten Arbeitskräften ihre Mitarbeiter langfristig an das Unternehmen binden. Geben Sie eine Empfehlung, die das Unternehmen „Trimm-dich-Sport" als Arbeitgeber für die Mitarbeiter attraktiv macht.

A3 Im Unternehmen „Trimm-dich-Sport" fallen verschiedene Steuerarten an.

3.1 Trimmy Dichtl hat begonnen, mit einem Schema die Gewerbesteuer für das Geschäftsjahr 2021 zu berechnen:

	Gewinn aus Gewerbe		92.500,00 €
−	Freibetrag		**C** €
=	Maßgebender Gewerbeertrag		68.000,00 €
*	**A**	Deutschland: 3,5 %	
=	Gewerbesteuermessbetrag		**D** €
*	**B**	Würzburg: 420 %	
=	**Gewerbesteuer** jährlicher Betrag		9.996,00 €

3.1.1 Vervollständigen Sie unter Angabe der Kennbuchstaben A bis D das Schema auf Ihrem Lösungsblatt mit den fehlenden Fachbegriffen und Beträgen.

3.1.2 Bilden Sie den Buchungssatz für die vierteljährliche Abbuchung der Gewerbesteuer vom Geschäftsbankkonto von „Trimm-dich-Sport" in Höhe von 2.499,00 €.

3.1.3 Überprüfen Sie die folgende Aussage: „Die Gewerbesteuer hat keinen Einfluss auf die Höhe des Unternehmenserfolgs im Unternehmen von Trimmy Dichtl."

3.2 Bilden Sie den Buchungssatz für den folgenden Beleg.

Frankenbank Würzburg				**BIC: FRABKWXX1**
Kontoauszug 18.06.2021/07:34 Uhr			IBAN: DE76 7801 5000 0002 7632 15 Trimmy Dichtl Sportbekleidung e. Kfr.	Auszug Nr. 76/21 Seite 1/1
Bu.-Tag	Wert	Bu.-Nr.	Vorgang	Betrag (€)
09.06.	09.06.	289	Überweisung an Finanzamt Würzburg Umsatzsteuerzahllast Mai Steuernummer 257/119/54321	4.899,80 −
Kontokorrentkredit: verfügbar:	50.000,00 € 63.712,40 €		alter Kontostand neuer Kontostand	18.612,20 + 13.712,40 +

3.3 § 12 des Umsatzsteuergesetzes (UStG) lautet:

(1) Die Steuer beträgt für jeden steuerpflichtigen Umsatz 19 Prozent der Bemessungsgrundlage (…).

(2) Die Steuer ermäßigt sich auf sieben Prozent für die folgenden Umsätze (…).

Nennen Sie zwei Beispiele für Umsätze nach § 12 Absatz 2 UStG.

3.4 Geben Sie jeweils den Empfänger der Grundsteuer und der Kfz-Steuer an.

Trimmy Dichtl hat im August 2021 für ihr Unternehmen „Trimm-dich-Sport" eine energie- und kostensparendere Zuschneidemaschine „ÖkoCutPN321" angeschafft.

A4

4.1 Hierzu liegt die Eingangsrechnung in Höhe von 328.000,00 € netto, zuzüglich 2.000,00 € netto für den Spezialtransport, vor. Bilden Sie den Buchungssatz.

4.2 Geben Sie an, welche Art von Investition Trimmy Dichtl getätigt hat.

4.3 Im Zusammenhang mit Anlagegütern sind gesetzliche Vorgaben zu berücksichtigen. Lesen Sie dazu die Gesetzestexte und ergänzen Sie die Lücken A bis C in vorliegendem Text (keine Abkürzungen).

§ 255 HGB Anschaffungskosten	§ 7 EStG Absetzung für Abnutzung […]
(1) Anschaffungskosten sind die Aufwendungen, die geleistet werden, um einen Vermögensgegenstand zu erwerben und in einen betriebsbereiten Zustand zu versetzen […].	(1) 1. Bei Wirtschaftsgütern, deren Verwendung […] sich erfahrungsgemäß auf einen Zeitraum von mehr als einem Jahr erstreckt, ist jeweils für ein Jahr der Teil der Anschaffungskosten abzusetzen, der bei gleichmäßiger Verteilung dieser Kosten auf die Gesamtdauer der Verwendung oder Nutzung auf ein Jahr entfällt.

Zu den Anschaffungskosten zählen alle Kosten, die dazu dienen, ein Anlagegut in einen … **A** … Zustand zu versetzen. Das Einkommensteuergesetz bezeichnet die Abschreibung als … **B** … . Die Höhe der planmäßigen Abschreibung ergibt sich durch die Verteilung der Anschaffungskosten auf die voraussichtliche … **C** … .

4.4 Trimmy Dichtl hat folgende Anlagenkarte für die Zuschneidemaschine erstellt:

Anlagenkarte			
Bezeichnung:	Zuschneidemaschine ÖkoCutPN321	voraussichtliche Nutzungsdauer (Jahre):	10
Konto:	######################	Abschreibungssatz:	############
Inventar-Nr.:	7218325	Abschreibungsverfahren:	linear
Datum	**Anschaffungskosten**	**jährlicher Abschreibungsbetrag**	**Restbuchwert**
27.08.2021	330.000,00 €		
31.12.2021		13.750,00 €	316.250,00 €
31.12.2022		33.000,00 €	283.250,00 €

4.4.1 Für die Zuschneidemaschine kommt das lineare Abschreibungsverfahren zur Anwendung. Nennen Sie einen Nachteil dieses Verfahrens.

4.4.2 Berechnen Sie den jährlichen Abschreibungssatz.

4.4.3 Begründen Sie, weshalb der Abschreibungsbetrag für die Zuschneidemaschine am Ende des zweiten Nutzungsjahres höher ist als im ersten.

4.5 Im Büro des Fertigungsleiters von „Trimm-dich-Sport" wird ein Tablet-PC benötigt. Trimmy Dichtl kauft das Gerät im Computerfachgeschäft „DigiShop Platine GmbH" für 520,00 € netto. Sie bezahlt mit der Girocard. Bilden Sie den Buchungssatz.

A5 Trimmy Dichtl besucht eine Sportmodenschau in Köln, um sich über die neuesten Trends zu informieren.

5.1 Die Fahrkarte für die Zugfahrt zum Preis von 90,95 € (inklusive 7 % USt.) bezahlt sie bar. Bilden Sie den Buchungssatz.

5.2 Während der Zugfahrt betrachtet Trimmy Dichtl auf ihrem Tablet-PC folgende Informationen zur Jogginghose „Speedy", die von „Trimm-dich-Sport" produziert wird:

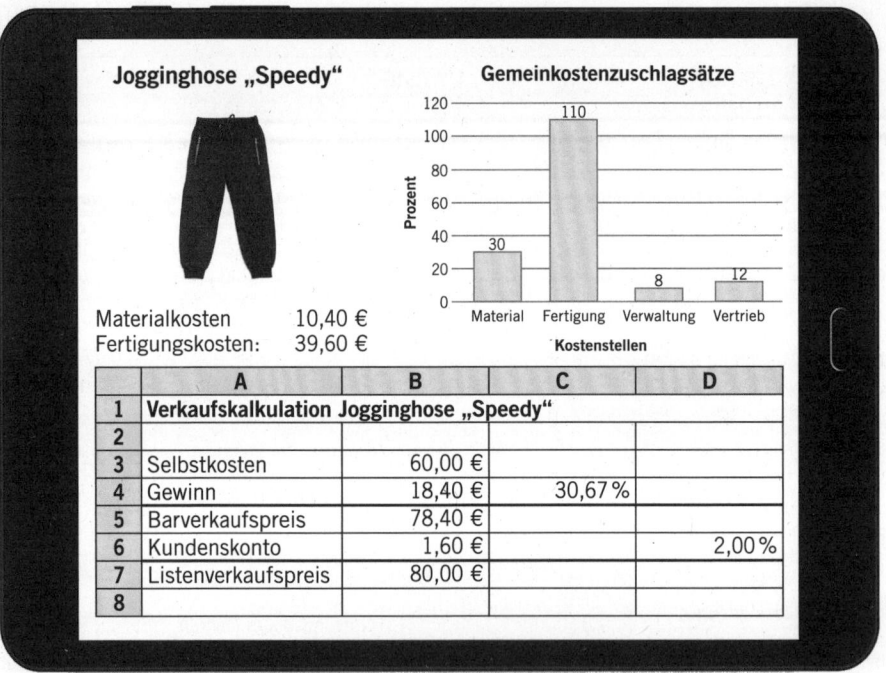

5.2.1 Berechnen Sie die Höhe der Kosten für das Fertigungsmaterial einer Jogginghose „Speedy".

5.2.2 Nennen Sie die Zuschlagsgrundlage für die Berechnung des Fertigungsgemeinkostenzuschlagsatzes.

5.2.3 Zeigen Sie durch Berechnung, wie Trimmy Dichtl die Selbstkosten einer Jogginghose in Höhe von 60,00 € ermittelt hat.

5.3 Das Unternehmen „Sportbedarf Müller GmbH" wäre bereit, zu den angegebenen Konditionen 150 Jogginghosen „Speedy" abzunehmen, wenn „Trimm-dich-Sport" zusätzlich einen Rabatt in Höhe von 10 % gewährt.
Berechnen Sie den verbleibenden Gewinn in Prozent.

5.4 Zum Versand von Jogginghosen an die Kunden kauft „Trimm-dich-Sport" Verpackungskartons im Wert von 600,00 € netto auf Ziel ein. Bilden Sie den Buchungssatz.

Um die Funktionsfähigkeit der Maschinen aufrechtzuerhalten, benötigt das Unternehmen „Trimm-dich-Sport" spezielle Schmieröle. Seit langer Zeit wird das Schmieröl zu einem Einstandspreis von 27,40 € pro Liter vom Unternehmen „LIQUID GmbH" aus Hamburg bezogen.

A6

6.1 Ein bisher unbekannter Lieferer übermittelt „Trimm-dich-Sport" ein Angebot:

> ### !!! GÜNSTIGES NEUKUNDENANGEBOT !!!
>
> Sehr geehrte Damen und Herren,
>
> wir können Ihnen das bewährte **Schmieröl BT-67** zu einem Listenpreis von 26,20 € netto pro Liter anbieten. Abhängig von der bestellten Menge gewähren wir Rabatt:
>
> - bis 20 Liter erhalten Sie 10 % Rabatt,
> - bei mehr als 20 Litern erhalten Sie 15 % Rabatt.
>
> Falls Sie eine Menge von mehr als 100 Liter bestellen, übernehmen wir die Transportkosten. Ansonsten werden pauschal 20,00 € netto fällig. Wir stehen für unsere Kunden kostenlos als kompetenter Berater bei der Auswahl und Verwendung von Reinigungs- und Schmiermitteln zur Seite.
>
> Unsere Zahlungsbedingungen lauten:
> Bei Zahlung innerhalb von 10 Tagen 2 % Skonto, Zahlungsziel 30 Tage
>
> Wir freuen uns, Sie als neuen Kunden begrüßen zu dürfen!
>
> **Kanister OHG – Würzburg – Tel.: 0931 057632-0 – Fax: 0931 057632-5**

6.1.1 Berechnen Sie den Einstandspreis für 50 Liter Schmieröl gemäß dem Angebot der „Kanister OHG".

6.1.2 Trimmy Dichtl bestellt zum ersten Mal bei der „Kanister OHG". Nennen Sie auf Grundlage des vorliegenden Angebots einen Grund für diese Entscheidung.

6.1.3 Bilden Sie den Buchungssatz für die Eingangsrechnung über 50 Liter Schmieröl „BT-67".

6.2 „Trimm-dich-Sport" versucht, bei der Produktion die richtige Menge an Werkstoffen zum richtigen Zeitpunkt am richtigen Ort zu haben.

6.2.1 Nennen Sie den Fachbegriff für diese Art der Produktion.

6.2.2 Geben Sie einen Vorteil und einen Nachteil dieses Produktionsprinzips an.

6.3 Im Nachbargebäude wurde ein Raum angemietet, um einen geringen Lagerbestand an Schmierstoffen und Reinigungsmitteln halten zu können. Bilden Sie den Buchungssatz für die Überweisung der Miete in Höhe von 297,50 € brutto.

A7

Das Unternehmen „Trimm-dich-Sport" produziert in seinem Zweigwerk die Sporttaschenmodelle „Traveller" und „Champion". Für das 3. Quartal liegen Ihnen dazu folgende Daten vor:

	„Traveller"	„Champion"
Nettoverkaufspreis/Stück	?	27,50 €
Variable Kosten/Stück	26,00 €	20,00 €
Fixkosten	220.000,00 €	
Kapazität	?	32 000
Kapazitätsauslastung	40 %	62,50 %
Produktion (≙ Absatz)	5 000	20 000

7.1 Ermitteln Sie die angefallenen Selbstkosten.

7.2 Berechnen Sie die maximal mögliche Produktionsmenge für das Modell „Traveller".

7.3 Der Absatz des Modells „Traveller" ist seit Längerem rückläufig. Berechnen Sie die langfristige Preisuntergrenze auf Grundlage der vorliegenden Daten, wenn Produktion und Absatz des Modells „Champion" unverändert bleiben.

7.4 Die Produktion von „Traveller" wird eingestellt. Die Fixkosten bleiben dadurch unverändert. Ermitteln Sie, wie viel Stück des Modells „Champion" produziert und abgesetzt werden müssten, um einen Gewinn zu erzielen.

7.5 Die nachfolgende vereinfachte Darstellung zeigt den Verlauf der Kosten und Erlöse in Abhängigkeit von der produzierten und abgesetzten Menge.
Geben Sie auf Ihrem Lösungsblatt die Fachbegriffe der Deckungsbeitragsrechnung zu den Kennbuchstaben A bis D an.

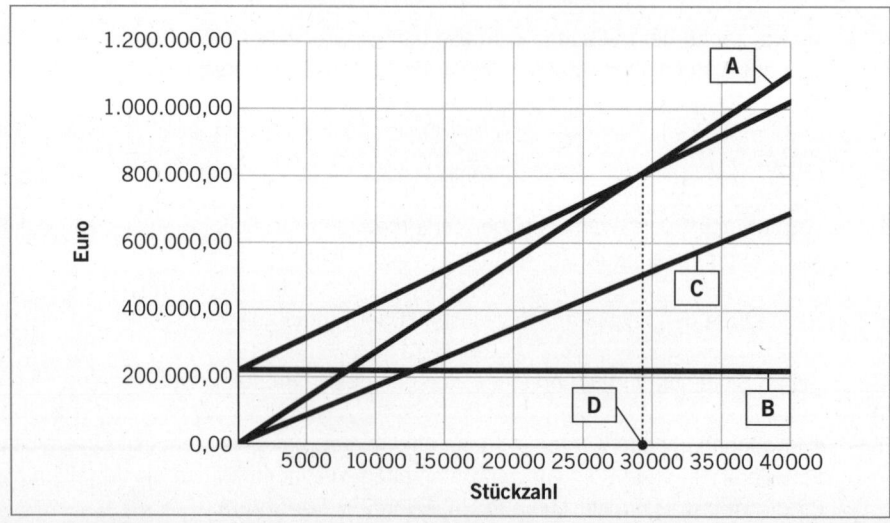

ÜBUNGS-ABSCHLUSSPRÜFUNG 2

Zum 31. Dezember 2021 sind im Unternehmen „Trimm-dich-Sport" unter anderem folgende Arbeiten zu erledigen:

A8

8.1 Bilden Sie die Buchungssätze für die vorbereitenden Abschlussbuchungen:

8.1.1 Das Konto 0890 GWG weist Anschaffungen aus dem aktuellen Geschäftsjahr in Höhe von 4.800,00 € aus.

8.1.2 Der Saldo des Kontos 6011 BZKF beträgt 1.700,00 €.

8.1.3 Folgender Beleg liegt vor:

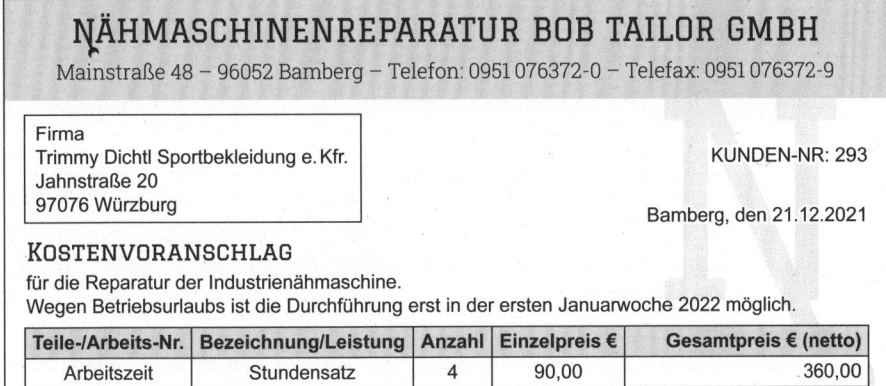

8.1.4 Die Darlehenszinsen in Höhe von 390,00 € für den Zeitraum November bis April wurden bereits im November vom Geschäftsbankkonto abgebucht.

8.1.5 Bei den Rohstoffen ergibt sich ein Mehrbestand in Höhe von 14.300,00 €.

8.2 Ihnen liegt die aufbereitete Bilanz des Unternehmens „Trimm-dich-Sport" vor:

Aktiva	Bilanz zum 31.12.2021		Passiva
Anlagevermögen	770.000,00 €	Eigenkapital	520.000,00 €
Umlaufvermögen		Fremdkapital	
Vorräte	183.000,00 €	langfristig	350.000,00 €
Forderungen	32.000,00 €	kurzfristig	250.000,00 €
flüssige Mittel	135.000,00 €		
	1.120.000,00 €		1.120.000,00 €

8.2.1 Berechnen Sie die Kennzahl der Einzugsliquidität.

8.2.2 Nennen Sie eine Möglichkeit zur Verbesserung der Einzugsliquidität.

8.2.3 Stellen Sie die Aussage der Goldenen Finanzierungsregel dar.

LÖSUNGEN ÜBUNGS-AP 2

A1 **1.1**

| A | richtig | B | richtig | C | falsch | D | richtig | E | falsch |

5

A	Rabatte sind Preisnachlässe, die grundsätzlich sofort gewährt werden.
B	In der Rechnung ist die Lieferbedingung „frei Haus" vermerkt, weshalb der Lieferer, also Trimm-dich-Sport, die Transportkosten übernimmt.
C	Belege müssen laut Handelsgesetzbuch 10 Jahre aufbewahrt werden.
D	Bei Einzelunternehmen ist die Haftung für Schulden unbeschränkt und schließt neben dem Geschäftsvermögen auch das Privatvermögen ein.
E	Das Datum 18. Januar 2021 stellt das Ende der Skontofrist dar, das Zahlungsziel (spätester Zahlungstermin) ist jedoch laut Zahlungsbedingungen der 08. Februar 2021.

1.2 2400 FO   10.214,07 €   an   5000 UEFE   8.583,25 €
                                            4800 UST   1.630,82 €

3

In der vorliegenden Abschlussprüfung sind Sie Mitarbeiter(in) des Unternehmens Trimm-dich-Sport. Da es sich um eine Ausgangsrechnung von uns an den Kunden „Sportblitz – Fabian Baum e. K." als Empfänger der Rechnung handelt, ist der Buchungssatz für den Zielverkauf von Fertigerzeugnissen zu bilden.

1.3.1 Dass unser Unternehmen langfristig bestehen kann, ist uns wichtiger als das Wachstum.

1

Der vorliegende Text ist genau zu lesen. Beim Auffinden der entscheidenden Stelle ist zu bedenken, dass statt des Begriffs „Vergrößerung" das Wort „Wachstum" als Synonym verwendet wird.

1.3.2 z.B.: Verwendung nachwachsender Rohstoffe als Energiequelle zum Heizen

1

Nachhaltigkeit ist ein Handeln, das langfristig ausgerichtet ist und sicherstellt, dass zukünftige Generationen nicht unter Fehlentwicklungen, Umweltverschmutzung oder sozialen Problemen leiden müssen. Eine geeignete Lösung sollte sich durch gründliches Nachdenken schnell finden lassen.

1.4

	Rechnungsbetrag	10.214,07 €	100,0 %	:1,19 →	214,58 €
–	Bruttoskonto	255,35 €	2,5 %	→	40,77 €
=	Überweisungsbetrag	9.958,72 €	97,5 %		

2800 BK   9.958,72 €
5001 EBFE   214,58 €
4800 UST   40,77 €   an   2400 FO   10.214,07 €

5

Der Kunde überweist laut Angabe die vorliegende Rechnung Nr. 291071/21 am 17. Januar 2021. Gemäß Zahlungsbedingungen wird bis 18. Januar 2021 ein Skontoabzug von 2,5 % gewährt, weshalb hier der Skontobuchungssatz des Verkaufsbereichs zu bilden ist. Die Angabe der Nebenrechnung ist Pflicht!

ÜBUNGS-ABSCHLUSSPRÜFUNG 2

1.5 z. B.:
– Produktpolitik – Modische Sportbekleidung auf den Markt bringen
– Kommunikationspolitik – Werbung intensivieren

ℹ️ Als Lösung können Beispiele aus den drei genannten Bereichen des Marketing-Mix aufgeführt werden (weiteres Beispiel: Vertriebspolitik – neue Absatzorte erschließen). Da keine Preisänderungen vorgenommen werden sollen, kommen Beispiele aus der Preispolitik (z. B. Rabattgewährung) als Antwort nicht in Betracht.

A2

2.1 A:	Brutto	3.126,00 €
– Lohnsteuer	427,58 €
– Kirchensteuer	25,95 €
– Sozialversicherung AN	621,29 €
= **Netto**	**2.051,18 €**

ℹ️ Bei der Berechnung des Nettoverdienstes beim Mitarbeiter Steffen Vollmer werden neben den Steuerabzügen nur die Sozialversicherungsbeiträge des Arbeitnehmers berücksichtigt. Die andere Hälfte der Sozialversicherungsbeiträge trägt der Arbeitgeber, weshalb diese nicht vom Bruttoverdienst subtrahiert werden dürfen.

2.2 B:	379,16 €
C:	2,26 €

ℹ️ B: Selina Fuchs hat einen Bruttoverdienst von 3.124,00 € und befindet sich in Steuerklasse II (der Kinderfreibetrag spielt hier keine Rolle). Die Höhe der Lohnsteuer lässt sich in dem Bereich „ab 3.123,00 €" in der Zeile der Steuerklasse II unter „Steuer" finden.

C: Karla Schröder hat einen Bruttoverdienst von 3.127,00 € und befindet sich in Steuerklasse III mit einem Kinderfreibetrag. Die Höhe der Kirchensteuer lässt sich in dem Bereich „ab 3.126,00 €" in der Zeile der Steuerklasse III und der Spalte 1 für den Kinderfreibetrag finden.

2.3 6200 LG	25.650,00 €	an	2800 BK	16.561,50 €
				4830 VFA	3.965,00 €
				4840 VSV	5.123,50 €

6400 AGASV	5.123,50 €	an	4840 VSV	5.123,50 €

ℹ️ Laut Aufgabenstellung sind „die Buchungssätze" verlangt. Es sind zwei Buchungssätze zu bilden. Im ersten Teil werden die gesamten Bruttoverdienste der Mitarbeiter als Aufwand (6200 LG) im Soll bei gleichzeitiger Berücksichtigung der Auszahlung des Nettoverdienstes (2800 BK) und der Steuer- (4830 VFA) und Sozialversicherungsabzüge des Arbeitnehmers (4840 VSV) im Haben erfasst. Im zweiten Teil sind die Sozialversicherungsbeiträge des Arbeitgebers (6400 AGASV) in einem separaten Buchungssatz zu buchen.

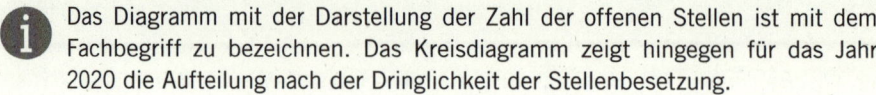

2.4.1 Säulendiagramm

> Das Diagramm mit der Darstellung der Zahl der offenen Stellen ist mit dem Fachbegriff zu bezeichnen. Das Kreisdiagramm zeigt hingegen für das Jahr 2020 die Aufteilung nach der Dringlichkeit der Stellenbesetzung.

2.4.2
2013   +x%   2019
730 Tausend ≙ 100%   + 659 Tausend   1389 Tausend

730 Tausend ≙ 100%
659 Tausend ≙   x%

$$x = \frac{659 \cdot 100}{730} = 90{,}27$$ → Der Anstieg beträgt 90,27%.

> Als Grundwert (100%) bei Vergleichen zwischen zwei Jahren wird stets der Wert für das Jahr herangezogen, das am längsten zurückliegt, hier 2013. Dieses Jahr war der Ausgangspunkt des Anstiegs, der z.B. mit dem Dreisatz in Prozent zu berechnen ist.

2.4.3 893 Tausend ≙ 100%
       x Tausend ≙   73%

$$x = \frac{73 \cdot 893}{100} = 651{,}89$$

→ Im zweiten Quartal des Jahres 2020 waren 652 Tausend (651 890) offene Stellen sofort zu besetzen.

> Da die Zahlen für die einzelnen Jahre in dem Diagramm in Tausend angegeben sind, beträgt der gesuchte Wert nicht 652, sondern (gerundet) 652 000.

2.5.1 Zwei der folgenden drei Elemente sind zu nennen: Antrittsbeginn, Anforderungsprofil (Qualifikation) oder Leistungen des Unternehmens

> Enthaltene Elemente der Stellenanzeige sind: Stellentitel, Aufgabenprofil, Chancen im Betrieb, Arbeitsform, Unternehmensvorstellung, Geschlechtsneutrale Stellenanzeige, Kontaktdaten des Unternehmens. Die Angabe der Verdiensthöhe gehört nicht dazu.

2.5.2 z.B.:
– exakte Besetzung nach benötigter Qualifikation möglich
– größere Auswahl an Bewerbern

> Bei der externen Personalbeschaffung werden neue Mitarbeiter von außerhalb des Unternehmens angeworben. Es sind zwei Vorteile der externen Personalbeschaffung aufzuzeigen. Auch möglich: Frische Ideen für das Unternehmen.

2.5.3 z.B.: Versetzung eines Mitarbeiters

> Bei der internen Personalbeschaffung wird die Stelle durch eine Person besetzt, die bereits im Unternehmen tätig ist. Es ist nur ein Beispiel zu nennen. Weitere Möglichkeiten: Aushang Schwarzes Brett, Auswahl aus Auszubildenden bzw. Praktikanten.

ÜBUNGS-ABSCHLUSSPRÜFUNG 2

2.6 z. B.: freiwillige Sozialleistungen wie organisierte Kinderbetreuung

ⓘ Freiwillige betriebliche Sozialleistungen erfüllen den Zweck der Fürsorgepflicht des Arbeitgebers gegenüber seinen Mitarbeitern. Sie sollen aber auch die Arbeitsleistung des Mitarbeiters steigern (Motivation) oder die Belegschaft enger an das Unternehmen binden.

A 3

3.1.1

A	Gewerbesteuer-messzahl	B	Hebe-satz	C	24.500,00 €	D	2.380,00 €

ⓘ
A	Das Schema für die Gewerbesteuerermittlung ist auswendig zu lernen und die entsprechenden Fachbegriffe sind zu verwenden.
B	
C	92.500,00 € – 68.000,00 € = 24.500,00 €
D	3,5 % von 68.000,00 € = 2.380,00 €

3.1.2 7000 GWST   2.499,00 €   an   2800 BK   2.499,00 €

ⓘ Es erfolgt eine Abbuchung vom Geschäftsbankkonto des Unternehmens „Trimm-dich-Sport", weshalb das Konto 2800 BK im Haben gebucht wird. Die Gewerbesteuer wird als Aufwandssteuer im Konto 7000 GWST im Soll gebucht.

3.1.3 Die Aussage ist nicht korrekt. Die Gewerbesteuer wird als Aufwand gebucht, weshalb der Unternehmenserfolg gemindert wird.

ⓘ Die Antwort erfordert eine Bewertung der Aussage, also ob diese richtig oder falsch ist. Außerdem ist eine kurze Begründung erforderlich.

3.2 4800 UST   4.899,80 €   an   2800 BK   4.899,80 €

ⓘ Liegt ein Kontoauszug als Beleg vor, kommt im Buchungssatz grundsätzlich das Konto 2800 BK vor. Da sich hinter dem Überweisungsbetrag in Höhe von 4.899,80 € ein Minuszeichen befindet, liegt eine Belastung des Geschäftsbankkontos vor, die im Konto 2800 BK im Haben zu buchen ist.

3.3 z. B.: Grundnahrungsmittel, Bücher

ⓘ Der Absatz 2 des Paragraphen 12 im Umsatzsteuergesetz bezieht sich laut dem angegebenen Gesetzestext auf steuerermäßigte Umsätze in Höhe von 7 %. Weitere Beispiele: Zeitungen, Zeitschriften.

3.4 Grundsteuer: Gemeinde
      Kfz-Steuer: Bund

ⓘ Steuern werden nach ihrem Empfänger in Gemeinde-, Landes-, Bundes- und Gemeinschaftssteuern (erhalten Bund und Länder) eingeteilt.

ÜBUNGS-ABSCHLUSSPRÜFUNG 2

A4 **4.1**

Anschaffungspreis	328.000,00 €
+ Anschaffungsnebenkosten	2.000,00 €
= Anschaffungskosten	**330.000,00 €**

0700 MA	330.000,00 €			
2600 VORST	62.700,00 €	an	4400 VE	392.700,00 €

4

> Die Kosten für den Spezialtransport der Zuschneidemaschine sind Anschaffungsnebenkosten, die im Konto 0700 MA im Soll zu aktivieren (einzubuchen) sind. Der Kauf ist umsatzsteuerpflichtig. Die Eingangsrechnung wird im Konto 4400 VE im Haben erfasst. Die Angabe der Nebenrechnung ist Pflicht!

4.2 Rationalisierungsinvestition

1

> Für die Angabe der richtigen Investitionsart ist der Hinweis „energie- und kostensparend" im Einleitungssatz der Aufgabe zu berücksichtigen.

4.3

A	betriebsbereiten
B	Absetzung für Abnutzung
C	Nutzungsdauer/Gesamtdauer der Verwendung oder Nutzung

3

> Für die Textergänzungen dürfen keine Abkürzungen verwendet werden, weshalb beim Buchstaben B nicht „AfA", sondern der Fachbegriff „Absetzung für Abnutzung" anzugeben ist.

4.4.1 Die Abschreibung entspricht in den Anfangsjahren nicht dem tatsächlichen Wertverlust.

1

> Die lineare Abschreibung gilt als rechnerisch einfache Methode, da sie die Anschaffungskosten gleichmäßig auf die Nutzungsdauer verteilt. Dies bringt jedoch den beschriebenen Nachteil mit sich. Beim degressiven Abschreibungsverfahren (höhere Abschreibungsbeträge in den Anfangsjahren) besteht dieser Nachteil nicht.

4.4.2 AfA-Satz in % = $\frac{100}{10}$ = 10

→ Der Abschreibungssatz beträgt 10 %.

1

> Um den AfA-Satz (= Prozentsatz) zu berechnen, ist in die folgende Formel der entsprechende Wert für die Nutzungsdauer einzusetzen:
>
> AfA-Satz in % = $\frac{100}{\text{Nutzungsdauer}}$

4.4.3 Im Jahr der Anschaffung wird zeitanteilig nur für fünf Monate abgeschrieben.

1

> Findet die Anschaffung einer hochwertigen Sachanlage (Anschaffungskosten > 800,00 € netto) nicht im Januar statt, also von Februar bis Dezember, so ist monatsgenau abzuschreiben. Dabei rechnet man den Anteil an der jährlichen Abschreibung für die Monate beginnend mit dem Anschaffungsmonat bis zum Dezember aus.

4.5 | 0890 GWG | 520,00 € | | | | 3
| 2600 VORST | 98,80 € | an | 2800 BK | 618,80 € |

> Ein Tablet-PC ist ein bewegliches, abnutzbares und selbstständig nutzbares Anlagegut. Da die Anschaffungskosten den Betrag von 250,00 € netto übersteigen, aber nicht mehr als 800,00 € netto betragen, handelt es sich um ein Geringwertiges Wirtschaftsgut, das im Konto 0890 GWG im Soll zu buchen ist. Der Kauf ist umsatzsteuerpflichtig. Die Zahlung mit der Girocard wird im Konto 2800 BK im Haben erfasst.

14

A5

5.1 | 6850 REK | 85,00 € | | | | 3
| 2600 VORST | 5,95 € | an | 2880 KA | 90,95 € |

> Die Fahrkarte für die Fahrt zur Messe ist als Aufwand für Reisekosten im Konto 6850 REK im Soll zu buchen. Um den Nettobetrag bei einem Umsatzsteuersatz von 7 % zu erhalten, rechnet man schnell 90,95 € : 1,07. Da es sich um eine Barzahlung handelt, wird als Zahlungsmittelkonto das Konto 2880 KA im Haben benötigt.

5.2.1

Fertigungsmaterial	8,00 €	100 %	
+ Materialgemeinkosten	2,40 €	30 %	Kostenstelle Material
= Materialkosten	10,40 €	130 %	

2

> Das Fertigungsmaterial fällt in der Kostenstelle I (Material) an. Entsprechend wird das Berechnungsschema dieser Kostenstelle mit den anfallenden Einzel- (Fertigungsmaterial) und Gemeinkosten benötigt. Ausgehend von den Materialkosten (vermehrter Grundwert) ist eine Rückwärtsrechnung mit den entsprechenden Angaben auf dem abgebildeten Tablet vorzunehmen.

5.2.2 Fertigungslöhne

1

> Als Zuschlagsgrundlage in der Kostenstelle II (Fertigung) gelten die dort anfallenden Einzelkosten, also die Fertigungslöhne.

5.2.3

Materialkosten	10,40 €		
+ Fertigungskosten	39,60 €		
= Herstellkosten	50,00 €	100 %	
+ Verwaltungs-/Vertriebsgemeinkosten	10,00 €	20 %	(8 % + 12 %)
= **Selbstkosten**	60,00 €	120 %	

3

> Die Selbstkosten ergeben sich als Summe aller anfallenden Kosten in den Kostenstellen I bis IV. Da die Kostenstellen III (Verwaltung) und IV (Vertrieb) die gleiche Berechnungsgrundlage haben (Herstellkosten), können die beiden Zuschlagsätze zusammengefasst werden.

ÜBUNGS-ABSCHLUSSPRÜFUNG 2

5.3

Selbstkosten	60,00 €	100,00 %	
+ **Gewinn**	**10,56 €**	**17,60 %**	
= Barverkaufspreis	70,56 €		98,00 %
+ Kundenskonto	1,44 €		2,00 %
= Zielverkaufspreis	72,00 €	90,00 %	100,00 %
+ Kundenrabatt	8,00 €	10,00 %	
= Listenverkaufspreis	80,00 €	100,00 %	

→ Gewinn in % = 17,60

4

ⓘ Zur Lösung der Aufgabe wird das Schema der Verkaufskalkulation benötigt: Schema aufschreiben, gegebene Werte eintragen und Grundwerte festlegen. Durch eine Differenzkalkulation lässt sich dann der Gewinn in Euro und Prozent berechnen.

5.4

6040 AWVM	600,00 €			
2600 VORST	114,00 €	an	4400 VE	714,00 €

3

ⓘ Verpackungsmaterial, das für den Versand unserer Fertigerzeugnisse gebraucht wird, wird als Aufwand im Konto 6040 AWVM im Soll gebucht. Der Kauf ist umsatzsteuerpflichtig. Da es sich um einen Zielkauf handelt, wird das Konto 4400 VE im Haben benötigt.

16

A6

6.1.1

Listeneinkaufspreis (50 · 26,20 €)	1.310,00 €	100 %	
− Liefererrabatt	196,50 €	15 %	
= Zieleinkaufspreis	1.113,50 €	85 %	100 %
− Liefererskonto	22,27 €		2 %
= Bareinkaufspreis	1.091,23 €		98 %
+ Bezugskosten	20,00 €		
= **Einstandspreis**	**1.111,23 €**		

4

ⓘ Zur Lösung der Aufgabe wird das Schema der Einkaufskalkulation benötigt: Schema aufschreiben, gegebene Werte eintragen und Grundwerte festlegen. Für die Berechnung des Einstandspreises ist die Menge von 50 Liter zu berücksichtigen. Der angegebene Listenpreis von 26,20 € bezieht sich auf einen Liter. Außerdem sind Bezugskosten von pauschal 20,00 € netto bei der Kalkulation anzusetzen.

6.1.2 z. B.: kostenlose Beratungsmöglichkeit

1

ⓘ Aufgrund der Aufgabenstellung muss der anzugebende Grund aus dem vorliegenden Angebot des Lieferers herausgelesen werden. Weitere Antwortmöglichkeiten: Nähe zum Unternehmensstandort, günstiger Einstandspreis.

6.1.3 6030 AWB 1.113,50 €
6031 BZKB 20,00 €
2600 VORST 215,37 € an 4400 VE 1.348,87 € | 4

Das Schmieröl wird als Betriebsstoff (siehe Unternehmensbeschreibung) im Konto 6030 AWB im Soll mit dem Zieleinkaufspreis der Kalkulation gebucht. Bei der Buchung müssen gemäß Kalkulation die Bezugskosten berücksichtigt werden, die im Unterkonto 6031 BZKB im Soll zu erfassen sind. Der Kauf ist umsatzsteuerpflichtig. Da eine Eingangsrechnung vorliegt, wird diese im Konto 4400 VE im Haben erfasst.

6.2.1 Just-in-time-Verfahren | 1

Unternehmen, die das Just-in-time-Verfahren anwenden, müssen sich gründlich mit ihren Lieferern von Werkstoffen abstimmen. Dies ist notwendig, damit die Materialien genau zu dem Zeitpunkt eintreffen, wenn diese in der Produktion zur Herstellung der Fertigerzeugnisse benötigt werden. „Just-in-time" bedeutet übersetzt so viel wie „termingerecht".

6.2.2 Vorteil: z. B. Einsparung von Lagerkosten
Nachteil: z. B. Stillstand in der Produktion bei Lieferverzögerungen | 2

Der Hauptvorteil einer Lagerkostensenkung beim Just-in-time-Verfahren ergibt sich aus dem Ziel, Werkstoffe nur in der benötigten Menge anliefern zu lassen. Dadurch kann z. B. auch eine Veralterung und der Verderb der Bestände vermieden werden.

Das aufgeführte Beispiel für Nachteile hängt mit dem sehr hohen Liefer- und Transportbedarf des Just-in-time-Verfahrens zusammen. Ebenso der weitere Nachteil, dass aufgrund des hohen Lieferbedarfs evtl. Umweltschäden entstehen könnten.

6.3 6700 AWMP 250,00 €
2600 VORST 47,50 € an 2800 BK 297,50 € | 3

Trimm-dich-Sport mietet den Lagerplatz, weshalb hier das Konto 6700 AWMP als Aufwand im Soll gebucht wird. Um den Nettobetrag bei einem Umsatzsteuersatz von 19 % zu erhalten, rechnet man schnell 297,50 € : 1,19. Da es sich um eine Überweisung handelt, wird als Zahlungsmittelkonto das Konto 2800 BK im Haben benötigt.

| 15

ÜBUNGS-ABSCHLUSSPRÜFUNG 2

A7 **7.1**

Variable Kosten „Traveller"	130.000,00 €	(5 000 · 26,00 €)
+ Variable Kosten „Champion"	400.000,00 €	(20 000 · 20,00 €)
+ Fixkosten	220.000,00 €	
= Selbstkosten	**750.000,00 €**	

i Die Selbstkosten sind die angefallenen Gesamtkosten, die sich aus den variablen und den fixen Kosten zusammensetzen. Die variablen Stückkosten sind jeweils mit der produzierten Stückzahl zu multiplizieren.

7.2 5 000 Stück ≙ 40 %
       x Stück ≙ 100 % → x = 12 500

→ Vom Modell „Traveller" könnten insgesamt 12 500 Stück hergestellt werden.

i Die gesuchte maximal mögliche Produktionsmenge wird auch als Kapazität bezeichnet und entspricht 100 %.

7.3

	„Traveller" 5 000 Stück (€)	„Champion" 20 000 Stück (€)	gesamt (€)
Nettoverkaufserlöse	❻ 40,00	27,50	
– Variable Kosten	26,00	20,00	
= Stück-DB	❺ 14,00	7,50	
Gesamt-DB	❹ 70.000,00	❸ 150.000,00	❷ 220.000,00
– Fixkosten			220.000,00
= Betriebsergebnis		❶	0,00

→ Langfristige Preisuntergrenze „Traveller" = 40,00 €

i Die Ermittlung der langfristigen Preisuntergrenze erfolgt in sechs Schritten:
❶ Das Betriebsergebnis wird auf 0,00 € gesetzt.
❷ Die Höhe des Gesamtdeckungsbeitrags entspricht den gesamten Fixkosten.
❸ Die Preise für das andere Produkt (hier „Champion") bleiben unverändert.
❹ Durch Subtraktion des Deckungsbeitrags für das Produkt „Champion" vom Gesamtdeckungsbeitrag wird der neue Deckungsbeitrag für das Produkt „Traveller" ermittelt.
❺ Anschließend wird beim Produkt „Traveller" der Deckungsbeitrag gesamt durch die Stückzahl dividiert, sodass sich der Deckungsbeitrag/Stück ergibt.
❻ Die Rückwärtsrechnung mit unveränderten variablen Kosten/Stück liefert den neuen Nettoverkaufspreis = langfristige Preisuntergrenze.

7.4 Stück-DB „Champion" (siehe 7.3) = 7,50 €

$$\text{Gewinnschwellenmenge} = \frac{220.000,00}{7,50} = 29\,333,33$$

→ Ein Gewinn wird ab einer abgesetzten Menge von 29 334 Stück erreicht.

i Die Stückzahl, bei der erstmals Gewinn erzielt werden kann, wird auch als Gewinnschwellenmenge bezeichnet. Diese ist mit folgender Formel zu berechnen:

ÜBUNGS-ABSCHLUSSPRÜFUNG 2

$$\text{Gewinnschwellenmenge} = \frac{\text{fixe Kosten}}{\text{Deckungsbeitrag pro Stück}}$$

Die Menge ist als ganze Zahl anzugeben, wobei grundsätzlich aufzurunden ist.

7.5

A	Nettover-kaufserlöse	B	Fix-kosten	C	Variable Kosten	D	Gewinnschwellen-menge

A	Diese stellen grafisch eine Ursprungsgerade dar, die sich mit der Geraden für die Gesamtkosten im Break-even-Point schneidet.
B	Die gesamten Fixkosten sind unabhängig von der Menge konstant.
C	Sie nehmen mit der Produktionsmenge zu und ergeben sich graphisch als Ursprungsgerade, die parallel zu den Gesamtkosten verläuft.
D	Zu produzierende und abzusetzende Menge, für die sich der Break-even-Point als Schnittpunkt von Nettoverkaufserlösen und Gesamtkosten ergibt.

8.1.1   6540 ABGWG   4.800,00 €   an   0890 GWG   4.800,00 €

Geringwertige Wirtschaftsgüter sind zum 31.12. grundsätzlich in voller Höhe abzuschreiben. Dies erfolgt unabhängig vom Anschaffungsmonat.

8.1.2   6010 AWF   1.700,00 €   an   6011 BZKF   1.700,00 €

Unterkonten werden über ihre Hauptkonten abgeschlossen. Bezugskosten erhöhen dabei im Hauptkonto die Aufwendungen im Soll (Aufwandskonto an Bezugskostenkonto). Nachlässe verringern hingegen die Aufwendungen des Hauptkontos im Haben (Nachlasskonto an Aufwandskonto).

8.1.3   6160 FRI   360,00 €   an   3900 RST   360,00 €

Hier handelt es sich um einen Kostenvoranschlag für eine Reparatur, die erst zu Beginn des folgenden Jahres im Januar durchgeführt werden kann. Da weder der genaue Fälligkeitstermin noch der konkrete zu zahlende Betrag bekannt sind, ist eine Rückstellung zu bilden. Dabei ist zu beachten, dass bei der Rückstellungsbildung der Nettobetrag zu buchen ist. Die Buchung der Umsatzsteuer erfolgt erst bei Rechnungseingang im neuen Jahr.

8.1.4

```
01.11.21           31.12.21                              30.04.22
|———— 2 Monate ————|———————— 4 Monate ————————————————|
       130,00 €              260,00 €
```

2900 ARA   260,00 €   an   7510 ZAW   260,00 €

Da bereits im November, also im Voraus, die Darlehenszinsen als Aufwand im Konto 7510 ZAW gebucht wurden, liegt der Fall Aktive Rechnungsabgrenzung (2900 ARA) vor. Der abzugrenzende Betrag bezieht sich immer auf das nächste Jahr (hier: 4 Monate).

8.1.5 2000 R 14.300,00 € an 6000 AWR 14.300,00 €

ℹ️ Eine Bestandsmehrung bedeutet im aktiven Bestandskonto 2000 R: Anfangsbestand < Schlussbestand.

Der Mehrbestand kommt dadurch zustande, dass mehr Rohstoffe eingelagert, als verbraucht wurden. Der tatsächliche Rohstoffaufwand ist also niedriger als ursprünglich gebucht, weshalb der Verbrauch im Konto 6000 AWR im Haben zu korrigieren ist.

8.2.1 Einzugsliquidität in % = $\dfrac{(135.000,00 + 32.000,00) \cdot 100}{250.000,00}$ = 66,80

→ Die Einzugsliquidität beträgt 66,80 %.

ℹ️ Um die Einzugsliquidität zu berechnen, sind in die folgende Formel die entsprechenden Werte einzusetzen:

Einzugsliquidität in % = $\dfrac{(\text{flüssige Mittel} + \text{Forderungen}) \cdot 100}{\text{kurzfristiges Fremdkapital}}$

Der Idealwert beträgt 100 %.

8.2.2 z. B.: Verkauf nicht mehr benötigter Sachanlagen

ℹ️ Beim Auffinden von Verbesserungsmöglichkeiten kann auch die Formel mathematisch betrachtet werden: Der Wert für die Einzugsliquidität lässt sich erhöhen, indem flüssige Mittel und/oder Forderungen (im Zähler) erhöht werden bzw. kurzfristiges Fremdkapital (im Nenner) reduziert wird. Weitere Antwortmöglichkeiten: Abbau der Vorratslager durch Sonderaktionen zur Umsatzsteigerung, Werbemaßnahmen zur Absatzsteigerung, Umwandlung kurz- in langfristiges Fremdkapital.

8.2.3 Die Goldene Finanzierungsregel besagt, dass langfristiges Vermögen (Anlagevermögen) langfristig und kurzfristiges Vermögen (Umlaufvermögen) entsprechend kurzfristig finanziert werden soll.

ℹ️ Wird die Goldene Finanzierungsregel (Grundsatz der Fristengleichheit) eingehalten, ist die benötigte Liquidität vorhanden, um die mit der Sachanlage erwirtschafteten Finanzmittel für die Kreditrückzahlung zu verwenden.

ÜBUNGS-ABSCHLUSSPRÜFUNG 3
für den LehrplanPLUS

Als Mitarbeiterin bzw. Mitarbeiter im Unternehmen „Uli Tischler Möbel e. K.", kurz „Ultimö", bearbeiten Sie verschiedene betriebswirtschaftliche Aufgaben.

Uli Tischler Möbel e. K.
Am Holz 8
89415 Lauingen

Inhaber:	Uli Tischler
Rechtsform:	Einzelunternehmen
Geschäftsjahr:	1. Januar bis 31. Dezember 2021
Zweck des Unternehmens:	Hauptwerk in Lauingen: Fertigung von Holzmöbeln Zweigwerk in Mindelheim: Fertigung von Holzfenstern
Unternehmensphilosophie:	Wohnmöbel zum Wohlfühlen im Einklang mit der Natur

Werkstoffe:

Rohstoffe
Buchenholz, Eichenholz, ...

Fremdbauteile
Filzgleiter, Metallbeschläge, ...

Hilfsstoffe
Holzleim, Holzlasur, Schrauben, ...

Betriebsstoffe
Strom, Schmieröl, ...

Formale Vorgaben:

- Bei Buchungssätzen sind stets Kontennummern, Kontennamen (abgekürzt möglich) und Beträge anzugeben.
- Bei Berechnungen sind jeweils alle notwendigen Lösungsschritte und Nebenrechnungen darzustellen.
- Alle Ergebnisse sind in der Regel auf zwei Nachkommastellen gerundet anzugeben.
- Soweit nicht anders vermerkt, gilt ein Umsatzsteuersatz von 19 %.

ÜBUNGS-ABSCHLUSSPRÜFUNG 3

A1 Im Unternehmen „Ultimö" liegt folgender Beleg vor:

Gernot Streich e.K.
Experte für Farbe, Lack und Holzlasur

Gernot Streich e. K., Eimerstraße 12, 81547 München

Firma
Uli Tischler Möbel e. K.
Am Holz 8
89415 Lauingen

Inhaber: Gernot Streich
Registergericht: HRA 152256
Steuernummer: 343/358/22165
USt-IdNr.: DE 294600475

Tel.: +49 89 0435 510
Fax: +49 89 0435 511

Lauingen, 18.01.2021

RECHNUNG

Rechnungsnummer: 43/21
(Bei Zahlung bitte angeben!)

Ihr Auftrag vom: 08.01.2021   Auftrags-Nr.: 2021-7   Kunden-Nr.: 33322105
Lieferdatum: 15.01.2021

Pos.	Menge	Art.-Nr.	Artikel	Einzelpreis (EUR)	Gesamtpreis (EUR)
1	200	L-24	1 Liter Holzlasur „Hell"	25,00	5.000,00
2	50	L-29	1 Liter Holzlasur „Dunkel-Robust"	30,00	1.500,00
			Mengenrabatt 10 %		650,00
			Warenwert		5.850,00
			Verpackung und Versand		0,00

Gesamtbetrag netto	USt 19 %	Rechnungsbetrag
5.850,00 €	1.111,50 €	6.961,50 €

Bei Zahlung bis zum 29.01.2021 gewähren wir 2 % Skonto.
Zahlung fällig „rein netto" am 19.02.2021

Die Ware bleibt bis zur vollständigen Bezahlung unser Eigentum.

Bankverbindung: Sparbank München
IBAN: DE22 7606 2150 0628 4910 00 – BIC: SPBADEMUXXX

ÜBUNGS-ABSCHLUSSPRÜFUNG 3

1.1 Geben Sie auf Ihrem Lösungsblatt jeweils unter Angabe des Kennbuchstabens an, ob folgende Aussagen A bis E richtig oder falsch sind.

A	Der Fachbegriff für die Lieferbedingung lautet „Lieferung ab Werk".
B	„Ultimö" wird ein Lieferantenkredit angeboten.
C	In der Abteilung A des Handelsregisters stehen Kapitalgesellschaften.
D	Bei Zahlung bis 19.02.2021 ist nur der Nettobetrag fällig.
E	Die Abkürzung „USt-IdNr." bedeutet Umsatzsteuer-Identifikationsnummer.

1.2 Bilden Sie den Buchungssatz zu links abgebildetem Beleg.

1.3 „Ultimö" nutzt Online-Banking. Bilden Sie den Buchungssatz für folgenden Beleg:

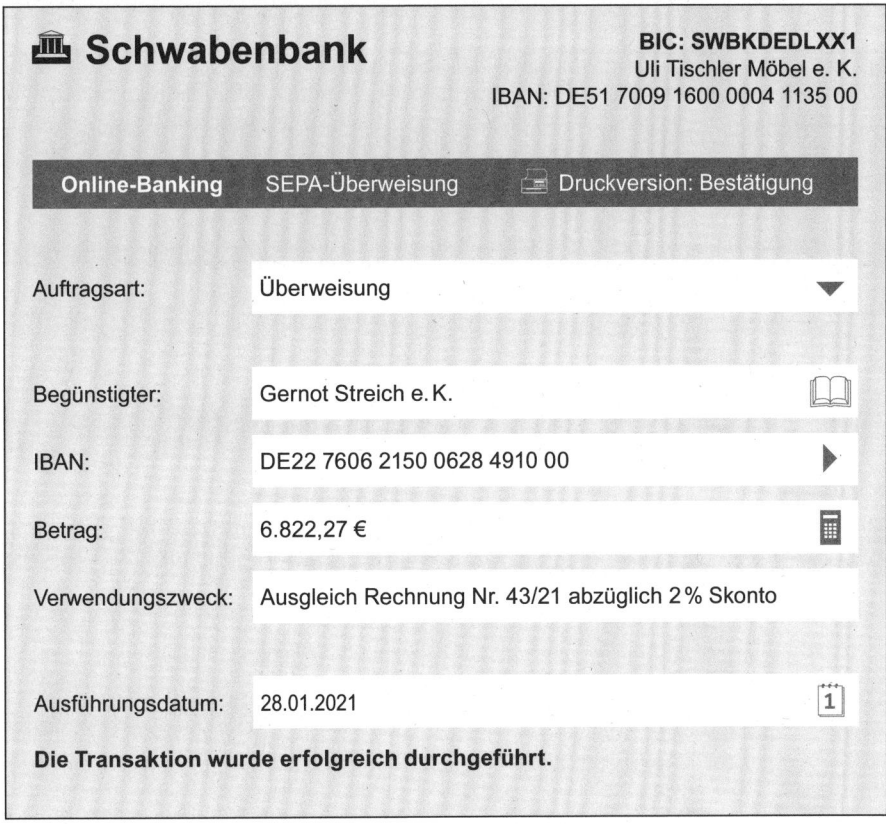

1.4 Der Einstandspreis der Holzlasur ist derzeit sehr günstig. Dennoch hält „Ultimö" an der bereits ermittelten optimalen Bestellmenge fest und kauft keine größere Menge.

1.4.1 Erläutern Sie den Begriff „optimale Bestellmenge".

1.4.2 Uli Tischler überprüft regelmäßig alternative Angebote für den Bezug von Werkstoffen. Nennen Sie ein Kriterium, das neben dem Preis berücksichtigt werden sollte.

A2 Wegen anhaltend guter Auftragslage soll eine neue Kantenanleimmaschine gekauft werden. Hierzu hat Uli Tischler zwei Angebote eingeholt:

	Angebot A	Angebot B
Anschaffungskosten	21.000,00 €	24.000,00 €
Nutzungsdauer laut AfA-Tabelle	5 Jahre	5 Jahre
Produktionsmenge (Meter)/Jahr	125 000	125 000
Gewinn pro Stück (Meter)	0,09 €	0,14 €

2.1 Für Angebot A wurde eine Amortisationszeit von 1,34 Jahren berechnet. Geben Sie auf Grundlage der Amortisationsrechnung eine Empfehlung, für welches Angebot sich Uli Tischler entscheiden soll. Der kalkulatorische Zinssatz beträgt 2,5 %.

2.2 Uli Tischler entscheidet sich für Angebot B. Bilden Sie zu diesem Kauf den Buchungssatz für die Eingangsrechnung.

2.3 Durch die planmäßigen Abschreibungen ist „Ultimö" auf zukünftige Investitionen vorbereitet.

2.3.1 Berechnen Sie den Abschreibungssatz für die lineare Abschreibung.

2.3.2 Erläutern Sie, wie Abschreibungen der Selbstfinanzierung dienen. Orientieren Sie sich dabei an folgender Darstellung:

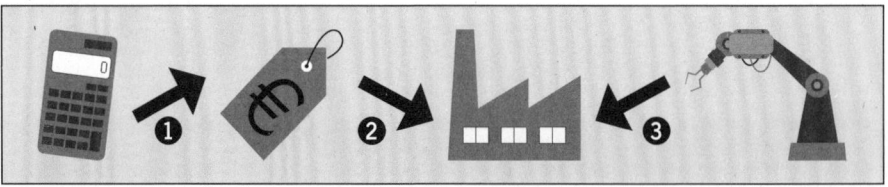

2.4 Bei Investitionen hat Uli Tischler stets seine Unternehmensziele im Blick. Folgende Formulierungen beschreiben vier seiner Investitionsziele.

A	Bei der Vorauswahl der Angebote werden nur Hersteller verglichen, die ihre Geräte umweltschonend produzieren.
B	Um Kosten zu senken, soll immer die günstigste Möglichkeit ausgewählt werden.
C	Neue Maschinen sollen einfacher zu bedienen sein und für ein geringeres Unfallrisiko sorgen.
D	Die Investition in neue Maschinen soll mit einer Steigerung der Effizienz im Produktionsprozess einhergehen.

2.4.1 Geben Sie den Kennbuchstaben der Zielformulierung an, die den sozialen Zielen zugeordnet werden kann.

2.4.2 Wählen Sie aus den Kennbuchstaben A bis D zwei Zielformulierungen aus und erläutern Sie, ob zwischen diesen beiden eine Zielharmonie oder ein Zielkonflikt besteht.

Uli Tischler plant, privat und für sein Unternehmen, freie liquide Mittel in Aktien anzulegen. **A3**

3.1 Dazu betrachtet er in einer Fachzeitschrift folgende Infografik:

3.1.1 Geben Sie auf Ihrem Lösungsblatt unter Angabe des Kennbuchstabens die zutreffenden Begriffe für die Textlücken A bis E an. Verwenden Sie dazu auch die Infografik.

> Die privaten Haushalte in Deutschland konnten ihr Geldvermögen im Zeitraum von 2000 bis 2020 nahezu von Jahr zu Jahr ... **A** ... Diese Entwicklung wird in der Infografik durch ein ... **B** ... -diagramm dargestellt. Das Vermögen in Aktien und Investmentfonds erhöhte sich im Vergleich zum Vorjahr um 152 Milliarden Euro. Getrieben wurde der Aktienmarkt vor allem durch das billige Geld der Zentralbanken. Anlagen in Termin- und Spareinlagen waren wegen der ... **C** ... Zinsen unattraktiv.
>
> Die Anlage in Aktien ermöglicht, gemäß dem magischen Dreieck der Geldanlage, eine hohe ... **D** ... bei höherem Risiko. Eine alternative Form der Geldanlage stellen auch Versicherungen dar, wie zum Beispiel ... **E** ... .

3.1.2 Berechnen Sie, um wie viel Prozent das Geldvermögen der privaten Haushalte in Deutschland von 2015 bis 2020 gestiegen ist.

3.1.3 Berechnen Sie, wie viel Prozent ihres privaten Geldvermögens die Deutschen im Jahr 2020 in Aktien angelegt hatten.

3.2 Am 06.07.2021 kauft Uli Tischler für „Ultimö" 150 Sport-Aktien zum Kurs von 58,80 € (Spesen 1 % vom Kurswert).

3.2.1 Bilden Sie den Buchungssatz für die Banklastschrift des Aktienkaufs.

3.2.2 Bilden Sie den Buchungssatz für die Dividendengutschrift auf dem Geschäftsbankkonto, wenn pro Aktie 1,50 € ausgeschüttet werden.

A4 Das Unternehmen „Ultimö" produziert in seinem Zweigwerk die Holzfenster „Helena" und „LUX". Dazu liegt Ihnen folgendes Tabellenblatt vor:

	A	B	C	D
1	**Deckungsbeitrag Zweigwerk**			
2	Holzfenster	Helena	LUX	gesamt
3	Produktion in Stück	500	300	
4	Kapazität in Stück	800	300	
5	Auslastung	62,50 %	?	
6	**Nettoverkaufspreis**	480,00 €	350,00 €	
7	variable Kosten/Stück	125,00 €	102,00 €	
8	Deckungsbeitrag/Stück	355,00 €	248,00 €	
9	Deckungsbeitrag gesamt	177.500,00 €	74.400,00 €	251.900,00 €
10	Fixkosten			180.600,00 €
11	Betriebsergebnis		Gewinn	71.300,00 €

4.1 „Ultimö" erhält vom Onlinehändler „i-buy" eine Anfrage für die Abnahme von 200 Stück vom Typ „LUX" zu einem Nettopreis von 300,00 € pro Stück.

4.1.1 Geben Sie die Auslastung des Typs „LUX" in Prozent an.

4.1.2 Begründen Sie, ob „Ultimö" den Zusatzauftrag des Onlinehändlers annehmen kann.

4.2 „Ultimö" bietet dem Onlinehändler „i-buy" 200 Stück von Produkt „Helena" zu einem Nettopreis von 360,00 € zum Verkauf an.

4.2.1 Berechnen Sie den Preisnachlass für den Onlinehändler in Prozent.

4.2.2 „Ultimö" erhält den Auftrag. Berechnen Sie den zusätzlich entstehenden Gewinn.

4.3 Aufgrund des steigenden Konkurrenzdrucks erkundigt sich Uli Tischler bei einer Unternehmensberatung, ob „Ultimö" einen Teil der Produktion nach Asien verlagern soll.

4.3.1 Nennen Sie einen Nachteil dieser möglichen Produktionsverlagerung.

4.3.2 Bei „Ultimö" geht die Rechnung der Unternehmensberatung ein, Nettobetrag 420,00 €. Bilden Sie den Buchungssatz.

4.4 Für das neu entwickelte Holzfenster „Prime" werden besondere Dichtungsbänder benötigt. Uli Tischler überlegt, ob diese in Eigenfertigung hergestellt oder von einem anderen Unternehmen bezogen werden sollen. Es liegen folgende Daten vor:

Eigenfertigung	
Fertigungsmaterial	0,80 €
Fertigungslöhne	1,10 €
fixe Kosten pro Quartal	2.500,00 €

Fremdbezug	
Einstandspreis (700 Stück)	2.100,00 €

Wägen Sie durch Berechnung ab, ob bei einem Bedarf von 700 Stück pro Quartal Eigenfertigung oder Fremdbezug gewählt werden sollte.

Zum 31.12.2021 sind im Unternehmen „Ultimö" noch einige Arbeiten zu erledigen.

5.1 Bei den Hilfsstoffen wurde eine Inventurdifferenz von 380,00 € festgestellt. Beschreiben Sie dafür eine mögliche Ursache.

5.2 Bilden Sie jeweils den Buchungssatz für die folgenden vorbereitenden Abschlussbuchungen.

5.2.1 Das Konto 6011 BZKF weist einen Saldo in Höhe von 4.600,00 € aus.

5.2.2 Auf dem Geschäftsbankkonto des Unternehmens „Ultimö" ging am 01.11.2021 für ein Jahr im Voraus die Miete für eine Lagerhalle in Höhe von 21.000,00 € netto ein.

5.3 Bilden Sie den Buchungssatz für den Abschluss des Kontos 7510 Zinsaufwendungen. Der Saldo beträgt 6.675,00 €.

5.4 Das Konto 0890 GWG weist einen Saldo von 1.920,00 € aus. Bilden Sie den Buchungssatz für die Abschreibung.

5.5 Ihnen liegen GuV-Rechnung und Bilanz des Unternehmens „Ultimö" jeweils in aufbereiteter Form in Euro vor:

Soll	GUV		Haben
Materialaufwand	930.000,00	Umsatzerlöse	4.200.600,00
Personalaufwand	2.339.137,50	Bestandsveränderungen	43.900,00
Abschreibungen Sachanlagen	358.680,00	Sonstige Erträge	88.200,00
Sonstige betr. Aufwendungen	324.465,00		
Steuern	19.042,50		
Zinsen	6.675,00		
Jahresüberschuss	354.700,00		
	4.332.700,00		4.332.700,00

Aktiva	Bilanz zum 31.12.2021 in €		Passiva
Anlagevermögen		**Eigenkapital**	1.352.500,00
Sachanlagen	717.500,00	**Fremdkapital**	
Umlaufvermögen		langfristiges Fremdkapital	230.000,00
Vorräte	240.000,00	kurzfristiges Fremdkapital	450.000,00
Forderungen	730.000,00		
flüssige Mittel	345.000,00		
	2.032.500,00		2.032.500,00

5.5.1 Berechnen Sie die Kennzahl der Barliquidität.

5.5.2 Uli Tischler stellt fest, dass die Barliquidität von „Ultimö" gegenüber den Vorjahren stark gestiegen ist. Geben Sie an, um welche Art von Vergleich es sich hier handelt.

5.5.3 Beschreiben Sie zwei Möglichkeiten für die Reduzierung einer zu hohen Barliquidität.

5.5.4 Berechnen Sie die Kennzahl der Eigenkapitalrentabilität, wenn Privatentnahmen in Höhe von 84.200,00 € vorliegen.

5.5.5 Nennen Sie zwei Gründe, weshalb die Eigenkapitalrentabilität möglichst hoch sein sollte.

A6 „Ultimö" plant die Gestaltung einer großzügigen Verkaufsfläche, die durch einen Kredit finanziert wird. Das Unternehmen nimmt bei der Schwabenbank einen Kredit in Höhe von 150.000,00 € mit einer Laufzeit von 6 Jahren auf.

6.1 Die Bank behält 1,85 % der Kreditsumme als Disagio ein.

6.1.1 Berechnen Sie Disagio und Auszahlungsbetrag in Euro.

6.1.2 Bilden Sie den Buchungssatz für die Auszahlung des Kredits auf das Geschäftsbankkonto.

6.1.3 Geben Sie den Kennbuchstaben der richtigen Aussage an:

A	Disagio ist umsatzsteuerpflichtig.
B	Disagio ist eine Art vorausbezahlter Zins.
C	Disagio kann als betrieblicher Ertrag geltend gemacht werden.

6.2 „Ultimö" lag ein zweites Kreditangebot der Trabobank mit einem effektiven Zinssatz von 2,1 % vor. Begründen Sie rechnerisch, warum sich das Unternehmen für das Angebot der Schwabenbank entschieden hat. Die Zinsen für den Kredit bei der Schwabenbank betragen 14.745,27 €.

6.3 Uli Tischler erhält von seinem Kreditberater der Schwabenbank folgende Übersicht:

Tilgungsplan für Darlehen   **Schwabenbank**
Kontonummer 6773993
für Uli Tischler Möbel e. K.

Jahr	Zinsen	Tilgung	Gesamtzahlung	Restschuld
1	3.750,00 €	20.000,00 €	23.750,00 €	130.000,00 €
2	3.250,00 €	20.500,00 €	23.750,00 €	109.500,00 €
3	2.737,50 €	21.012,50 €	23.750,00 €	88.487,50 €
4	2.212,19 €	21.537,81 €	23.750,00 €	66.949,69 €
5	1.673,74 €	22.076,26 €	23.750,00 €	44.873,43 €
6	1.121,84 €	22.628,16 €	23.750,00 €	?

6.3.1 Begründen Sie, um welche Art von Darlehen es sich handelt.

6.3.2 Am Ende des ersten Jahres werden Zinsen und Tilgung vom Geschäftsbankkonto abgebucht. Bilden Sie den Buchungssatz.

6.3.3 Die Restschuld am Ende des 6. Jahres wird von „Ultimö" vereinbarungsgemäß durch eine Sonderzahlung beglichen. Berechnen Sie die Höhe der Restschuld.

Aus der Kosten- und Leistungsrechnung liegt Ihnen folgender unvollständiger Betriebsabrechnungsbogen des Unternehmens „Ultimö" als Tabellenblatt vor:

A7

	A	B	C	D	E	F	G
1	Betriebsabrechnungsbogen (BAB) für das 3. Quartal 2021 (Beträge in Euro)						
2							
3	Kostenarten	Verteilungsgrundlage	Summen	Material	Fertigung	Verwaltung	Vertrieb
4	Hilfsstoffe	Belege	20.000,00	11.000,00	8.000,00	0,00	1.000,00
5	Betriebsstoffe	Verhältniszahl	10.000,00	2.800,00	4.800,00	800,00	1.600,00
6	Strom	kWh	30.000,00	3.500,00	10.000,00	8.000,00	8.500,00
7	Gehälter	Gehaltsliste	132.000,00	16.400,00	56.100,00	35.000,00	24.500,00
8	Heizkosten	?	48.000,00	7.600,00	15.600,00	13.400,00	11.400,00
9	Versicherungen	Verhältniszahl	15.000,00	?	?	?	?
...	...	...	...	...	...	...	...
15	kalk. Abschreibung	Wert der Anlagen	128.000,00	7.200,00	53.000,00	39.600,00	28.200,00
16	kalk. Unternehmerlohn	Prozent	24.000,00	2.500,00	6.500,00	8.500,00	6.500,00
17	Summe		909.000,00	266.000,00	408.000,00	145.000,00	90.000,00
18							
19				Fertigungsmaterial	Fertigungslöhne	Herstellkosten des Umsatzes	
20	Zuschlagsgrundlage			?	340.000,00	1.339.000,00	
21	Zuschlagsatz				120 %		?

7.1 Die Kostenart „Versicherungen" soll im Verhältnis 5:3:1:1 auf die Kostenstellen Material, Fertigung, Verwaltung und Vertrieb verteilt werden. Berechnen Sie die Kostenanteile für die vier Kostenstellen in Euro.

7.2 Berechnen Sie den gemeinsamen Zuschlagsatz für die Verwaltungs- und Vertriebsgemeinkosten.

7.3 Ermitteln Sie rechnerisch die Höhe der Kosten für das Fertigungsmaterial. Es liegen keine Bestandsveränderungen vor.

7.4 Notieren Sie auf Ihrem Lösungsblatt jeweils unter Angabe des Kennbuchstabens die zutreffenden Fachbegriffe für die Textlücken A bis C.

> Unter Gemeinkosten versteht man Kosten, die einem ... **A** ... nicht direkt zugeordnet werden können. Eine geeignete Verteilungsgrundlage bei der Zuweisung der Heizkosten ist die ... **B** ... der jeweiligen Kostenstelle.
>
> Die kalkulatorischen Abschreibungen werden als Anderskosten bezeichnet. Der kalkulatorische Unternehmerlohn wird nicht in der Geschäftsbuchführung, sondern nur in der Kosten- und Leistungsrechnung erfasst, weshalb man diese Kosten auch ... **C** ... nennt.

7.5 Die Kosten für Telefon und Internet werden vom Geschäftsbankkonto abgebucht. Diese belaufen sich auf 140,00 € netto. Bilden Sie den Buchungssatz.

ÜBUNGS-ABSCHLUSSPRÜFUNG 3

A8 Uli Tischler führt zur Kontrolle der Forderungen seines Unternehmens „Ultimö" eine tabellarische Übersicht:

Kunde	Rechnungsdatum	einwandfreie Forderung 2400 FO	zweifelhafte Forderung 2470 ZWFO
...	...	...	...
Hotel Chillout	07.06.2021	9.520,00 €	
Hotel Sonnenland	24.04.2021	14.280,00 €	
Strandlounge GmbH	18.05.2021		8.151,50 €
Sunset-Lodge	05.07.2021	5.188,40 €	
...	...	...	...

8.1 Am 30.07.2021 überprüft Uli Tischler die noch offenen Forderungen seines Unternehmens „Ultimö". Bilden Sie die Buchungssätze zu dem vorliegenden Beleg (Auszug) und dem folgenden Geschäftsfall.

8.1.1

Uli Tischler Möbel e.K., Am Holz 8, 89415 Lauingen

Firma
Hotel Chillout GmbH
Bodenseestraße 57
78462 Konstanz

Inhaber: Uli Tischler
Registergericht: HRA 153257
Steuernummer: 323/377/83953
USt-IdNr.: DE 178543873

Tel.: 09072 32785
Fax: 09072 32785-2

Lauingen, 30.07.2021

ZAHLUNGSERINNERUNG

Sehr geehrte Damen und Herren,

sicherlich ist es Ihrer Aufmerksamkeit entgangen,
unsere Rechnung über 9.520,00 €, fällig am 07.07.2021, zu begleichen.

Wir stellen Ihnen deshalb folgende Gesamtforderung in Rechnung:

Rechnungsbetrag vom 07.06.2021	9.520,00 €
+ Verzugszinsen	49,39 €
+ Kostenpauschale (Mahngebühren)	40,00 €
= neue Gesamtforderung	9.609,39 €

Alle Zahlungseingänge bis zum 30.07.2021 wurden berücksichtigt.

Sollte Ihre Zahlung inzwischen bei uns eingegangen sein, so bitten wir Sie, dieses Schreiben als gegenstandslos zu betrachten.

Mit freundlichen Grüßen
Uli Tischler

8.1.2 Der Kunde „Hotel Sonnenland" hat trotz mehrmaliger Mahnung nicht gezahlt.

8.2 Uli Tischler liegt folgender Auszug aus der Tageszeitung vor:

> **Insolvenzverfahren Bezirk OLG München**
>
> 5 IN 489/2021 Im Insolvenzverfahren über das Vermögen der Strandlounge GmbH, Kieserstraße 14, 80763 München, vertreten durch die Geschäftsführerin O. Mooser, findet mit der Genehmigung des Gerichts die Schlussverteilung statt. Es bestehen Forderungen in Höhe von insgesamt 55.335,00 €. Zur Verteilung verfügbar sind 22.134,00 €. […]

8.2.1 Berechnen Sie die Insolvenzquote.

8.2.2 Auf dem Geschäftsbankkonto von „Ultimö" gehen 3.260,60 € der zweifelhaften Forderung an „Strandlounge GmbH" ein. Der Rest ist endgültig verloren. Bilden Sie den Buchungssatz.

8.3 Uli Tischler beabsichtigt sein Unternehmen „Ultimö" künftig gegen das Ausfallrisiko bei Forderungen abzusichern. Er informiert sich dazu über das sogenannte Factoring.

8.3.1 Nennen Sie neben der Risikoabsicherung einen weiteren Vorteil des Factorings.

8.3.2 Nennen Sie einen Nachteil dieses Verfahrens.

8.4 Am 04.08.2021 geht auf dem Geschäftsbankkonto von „Ultimö" fristgerecht die Zahlung vom Kunden „Sunset-Lodge" ein. Bilden Sie den Buchungssatz.

LÖSUNGEN ÜBUNGS-AP 3

A1

1.1

| A | falsch | B | richtig | C | falsch | D | falsch | E | richtig |

A	Bei der Lieferbedingung „ab Werk" trägt der Käufer die Kosten für den Versand. In der Eingangsrechnung ist zu erkennen, dass hierfür 0,00 € berechnet wurden. Die Ware wurde also „frei Haus" geliefert.
B	Die Gewährung eines Zahlungsziels (hier: 19.02.2021) stellt einen Lieferantenkredit dar.
C	Das bei den Amtsgerichten geführte Handelsregister ist in zwei Abteilungen gegliedert. In Abteilung A sind Einzelunternehmen und Personengesellschaften eingetragen und in Abteilung B Kapitalgesellschaften.
D	Die Bezeichnung „rein netto" bedeutet, dass der gesamte Rechnungsbetrag ohne Skontoabzug zu zahlen ist. Dies hat nichts mit der Umsatzsteuer zu tun.
E	Unternehmen, die Lieferungen und Leistungen innerhalb des Europäischen Binnenmarktes erbringen oder erhalten, benötigen für die Abwicklung eine Umsatzsteuer-Identifikationsnummer (USt-IdNr.).

1.2

6020 AWH   5.850,00 €
2600 VORST   1.111,50 €   an   4400 VE   6.961,50 €

In der vorliegenden Abschlussprüfung sind Sie Mitarbeiter(in) des Unternehmens „Ultimö". Da es sich um eine Eingangsrechnung eines Lieferers über Holzlasur an uns handelt, ist der Buchungssatz für den Zielkauf von Hilfsstoffen zu bilden. Dem Deckblatt kann unter „Werkstoffe" entnommen werden, dass Holzlasur als Nebenbestandteil der Holzmöbel zu den Hilfsstoffen gehört.

1.3

Rechnungsbetrag   6.961,50 €   :1,19   117,00 €
– **Bruttoskonto**   139,23 €   22,23 €
= Überweisungsbetrag   6.822,27 €

4400 VE   6.961,50 €   an   2800 BK   6.822,27 €
                                   6022 NH   117,00 €
                                   2600 VORST   22,23 €

„Ultimö" überweist laut Online-Banking die vorliegende Rechnung Nr. 43/21 am 28.01.2021 an den Lieferer. Gemäß Zahlungsbedingungen wird bis einschließlich 29.01.2021 ein Skontoabzug von 2 % gewährt, weshalb hier der Skontobuchungssatz des Einkaufsbereichs zu bilden ist. Die Differenz zwischen Rechnungsbetrag und Überweisungsbetrag ergibt den Bruttoskonto.

1.4.1 Die optimale Bestellmenge ist diejenige Bestellmenge, bei der die Gesamtkosten bestehend aus Lagerhaltungskosten und Bestellkosten am niedrigsten sind.

Beispiele für Lagerhaltungskosten sind Lagermiete oder Kosten der Lagerverwaltung. Zu den Bestellkosten gehören z. B. Lieferung und Verpackung.

1.4.2 z. B.: Lieferzeit

Neben dem Preis und der Lieferzeit spielen bei der Bewertung von Angeboten auch Zuverlässigkeit, Service, Umweltschutz und Qualität eine wichtige Rolle.

2.1 Abschreibung pro Jahr in € = 24.000,00 : 5 = 4.800,00

Kalkulatorische Zinsen pro Jahr in € = $\dfrac{24.000,00 \cdot 2,5}{100 \cdot 2}$ = 300,00

Gewinn pro Jahr in € = 0,14 · 125 000 = 17.500,00

Amortisationszeit in Jahren = $\dfrac{24.000,00\ €}{(4.800,00 + 300,00 + 17.500,00)}$ = 1,06

→ Uli Tischler sollte sich für Angebot B entscheiden, da hier die Amortisationszeit kürzer ist.

> Die Amortisationszeit wird mit folgender Formel berechnet:
>
> Amortisationszeit in Jahren = $\dfrac{\text{Anschaffungskosten}}{\text{Abschreibung + kalkulatorische Zinsen + Gewinn}}$
>
> Die Anschaffungskosten sind im Angebot B gegeben. Abschreibungen, kalkulatorische Zinsen und Gewinn können mit folgenden Formeln rechnerisch ermittelt werden:
>
> Abschreibung pro Jahr in € = Anschaffungskosten : Nutzungsdauer
>
> Kalk. Zinsen pro Jahr in € = $\dfrac{\text{Anschaffungskosten} \cdot \text{kalkulatorischer Zinssatz}}{100 \cdot 2}$
>
> Gewinn pro Jahr in € = Produktionsmenge · Gewinn pro Stück
>
> Das Angebot mit der kürzeren Amortisationszeit ist in der Regel vorzuziehen.

2.2
0700 MA	24.000,00 €			
2600 VORST	4.560,00 €	an	4400 VE	28.560,00 €

> „Ultimö" kauft eine Kantenanleimmaschine, weshalb hier das Konto 0700 MA im Soll gebucht wird. Der Kauf ist umsatzsteuerpflichtig. Da eine Eingangsrechnung vorliegt, wird diese mit dem Rechnungsbetrag im Konto 4400 VE im Haben erfasst.

2.3.1 AfA-Satz in % = $\dfrac{100}{5}$ = 20

→ Der Abschreibungssatz beträgt 20 %.

> Um den AfA-Satz (= Prozentsatz) zu berechnen, ist in die folgende Formel der entsprechende Wert für die Nutzungsdauer einzusetzen:
>
> AfA-Satz in % = $\dfrac{100}{\text{Nutzungsdauer}}$

2.3.2 Abschreibungen werden als Kosten in die Verkaufspreise einkalkuliert ❶. Über die Umsatzerlöse fließen dadurch flüssige Mittel wieder zurück zu „Ultimö" ❷. Diese können dann wieder für neue Investitionen verwendet werden ❸.

> Durch die Selbstfinanzierung über den Abschreibungskreislauf soll die betriebliche Leistungsherstellung durch die Sachanlagen sichergestellt werden (= Substanzerhaltung). Eine Kreditaufnahme (= Fremdfinanzierung) soll vermieden werden.

ÜBUNGS-ABSCHLUSSPRÜFUNG 3

2.4.1 C

Zu den sozialen Investitionszielen zählen unter anderem Sicherung von Arbeitsplätzen, Verringerung von Unfallgefahren und Verbesserung der Arbeitsbedingungen. Daneben gibt es noch ökonomische (beispielsweise Kennbuchstabe B) und ökologische (beispielsweise Kennbuchstabe A) Investitionsziele.

2.4.2 z. B.: Zwischen den Kennbuchstaben A und B herrscht ein Zielkonflikt, da die Vorauswahl nach umweltschonenden Herstellern eventuell günstigere Angebote außer Acht lässt.

Bei einem Zielkonflikt stören bzw. behindern sich zwei Ziele gegenseitig oder schließen sich sogar aus. Zielharmonie hingegen liegt vor, wenn sich die Erreichung eines Ziels auch positiv auf ein anderes Ziel auswirkt. Dies kann bei den Kennbuchstaben C und D der Fall sein: Einfachere Bedienung und weniger Unfälle sind förderlich für einen effizienteren Produktionsablauf.

A3

3.1.1

A	steigern	B	Linien	C	niedrigen	D	Rendite	E	Lebensversicherungen (Pensionsfonds)

A	Das Diagramm zeigt für die Jahre 2000 bis 2020 einen aufsteigenden Verlauf.
B	Liniendiagramme dienen zur Darstellung einer zeitlichen Entwicklung.
C	Seit März 2016 hat die Europäische Zentralbank den Leitzins auf 0 % festgelegt.
D	Aktien versprechen als Geldanlage vor allem langfristig einen guten Erfolg.
E	Beispiele für Versicherungen als Geldanlage sind der Infografik zu entnehmen und werden beim Sternchen unten genannt.

3.1.2

```
        2015                + x %           2020
5.362 Mrd. € ≙ 100 %    + 1.588 Mrd. €    6.950 Mrd. €
```

5.362 Mrd. € ≙ 100 %
1.588 Mrd. € ≙   x %

$x = \dfrac{1.588 \cdot 100}{5.362} = 29{,}62$ → Der Anstieg beträgt 29,62 %.

Als Grundwert (100 %) bei Vergleichen zwischen zwei Jahren wird stets der Wert für das Jahr herangezogen, das am längsten zurückliegt, hier 2015. Dieses Jahr war der Ausgangspunkt des Anstiegs, der z. B. mit dem Dreisatz in Prozent zu berechnen ist.

ÜBUNGS-ABSCHLUSSPRÜFUNG 3

3.1.3 6.950 Mrd. € ≙ 100 %
805 Mrd. € ≙ x %

$$x = \frac{805 \cdot 100}{6.950} = 11{,}58$$

→ Die Deutschen hatten 11,58 % ihres privaten Geldvermögens im Jahr 2020 in Aktien angelegt.

> Bei dieser Anteilsrechnung stellt der Betrag für das gesamte Geldvermögen der Deutschen im Jahr 2020 den Grundwert (100 %) dar. Mit dem gegebenen Betrag für die Geldanlage in Aktien aus dem rechten Diagramm erfolgt die rechnerische Ermittlung des Prozentsatzes mit dem Dreisatz.

3.2.1

Kurswert (150 · 58,80 €)		8.820,00 €	100 %
+ Spesen		88,20 €	1 %
= **Banklastschrift**		**8.908,20 €**	**101 %**

1500 WP   8.908,20 €   an   2800 BK   8.908,20 €

> Laut Angabe sind beim Kauf 1 % Spesen vom Kurswert zu berücksichtigen. Dazu wird mit dem Schema der Kaufabrechnung zunächst der Kurswert der Aktien bestimmt (Stückzahl · Stückkurs). Zum Kurswert werden die Spesen addiert (Prozentrechnung) und es ergibt sich die Banklastschrift.
>
> Durch den Aktienkauf erhöht sich der Bestand an Wertpapieren im aktiven Bestandskonto 1500 WP, das folglich im Soll gebucht wird. Die Banklastschrift ist im Konto 2800 BK im Haben zu erfassen. Anfallende Spesen werden nicht in einem eigenen Konto gebucht, sondern im Konto 1500 WP aktiviert.

3.2.2 Gesamtdividende in € = 150 · 1,50 = 225,00

2800 BK   225,00 €   an   5780 DDE   225,00 €

> Dividenden sind Erträge für „Ultimö" und werden daher im Haben des Kontos 5780 DDE erfasst. Die Bankgutschrift erfolgt im Soll.

4.1.1 Die Auslastung des Typs „LUX" liegt bei 100 %.

> Die Auslastung beschreibt das Verhältnis der tatsächlich produzierten Menge zur maximal möglichen Menge (Kapazität). In den Zellen C3 und C4 sieht man ohne Berechnung, dass bei Typ „LUX" die Kapazität von 300 Stück mit einer Produktion von 300 Stück voll (zu 100 %) ausgelastet ist.

4.1.2 Der Auftrag kann nicht angenommen werden, da keine freie Kapazität vorhanden ist.

> Allgemein müssen zwei Bedingungen für das Annehmen eines Zusatzauftrages überprüft werden. Zum einen müssen freie Kapazitäten vorhanden sein. Zum anderen kann das Betriebsergebnis nur dann verbessert werden, wenn der Nettoverkaufspreis je Stück höher ist als die variablen Kosten je Stück.

4.2.1

Nettoverkaufserlöse alt	480,00 €	100 %
− **Preisnachlass**	120,00 €	
= Nettoverkaufserlöse neu	360,00 €	

$$\text{Preisnachlass in \%} = \frac{120,00 \cdot 100}{480,00} = 25,00$$

→ „Ultimö" räumt dem Onlinehändler einen Preisnachlass von 25 % ein.   2

ℹ Als Grundwert (100 %) bei Vergleichen zwischen zwei Zeitpunkten wird stets der Wert für denjenigen herangezogen, der am längsten zurückliegt, hier der alte (ursprüngliche) Nettoverkaufspreis. Durch Differenzrechnung wird der Preisnachlass in Euro ermittelt. Die Berechnung der Einsparung erfolgt mit dem Dreisatz.

4.2.2

Nettoverkaufserlöse	360,00 €
− variable Kosten/Stück	125,00 €
= Deckungsbeitrag/Stück	235,00 €

Deckungsbeitrag für 200 Stück in € = 200 · 235,00 = 47.000,00

→ Der Gewinn des Zusatzauftrags liegt bei 47.000,00 €.   2

ℹ Da die Fixkosten bereits gedeckt sind, entsteht durch jedes verkaufte Produkt des Zusatzauftrags ein zusätzlicher Gewinn in Höhe des Deckungsbeitrags/Stück. Hier muss mit dem neuen Nettoverkaufspreis in Höhe von 360,00 € gerechnet werden. Die variablen Kosten sind aus der Zelle B7 abzulesen.

4.3.1 z. B.: geringere Fertigungsqualität als in Deutschland   1

ℹ Auch aus Gründen der Nachhaltigkeit ist eine Produktion in Billiglohnländern abzulehnen.

4.3.2

6770 RBK	420,00 €			
2600 VORST	79,80 €	an	4400 VE	499,80 €

3

ℹ Es werden Beratungskosten in Rechnung gestellt, die mit ihrem Nettobetrag als Aufwand im Soll des Kontos 6770 RBK gebucht werden. Dienstleistungen sind umsatzsteuerpflichtig. Da eine Eingangsrechnung vorliegt, wird diese im Konto 4400 VE im Haben erfasst.

4.4 Eigenfertigung 700 Stück:

Fertigungsmaterial/Stück	0,80 €
+ Fertigungslöhne/Stück	1,10 €
= variable Kosten/Stück	1,90 €
variable Kosten (700 Stück)	1.330,00 €
+ fixe Kosten	2.500,00 €
= **Gesamtkosten**	**3.830,00 €**

→ Uli Tischler sollte sich für Fremdbezug entscheiden, da dieser deutlich günstiger ist.   4

ÜBUNGS-ABSCHLUSSPRÜFUNG 3

Für die Entscheidung sind sowohl für Eigenfertigung als auch für Fremdbezug jeweils die Gesamtkosten zu ermitteln:

Eigenfertigung	Fremdbezug
gesamte variable Kosten + fixe Kosten = Gesamtkosten	Gesamtkosten in € = Stückzahl · Einstandspreis pro Stück

Variable Kosten fallen für das Fertigungsmaterial und die Fertigungslöhne an.

Für den Fremdbezug sind die Gesamtkosten in Höhe von 2.100,00 € (Einstandspreis gesamt) bei dieser Aufgabe bereits gegeben.

Alternativ lässt sich die Aufgabe durch Berechnung der kritischen Menge lösen. In diesem Fall lässt sich feststellen, dass Eigenfertigung erst ab mindestens 2 273 Stück vorteilhaft ist.

Die Entscheidung ist nach der Rechnung kurz zu begründen.

15

A 5

5.1 z. B.: Holzleim ist wegen Überlagerung unbrauchbar geworden.   **1**

Ursachen für Inventurdifferenzen können auch Diebstahl, Schwund oder Bruch sein.

5.2.1 6010 AWF   4.600,00 €   an   6011 BZKF   4.600,00 €   **2**

Unterkonten werden über ihre Hauptkonten abgeschlossen. Bezugskosten erhöhen dabei im Hauptkonto die Aufwendungen im Soll (Aufwandskonto an Bezugskostenkonto). Nachlässe verringern hingegen die Aufwendungen des Hauptkontos im Haben (Nachlasskonto an Aufwandskonto).

5.2.2 01.11.21   31.12.21   31.10.22
          | 2 Monate | **10 Monate**
          | 3.500,00 €| **17.500,00 €**

5400 EMP   17.500,00 €   an   4900 PRA   17.500,00 €   **3**

Da die Gutschrift der Miete bereits im November, also im Voraus, auf dem Konto 5400 EMP erfolgte, liegt nun am 31.12.2021 der Fall Passive Rechnungsabgrenzung vor. Der abzugrenzende Betrag bezieht sich immer auf das nächste Jahr (hier: 10 Monate).

5.3 8020 GUV   6.675,00 €   an   7510 ZAW   6.675,00 €   **2**

Alle Erfolgskonten werden über das Konto 8020 GUV abgeschlossen. Bei Aufwendungen lautet der Buchungssatz immer 8020 GUV an Aufwandskonto.

5.4 6540 ABGWG   1.920,00 €   an   0890 GWG   1.920,00 €   **2**

Geringwertige Wirtschaftsgüter sind zum 31.12. grundsätzlich in voller Höhe abzuschreiben. Dies erfolgt unabhängig vom Anschaffungsmonat.

5.5.1 Barliquidität in % = $\dfrac{345.000,00 \cdot 100}{450.000,00}$ = 76,67

→ Die Barliquidität beträgt 76,67 %.

ℹ Um die Barliquidität zu berechnen, sind in die folgende Formel die entsprechenden Werte einzusetzen:

Barliquidität in % = $\dfrac{\text{flüssige Mittel} \cdot 100}{\text{kurzfristiges Fremdkapital}}$

Sie sollte einen Wert von 20 % aufweisen.

5.5.2 Zeitvergleich / interner Vergleich

ℹ Mit dem internen Vergleich (Zeitvergleich) kann die Entwicklung im eigenen Unternehmen analysiert werden. Der Vergleich mit Kennzahlen aus anderen Unternehmen wird hingegen Betriebsvergleich oder externer Vergleich genannt.

5.5.3 z. B.: Flüssige Mittel sollten beispielsweise in neue Anlagen investiert oder zur Rückzahlung von Krediten genutzt werden.

ℹ Eine hohe Barliquidität bietet zwar Sicherheit, birgt aber auch die Gefahr, dass flüssige Mittel ungenutzt brach liegen („totes Kapital") und wirtschaftlicher hätten eingesetzt werden können.

5.5.4
Eigenkapital (Anfangsbestand)	1.082.000,00 €
− Privatentnahmen	84.200,00 €
+ Jahresüberschuss	354.700,00 €
= Eigenkapital (Schlussbestand)	1.352.500,00 €

Eigenkapitalrentabilität in % = $\dfrac{354.700,00 \cdot 100}{1.082.000,00}$ = 32,78

→ Die Eigenkapitalrentabilität beträgt 32,78 %.

ℹ Zunächst muss mit dem bekannten Schema durch Rückwärtsrechnung der Anfangsbestand des Eigenkapitals ermittelt werden. Um die Eigenkapitalrentabilität zu berechnen, sind die Werte in die folgende Formel einzusetzen:

Eigenkapitalrentabilität in % = $\dfrac{\text{Gewinn (Jahresüberschuss)} \cdot 100}{\text{Eigenkapital (Anfangsbestand)}}$

Die Zielvorgabe liegt in Deutschland bei 10 % bis 20 %.

5.5.5 z. B.:
– Abdeckung eines angemessenen Unternehmerlohns
– Abdeckung des unternehmerischen Risikos

ℹ Der Unternehmerlohn wird auch als kalkulatorischer Unternehmerlohn bezeichnet, da dem Unternehmer kein Gehalt gezahlt wird. Der Unternehmerlohn wird als fiktiver Geldbetrag für die Führungstätigkeit als kalkulatorische Kosten in der Kostenrechnung eingerechnet. Der Unternehmer muss zudem für die Übernahme des unternehmerischen Risikos eine im Vergleich zu sicheren Geldanlagemöglichkeiten deutlich höhere Vergütung (Risikoprämie) erhalten. Außerdem ist die Eigenkapitalverzinsung zu berücksichtigen.

ÜBUNGS-ABSCHLUSSPRÜFUNG 3

A6

6.1.1

Kreditbetrag	150.000,00 €	100,00 %
− Disagio	2.775,00 €	1,85 %
= **Auszahlungsbetrag**	**147.225,00 €** ▼	**98,15 %**

ℹ️ Ein Disagio ist ein Abschlag, der bei der Kreditauszahlung vom Kreditbetrag abgezogen wird. Der Auszahlungsbetrag ist daher geringer als der Kreditbetrag. Ausgehend vom Kreditbetrag als Grundwert kann mithilfe des Dreisatzes zunächst das Disagio und dann der Auszahlungsbetrag berechnet werden.

6.1.2

2800 BK	147.225,00 €			
7510 ZAW	2.775,00 €	an	4250 LBKV	150.000,00 €

ℹ️ Die Gutschrift des Kredits erfolgt auf dem Konto 2800 BK. Das Disagio stellt einen vorweggenommenen Zins dar und wird im Konto 7510 ZAW als Zinsaufwand ebenso im Soll gebucht. Da die Laufzeit des Kredits länger als 1 Jahr (hier 6 Jahre) beträgt, erfolgt die Buchung im Konto 4250 LBKV auf der Habenseite.

6.1.3 B

ℹ️ Durch ein Disagio als vorausbezahlter Zins kann ein niedrigerer Nominalzinssatz für das Darlehen vereinbart werden. Dadurch sind die regelmäßigen Zinsbelastungen bei den Ratenzahlungen niedriger.

6.2 ❶

Zinsen	14.745,27 €
+ Disagio	2.775,00 €
= **tatsächliche Kreditkosten**	**17.520,27 €**

❷ Effektiver Zinssatz in % = $\dfrac{17.520,27 \cdot 100 \cdot 1}{147.225,00 \cdot 6}$ = 1,98

→ Die effektive Verzinsung von 1,98 % bei der Schwabenbank ist geringer als bei der Trabobank.

ℹ️ Die Berechnung des effektiven Zinssatzes erfolgt in zwei Schritten:
❶ **Berechnung der tatsächlichen Kreditkosten**
Der effektive Zinssatz berücksichtigt alle Kreditkosten. Daher werden zuerst die anfallenden Zinsen (siehe Angabe) und das Disagio (siehe Lösung 6.1.1) addiert.
❷ **Berechnung des effektiven Zinssatzes**
In die umgestellte Zinsformel werden die entsprechenden Werte eingesetzt:

Effektiver Zinssatz in % = $\dfrac{\text{tatsächliche Kreditkosten} \cdot 100 \cdot 360}{\text{Auszahlungsbetrag} \cdot \text{Kreditlaufzeit}}$

6.3.1 Es handelt sich um ein Annuitätendarlehen, da die jährliche Gesamtzahlung (Annuität) über die Jahre hinweg gleich hoch ist.

ℹ️ Eine andere Art des Darlehens wäre das Abzahlungsdarlehen. Bei dieser Form ist der Tilgungsbetrag konstant. Zinsen und Gesamtzahlung nehmen dabei mit der Zeit ab.

6.3.2

4250 LBKV	20.000,00 €			
7510 ZAW	3.750,00 €	an	2800 BK	23.750,00 €

ÜBUNGS-ABSCHLUSSPRÜFUNG 3

Die Tilgung (Rückzahlung) des Darlehens wird im passiven Bestandskonto 4250 LBKV im Soll gebucht. Die fälligen Zinsen für das Darlehen werden als Aufwand im Konto 7510 ZAW im Soll erfasst. Die Tilgung und die Zinsen führen zu einer Buchung im aktiven Bestandskonto 2800 BK im Haben (= Minderung).

6.3.3

	Restschuld 5. Jahr	44.873,43 €
−	Tilgung	22.628,16 €
=	**Restschuld 6. Jahr**	**22.245,27 €**

Die Restschuld vermindert sich in jedem Jahr um den Betrag der Tilgung. Für das 6. Jahr wird von der Restschuld am Ende des 5. Jahres ausgegangen. Die Tilgung im 6. Jahr kann der Tabelle entnommen werden.

A7 7.1 Summe der Verhältniszahlen $5 + 3 + 1 + 1 = 10$

Kostenstelle I Material: $\frac{5}{10} \cdot 15.000,00 \text{ €} = 7.500,00 \text{ €}$

Kostenstelle II Fertigung: $\frac{3}{10} \cdot 15.000,00 \text{ €} = 4.500,00 \text{ €}$

Kostenstellen III Verwaltung und IV Vertrieb je: $\frac{1}{10} \cdot 15.000,00 \text{ €} = 1.500,00 \text{ €}$

Bei der Aufteilung ist gemäß den Verhältniszahlen der jeweilige Anteil zu berechnen. In den jeweiligen Kostenstellen sind das somit:

Material: $\frac{5}{10}$ Fertigung: $\frac{3}{10}$ Verwaltung: $\frac{1}{10}$ Vertrieb: $\frac{1}{10}$ von 15.000,00 €

7.2 VwGK-/VtGK-Zuschlagssatz in % = $\frac{(145.000,00 + 90.000,00) \cdot 100}{1.339.000,00} = 17,55$

→ Der VwGK-/VtGK-Zuschlagssatz beträgt 17,55 %.

Die Verwaltungs- und Vertriebsgemeinkosten haben beide die Herstellkosten des Umsatzes (Zelle F/G 20) als Zuschlagsgrundlage. Daher kann für beide ein gemeinsamer Zuschlagssatz berechnet werden. Die beiden Beträge in Zelle F17 und G17 ergeben zusammen die gesamten Gemeinkosten im Verwaltungs- und Vertriebsbereich.

7.3
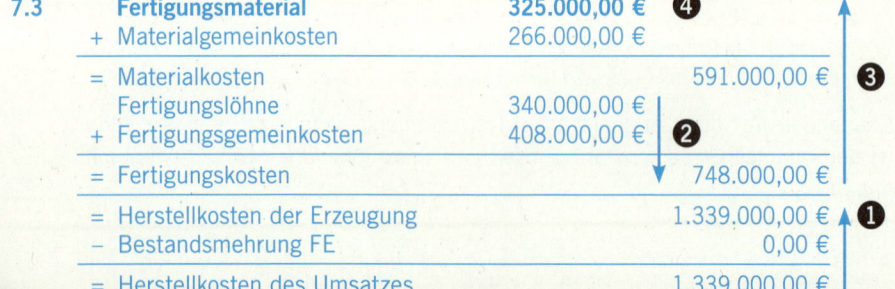

ÜBUNGS-ABSCHLUSSPRÜFUNG 3

> Zur Lösung ist das Schema der Kostenträgerzeitrechnung aufzustellen und die gegebenen Werte einzusetzen. Die Gemeinkosten sind im BAB in Zeile 17 zu finden. Zur Berechnung des gesuchten Betrags muss im Schema zunächst von unten nach oben zu den Herstellkosten der Erzeugung gerechnet werden ❶. Als Nächstes müssen die Fertigungslöhne und Fertigungsgemeinkosten addiert werden ❷. Die daraus gewonnenen Fertigungskosten werden von den Herstellkosten der Erzeugung abgezogen, um zu den Materialkosten zu gelangen ❸. Davon sind schließlich die Materialgemeinkosten abzuziehen ❹.

7.4

A	Kostenträger/Produkt	B	Fläche/Quadratmeteranzahl	C	Zusatzkosten

3

A	Einzelkosten, wie z. B. Kosten für das Fertigungsmaterial, können im Gegensatz zu den Gemeinkosten direkt dem fertigen Produkt zugeordnet werden.
B	Zur verursachungsgerechten Verteilung der Heizkosten bietet sich die Fläche der Räume an, da größere Bereiche meist höhere Heizkosten verursachen.
C	Zusatzkosten werden zwar in der Geschäftsbuchführung nicht erfasst, sind aber in der Betriebsbuchführung wichtig, um die Preise richtig zu kalkulieren.

7.5

6820 KOM	140,00 €			
2600 VORST	26,60 €	an	2800 BK	166,60 €

3

> Telefon- und Internetkosten werden als Aufwand im Konto 6820 KOM im Soll erfasst. Der Vorgang ist umsatzsteuerpflichtig. Da der fällige Betrag per Lastschrift aufgrund einer Einzugsermächtigung abgebucht wird, wird als Zahlungsmittelkonto das Konto 2800 BK im Haben gebucht.

15

A 8

8.1.1

2400 FO	89,39 €	an	5710 ZE	49,39 €
			5430 ASBE	40,00 €

3

> Die Belastung des Kunden erfolgt aufgrund der Rechnungsstellung im Konto 2400 FO im Soll. Verzugszinsen (5710 ZE) und Mahngebühren (5430 ASBE) an den Kunden stellen Erträge dar, die im Haben gebucht werden.

8.1.2

2470 ZWFO	14.280,00 €	an	2400 FO	14.280,00 €

2

> Da der Kunde trotz mehrmaliger Mahnung nicht bezahlt, kann kein sicherer Zahlungseingang mehr erwartet werden und eine Umbuchung der Forderung auf Zweifelhafte Forderungen wird notwendig. Ein weiterer Hinweis für eine solche Umbuchung wäre zum Beispiel die Einleitung eines Insolvenzverfahrens gegen einen Kunden.

8.2.1 Insolvenzquote in % = $\dfrac{22.134,00 \cdot 100}{55.335,00}$ = 40,00

→ Die Insolvenzquote beträgt 40 %.

> Die Insolvenzquote beschreibt den Anteil der offenen Forderungen, der noch ausbezahlt werden kann, in Prozent. Die Formel zur Berechnung lautet:
>
> Insolvenzquote in % = $\dfrac{\text{Insolvenzmasse} \cdot 100}{\text{Insolvenzforderungen}}$

8.2.2

Bruttoforderung	8.151,50 €		
– Zahlungseingang	3.260,60 €		
= Bruttoausfall	4.890,90 €	119 %	
– Umsatzsteuer	780,90 €	19 %	
= **Nettoausfall**	**4.110,00 €**	**100 %**	

2800 BK	3.260,60 €			
6950 ABFO	4.110,00 €			
4800 UST	780,90 €	an	2470 ZWFO	8.151,50 €

> Da sich der geschuldete Betrag im Konto 2470 ZWFO (8.151,50 €) und die Bankgutschrift zu dieser Forderung (3.260,60 €) unterscheiden, liegt ein teilweiser Ausfall einer Forderung vor.
>
> Mit einer Nebenrechnung wird der Nettoausfall bestimmt, wobei zunächst der Zahlungseingang zu berücksichtigen ist.
>
> Die Gutschrift auf dem Geschäftsbankkonto wird im Soll des Kontos 2800 BK erfasst. Der Forderungsausfall (Nettoausfall) wird direkt abgeschrieben und im Konto 6950 ABFO auf der Sollseite gebucht. Die nicht erhaltene Umsatzsteuer muss auch nicht an das Finanzamt abgeführt werden und wird auf der Sollseite mit dem entsprechenden Betrag korrigiert.

8.3.1 z. B.: Weitere Vorteile wären z. B. die kurzfristige Finanzierungsmöglichkeit oder die Übernahme des Mahnwesens durch den Factor.

> Unter Factoring versteht man den Verkauf von Forderungen vor ihrer Fälligkeit an ein Finanzierungsinstitut (Factor).

8.3.2 z. B.: Der Factor verlangt für die Finanzdienstleistung hohe Gebühren.

> Factoring ist daher nicht immer vorteilhaft. Es bietet sich z. B. an, wenn sehr schnell liquide Mittel benötigt werden.
>
> Weitere Nachteile des Factorings wären eine eventuelle Belastung der Kundenbeziehung oder dass es nicht für jede Wirtschaftsbranche geeignet ist (vor allem Dienstleistungsbranche).

8.4 2800 BK 5.188,40 € an 2400 FO 5.188,40 €

> Laut der tabellarischen Übersicht ist die Forderung an den Kunden „Sunset-Lodge" eine einwandfreie Forderung im Konto 2400 FO. Die Gutschrift auf dem Geschäftsbankkonto wird im Soll des Kontos 2800 BK erfasst und gleichzeitig wird die Forderung im Haben des Kontos 2400 FO ausgebucht.

ÜBUNGS-ABSCHLUSSPRÜFUNG 4
für den LehrplanPLUS

Als Mitarbeiterin bzw. Mitarbeiter im Unternehmen „Carry e. Kfr.", kurz „Carry", bearbeiten Sie verschiedene betriebswirtschaftliche Aufgaben.

Carry
- leicht zu tragen -

Carry e. Kfr.
An der Maas 33
63768 Hösbach

Inhaberin:	Carmen Ryan
Rechtsform:	Einzelunternehmen
Geschäftsjahr:	1. Januar bis 31. Dezember 2021
Zweck des Unternehmens:	Hauptwerk Hösbach: Fertigung von Business-Rucksäcken Zweigwerk Schweinfurt: Fertigung von Turnbeuteln
Unternehmensphilosophie:	Trendige und funktionale Rucksäcke für Beruf und Schule

Werkstoffe:

Rohstoffe
Nylongewebe, Polyestergewebe, Leder, ...

Fremdbauteile
Reißverschlüsse, Klippverschlüsse, ...

Hilfsstoffe
Fäden, Textilkleber, ...

Betriebsstoffe
Strom, Schmieröl, ...

Formale Vorgaben:

- Bei Buchungssätzen sind stets Kontennummern, Kontennamen (abgekürzt möglich) und Beträge anzugeben.
- Bei Berechnungen sind jeweils alle notwendigen Lösungsschritte und Nebenrechnungen darzustellen.
- Alle Ergebnisse sind in der Regel auf zwei Nachkommastellen gerundet anzugeben.
- Soweit nicht anders vermerkt, gilt ein Umsatzsteuersatz von 19 %.

ÜBUNGS-ABSCHLUSSPRÜFUNG 4

A 1 Bearbeiten Sie zu nachstehendem Beleg die folgenden Aufgaben:

- leicht zu tragen -

Carry e. Kfr., An der Maas 3, 63768 Hösbach

Firma
Business-World GmbH
Am Römer 1a
60313 Frankfurt

Inhaberin: Carmen Ryan
Registergericht: Aschaffenburg HRA 66
Steuernummer: 107/110/310831
USt-IdNr.: DE 002 032 008

Tel.: +49 06021 08377997
Fax: +49 06021 0949188

Rechnung Nr. 130770/21
(Bei Zahlung bitte angeben!)

Hösbach, 11.01.2021

Ihr Auftrag vom: 09.01.2021   Auftrags-Nr.: 21/21   Kunden-Nr.: 171069

Am 10.01.2021 lieferten wir Ihnen frei Haus:

Pos.	Menge	Art.-Nr.	Artikel	Einzelpreis (EUR)	Gesamtpreis (EUR)
1	80	684259	Business-Rucksack „trendy"	75,00	6.000,00
2	100	635795	Business-Rucksack „basic"	44,00	4.400,00
	Warenwert 10.400,00 €		**USt 19 %** 1.976,00 €		**Rechnungsbetrag** 12.376,00 €

2 % Skonto bei Zahlung bis zum 19.01.2021
Zahlung fällig „rein netto" am 10.02.2021

Die Ware bleibt bis zur vollständigen Bezahlung Eigentum von Carry e. Kfr.
Vielen Dank für Ihren Auftrag.

Bankverbindung: Main-Bank Aschaffenburg
IBAN: DE73 7451 0000 0001 2612 14 • BIC: MABAASC1HOE

ÜBUNGS-ABSCHLUSSPRÜFUNG 4

1.1 Geben Sie auf Ihrem Lösungsblatt jeweils unter Angabe des Kennbuchstabens die zutreffenden Fachbegriffe für die Textlücken A bis C an.

> Carmen Ryan haftet als Einzelunternehmerin im Gegensatz zu ihrem Kunden Business-World GmbH auch mit ihrem … **A** … „Carry" bietet dem Kunden die Möglichkeit, das gewährte … **B** … von 30 Tagen voll auszuschöpfen. In diesem Fall ist der volle Rechnungsbetrag ohne Abzug zu zahlen, was durch den Vermerk … **C** … zum Ausdruck kommt.

1.2 Bilden Sie den Buchungssatz zu nebenstehendem Beleg.

1.3 „Carry" hat versehentlich statt Business-Rucksäcke „basic" das Modell „school" geliefert. Der Kunde Business-World sendet sie an „Carry" zurück. Bilden Sie den Buchungssatz für die Gutschrift.

1.4 Für die Rechnung Nr. 130770/21 geht am 18.01.2021 eine Zahlung in Höhe 6.997,20 € auf dem Geschäftsbankkonto von „Carry" ein.
Bilden Sie den Buchungssatz.

1.5 Die rechtlichen Regelungen für Kaufverträge sind im Bürgerlichen Gesetzbuch (BGB) festgelegt. Bearbeiten Sie folgende Aufgaben unter Verwendung von Fachbegriffen aus dem Gesetz:

> **§ 433 (1) BGB: Vertragstypische Pflichten beim Kaufvertrag**
> (1) Durch den Kaufvertrag wird der Verkäufer einer Sache verpflichtet, dem Käufer die Sache zu übergeben und das Eigentum an der Sache zu verschaffen. Der Verkäufer hat dem Käufer die Sache frei von Sach- und Rechtsmängeln zu verschaffen. (…)

> **§ 437 BGB: Rechte des Käufers bei Mängeln**
> Ist die Sache mangelhaft, kann der Käufer, (…)
> 1. (…) Nacherfüllung verlangen,
> 2. (…) von dem Vertrag zurücktreten oder (…) den Kaufpreis mindern und
> 3. (…) Schadensersatz oder (…) Ersatz vergeblicher Aufwendungen verlangen.

1.5.1 Nennen Sie eine der Pflichten, die „Carry" als Verkäufer aus einem Kaufvertrag entsteht.

1.5.2 Die „Business-World GmbH" verlangt die Lieferung der Business-Rucksäcke „basic", wie ursprünglich bestellt. Geben Sie an, von welchem Recht die „Business-World GmbH" Gebrauch macht.

1.6 Das Unternehmen „Carry" möchte die Absatzzahlen für Rucksäcke weiter steigern. Beschreiben Sie eine konkrete Maßnahme, wie „Carry" Sales Promotion betreiben könnte.

A2 Aufgrund der guten Auftragslage im Sommer benötigt „Carry" kurzfristig zusätzliche Mitarbeiter. Hierzu entdeckt Carmen Ryan einen Artikel in einer Fachzeitschrift:

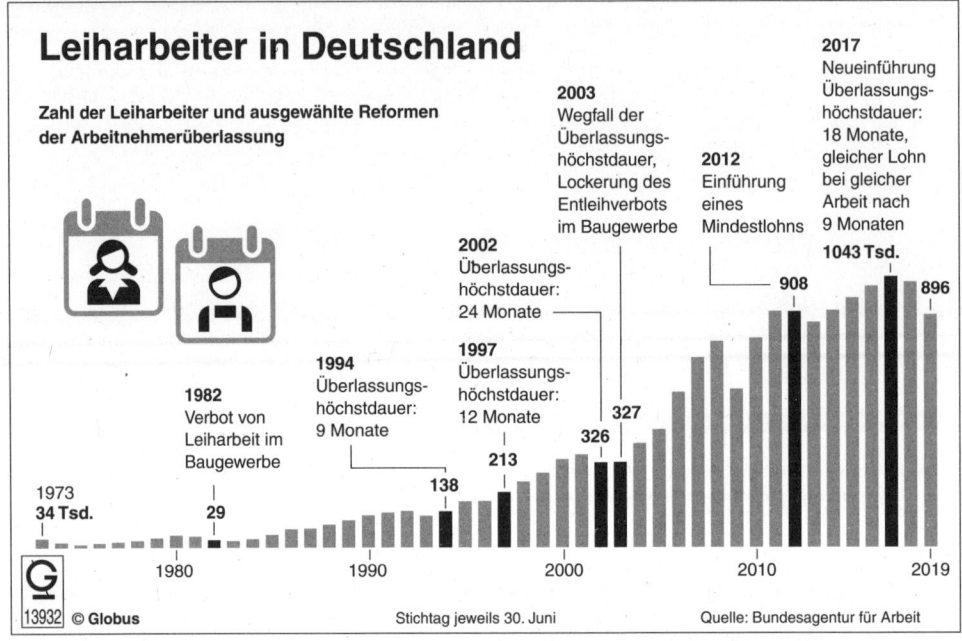

Leiharbeitsbranche in Deutschland rückläufig

Die Zahl der Leiharbeiter in Deutschland ist im Vergleich zum Vorjahr deutlich gesunken. 896 000 zählte die Bundesagentur für Arbeit zur Mitte des Jahres 2019, was einen Anteil von 1,98 % an den gesamten Erwerbstätigen ausmacht. Der Rückgang beruht auf zwei Entwicklungen: Zum einen hatten die gesetzlichen Regelungen den Einsatz von Leiharbeitern verringert, zum anderen werde die Entwicklung durch eine abgeschwächte konjunkturelle Dynamik verstärkt.

- Unter Leiharbeit versteht man das befristete Entleihen von Arbeitnehmern von einer Leiharbeitsfirma an ein externes Unternehmen. Hierfür wird ein Stundensatz für die Leiharbeiter vertraglich vereinbart. Dieser muss vom entleihenden Unternehmen an die Leiharbeitsfirma abgeführt werden. Vor allem für Unternehmen mit saisonalen Betriebsschwankungen ist Leiharbeit interessant, um Nachfragespitzen durch eine höhere Produktion auffangen zu können.

Als Nachteile sehen Kritiker eine geringere Bezahlung der Leiharbeiter und einen hohen Konkurrenzdruck zwischen Leiharbeitern und Stammpersonal. Darüber hinaus haben Leiharbeiter meist wegen der kürzeren Beschäftigungszeit keine so enge Bindung an das Unternehmen, in dem sie gerade tätig sind. Dies kann zu einer Verschlechterung des Unternehmensimages führen.

2.1 Bearbeiten Sie zur Infografik und dem Text folgende Aufgaben.

2.1.1 Geben Sie auf Ihrem Lösungsblatt unter Angabe des Kennbuchstabens an, ob die Aussagen A bis C richtig oder falsch sind.

A	Die Veränderung der Anzahl der Leiharbeiter wird als Säulendiagramm dargestellt.
B	Nach der Neueinführung der Überlassungshöchstdauer im Jahr 2017 sank die Anzahl der Leiharbeiter auf ca. 900 Millionen Personen.
C	Unternehmen, die Leiharbeiter vorübergehend beschäftigen, zahlen den vereinbarten Stundensatz direkt an den Leiharbeiter aus.

2.1.2 Berechnen Sie, um wie viel Prozent die Anzahl der Leiharbeiter von 2017 bis 2019 gesunken ist.

2.1.3 Berechnen Sie die Anzahl der gesamten Erwerbstätigen in Deutschland im Jahr 2019.

2.1.4 Carmen Ryan überlegt, ob sie auch in ihrem Unternehmen Leiharbeiter beschäftigen soll. Nennen Sie einen Grund, weshalb Leiharbeit von Vorteil sein könnte.

2.1.5 Viele Unternehmen entscheiden sich gegen die Einstellung von Leiharbeitern. Begründen Sie diese Vorgehensweise.

2.2 Für das Stammpersonal liegt für den Monat April im Unternehmen „Carry" folgender Auszug aus dem Lohn-/Gehaltsjournal vor:

Lohn-/Gehaltsjournal
Monat April 2021
Währung: Euro

Carry
– leicht zu tragen –

Name	Brutto	Steuern	Soz. Vers. AN	Soz. Vers. AG	Netto
...	...	...	...	...	...
SUMME	44.850,00	7.624,50	8.712,12	8.712,12	28.513,38

Bilden Sie die Buchungssätze für die Erfassung des Personalaufwands laut vorliegender Summenzeile, wenn die Auszahlung per Banküberweisung erfolgt.

2.3 Neben der Zeitarbeit gibt es weitere atypische Arbeitsformen im Unternehmen „Carry". Ordnen Sie unter Angabe der Kennbuchstaben A und B den beiden Mitarbeitern die entsprechende Arbeitsform zu.

A	Die Mitarbeiterin Frau Müller hat ihre Wochenarbeitszeit reduziert.
B	Herr Mayer, ein Student, hat einen 450-Euro-Job im Unternehmen „Carry".

A3 Carmen Ryan plant aufgrund der langfristig guten Auftragslage, die Produktionskapazität auszuweiten. Hierfür soll das Unternehmen erweitert werden.

3.1 „Carry" erwirbt ein Grundstück mit Lagerhalle im Aschaffenburger Umland zu einem Kaufpreis von 240.000,00 €. Auf das Grundstück entfallen davon 180.000,00 €.

In diesem Zusammenhang betrachtet Carmen Ryan folgende Infografik:

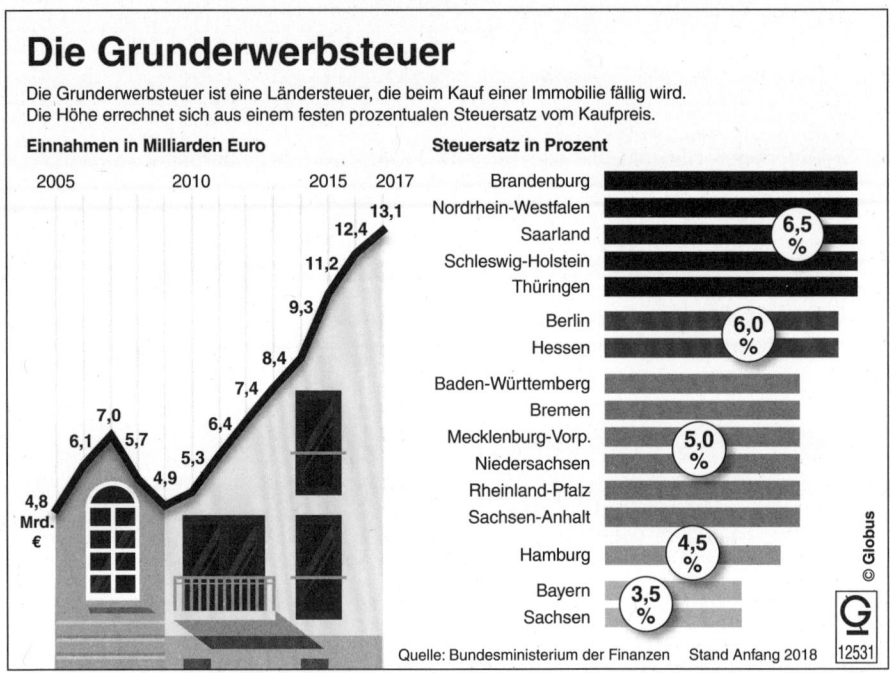

Berechnen Sie die Höhe der zu entrichtenden Grunderwerbsteuer für das erworbene Grundstück und die Lagerhalle.

3.2 Für den Kauf sind neben der Grunderwerbsteuer noch Notariatskosten in Höhe von 1.600,00 € netto zu berücksichtigen. Bilden Sie den Buchungssatz.

3.3 Geben Sie an, wie sich die Grunderwerbsteuer auf den Unternehmenserfolg auswirkt.

3.4 Neben Grunderwerbsteuer und Notariatskosten fallen für den Immobilienkauf noch weitere Anschaffungsnebenkosten an. Nennen Sie zwei Beispiele.

3.5 Carmen Ryan sieht in der Investition in die Immobilie auch eine Möglichkeit der Vermögensanlage.

3.5.1 Beschreiben Sie einen Vorteil der Geldanlage in Immobilien.

3.5.2 Beurteilen Sie folgende Aussage:
„Bei der Entscheidung für eine Immobilie gibt es wenig Spielraum für andere Geldanlagemöglichkeiten."

Zur Ermittlung der Selbstkosten für das neue Business-Rucksackmodell „I-Carrier" im Rahmen der Kostenträgerstückrechnung liegt folgendes Tabellenblatt vor:

A4

	A	B	C	D
1	**Kostenträgerstückrechnung Business-Rucksack „I-Carrier"**			
2	Materialkosten	23,80 €		
3	Fertigungslöhne	11,60 €		
4	Fertigungsgemeinkosten	16,24 €		
5	Sondereinzelkosten	1,40 €		
6	**Herstellkosten**	53,04 €		
7	Verwaltungsgemeinkosten	7,96 €	15 %	
8	Vertriebsgemeinkosten	5,30 €	10 %	
9	**Selbstkosten**	66,30 €		

4.1 Ermitteln Sie rechnerisch den Zuschlagssatz für die Fertigungsgemeinkosten (Zelle C4).

4.2 Der Produktlebenszyklus beschreibt, wie sich der Absatz oder Umsatz eines Produkts am Markt im Lauf der Zeit verändert.

4.2.1 Ordnen Sie das Rucksackmodell „I-Carrier" in die richtige Phase des Produktlebenszyklus ein.

4.2.2 Geben Sie zwei Kennzeichen dieser Phase an.

4.3 Berechnen Sie die Höhe des tatsächlichen Rohstoffverbrauchs (Fertigungsmaterial) für die Produktion eines Rucksacks „I-Carrier" in Euro, wenn der Materialgemeinkostenzuschlagssatz 40 % beträgt.

4.4 „Carry" bietet dem langjährigen Kunden „Rolf Benz e. K." einen Rucksack „I-Carrier" zu einem Listenverkaufspreis von 76,77 € an. Berechnen Sie, wie viel Rabatt in Euro und Prozent dem Kunden eingeräumt wird, wenn „Carry" bei Selbstkosten von 66,30 € mit einem Gewinn von 10 % kalkuliert.

4.5 Zur Präsentation seiner Produkte lässt „Carry" Werbeflyer drucken. Die Rechnung der Druckerei über 1.200,00 € netto geht ein. Bilden Sie den Buchungssatz.

4.6 Zur Vollkostenrechnung liegen Ihnen fünf Aussagen vor. Geben Sie auf Ihrem Lösungsblatt jeweils unter Angabe des Kennbuchstabens an, ob die Aussagen A bis E richtig oder falsch sind.

A	Einzelkosten werden auf die Kostenstellen des Fertigungsunternehmens gemäß dem Kostenverursachungsprinzip verteilt.
B	Lizenzgebühren zählen zu den Sondereinzelkosten.
C	Die Kostenträgerzeitrechnung weist die Kosten für die gesamte Abrechnungsperiode aus.
D	Die Zuschlagsgrundlage für die Verwaltungs- und Vertriebsgemeinkosten sind die Selbstkosten.
E	Die Vollkostenrechnung orientiert sich am Preis, der am Markt erzielt werden kann.

A5

„Carry" bezieht zur Fertigung der Rucksäcke verschiedene Werkstoffe.

5.1 Ihnen liegen folgende Informationen aus zwei Angeboten vor:

„Zipper – B. Roth", Hösbach
Für 400 Stück Reißverschlüsse „Extra":

Listenpreis gesamt	600,00 €
Transportkosten bis 500 Stück pauschal	5,00 €

Bei Abnahme ab einer Stückzahl von 250 Stück gewähren wir 10 % Rabatt und 2 % Skonto bei Zahlung innerhalb von 8 Tagen.

Wir würden uns freuen, Sie erneut von unserer Qualität überzeugen zu können.

„Stil & Stoff", Berlin
Für 400 Stück Reißverschlüsse „Close-Up":

- Lieferung „frei Haus"
- Lieferung innerhalb von 24 Stunden
- **1 Jahr Garantieverlängerung:** Zusätzlich zur gesetzlichen Gewährleistungsfrist!

Einstandspreis gesamt 530,00 €

5.1.1 Begründen Sie rechnerisch, für welches Angebot sich „Carry" entscheiden sollte.

5.1.2 Formulieren Sie einen Grund, der dennoch für die Annahme des teureren Angebots sprechen könnte.

5.2 „Carry" entscheidet sich schließlich für das Angebot von „Stil & Stoff". Bilden Sie den Buchungssatz für den Kauf gegen Rechnung (Nr. 4895/21).

5.3 Nach einer Mängelrüge von „Carry" geht folgender Beleg ein, der auszugsweise vorliegt. Bilden Sie den Buchungssatz.

Von:	„Stil & Stoff GmbH"	08.08.2021 15:48 Uhr
Betreff:	Gutschrift wegen Produktmängel / R.-Nr. 4895/21	
An:	„Carry"	

Sehr geehrte Damen und Herren,

für die acht verschmutzten Reißverschlüsse vom Modell „Close-Up" schreiben wir Ihnen 6,50 € netto aus Rechnung Nr. 4895/21 gut.

Wir bitten, diesen Mangel zu entschuldigen und hoffen, Sie bald wieder als Kunden begrüßen zu dürfen.

5.4 „Carry" hat folgende Tabelle über den Bezug von Reißverschlüssen erstellt:

Bestellmenge in Stück	durchschnittl. Lagerbestand	Anzahl Bestellungen	Bestellkosten	Lagerhaltungskosten	Gesamtkosten
1 000	500	120	1.800,00 €	72,00 €	1.872,00 €
2 000	1 000	60	900,00 €	144,00 €	1.044,00 €
3 000	1 500	40	600,00 €	216,00 €	816,00 €
4 000	2 000	30	450,00 €	288,00 €	738,00 €
5 000	2 500	24	360,00 €	360,00 €	720,00 €
6 000	3 000	20	300,00 €	432,00 €	732,00 €

5.4.1 Stellen Sie den Zielkonflikt bei der Bestimmung der optimalen Bestellmenge dar.

5.4.2 Ermitteln Sie die optimale Bestellmenge für Reißverschlüsse und die dazugehörige Anzahl an Bestellungen anhand vorliegender Tabelle.

ÜBUNGS-ABSCHLUSSPRÜFUNG 4

A6

Im Unternehmen „Carry" sind zum 31.12.2021 folgende Aufgaben zu bearbeiten.

6.1 Bilden Sie die Buchungssätze für die vorbereitenden Abschlussbuchungen:

6.1.1 Ein Gerichtsprozess wird voraussichtlich bis Anfang März 2022 andauern. Die Gerichtskosten werden auf 2.400,00 € geschätzt.

6.1.2 Folgender Belegauszug wurde bereits am 01.09.2021 buchhalterisch erfasst.

Beitragsrechnung für Brandschutzversicherung Nr. 2611240005   Würzburg, 01.09.2021

Sehr geehrte Damen und Herren,

diese Rechnung informiert Sie über den fälligen Versicherungsbeitrag.

Versicherte Risiken / Beitrag

Brandschutzversicherung für „Carry" **Sept. 2021 – Aug. 2022**:   **840,00 €**
Der Jahresbeitrag ist am 01.09.2021 fällig: **840,00 €**

Der Betrag wird vereinbarungsgemäß am 01.09.2021 von Ihrem Bankkonto abgebucht.

6.1.3 Bei einer zweifelhaften Forderung wurde das Ausfallrisiko auf 20 % angesetzt und eine Wertberichtigung in Höhe von 1.912,00 € gebildet.

6.1.4 Das Konto 5001 EBFE weist einen Saldo von 4.320,00 € aus.

6.2 Es liegt folgende aufbereitete Bilanz vor:

Aktiva	**Bilanz zum 31.12.2021 in €**		Passiva
A. Anlagevermögen	1.531.116,67	**A. Eigenkapital**	1.581.244,74
B. Umlaufvermögen		**B. Fremdkapital**	
I. Vorräte	385.650,00	I. Langfristiges Fremdkapital	610.000,00
II. Forderungen	379.879,43	II. Kurzfristiges Fremdkapital	363.826,74
III. Flüssige Mittel	258.425,38		
	2.555.071,48		2.555.071,48

6.2.1 Nennen Sie neben der Bilanz einen weiteren Bestandteil des Jahresabschlusses.

6.2.2 Berechnen Sie die Kennzahl der Barliquidität.

6.3 Im Unternehmen „Carry" wurde eine Einzugsliquidität von 175,44 % ermittelt.

6.3.1 Begründen Sie, weshalb eine Einzugsliquidität über dem Idealwert als problematisch zu beurteilen ist.

6.3.2 Geben Sie eine Möglichkeit an, die Einzugsliquidität zu verbessern.

6.4 Ihnen liegen Kurzdefinitionen unterschiedlicher Kennzahlen vor. Geben Sie für die Buchstaben A und B den Fachbegriff für die Kennzahl an, die jeweils beschrieben wird.

A	Die Kennzahl gibt Auskunft über die Verzinsung des Eigenkapitals.
B	Die Kennzahl zeigt, inwieweit das Anlagevermögen durch Eigenkapital finanziert ist.

ÜBUNGS-ABSCHLUSSPRÜFUNG 4

A 7 Wegen großer Nachfrage nach Business-Rucksäcken investiert „Carry" in einen neuen Nähautomaten. Dazu liegt Ihnen folgender Belegauszug vor:

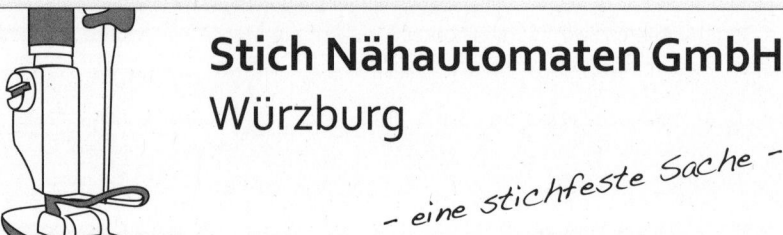

Stich Nähautomaten GmbH
Würzburg
– eine stichfeste Sache –

Stich GmbH, Schneiderstraße 8, 97070 Würzburg

Firma
Carry e. Kfr.
An der Maas 33
63768 Hösbach

Amtsgericht Würzburg HRB 3341
USt-IdNr.: DE 876543765
Steuer Nr.: 201/8763/3367

Schneiderstr. 8, 97070 Würzburg
Tel.: 0931 01716528435

Rechnung Nr. 345/21   Würzburg, 2. Juni 2021

Art.-Nr.	Gegenstand	Menge	Einzelpreis €	Gesamtpreis €
17.01-26	Speedy Nähautomat	1	61.200,00	61.200,00
17.01-26/1	Montage und Installation	1	4.594,00	4.594,00
			Gesamt netto	65.794,00
			+ 19 % Umsatzsteuer	12.500,86
			Rechnungsbetrag	**78.294,86**

Vielen Dank für Ihren Auftrag.   Leistungsdatum ist der 1. Juni 2021.

Rechnung fällig am 3. August 2021 ohne Skontoabzug.

Bitte bei Zahlungen und Schriftwechsel stets die Rechnungsnummer angeben.
Hausbank Würzburg (BIC: HBWUDEF1P17) – IBAN: DE83 7609 0900 0099 1550 05

7.1 Bilden Sie den Buchungssatz für den vorliegenden Beleg.

7.2 Für die Finanzierung des Nähautomaten soll ein Kredit zu folgenden Konditionen aufgenommen werden: Laufzeit 5 Jahre, Zinssatz 3,75 % p. a., Disagio 1,8 %

7.2.1 Berechnen Sie die Höhe des erforderlichen Kredits, um die Gesamtkosten (netto) des Nähautomaten finanzieren zu können.

7.2.2 Bilden Sie den Buchungssatz für die Auszahlung des Kredits auf dem Geschäftsbankkonto.

7.3 Bilden Sie den Buchungssatz für die Begleichung der Rechnung Nr. 345/21 am 28. Juli 2021 durch Online-Überweisung vom Geschäftsbankkonto.

7.4 Die betriebsgewöhnliche Nutzungsdauer eines Nähautomaten beträgt gemäß AfA-Tabelle 8 Jahre.

7.4.1 Geben Sie an, wofür die Abkürzung „AfA" steht.

7.4.2 Bilden Sie den Buchungssatz für die Erfassung der Wertminderung am 31.12.2021.

„Carry" erhält die neuesten Quartalszahlen für das Zweigwerk in Schweinfurt:

A 8

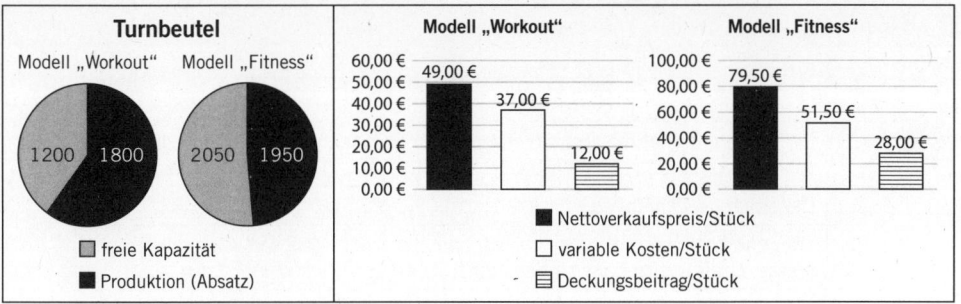

8.1 Geben Sie auf Ihrem Lösungsblatt jeweils unter Angabe des Kennbuchstabens an, ob folgende Aussagen A bis C richtig oder falsch sind.

A	Die variablen Kosten pro Stück sind konstant.
B	Die kurzfristige Preisuntergrenze bei Modell „Fitness" liegt bei 28,00 €.
C	Fixkosten fallen unabhängig von der Produktionsmenge an.

8.2 Ermitteln Sie die Höhe des erzielten Betriebsgewinns, wenn Fixkosten in Höhe von 67.430,00 € zu berücksichtigen sind.

8.3 Berechnen Sie die Kapazitätsauslastung des Modells „Workout" in Prozent.

8.4 Carmen Ryan erhält folgende zwei Anfragen:

Anfrage zum Kauf von Turnbeutel

Sehr geehrte Frau Ryan,

zur Sortimentserweiterung möchten wir 500 Turnbeutel des Modells „Workout" von Ihnen zum Nettopreis von 37,00 € pro Stück beziehen.

Bitte lassen Sie uns wissen, ob Sie unseren Auftrag zu den genannten Konditionen annehmen können.

Vielen Dank für Ihre baldige Antwort

Johann Jahn, Sport Jahn e. K.

Kunde: Taschenland e. K.
Tanja Schenk
0743 457970

Telefon-Notiz

Anfrage:
750 Turnbeutel „Workout"
Nettopreis: 44,10 € pro Stück

8.4.1 Begründen Sie, weshalb „Carry" nicht beide Aufträge gleichzeitig annehmen kann.

8.4.2 Geben Sie eine rechnerisch begründete Empfehlung, für welchen Zusatzauftrag sich „Carry" entscheiden sollte.

8.5 Die Lieferung an Taschenland e. K. erfolgte frei Haus. Die Rechnung des Spediteurs über 45,22 € brutto geht ein. Bilden Sie den Buchungssatz.

LÖSUNGEN ÜBUNGS-AP 4

A1 **1.1**

A	Privatvermögen	B	Zahlungsziel	C	„Zahlung rein netto"

3

A	Bei Einzelunternehmen ist die Haftung für Schulden unbeschränkt und schließt neben dem Geschäftsvermögen auch das Privatvermögen ein.
B	Der späteste Zahlungstermin ist der 10.02.2021.
C	„Rein netto" bedeutet, dass kein Skontoabzug erfolgen darf. Der volle Rechnungsbetrag (brutto!) ist zu begleichen.

1.2 2400 FO   12.376,00 €   an   5000 UEFE   10.400,00 €
                                    4800 UST   1.976,00 €   3

> In dieser Abschlussprüfung sind Sie Mitarbeiter(in) des Unternehmens „Carry". Da es sich um eine Ausgangsrechnung von uns an den Kunden „Business-World" als Empfänger in der Rechnung handelt, ist der Buchungssatz für den Zielverkauf von Fertigerzeugnissen zu bilden.

1.3 5000 UEFE   4.400,00 €
         4800 UST   836,00 €   an   2400 FO   5.236,00 €   3

> Für einen Teil der Bestellung wurde die falsche Ware geliefert. Es erfolgt eine Stornobuchung (der ursprüngliche Buchungssatz wird mit den entsprechenden Beträgen umgedreht). Die Verminderung der Umsatzerlöse wird auf der Sollseite gebucht (Ertragskonten werden auf der Sollseite weniger). Die Umsatzsteuerschuld an das Finanzamt wird anteilig korrigiert (Passivkonto nimmt auf der Sollseite ab). Die Forderung an den Kunden wird um den Gutschriftsbetrag verringert (Abnahme eines Aktivkontos auf der Habenseite).

1.4

	offener Rechnungsbetrag	7.140,00 €	100 %	: 1,19	120,00 €
−	Bruttoskonto	142,80 €	2 %		22,80 €
=	**Überweisungsbetrag**	**6.997,20 €**	**98 %**		

2800 BK   6.997,20 €
5001 EBFE   120,00 €
4800 UST   22,80 €   an   2400 FO   7.140,00 €   6

> Der Kunde überweist laut Angabe die vorliegende Rechnung am 18.01.2021. Gemäß Zahlungsbedingungen wird bis zum 19.01.2021 ein Skontoabzug von 2 % gewährt, weshalb hier der Skontobuchungssatz des Verkaufsbereichs zu bilden ist. Die Angabe der Nebenrechnung ist Pflicht!
>
> Es gibt zwei Möglichkeiten der Berechnung des Bruttoskontos:
>
> 1. Ermittlung des Bruttoskontos sowie des offenen Rechnungsbetrags über eine Rückwärtskalkulation (siehe oben). Der Überweisungsbetrag beträgt 98 %.
>
> 2. Ermittlung des offenen Rechnungsbetrags (ursprüngliche Forderung [1.2] − Bruttogutschrift [1.3]). Der Bruttoskonto kann über eine Differenzkalkulation (Differenz offener Rechnungsbetrag − Überweisungsbetrag) ermittelt werden.

ÜBUNGS-ABSCHLUSSPRÜFUNG 4

1.5.1 z. B.: Die Ware muss dem Käufer frei von Sach- und Rechtsmängeln übergeben werden. | 1

> ℹ Vertragstypische Pflichten sind dem § 433 BGB zu entnehmen. Weitere Antwortmöglichkeiten: Die Ware muss dem Käufer übergeben werden. Der Verkäufer hat dem Käufer das Eigentum an der Ware zu verschaffen.

1.5.2 Nacherfüllung (hier: Ersatzlieferung) | 1

> ℹ Da falsche Business-Rucksäcke geliefert wurden, liegt ein Sachmangel vor. Der Kunde nimmt gemäß § 437 BGB vom Recht auf Nacherfüllung Gebrauch.

1.6 z. B.: Gewinnspiele | 1

> ℹ Bei Sales Promotion (Verkaufsförderung) handelt es sich um eine Möglichkeit der Kommunikationspolitik. Weitere Antwortmöglichkeiten: Sonderverkaufsstände, Gutscheine/Coupons, Sonder-/Schlussverkäufe, Displays-/Demonstrationsvideos.

18

A2

2.1.1

| A | richtig | B | falsch | C | falsch |

3

A	Das Säulendiagramm wird eingesetzt, um Vergleiche (auch im Zeitverlauf) darzustellen. Das Säulendiagramm verwendet im Unterschied zum Balkendiagramm die vertikale und nicht horizontale Ausrichtung.
B	Im Säulendiagramm wird die Zahl der Leiharbeiter in Tausend angegeben. Somit sank die Anzahl der Leiharbeiter im Jahr 2019 auf ca. 900 000 Personen (896 000).
C	Der vereinbarte Stundensatz ist vom entleihenden Unternehmen an die Leiharbeitsfirma abzuführen (siehe Text).

2.1.2

2017 — $-x\%$ → 2019
1 043 000 ≙ 100 %   − 147 000   896 000

1 043 000 ≙ 100 %
   147 000 ≙   x %

$$x = \frac{147\,000 \cdot 100}{1\,043\,000} = 14{,}09$$

→ Der Rückgang der Anzahl der Leiharbeiter von 2017 bis 2019 beträgt 14,09 %. | 2

> ℹ Als Grundwert (100 %) bei Vergleichen zwischen zwei Jahren wird stets der Wert für das Jahr herangezogen, das am längsten zurückliegt, hier das Jahr 2017. Dieses Jahr war der Ausgangspunkt des Rückgangs, der z. B. mit dem Dreisatz in Prozent zu berechnen ist.

2.1.3 1,98 % ≙ 896 000
100,00 % ≙ x

$$x = \frac{100 \cdot 896\,000}{1,98} = 45\,252\,525,25$$

→ Die Anzahl der Erwerbstätigen lag 2019 bei 45 252 525.

> Die Anzahl der beschäftigten Leiharbeiter lässt sich sowohl aus dem Text als auch dem Säulendiagramm entnehmen. Dies entspricht einem Anteil von 1,98 % der Erwerbstätigen (siehe Text). Die gesuchte Anzahl der Erwerbstätigen entspricht dem Grundwert von 100 %.

2.1.4 z. B.: Durch den Einsatz von Leiharbeitern können kurzfristige Produktionserhöhungen aufgefangen werden.

> Dies schafft eine höhere Flexibilität im Personaleinsatz: Das Unternehmen verfügt über eine abrufbare Reserve an Personal für einen bedarfsgerechten Personaleinsatz. Die schnelle Verfügbarkeit von Personal hat den Vorteil, dass das Unternehmen besser auf z. B. saisonale Schwankungen oder Unsicherheiten in der wirtschaftlichen Entwicklung reagieren kann.

2.1.5 z. B.: Der Einsatz von Leiharbeitern kann das Unternehmensimage verschlechtern.

> Durch die vorübergehende Beschäftigung kann es vorkommen, dass Leiharbeiter eine geringere Motivation sowie Identifikation mit dem Unternehmen aufweisen.

2.2

6200 LG	44.850,00 €	an	2800 BK	28.513,38 €
			4830 VFA	7.624,50 €
			4840 VSV	8.712,12 €
6400 AGASV	8.712,12 €	an	4840 VSV	8.712,12 €

> Laut Aufgabenstellung sind „die Buchungssätze" verlangt. Es sind immer zwei Lohnbuchungssätze zu bilden. Im ersten Teil werden die gesamten Bruttoverdienste der Mitarbeiter als Aufwand (6200 LG) im Soll bei gleichzeitiger Berücksichtigung der Auszahlung des Nettoverdienstes (2800 BK) und der Steuer- (4830 VFA) und Sozialversicherungsabzüge (4840 VSV) des Arbeitnehmers im Haben erfasst. Im zweiten Teil sind die Sozialversicherungsbeiträge des Arbeitgebers (6400 AGASV) in einem separaten Buchungssatz zu buchen. Die Beträge zu den jeweiligen Konten können dem Lohn-/Gehaltsjournal entnommen werden.

2.3

A	Teilzeitarbeit	B	Geringfügige Beschäftigung/Minijob

A	Eine regelmäßige Wochenarbeitszeit, die kürzer ist als die vergleichbarer vollzeitbeschäftigter Arbeitnehmer eines Betriebes, wird als Teilzeitarbeit bezeichnet.
B	Minijobs sind geringfügige Beschäftigungen mit höchstens 450,00 € monatlichem Arbeitsentgelt.

ÜBUNGS-ABSCHLUSSPRÜFUNG 4

A3

3.1 Grundstück: 180.000,00 € · 3,5 % = 6.300,00 €
Lagerhalle: 60.000,00 € · 3,5 % = 2.100,00 €   2

ℹ️ Bei der Berechnung der Grunderwerbsteuer ist zwischen Grundstück und Gebäude zu unterscheiden. In Bayern beträgt die Grunderwerbsteuer 3,5 % (siehe Infografik).

3.2 Grundstück: 1.600,00 € · 180.000,00 € : 240.000,00 € = 1.200,00 €
Lagerhalle: 1.600,00 € · 60.000,00 € : 240.000,00 € = 400,00 €

0500 GR	1.200,00 €			
0530 BVG	400,00 €			
2600 VORST	304,00 €	an	4400 VE	1.904,00 €

6

ℹ️ Die Notariatskosten gehören, wie die Grunderwerbsteuer, zu den Anschaffungsnebenkosten von Immobilien. Sie sind ebenfalls anteilig zu berücksichtigen, d. h. anteilsmäßig auf Grundstück und Gebäude zu verteilen. Im Gegensatz zur Grunderwerbsteuer sind die Notariatskosten umsatzsteuerpflichtig. Beide Anschaffungsnebenkosten sind auf den Konten 0500 GR und 0530 BVG im Soll zu aktivieren (= einzubuchen).

3.3 Die Grunderwerbsteuer wird aktiviert und ist somit erfolgsneutral.   1

ℹ️ Die Grunderwerbsteuer gehört zu den Anschaffungsnebenkosten und muss daher aktiviert werden (= aktivierungspflichtige Steuer). Da diese Steuer nicht auf einem Aufwandskonto erfasst wird, hat sie keine Auswirkung auf den Unternehmenserfolg und ist somit erfolgsneutral.

3.4 z. B.: Grundbuchgebühren und Maklergebühren   2

ℹ️ Grundbuchgebühren fallen für den Eintrag des Eigentümers beim zuständigen Grundbuchamt an, Maklergebühren für den Verkauf der Immobilie durch einen Zwischenhändler (= Makler). Weitere Antwortmöglichkeiten: Vermessungskosten, Erschließungskosten.

3.5.1 Die Investition in den Immobilienbereich bringt eine Reihe von Vorteilen mit sich, z. B. Unabhängigkeit von Börsenschwankungen und politischen Konflikten.   1

ℹ️ Das magische Dreieck der Geldanlage weist für Immobilien eine hohe Sicherheit und gute Renditechancen aus. Daraus können die genannten Vorteile abgeleitet werden. Weitere Antwortmöglichkeiten: Wertsteigerung bei einer guten Lage der Immobilie möglich, „anfassbarer" Wert im Vergleich zu Bankeinlagen oder Wertpapieren, Schutz vor Inflation (Geldentwertung) oder Steuerersparnis bei Kreditfinanzierung durch Absetzung der Sollzinsen.

3.5.2 Die Aussage ist richtig, da für die Investition in eine Immobilie ein hoher Betrag an Finanzmitteln nötig ist, sodass für andere Geldanlagemöglichkeiten oft die liquiden Mittel fehlen.   2

ℹ️ Der hohe Finanzierungsbedarf gilt als Hauptnachteil der Geldanlage in Immobilien. In z. B. Aktien oder Gold können auch kleinere Beträge investiert werden.

14

ÜBUNGS-ABSCHLUSSPRÜFUNG 4

A4 **4.1** FGK-Zuschlagssatz in % = $\dfrac{16{,}24 \cdot 100}{11{,}60}$ = 140

→ Der FGK-Zuschlagssatz beträgt 140 %.

ℹ️ Die Formel zur Berechnung des FGK-Zuschlagssatzes in % lautet:

FGK-Zuschlagssatz in % = $\dfrac{\text{Fertigungsgemeinkosten} \cdot 100}{\text{Fertigungslöhne}}$

4.2.1 Einführungsphase

ℹ️ Da es sich um ein neues Rucksackmodell handelt (siehe Hinführungstext zu Aufgabe 4), befindet es sich in der Einführungsphase.

4.2.2 z. B.: Produkt noch nicht bekannt, Verkauf geringer Stückzahlen (hohe Kosten, evtl. Verluste)

ℹ️ In der Einführungsphase liegt ein gerade erst neu entwickeltes Produkt vor. Die Käufer haben zum ersten Mal Gelegenheit, sich vom Produkt zu überzeugen.

4.3

	Fertigungsmaterial (Rohstoffverbrauch)	17,00 €	100 %
	+ Materialgemeinkosten	6,80 €	40 %
	= Materialkosten	23,80 €	140 %

ℹ️ Das Fertigungsmaterial fällt in der Kostenstelle I (Material) an. Entsprechend wird das Berechnungsschema dieser Kostenstelle mit den anfallenden Einzel- (Fertigungsmaterial) und Gemeinkosten benötigt. Ausgehend von den Materialkosten (vermehrter Grundwert) ist eine Rückwärtsrechnung mit den entsprechenden Angaben aus dem Tabellenblatt (Zelle B2) sowie dem Materialgemeinkosten-Zuschlagssatz in der Angabe vorzunehmen.

4.4

	Selbstkosten	66,30 €	100 %
	+ Gewinn	6,63 €	10 %
	= Zielverkaufspreis	72,93 €	110 %
	+ **Kundenrabatt**	**3,84 €**	
	= Listenverkaufspreis	76,77 €	

Rabatt in % = $\dfrac{3{,}84 \cdot 100}{76{,}77}$ = 5,00

→ Dem Kunden wird ein Rabatt von 5 % bzw. 3,84 € gewährt.

ℹ️ Zur Lösung der Aufgabe wird das Schema der Verkaufskalkulation benötigt. Schema aufschreiben, gegebene Werte eintragen und Grundwerte festlegen. Durch eine Differenzkalkulation lässt sich dann der Kundenrabatt in Euro und Prozent berechnen.

4.5

6870 WER	1.200,00 €			
2600 VORST	228,00 €	an	4400 VE	1.428,00 €

ℹ️ Der Druck der Werbeflyer stellt einen Aufwand dar, der mit dem Nettobetrag im Konto 6870 WER im Soll gebucht wird. Der Vorgang ist umsatzsteuerpflichtig. Da es sich um eine Eingangsrechnung handelt, wird das Konto 4400 VE im Haben benötigt.

ÜBUNGS-ABSCHLUSSPRÜFUNG 4

4.6

| A | falsch | B | richtig | C | richtig | D | falsch | E | falsch |

A	Einzelkosten können dem jeweiligen Kostenträger (= Produkt) direkt zugeordnet werden. Gemeinkosten werden auf die Kostenstellen des Fertigungsunternehmens gemäß dem Verursachungsprinzip mithilfe des BAB verteilt.
B	Neben den Lizenzgebühren zählen noch Patentgebühren und Kosten für Sonderwerkzeuge zu den Sondereinzelkosten der Fertigung.
C	Die Kostenträgerzeitrechnung ermittelt die Selbstkosten des Umsatzes eines Abrechnungszeitraums.
D	Die Zuschlagsgrundlage (= Grundwert) für die Verwaltungs- und Vertriebsgemeinkosten sind die Herstellkosten des Umsatzes.
E	Die Teilkostenrechnung orientiert sich am Preis, der am Markt erzielt werden kann. Die Vollkostenrechnung bezeichnet die Kostenrechnung, bei der sämtliche Kosten auf den Kostenträger verrechnet werden. Sie befindet sich damit im Gegensatz zur Teilkostenrechnung.

A 5

5.1.1 Angebot Zipper – B. Roth:

Listeneinkaufspreis	600,00 €	100 %	
– Liefererrabatt	60,00 €	10 %	
= Zieleinkaufspreis	540,00 €	90 %	100 %
– Lieferskonto	10,80 €		2 %
= Bareinkaufspreis	529,20 €		98 %
+ Bezugskosten	5,00 €		
= **Einstandspreis**	**534,20 €**		

→ „Carry" sollte das Angebot von „Stil & Stoff" annehmen, da dort der Einstandspreis mit 530,00 € niedriger ist.

> Der Einstandspreis von „Stil & Stoff" ist gegeben. Zur Berechnung des Einstandspreises „Zipper – B. Roth" wird das Schema der Einkaufskalkulation benötigt. Schema aufschreiben, gegebene Werte eintragen und Grundwerte festlegen. Durch eine Vorwärtskalkulation lässt sich dann der Einstandspreis in Euro berechnen.

5.1.2 z. B.: Nähe zum eigenen Standort (Hösbach)

> Neben dem Preis sind noch weitere Kriterien zu berücksichtigen. Genannt werden könnten auch gute Geschäftsbeziehungen, hohe Qualität der Werkstoffe, geringe Lieferzeit, hohe Zuverlässigkeit, Beitrag zum Umweltschutz, qualitativ hochwertiger Service …

5.2

6010 AWF	530,00 €			
2600 VORST	100,70 €	an	4400 VE	630,70 €

> Die Reißverschlüsse werden als Fremdbauteile (siehe Unternehmensbeschreibung) im Konto 6010 AWF im Soll mit dem Zieleinkaufspreis (= Einstandspreis des Angebots) gebucht. Der Kauf ist umsatzsteuerpflichtig. Da eine Eingangsrechnung vorliegt, wird diese im Konto 4400 VE im Haben erfasst.

ÜBUNGS-ABSCHLUSSPRÜFUNG 4

5.3 | 4400 VE | 7,74 € | an | 6012 NF | 6,50 € |
         | | | | 2600 VORST | 1,24 € | 3

ℹ️ Der Werkstoff bleibt im Unternehmen und wird nicht zurückgeschickt. Trotzdem wird der Einkaufsbuchungssatz „umgedreht", wobei das Werkstoffkonto durch ein Nachlasskonto ersetzt wird. Gutschriften bei einem Sachmangel (= Mängelrüge) werden somit mit dem Nettobetrag in einem Unterkonto (hier 6012 NF) gebucht. Die Vorsteuerforderung an das Finanzamt wird anteilig storniert. Die Verbindlichkeit gegenüber dem Lieferer wird um den Gutschriftsbetrag verringert.

5.4.1 Der Zielkonflikt bei der optimalen Bestellmenge besteht darin, dass sich zwei unternehmerische Ziele widersprechen: Einerseits sollen Werkstoffe so preisgünstig wie möglich eingekauft werden, andererseits ist darauf zu achten, dass sich die Lagerkosten in Grenzen halten. | 2

ℹ️ Bei der optimalen Bestellmenge sind die Kosten für Lagerung und Einkauf von Werkstoffen am geringsten.

5.4.2 Optimale Bestellmenge: 5 000 Stück
Anzahl an Bestellungen: 24 | 2

ℹ️ Bei der optimalen Bestellmenge sind die Gesamtkosten (Summe aus Bestell- und Lagerhaltungskosten) am geringsten. Die Anzahl der Bestellungen kann dann der Tabelle entnommen werden.

15

A6 **6.1.1** | 6770 RBK | 2.400,00 € | an | 3900 RST | 2.400,00 € | 2

ℹ️ Hier handelt es sich um eine Schätzung der Gerichtskosten aus einem laufenden Prozess. Da weder der genaue Fälligkeitstermin noch der konkrete zu zahlende Betrag bekannt sind, ist eine Rückstellung zu bilden. Dabei ist zu beachten, dass bei der Rückstellungsbildung der Nettobetrag zu buchen ist. Die Buchung der Umsatzsteuer erfolgt erst bei Rechnungseingang im neuen Jahr.

6.1.2

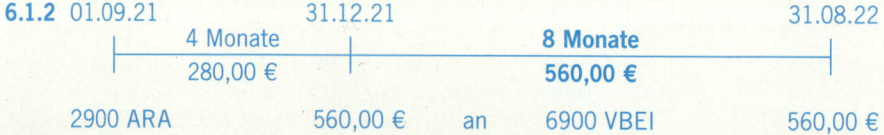

| 2900 ARA | 560,00 € | an | 6900 VBEI | 560,00 € | 3 |

ℹ️ Da bereits im September, also im Voraus, die Versicherungsbeiträge als Aufwand im Konto 6900 VBEI gebucht wurden, liegt der Fall „Aktive Rechnungsabgrenzung" (2900 ARA) vor. Der abzugrenzende Betrag bezieht sich immer auf das nächste Jahr (hier 8 Monate).

ÜBUNGS-ABSCHLUSSPRÜFUNG 4

6.1.3 6950 ABFO   1.912,00 €   an   3670 EWB   1.912,00 €

> Im Gegensatz zu einwandfreien Forderungen werden zweifelhafte Forderungen einzelwertberichtigt (3670 EWB). Die Forderungsbewertung beruht dabei nur auf einer Einschätzung der Zahlungsfähigkeit des Kunden. Es erfolgt daher eine indirekte Abschreibung ohne Umsatzsteuerkorrektur.

6.1.4 5000 UEFE   4.320,00 €   an   5001 EBFE   4.320,00 €

> Erlösberichtigungen vermindern die Umsatzerlöse für eigene Erzeugnisse. Das Ertragskonto 5000 UEFE wird daher im Soll gebucht.

6.2.1 GUV-Rechnung

> Bilanz sowie Gewinn- und Verlustrechnung bilden nach § 242 (3) HGB den Jahresabschluss.

6.2.2 Barliquidität in % = $\dfrac{258.425,38 \cdot 100}{363.826,74}$ = 71,03

→ Die Barliquidität beträgt 71,03 %.

> Um die Barliquidität zu berechnen, sind in die folgende Formel die entsprechenden Werte einzusetzen:
>
> Barliquidität in % = $\dfrac{\text{flüssige Mittel} \cdot 100}{\text{kurzfristiges Fremdkapital}}$
>
> Sie sollte einen Wert von 20 % aufweisen.

6.3.1 z. B.: Eine hohe Einzugsliquidität bietet zwar Sicherheit, birgt aber auch die Gefahr, dass flüssige Mittel ungenutzt brach liegen („totes Kapital") und wirtschaftlicher hätten eingesetzt werden können.

> Der Idealwert sollte bei 100 % liegen. Liegt die Einzugsliquidität über 100 %, spricht man von Überliquidität.

6.3.2 z. B.: flüssige Mittel gewinnbringender anlegen

> Das „tote Kapital" in Form von flüssigen Mitteln sollte gewinnbringender angelegt werden (z. B. Investitionen).

6.4

A	Eigenkapitalrentabilität	B	Anlagendeckung I

A	Diese Rentabilitätskennzahl ergibt sich mit folgender Formel: Eigenkapitalrentabilität in % = $\dfrac{\text{Jahresüberschuss} \cdot 100}{\text{Eigenkapital (Anfangsbestand)}}$
B	Diese Vermögenskennzahl ergibt sich mit folgender Formel: Anlagendeckung I in % = $\dfrac{\text{Eigenkapital} \cdot 100}{\text{Anlagevermögen}}$

ÜBUNGS-ABSCHLUSSPRÜFUNG 4

A7 **7.1**

0700 MA	65.794,00 €				
2600 VORST	12.500,86 €	an	4400 VE	78.294,86 €	3

> ℹ️ Die Kosten für Montage und Installation des Nähautomaten sind Anschaffungsnebenkosten, die im Konto 0700 MA im Soll zu aktivieren (= einzubuchen) sind. Der Vorgang ist umsatzsteuerpflichtig. Die Eingangsrechnung wird im Konto 4400 VE im Haben erfasst.

7.2.1

Kreditbetrag	67.000,00 €	100,0 %
− Disagio	1.206,00 €	1,8 %
= Auszahlungsbetrag	65.794,00 €	98,2 %

2

> ℹ️ Ein Disagio ist ein Abschlag, der bei der Kreditauszahlung vom Kreditbetrag abgezogen wird. Der Auszahlungsbetrag ist daher geringer als der Kreditbetrag. Der Auszahlungsbetrag entspricht dem verminderten Grundwert. Ausgehend vom Auszahlungsbetrag ist mithilfe des Dreisatzes eine Rückwärtsrechnung vorzunehmen.

7.2.2

2800 BK	65.794,00 €				
7510 ZAW	1.206,00 €	an	4250 LBKV	67.000,00 €	3

> ℹ️ Die Gutschrift des Kredits erfolgt auf dem Konto 2800 BK. Das Disagio stellt einen vorweggenommenen Zins dar und wird im Konto 7510 ZAW als Zinsaufwand ebenso im Soll gebucht. Da die Laufzeit des Kredits länger als 1 Jahr (hier 5 Jahre) beträgt, erfolgt die Buchung im Konto 4250 LBKV auf der Habenseite.

7.3

4400 VE	78.294,86 €	an	2800 BK	78.294,86 €	2

> ℹ️ Durch die Begleichung der Eingangsrechnung durch Online-Überweisung nehmen sowohl die Verbindlichkeiten als auch das Bankguthaben ab.

7.4.1 Absetzung für Abnutzung   1

> ℹ️ Es handelt sich nach § 7 EStG um den steuerrechtlichen Begriff für die Abschreibung.

7.4.2 Abschreibungsbetrag pro Jahr in € = $\dfrac{65.794,00}{8}$ = 8.224,25

Abschreibungsbetrag für 2021 in € = $\dfrac{8.224,25 \cdot 7}{12}$ = 4.797,48

6520 ABSA	4.797,48 €	an	0700 MA	4.797,48 €	4

> ℹ️ Findet die Anschaffung einer hochwertigen Sachanlage (Anschaffungskosten > 800,00 € netto) nicht im Januar (hier Juni) statt, also von Februar bis Dezember, so ist monatsgenau abzuschreiben. Dabei rechnet man den Anteil an der jährlichen Abschreibung (Anschaffungskosten netto : 8 Jahre) für die Monate beginnend mit dem Anschaffungsmonat bis zum Dezember aus (7/12).
>
> Der Betrag wird als Aufwand auf dem Konto 6520 ABSA im Soll erfasst, der Wert der Maschine wird auf dem Konto 0700 MA auf der Habenseite „heruntergeschrieben".

15

ÜBUNGS-ABSCHLUSSPRÜFUNG 4

A8

8.1

A	richtig	B	falsch	C	richtig

A	Variable Kosten (Fertigungsmaterial,-löhne) fallen nur an, wenn produziert wird. Die variablen Kosten pro Stück bleiben unabhängig von der produzierten Menge gleich hoch.
B	Die kurzfristige Preisuntergrenze entspricht der Höhe der variablen Kosten pro Stück (hier 51,50 €).
C	Auch wenn nicht produziert wird, fallen fixe Kosten (z. B. Miete, Gehälter, Abschreibungen) an.

8.2

	„Workout" 1 800 Stück (€)	„Fitness" 1 950 Stück (€)	gesamt (€)
Nettoverkaufserlöse	49,00	79,50	
− variable Kosten	37,00	51,50	
= Stück-DB Gesamt-DB	❶ 12,00 ❷ 21.600,00	28,00 54.600,00	❸ 76.200,00
− Fixkosten			67.430,00
= **Betriebsergebnis (Gewinn)**			❹ 8.770,00

→ Der Betriebsgewinn im 3. Quartal beträgt 8.770,00 €.

Bei der Berechnung muss wie folgt vorgegangen werden:

Bei zwei Produkten wird zunächst gesondert für jedes Modell der Deckungsbeitrag pro Stück ermittelt ❶ (bereits jeweils in den Säulendiagrammen berechnet). Anschließend erfolgt einzeln für jedes Modell die Berechnung des gesamten Deckungsbeitrags durch Multiplikation der Produktions- und Absatzmenge mit dem Stückdeckungsbeitrag ❷. Die gesamten Deckungsbeiträge der beiden Modelle werden addiert und die Summe in die Spalte „gesamt" übertragen ❸. Vom Gesamtdeckungsbeitrag werden die fixen Kosten subtrahiert, da diese den gesamten Betrieb betreffen (Fixkostenblock) ❹.

8.3 Kapazität = 1 200 Stück + 1 800 Stück = 3 000 Stück

3 000 Stück ≙ 100 %
1 800 Stück ≙   x %

$$x = \frac{1\,800 \cdot 100}{3\,000} = 60$$

→ Die Auslastung beim Modell „Workout" beträgt 60 %.

Die Kapazität ist die maximal mögliche Produktionsmenge von 3 000 Stück, die 100 % entspricht. Gesucht ist davon der prozentuale Anteil der Produktions-/Absatzmenge von 1 800 Stück, der als Auslastung bezeichnet wird:

8.4.1 Die Annahme von beiden Aufträgen bedeutet eine zusätzliche Produktion von 1 250 Rucksäcken des Modells „Workout". Die vorhandene Kapazität erlaubt jedoch nur eine Stückzahl von 1 200.

> Die beiden Anfragen beziehen sich auf 1 250 Rucksäcke (500 Stück Sport Jahn e. K. und 750 Stück Taschenland e. K.). Laut Kreisdiagramm beträgt die freie Kapazität nur 1 200 Stück.

8.4.2

	„Sport Jahn" in Euro	„Taschenland" in Euro
Nettoverkaufspreis/Stück	37,00	44,10
− variable Kosten/Stück	37,00	37,00
= **Deckungsbeitrag/Stück**	0,00	7,10

→ „Carry" sollte sich für den Zusatzauftrag des Unternehmens „Taschenland" entscheiden, da der Nettoverkaufspreis über den variablen Kosten liegt. Damit kann unabhängig von der Stückzahl ein zusätzlicher Deckungsbeitrag erwirtschaftet werden.

> Der Stückdeckungsbeitrag ist für beide Anfragen zu kalkulieren. „Carry" nimmt den Auftrag mit dem höheren Stückdeckungsbeitrag an, da dieser zur (zusätzlichen) Deckung der fixen Kosten beiträgt.

8.5 6140 AFR   38,00 €
       2600 VORST   7,22 €   an   4400 VE   45,22 €

> Die Transportkosten (Speditionskosten) für den Versand unserer Fertigerzeugnisse werden als Aufwand im Konto 6140 AFR im Soll gebucht. Der Vorgang ist umsatzsteuerpflichtig. Da es sich um eine Eingangsrechnung handelt, wird das Konto 4400 VE im Haben benötigt.

ÜBUNGS-ABSCHLUSSPRÜFUNG 5
für den LehrplanPLUS

Als Mitarbeiterin bzw. Mitarbeiter im Unternehmen „Goran Albrecht Fußballschuhe e. K.", kurz „GOAL", bearbeiten Sie verschiedene betriebswirtschaftliche Aufgaben.

Goran Albrecht Fußballschuhe e. K.
Gewerbestraße 39
86899 Landsberg

Inhaber:	Goran Albrecht
Rechtsform:	Einzelunternehmen
Geschäftsjahr:	1. Januar bis 31. Dezember 2021
Zweck des Unternehmens:	Hauptwerk in Landsberg: Fertigung von Rasenplatz-Fußballschuhen
	Zweigwerk in Schondorf: Fertigung von Hallen- und Kunstrasen-Fußballschuhen
Unternehmensphilosophie:	Nachhaltige und qualitativ hochwertige Produktion

Werkstoffe:

Rohstoffe
Nylonstoffe, Wildleder, Kunststoffe, Baumwollstoffe, ...

Fremdbauteile
Schnürsenkel, Ösen, ...

Hilfsstoffe
Fäden, Textilkleber, ...

Betriebsstoffe
Strom, Schmieröl, ...

Formale Vorgaben:

- Bei Buchungssätzen sind stets Kontennummern, Kontennamen (abgekürzt möglich) und Beträge anzugeben.
- Bei Berechnungen sind jeweils alle notwendigen Lösungsschritte und Nebenrechnungen darzustellen.
- Alle Ergebnisse sind in der Regel auf zwei Nachkommastellen gerundet anzugeben.
- Soweit nicht anders vermerkt, gilt ein Umsatzsteuersatz von 19 %.

ÜBUNGS-ABSCHLUSSPRÜFUNG 5

A 1 Im Unternehmen „GOAL" liegt folgender Beleg vor:

Senkel GmbH

Schnürsenkel
aus Bio-Baumwolle

Senkel GmbH, Bandlstraße 8, 85345 Freising

Firma
Goran Albrecht Fußballschuhe e. K.
Gewerbestraße 39
86899 Landsberg

Registergericht HRB 305
Steuernummer: 113/171/10359
USt-IdNr. DE 022112093

Tel.: 08161 08164
Fax: 08161 08165

Freising, 11.01.2021

Rechnung Nr. 210408/21
(Bei Zahlung bitte angeben!)

Ihr Auftrag vom: 04.01.2021   Auftrags-Nr.: 68/18   Kunden-Nr.: 240452

Am 11.01.2021 lieferten wir Ihnen:

Pos.	Menge	Art.-Nr.	Artikel	Einzelpreis (EUR)	Gesamtpreis (EUR)
1	2 000	300810	Schnürsenkel – weiß	3,20	6.400,00
2	1 000	300811	Schnürsenkel – schwarz	3,50	3.500,00
3	500	300813	Schnürsenkel – rot	3,80	1.900,00
			Rabatt 8 %		944,00
			Warenwert		10.856,00
			Leihverpackung		80,00
			USt 19 % **2.077,84 €**		**Rechnungsbetrag** **13.013,84 €**

Bei Zahlung bis zum 19.01.2021 gewähren wir 2 % Skonto.
Zahlung fällig „rein netto" am 11.02.2021.

Die Ware bleibt bis zur vollständigen Bezahlung Eigentum der Senkel GmbH.
Vielen Dank für Ihren Auftrag.

Bankverbindung:
Handelsbank Isarwinkel

IBAN: DE70 8376 9000 0001 2612 15
BIC: HANBDEIWIN1

1.1 Geben Sie auf Ihrem Lösungsblatt jeweils unter Angabe des Kennbuchstabens an, ob folgende Aussagen A bis C richtig oder falsch sind und verbessern Sie falsche Aussagen.

A	Die bewusste Auswahl des Lieferers „Senkel GmbH" trägt dazu bei, dem Unternehmensziel der „nachhaltigen Produktion" von GOAL nachzukommen.
B	Goran Albrecht ist als Einzelunternehmer im Handelsregister in der „Abteilung B" eingetragen.
C	„GOAL" muss diesen Beleg 10 Jahre aufbewahren.

1.2 Bilden Sie den Buchungssatz zur nebenstehenden Rechnung Nr. 210408/21.

1.3 Bilden Sie den Buchungssatz für folgenden Beleg:

Von: „Senkel GmbH"	17.01.2021 11:17 Uhr
Betreff: Gutschrift Rücksendung der Leihverpackung	
An: Goran Albrecht Fußballschuhe e. K.	

Sehr geehrte Damen und Herren,

für die zurückgeschickte Leihverpackung schreiben wir Ihnen den entsprechenden Betrag aus Rechnung Nr. 210408/21 in Höhe von 95,20 € brutto gut.

Wir bedanken uns, dass Sie dadurch einen wertvollen Beitrag zur Nachhaltigkeit leisten.

Mit freundlichen Grüßen

Daniela Neu
Kundenbetreuung Senkel GmbH

1.4 Am 18. Januar 2021 überweist Goran Albrecht vom Geschäftsbankkonto 12.660,27 € für die Rechnung Nr. 210408/21. Bilden Sie den Buchungssatz.

1.5 Um Kosten einzusparen, schlägt ein externer Unternehmensberater vor, Lieferer zu suchen, welche Werkstoffe deutlich günstiger anbieten. Erklären Sie unter Verwendung der Unternehmensphilosophie von „GOAL", zu welchem Zielkonflikt der Vorschlag des Unternehmensberaters führen kann.

A2 Goran Albrecht plant, in seinem Unternehmen eine modernere Produktionsmaschine einzusetzen. Vorab informiert er sich in einem Fachmagazin:

Industrieroboter – der Weg in die Zukunft

Weltweit ist die Nachfrage nach Industrierobotern ungebrochen. 295 104 Roboter wurden nach Angaben der International Federation of Robotics (IFR) im Jahr 2020 verkauft. Das entspricht einem Plus von 16 Prozent im Vergleich zum Vorjahr. Die Automobilindustrie und die Elektronikbranche tragen am stärksten zum Wachstum der Branche bei. Der größte Markt für Roboter ist Asien, angeführt von China. Damit setzt sich China erstmals vor Japan, das auf Platz zwei zurückfällt. Bis zum Jahr 2023 werden nach Schätzungen der IFR mehr als drei Millionen Robotereinheiten in den Werkhallen rund um den Globus arbeiten.

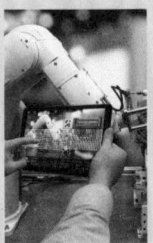

2.1 Bearbeiten Sie mit Hilfe des Textes folgende Aufgaben.

2.1.1 Berechnen Sie, wie viele Roboter im Jahr 2019 weltweit verkauft wurden.

2.1.2 Geben Sie an, welche zwei Industriezweige am stärksten zur Nachfrage nach Industrierobotern beitragen.

2.2 Als Entscheidungshilfe vor dem Kauf einer neuen Produktionsmaschine mit einer Nutzungsdauer von 15 Jahren und einer Produktionsmenge von 1 300 000 Stück pro Jahr stellt Goran Albrecht Informationen zu zwei Angeboten gegenüber.

Angebot 1: Produktionsmaschine XR 243	
Anschaffungskosten	110.000,00 €
Personalkosten/Jahr	58.500.000,00 €
Material- und Energiekosten/Stück	10,00 €
Gewinn/Stück	25,00 €
Amortisationszeit	8,5 Jahre
Weitere Informationen	Flächenbedarf: 25 qm

Angebot 2: Produktionsmaschine BAVARIA the Best 3 000	
Anschaffungspreis/Listenpreis (netto)	115.000,00 €
Kosten für Installation und Montage (netto)	2.000,00 €
Amortisationszeit	7,7 Jahre
Weitere Informationen	Kostenloser Wartungsservice in den ersten drei Jahren Flächenbedarf: 18 qm

2.2.1 Berechnen Sie die Gesamtkosten pro Jahr der Produktionsmaschine XR 243 des Angebots 1 mit Hilfe der Kostenvergleichsrechnung, wenn ein kalkulatorischer Zinssatz von 5 % p. a. zugrunde liegt.

2.2.2 „GOAL" entscheidet sich für Angebot 2. Geben Sie hierfür zwei Gründe an.

2.2.3 Bilden Sie den Buchungssatz für den Rechnungseingang beim Kauf der Produktionsmaschine BAVARIA the Best 3 000.

„GOAL" plant am 19.01.2021 flüssige Mittel in 1 000 Aktien der Windkraft-AG anzulegen. Diese Aktiengesellschaft produziert in Deutschland und unterstützt weltweit Aufforstungs-Projekte.

A3

3.1 Noch vor der Geldanlage diskutiert Goran Albrecht mit einem Kollegen über Aktiengeschäfte und tätigt folgende Aussage:

> „Mir ist das Risiko bei der Geldanlage in Aktien durchaus bewusst.
> Für mich überwiegen aber die zwei Vorteile, welche sich aus dem magischen
> Dreieck der Geldanlage ergeben. Zudem wähle ich die Aktien sorgfältig
> auch mit Blick auf Nachhaltigkeit und sozialen Kriterien aus."

3.1.1 Nennen Sie die zwei möglichen Vorteile bei der Geldanlage in Aktien gemäß des magischen Dreiecks der Geldanlage.

3.1.2 Beurteilen Sie anhand eines Kriteriums, ob die Entscheidung für die Windkraft-AG-Aktien die Aussage Goran Albrechts zu seiner Aktienauswahl bestätigt.

3.2 Nach dem Kauf der Aktien liegt folgender Beleg vor. Bilden Sie jeweils den Buchungssatz zu den Buchungsnummern 19 und 20.

Sparbank München – die Bank für den Mittelstand				Konto 1261215
Kontoauszug 8. April 2021/08:32 Uhr			IBAN: DE71 7906 9000 0001 2612 15 Goran Albrecht Fußballschuhe e. K.	Auszug Nr. 4/21 Seite 1/1
Bu.-Tag	Wert	Bu.-Nr.	Vorgang	Betrag (€)
06.04.	06.04.	19	Depotgebühren Windkraft-Aktien Depot-Nr.: 2948103	24,00 –
07.04.	07.04.	20	Dividende für 1 000 Windkraft-Aktien	350,00 +
BLZ: 790 690 00 **BIC: SPABDEXXMU2**			alter Kontostand neuer Kontostand	6.412,00 + 6.738,00 +

3.3 Zur Finanzierung einer neuen Werbekampagne möchte „GOAL" am 25.06.2021 alle im Depot befindlichen Windkraft-Aktien verkaufen. Die Schlusskurse der Aktie sind im Besitzzeitraum auszugsweise dargestellt:

	A	B	C	H	I	J
1						
2		Datum	Schlusskurs		Datum	Schlusskurs
3	Montag	18.01.2021	–	Montag	21.06.2021	12,43 €
4	Dienstag	19.01.2021	11,09 €	Dienstag	22.06.2021	12,21 €
5	Mittwoch	20.01.2021	10,85 €	Mittwoch	23.06.2021	11,98 €
6	Donnerstag	21.01.2021	11,22 €	Donnerstag	24.06.2021	11,76 €
7	Freitag	22.01.2021	11,24 €	Freitag	25.06.2021	11,79 €

3.3.1 Berechnen Sie die Kurssteigerung der Aktie vom 19.01. bis 25.06.2021 in Prozent.

3.3.2 Die 1 000 Windkraft-Aktien werden am 25.06.2021 zum Schlusskurs unter Berücksichtigung von 1 % Spesen vom Kurswert verkauft. Bilden Sie den Buchungssatz für die Bankgutschrift, wenn diese mit 11.200,90 € zu Buche stehen.

A4 Für das 3. Quartal liegen folgende Daten in Form einer unvollständigen Grafik vor:

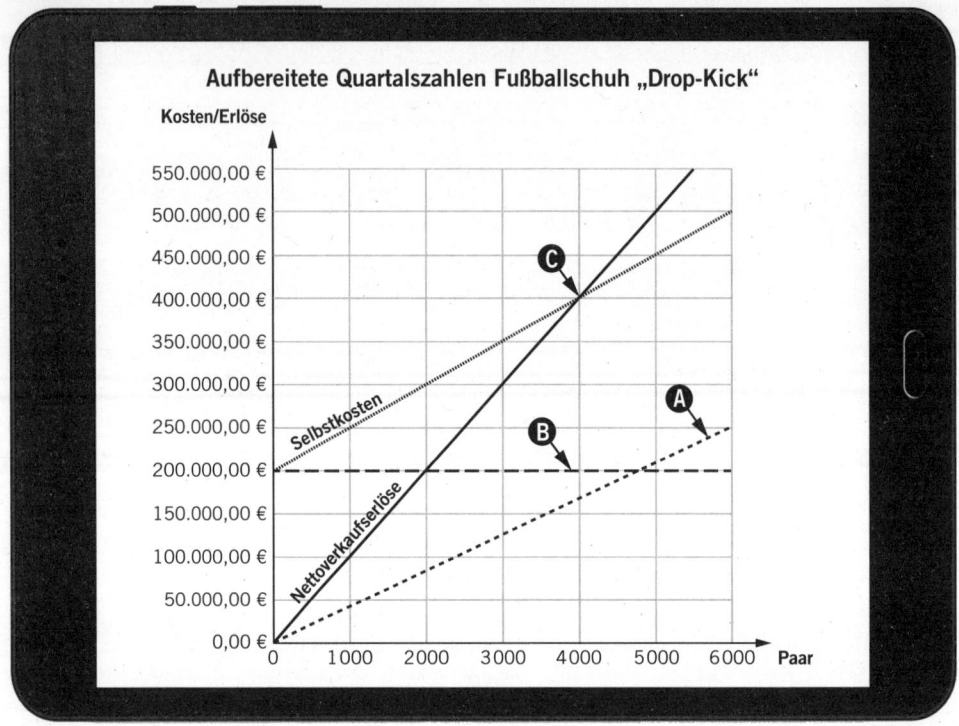

4.1 Geben Sie unter Angabe der Kennbuchstaben A bis C jeweils den entsprechenden Fachbegriff aus der Deckungsbeitragsrechnung an.

4.2 „GOAL" konnte 3 000 Paar des Modells „Drop-Kick" produzieren und absetzen. Berechnen Sie mit Hilfe der Werte aus der Grafik Art und Höhe des Betriebsergebnisses.

4.3 Um das Betriebsergebnis zu verbessern, sollen die variablen Kosten gesenkt werden. Nennen Sie hierfür eine konkrete Maßnahme.

4.4 Die variablen Kosten wurden erfolgreich gesenkt. Ab dem 4. Quartal wird die Produktion um das neue Modell „Lewi" erweitert. Ihnen liegen folgende Daten vor:

	Modell „Drop-Kick"	Modell „Lewi"
Produktion/Absatz	3 000 Paar	2 000 Paar
Nettoverkaufspreis/Paar	100,00 €	?
Variable Kosten/Paar	48,00 €	35,00 €
Deckungsbeitrag gesamt	156.000,00 €	?
Fixkosten	200.000,00 €	

4.4.1 Berechnen Sie für das neue Modell „Lewi" die langfristige Preisuntergrenze.

4.4.2 Das Schuhgeschäft SCHUH-SL wäre bereit, 200 Paar des Modells „Lewi" für 33,00 € netto je Paar abzunehmen. Entscheiden Sie, ob dieser Auftrag angenommen werden soll.

4.5 Ihnen liegt folgender Beleg vor. Bilden Sie den Buchungssatz.

Goran Albrecht Fußballschuhe e.K., Gewerbestraße 39, 86899 Landsberg

Firma
Schuhgeschäft Erhard Style
Penzinger Straße 113
86916 Kaufering

Inhaber: Goran Albrecht
Registergericht: HRA 826
Steuernummer: 232/143/29837
USt-IdNr.: DE 827226074

Tel.: 08191 0283 7
Fax: 08191 0283 00

Rechnung Nr. 230312/21
(bei Zahlung bitte angeben)

Landsberg, 13.08.2021

Ihr Auftrag vom: 12.08.2021   Auftrags-Nr.: 321/21   Kunden-Nr.: 12389991

Am 13.08.2021 lieferten wir Ihnen ab Werk:

Pos.	Menge	Artikel	Einzelpreis (€)	Gesamtpreis (€)
1	80 Paar	Fußballschuh „Drop-Kick"	100,00	8.000,00
		Versandpauschale		40,00
Warenwert netto 8.040,00 €		**USt 19 %** 1.527,60 €		**Rechnungsbetrag** 9.567,60 €

Zahlung fällig „rein netto" am 13.09.2021

Die Ware bleibt bis zur vollständigen Bezahlung unser Eigentum.
Vielen Dank für Ihren Auftrag.

Bankverbindung: IBAN: DE71 7906 9000 0001 2612 15
Sparbank München   BIC: SPABDEXXMU2

A5 Am Ende des Jahres 2021 liegen „GOAL" folgende Informationen vor:

	A	B	C	D
1	Aktiva	aufbereitete Bilanz zum 31.12.2021		Passiva
2	I. Anlagevermögen	4.000.000,00 €	I. Eigenkapital	3.750.000,00 €
3	II. Umlaufvermögen		II. Fremdkapital	
4	Vorräte	1.800.000,00 €	langfristig	2.550.000,00 €
5	Forderungen	1.900.000,00 €	kurzfristig	2.250.000,00 €
6	flüssige Mittel	850.000,00 €		
7	Gesamtvermögen	8.550.000,00 €	Gesamtkapital	8.550.000,00 €
8				
9	Bilanzkennzahlen		Eigenkapital	
10	Eigenkapital-rentabilität	?		
11	Finanzierung (EK-Anteil)	43,86 %		
12	Einzugsliquidität	122,22 %		
13				
14	Privateinlagen	Privatentnahmen		
15	0,00 €	0,00 €		

Eigenkapital-Diagramm (1. Januar / 31. Dezember):
- 2019: 3.330.000,00 € / 3.010.780,00 €
- 2020: 3.010.780,00 € / 3.280.000,00 €
- 2021: 3.280.000,00 € / 3.750.000,00 €

5.1 Geben Sie auf Ihrem Lösungsblatt den Kennbuchstaben des Postens an, welcher unter dem Posten Forderungen in der aufbereiteten Bilanz zusammengefasst/saldiert wird.

A	B	C
Einzelwertberichtigung	Bankguthaben	Rückstellungen

5.2 Berechnen und beurteilen Sie die Anlagendeckung I.

5.3 Die Eigenkapitalrentabilität hängt unter anderem von der Höhe des Gewinns ab.

5.3.1 Berechnen und beurteilen Sie diese Kennzahl zum 31.12.2021.

5.3.2 Goran Albrecht entnimmt einen Teil des Gewinns als Unternehmerlohn. Begründen Sie die angemessene Berücksichtigung des Unternehmerlohns bei der Preisgestaltung.

5.4 Geben Sie auf Ihrem Lösungsblatt jeweils unter Angabe des Kennbuchstabens die zutreffenden Fachbegriffe (keine Abkürzungen) für die Textlücken A bis C an.

> Den Vergleich der Bilanzkennzahlen zwischen verschiedenen Geschäftsjahren im Unternehmen „GORAN" nennt man … **A** … . Abschreibungen führen als Aufwendungen zu einer Verringerung des Gewinns. Unternehmer sehen dies als positiv, da es zu einer geringeren … **B** … gegenüber dem Finanzamt führt. Bei einer Einzugsliquidität von 122,22 % drohen zwar keine Zahlungsschwierigkeiten, dennoch sollte Goran Albrecht dieses … **C** … gewinnbringend investieren.

5.5 Bilden Sie den Buchungssatz für den Abschluss des Kontos 3000 EK.

Am 31.12.2021 sind im Unternehmen „GOAL" folgende Aufgaben zu erledigen.

A6

6.1 „GOAL" erwartet 2021 einen hohen Gewinn. Goran Albrecht überlegt in diesem Zuge, wie er auch im kommenden Jahr verdiente Mitarbeiter an sein Unternehmen binden kann. Beschreiben Sie hierfür eine geeignete Entgeltform.

6.2 Bilden Sie die Buchungssätze zu folgenden (vorbereitenden) Abschlussbuchungen.

6.2.1 Ihnen liegt folgender Belegauszug vor.

Dr. August Döpfner
Rechtsanwaltskanzlei

Dr. August Döpfner, Rechtsanwalt, Gerichtsstraße 12, 86899 Landsberg

Firma
Goran Albrecht e. K.
Gewerbestraße 39
86899 Landsberg

Landsberg, 30.12.2021

Kostenvoranschlag Nr. 3847/19

Sehr geehrter Herr Albrecht,

bezüglich des laufenden Prozesses gegen Ihren Kunden Schuh-MAFIA müssen Sie im kommenden Geschäftsjahr mit Anwaltskosten von voraussichtlich 5.600,00 € netto rechnen.

6.2.2 Die Gutschrift für einen gewerblich vermieteten Parkplatz in Höhe von 2.142,00 € brutto (USt-Anteil: 342,00 €) für die Monate Dezember bis Februar erfolgte bereits am 01.12.2021 auf das Geschäftsbankkonto.

6.2.3 Ihnen liegt folgendes Konto vor:

S	6022 NH		H
		13.05. VE	1.050,00 €

6.2.4 Der Bestand an einwandfreien Forderungen beträgt 178.500,00 €. Das allgemeine Ausfallrisiko liegt bei 1 %.

6.3 Im März wurde eine Anpressmaschine für 120.000,00 € erworben. Ihnen liegt folgender Auszug der AfA-Tabelle vor.

AfA-Tabelle für den Wirtschaftszweig „Lederwaren- und Kofferindustrie"			
Lfd. Nr.	Anlagegüter	Nutzungsdauer (ND) i. J.	Linearer AfA-Satz v. H.
1	Abfallheftmaschinen	10	10
2	Abfallverwertungsmaschinen	10	10
3	Abglasmaschinen	7	14
4	Anleimmaschinen	3	33
5	Anpressmaschinen	5	20
6	Anschreibmaschinen	5	20

6.3.1 Geben Sie an, wofür die Abkürzung „AfA" steht.

6.3.2 Berechnen Sie die Höhe der Abschreibung 2021.

A7 Kosten, die durch die Produktion im Unternehmen „GOAL" entstehen, werden pro Quartal erfasst und laufend analysiert, um entsprechende Maßnahmen sofort einleiten zu können.

7.1 Die Stromkosten von 136.000,00 € erscheinen zu hoch. Diese Grafik stellt den Verbrauch dar:

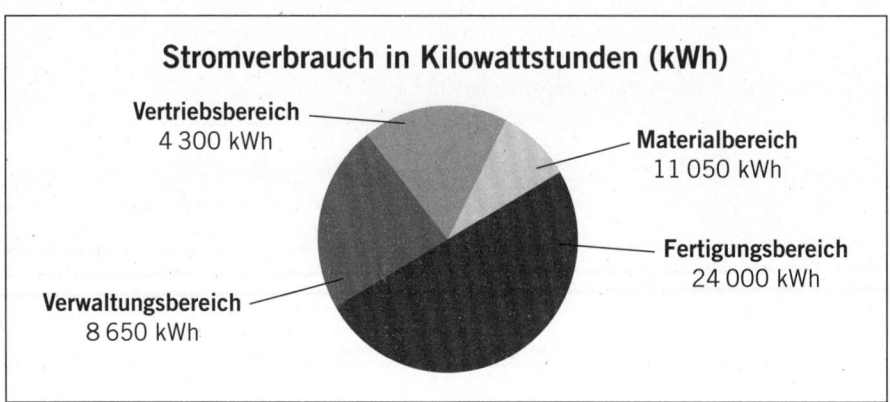

7.1.1 Berechnen Sie die Höhe der Stromkosten im Fertigungsbereich.

7.1.2 Nennen Sie eine Möglichkeit, wie „GOAL" Stromkosten senken kann.

7.2 Geben Sie auf Ihrem Lösungsblatt jeweils unter Angabe des Kennbuchstabens die zutreffenden Fachbegriffe (keine Abkürzungen) für die Textlücken A bis C an.

> In der Kosten- und Leistungsrechnung werden verschiedene Kostenarten unterschieden. Stromkosten sind ein Beispiel für ... **A** ... , die mit Hilfe des ... **B** ... verursachungsgerecht auf die Kostenstellen verteilt werden.
>
> Im Gegensatz dazu können manche Kosten den Kostenträgern direkt zugeordnet werden. Kostenträger im Unternehmen „GOAL" sind die hergestellten ... **C** ... .

7.3 Im Rahmen der Kostenträgerstückrechnung wurden für ein Paar Fußballschuhe „Torschützenkönig" folgende Werte ermittelt:

Kosten:			
Fertigungsmaterial	17,70 €	Fertigungskosten	32,40 €
Zuschlagsätze:			
Materialbereich	20,0 %	Verwaltungsbereich	8,0 %
Fertigungsbereich	125,0 %	Vertriebsbereich	4,6 %

Berechnen Sie die Selbstkosten.

7.4 Im nächsten Quartal betragen die Selbstkosten bei Modell „Torschützenkönig" 65,50 €. Berechnen Sie den Gewinn in Euro, wenn den Kunden ein Listenverkaufspreis von 75,87 € pro Paar angeboten und ein Skonto in Höhe von 3 % gewährt wird.

7.5 „GOAL" erhält die Eingangsrechnung des Handelsvertreters, die Provision beträgt 2.142,00 € brutto. Bilden Sie den Buchungssatz.

„GOAL" überwacht regelmäßig die Forderungen.

A 8

8.1 In der News-App entdeckt Goran Albrecht folgende Infografik:

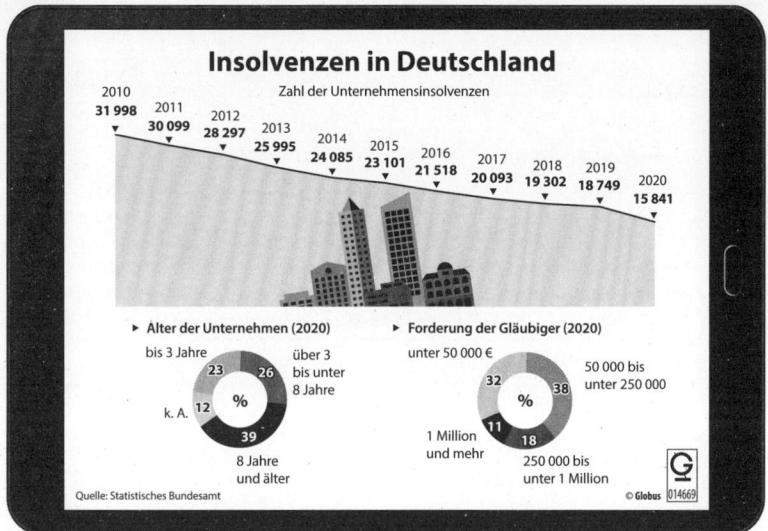

8.1.1 Nennen Sie den Fachbegriff für die Art des Diagramms, mit der die Veränderung der Zahl der Unternehmensinsolvenzen von 2010 bis 2020 dargestellt wird.

8.1.2 Berechnen Sie für das Jahr 2020 die Zahl der Unternehmensinsolvenzen, bei denen die Forderungen der Gläubiger weniger als 50.000,00 € betragen haben.

8.1.3 Geben Sie das Alter der Unternehmen an, die im Jahr 2020 am häufigsten von einer Insolvenz betroffen waren.

8.2 Durch Factoring kann „GOAL" das Ausfallrisiko an ein Finanzierungsunternehmen weitergeben. Nennen Sie zwei Nachteile von Factoring.

8.3 Ihnen liegt das Konto 2470 ZWFO des Unternehmens „GOAL" vor:

S	2470 ZWFO		H
AB	13.672,25 €	1. BK	2.528,75 €
2. FO	50.575,00 €		

8.3.1 Formulieren Sie den Geschäftsfall zum Kontoeintrag Nr. 1.

8.3.2 Das Insolvenzverfahren gegenüber unserem Großkunden „Newsport" (Kontoeintrag Nr. 2) ist abgeschlossen. Auf dem Geschäftsbankkonto geht eine Zahlung über 4.046,00 € ein. Bilden Sie den Buchungssatz.

8.4 Gegenüber dem Kunden „Kai N. Moos" besteht eine Forderung von 23.800,00 €. Dieser befindet sich seit 20 Tagen im Zahlungsverzug.

8.4.1 Berechnen Sie die Verzugszinsen, wenn der Verzugszinssatz 8,12 % p. a. beträgt.

8.4.2 „GOAL" darf dem Schuldner durch die Erstellung der Mahnung den dafür nötigen Zeitaufwand in Rechnung stellen. Nennen Sie den Fachbegriff hierfür.

LÖSUNGEN ÜBUNGS-AP 5

A1 **1.1**

A	richtig	B	falsch	C	richtig

4

B verbessert:
Einzelunternehmer (wie Goran Albrecht) sind im Handelsregister in der Abteilung A eingetragen, Kapitalgesellschaften in der Abteilung B.

A	Unter „Nachhaltigkeit" versteht man langfristig ausgerichtetes Handeln, welches zukünftige Generationen vor Fehlentwicklungen wie Umweltverschmutzung, Überschuldung oder sozialen Problemen schützen soll. Durch die Auswahl eines Lieferers, der Werkstoffe durch biologischen Anbau herstellt, kann hierfür ein Beitrag geleistet werden (siehe Firmenlogo).
C	Belege müssen gemäß Handelsgesetzbuch 10 Jahre aufbewahrt werden.

1.2
6010 AWF	10.856,00 €				
6011 BZKF	80,00 €				
2600 VORST	2.077,84 €	an	4400 VE	13.013,84 €

4

Als Mitarbeiter(in) von „GOAL" ist der Beleg als Eingangsrechnung zu erfassen. Gemäß Deckblatt sind Schnürsenkel Fremdbauteile, die Leihverpackung wird als Bezugskosten gebucht. Der Kauf ist umsatzsteuerpflichtig.

1.3
4400 VE	95,20 €	an	6011 BZKF	80,00 €
			2600 VORST	15,20 €

3

Aus der E-Mail an „GOAL" geht hervor, dass die Leihverpackung für die Schnürsenkel an den Lieferer zurückgeschickt wurde. Die Gutschrift ist als Stornobuchung zu erfassen, indem der ursprüngliche Buchungssatz „umgedreht" wird.

1.4

offener Rechnungsbetrag	12.918,64 €		100 %	: 1,19 →	217,12 €
− Bruttoskonto	258,37 €		2 %		41,25 €
= Überweisungsbetrag	12.660,27 €		98 %		

4400 VE	12.918,64 €	an	2800 BK	12.660,27 €
			6012 NF	217,12 €
			2600 VORST	41,25 €

6

„GOAL" überweist den Betrag am 18. Januar 2021. Gemäß Zahlungsbedingungen aus Rechnung Nr. 210408/21 wird ein Skontoabzug von 2 % bis 19. Januar 2021 gewährt. Zu beachten ist, dass der Überweisungsbetrag 98 % entspricht. Alternativ kann vom Rechnungsbetrag die Gutschrift durch die Rücksendung der Leihverpackung subtrahiert werden. Die Angabe der Nebenrechnung ist Pflicht!

1.5 Es würden zwei schwer miteinander vereinbare Ziele aufeinandertreffen: möglichst kostengünstige Produktion (Vorschlag des Unternehmensberaters) und die nachhaltige und qualitativ hochwertige Produktion (Unternehmensphilosophie).

1

Bei einem Zielkonflikt kann ein Ziel zwar im hohen Maße erreicht werden, das andere Ziel dagegen nur in geringem Umfang.

18

ÜBUNGS-ABSCHLUSSPRÜFUNG 5

A2

2.1.1 2019 → + 16 % → 2020
x ≙ 100 %   295 104 ≙ 116 %

295 104 ≙ 116 %
x ≙ 100 %

$x = \dfrac{100 \cdot 295\,104}{116} = 254\,400$ → Im Jahr 2019 wurden weltweit 254 400 Roboter verkauft.

> Als Grundwert (100 %) bei Vergleichen zwischen zwei Jahren wird stets der Wert für das Jahr herangezogen, das am längsten zurückliegt, hier 2019. Da die prozentuale Änderung (Steigerung) gegeben ist, kann damit der Prozentsatz für den vermehrten Grundwert (Roboterzahl 2020) ermittelt werden. Die Berechnung der Roboterzahl für das Jahr 2019 erfolgt mit dem Dreisatz.

2.1.2 Automobilindustrie und Elektronikbranche

> Der vorliegende Text ist genau zu lesen. Beim Auffinden der entscheidenden Stelle ist zu bedenken, dass statt des Begriffs „Industriezweige" das Wort „Branche" als Synonym verwendet wird. Unter „Branche" versteht man die Zusammenfassung von Unternehmen zu einer Gruppe, die ähnliche Produkte oder Dienstleistungen anbieten.

2.2.1 Material- und Energiekosten in € = 1 300 000 · 10,00 = 13.000.000,00
Abschreibung pro Jahr in € = 110.000,00 : 15 = 7.333,33

Kalk. Zinsen pro Jahr in € = $\dfrac{110.000,00 \cdot 5}{100 \cdot 2}$ = 2.750,00

Personalkosten	58.500.000,00 €	
+ Material-/Energiekosten	13.000.000,00 €	
= variable Kosten pro Jahr		71.500.000,00 €
Abschreibung	7.333,33 €	
+ kalkulatorische Zinsen	2.750,00 €	
= fixe Kosten pro Jahr		10.083,33 €
Gesamtkosten pro Jahr		**71.510.083,33 €**

> Zur Berechnung der Gesamtkosten für die Produktionsmaschine XR 243 müssen die gesamten variablen Kosten und die gesamten fixen Kosten addiert werden. Der Betrag der gesamten variablen Kosten ergibt sich aus den Personalkosten sowie den Material- und Energiekosten, die sich jeweils durch Multiplikation der Produktionsmenge mit den Stückkosten ergeben.
>
> Die gesamten fixen Kosten setzen sich aus zwei Bestandteilen zusammen:
>
> Der jährliche Abschreibungsbetrag und die kalkulatorischen Zinsen können durch Einsetzen der entsprechenden Werte aus der Tabelle mit den folgenden Formeln berechnet werden:
>
> Abschreibung pro Jahr in € = Anschaffungskosten : Nutzungsdauer
>
> Kalk. Zinsen pro Jahr in € = $\dfrac{\text{Anschaffungskosten} \cdot \text{kalkulatorischer Zinssatz}}{100 \cdot 2}$

ÜBUNGS-ABSCHLUSSPRÜFUNG 5

2.2.2 z.B.: geringerer Flächenbedarf (18 m²), geringere Amortisationszeit (7,7 Jahre) | 2

ℹ️ Alternativ könnte auch der kostenlose Wartungsservice als Argument angeführt werden.

2.2.3
Anschaffungspreis	115.000,00 €	
+ Anschaffungsnebenkosten	2.000,00 €	
= **Anschaffungskosten**	**117.000,00 €**	

0700 MA	117.000,00 €			
2600 VORST	22.230,00 €	an	4400 VE	139.230,00 €

| 4

ℹ️ Die Kosten für Installation und Montage sind Anschaffungsnebenkosten, die im Konto 0700 MA im Soll zu aktivieren (einzubuchen) sind. Der Kauf ist umsatzsteuerpflichtig. Die Eingangsrechnung wird im Konto 4400 VE im Haben erfasst. Die Angabe der Nebenrechnung ist Pflicht!

| 15

A3

3.1.1
– hohe Liquidität
– Möglichkeit der hohen Rendite | 2

ℹ️ Das magische Dreieck der Geldanlage betrachtet die folgenden drei Kriterien: Liquidität, Rendite (bzw. Rentabilität, Verzinsung) und Sicherheit.
Je nach Anlageform können ausschließlich zwei Kriterien realisiert werden.

3.1.2 z.B.: Goran Albrechts Aussage passt zur Auswahl der Aktien, da er mit der Geldanlage in die Windkraft-AG in ein Unternehmen investiert, welches u.a. ökologische Projekte (Aufforstung) fördert und damit dem Anlagekriterium „Nachhaltigkeit" nachkommt. | 2

ℹ️ Ein weiteres Kriterium neben der Nachhaltigkeit ist bei der Aktienauswahl laut Goran Albrechts Aussage der soziale Aspekt. Auch dazu passt die Entscheidung für die Aktie der Windkraft-AG, da das Unternehmen in Deutschland produziert und hier Arbeitsplätze schafft.

3.2 Buchung 19:

6750 KGV	24,00 €	an	2800 BK	24,00 €

Buchung 20:

2800 BK	350,00 €	an	5780 DDE	350,00 €

| 4

ℹ️ Liegt ein Kontoauszug als Beleg vor, kommt im Buchungssatz grundsätzlich das Konto 2800 BK vor:

Vorgang 1: Da sich hinter dem Betrag in Höhe von 24,00 € ein Minuszeichen befindet, liegt eine Belastung des Geschäftsbankkontos vor, die im Konto 2800 BK im Haben zu buchen ist. Kontoführungsgebühren sind als Aufwand im Soll des Kontos 6750 KGV zu erfassen.

Vorgang 2: Da sich hinter dem Betrag in Höhe von 350,00 € ein Pluszeichen befindet, liegt eine Gutschrift auf das Geschäftsbankkonto vor, die im Konto 2800 BK im Soll zu buchen ist. Dividendenerträge sind im Haben des Kontos 5780 DDE zu erfassen.

3.3.1 19.01.2021 — + 0,70 € → 25.06.2021
11,09 € ≙ 100 %   11,79 €

11,09 € ≙ 100 %
 0,70 € ≙   x %

$x = \dfrac{0{,}70 \cdot 100}{11{,}09} = 6{,}31$ → Der Wert der Aktie ist im Besitzzeitraum um 6,31 % gestiegen.

> ℹ Als Grundwert (100 %) bei Vergleichen zwischen zwei Zeitpunkten wird stets der Wert für denjenigen herangezogen, der am längsten zurückliegt, hier der Kauftag 19.01.2021. Dieser Tag war der Ausgangspunkt des Anstiegs, der z. B. mit dem Dreisatz in Prozent zu berechnen ist.

3.3.2

	Kurswert (1 000 · 11,79 €)	11.790,00 €	100 %
−	Spesen	117,90 €	1 %
=	**Bankgutschrift**	**11.672,10 €**	99 %
	Bankgutschrift	11.672,10 €	
−	Banklastschrift (Buchwert)	11.200,90 €	
=	**Kursgewinn**	**471,20 €**	

2800 BK   11.672,10 €   an   1500 WP   11.200,90 €
                                    5650 EAWP   471,20 €

> ℹ Laut Angabe sind beim Verkauf 1 % Spesen vom Kurswert zu berücksichtigen. Dazu wird mit dem Schema der Verkaufsabrechnung zunächst der Kurswert der Aktien bestimmt (Stückzahl · Stückkurs). Vom Kurswert werden die Spesen abgezogen (Prozentrechnung) und es ergibt sich die Bankgutschrift.

Durch den Aktienverkauf vermindert sich der Bestand an Wertpapieren im aktiven Bestandskonto 1500 WP, das mit dem Buchwert im Haben gebucht wird. Die mit dem Schema berechnete Bankgutschrift ist im Konto 2800 BK im Soll zu erfassen. Um den Erfolg eines Aktiengeschäfts zu ermitteln, wird die Bankgutschrift beim Verkauf mit der Banklastschrift beim Kauf verglichen. Als Differenz ergibt sich ein Kursgewinn (positiver Betrag), der als Ertrag im Haben des Kontos 5650 EAWP gebucht wird. Anfallende Spesen werden sofort abgezogen und nicht gebucht.

4.1

A	variable Kosten	B	Fixkosten	C	Break-even-Point (Gewinnschelle)

A	Variable Kosten fallen nur bei Produktion an (Startpunkt im Nullpunkt) und steigen proportional mit der Stückzahl.
B	Fixkosten sind produktionsunabhängig und somit parallel zur x-Achse.
C	Der Break-even-Point stellt den Schnittpunkt der Gesamtkosten mit den Nettoverkaufserlösen dar.

ÜBUNGS-ABSCHLUSSPRÜFUNG 5

4.2

Nettoverkaufserlöse	300.000,00 €
– Selbstkosten	350.000,00 €
= Betriebsverlust	– 50.000,00 €

ℹ️ Das Betriebsergebnis ergibt sich durch Subtraktion der Selbstkosten von den Nettoverkaufserlösen. Um diese Beträge zu erhalten, begibt man sich auf der waagrechten Achse („x-Achse") an die Stelle für 3 000 Paar. Jetzt können die Beträge mithilfe der Skala der senkrechten Achse („y-Achse") abgelesen werden.

4.3 z. B.: nach Verhandlungen mit Lieferern Schnürsenkel günstiger beziehen

ℹ️ Den variablen Kosten werden das Fertigungsmaterial und die Fertigungslöhne zugeordnet. Daraus können Beispiele gewählt werden, wobei eine Senkung der Fertigungslöhne zu einem Verlust von qualifizierten Arbeitskräften führen könnte.

4.4.1

	„Drop-Kick" 3 000 Paar (€)	„Lewi" 2 000 Paar (€)	gesamt (€)
Nettoverkaufserlöse		❻ 57,00	
– Variable Kosten		35,00	
= Stück-DB		22,00	
Gesamt-DB	❸ 156.000,00	❹ 44.000,00	❷ 200.000,00
– Fixkosten			200.000,00
= Betriebsergebnis			❶ 0,00

→ Langfristige Preisuntergrenze „Lewi" = 57,00 €.

ℹ️ Die Ermittlung der langfristigen Preisuntergrenze erfolgt in sechs Schritten:
❶ Das Betriebsergebnis wird auf 0,00 € gesetzt.
❷ Die Höhe des Gesamtdeckungsbeitrags entspricht den gesamten Fixkosten.
❸ Die Preise für das andere Produkt (hier „Drop-Kick") bleiben unverändert.
❹ Durch Subtraktion des Deckungsbeitrags für das Produkt „Drop-Kick" vom Gesamtdeckungsbeitrag wird der neue Deckungsbeitrag für das Produkt „Lewi" ermittelt.
❺ Anschließend wird beim Produkt „Lewi" der Deckungsbeitrag gesamt durch die Stückzahl dividiert, sodass sich der Deckungsbeitrag/Stück ergibt.
❻ Die Rückwärtsrechnung mit unveränderten variablen Kosten/Stück liefert den neuen Nettoverkaufspreis = langfristige Preisuntergrenze.

4.4.2 Der Auftrag sollte nicht angenommen werden, da die kurzfristige Preisuntergrenze von 35,00 € unterschritten wird und die variablen Kosten nicht gedeckt sind.

ℹ️ Sofern die variablen Kosten nicht gedeckt sind, wird kein positiver Deckungsbeitrag erwirtschaftet, welcher zur Deckung der Fixkosten beitragen würde.

4.5

2400 FO	9.567,60 €	an	5000 UEFE	8.040,00 €
			4800 UST	1.527,60 €

ℹ️ Da eine Ausgangsrechnung vorliegt, wird diese im Konto 2400 FO im Soll erfasst. Der Verkauf der Fußballschuhe inklusive der Versandpauschale wird im Konto 5000 UEFE im Haben gebucht. Außerdem ist Umsatzsteuer in Höhe von 19% zu berücksichtigen.

ÜBUNGS-ABSCHLUSSPRÜFUNG 5

5.1 A

Die aufbereitete Bilanz fasst Posten zusammen und ist somit übersichtlicher.

Im Posten Forderungen sind enthalten:
Forderungen, zweifelhafte Forderungen, Vorsteuer, aktive Rechnungsabgrenzungsposten

Saldiert (abgezogen) werden:
Einzelwertberichtigungen, Pauschalwertberichtigungen

5.2 Anlagendeckung I in % = $\dfrac{3.750.000,00\ € \cdot 100}{4.000.000,00\ €}$ = 93,75

→ Eine Anlagendeckung I in Höhe von 93,75 % ist positiv, da nahezu das gesamte Anlagevermögen langfristig durch das Eigenkapital finanziert wurde und „GOAL" somit finanziell unabhängig ist.

Die entsprechenden Werte sind in folgende Formel einzusetzen:

Anlagendeckung I in % = $\dfrac{\text{Eigenkapital} \cdot 100}{\text{Anlagevermögen}}$

Die Anlagendeckung I gibt Aufschluss darüber, wieviel Prozent des Anlagevermögens durch das Eigenkapital finanziert wurde.

Der Idealwert sollte zwischen 70 % und 100 % liegen.

5.3.1 Gewinn in € = 3.750.000,00 − 3.280.000,00 = 470.000,00

Eigenkapitalrentabilität in % = $\dfrac{470.000,00 \cdot 100}{3.280.000,00}$ = 14,33

→ z. B.: Die Eigenkapitalrentabilität ist im Vergleich zu anderen Anlageformen sehr gut, da sie mit 14,33 % weit über dem marktüblichen Zinssatz (aktuelle Umlaufrendite) liegt.

Zunächst muss der Jahresüberschuss für 2021 durch den Eigenkapitalvergleich (mithilfe des Säulendiagramms) ermittelt werden. Privateinlagen bzw. -entnahmen fallen nicht an (jeweils 0,00 € in den Zellen A15 und B15). Die entsprechenden Werte werden in folgende Formel eingesetzt:

Eigenkapitalrentabilität in % = $\dfrac{\text{Gewinn (Jahresüberschuss)} \cdot 100}{\text{Eigenkapital (Anfangsbestand)}}$

Die Zielvorgabe liegt in Deutschland bei 10 % bis 20 %.

5.3.2 Der Unternehmerlohn wird nicht als Aufwand erfasst, muss aber als Kostenanteil in die Preisgestaltung einfließen, damit ausreichend Gewinn einkalkuliert ist.

Der Unternehmer muss mit dem Gewinn den kalkulatorischen Unternehmerlohn, die Risikoprämie und die Verzinsung des Eigenkapitals ausgleichen. Darüber hinaus sollte der Gewinn genügend Spielraum für nötige Investitionen bieten; deshalb werden kalkulatorische Abschreibungen in die Preiskalkulation einbezogen.

ÜBUNGS-ABSCHLUSSPRÜFUNG 5

5.4

| A | internen Vergleich/Zeitvergleich | B | Einkommensteuerschuld | C | „tote Kapital" | 3 |

A	Davon zu unterscheiden ist der externe Betriebsvergleich, bei dem unterschiedliche Unternehmen miteinander verglichen werden.
B	Je geringer der Gewinn, desto geringer ist die Einkommensteuerschuld des Einzelunternehmers.
C	Der Idealwert bei der Kennzahl der Einzugsliquidität beträgt 100%. Unter 100% wird das kurzfristige Fremdkapital nicht durch Forderungen und flüssige Mittel gedeckt, es könnte zu Zahlungsschwierigkeiten kommen. Über 100% können überflüssige liquide Mittel gewinnbringend investiert werden (z. B. neue Produktionsanlagen).

5.5 3000 EK 3.750.000,00 € an 8010 SBK 3.750.000,00 €   2

Als passives Bestandskonto wird das Konto 3000 EK über das Schlussbilanzkonto abgeschlossen, der Schlussbestand steht bei allen passiven Bestandskonten im Soll.

15

A6

6.1 Mit dem Beteiligungsentgelt (Gewinnbeteiligung) erhalten Mitarbeiter einen Anteil am erwirtschafteten Gewinn zur langfristigen Bindung an das Unternehmen.   2

Als mögliche Entgeltformen kommen das Zeitentgelt, das Leistungsentgelt sowie die Gewinnbeteiligung in Betracht.

6.2.1 6770 RBK 5.600,00 € an 3900 RST 5.600,00 €   2

Hier handelt es sich um einen Kostenvoranschlag eines Rechtsanwalts für einen schwebenden Prozess, der nicht mehr im aktuellen Geschäftsjahr 2021 abgeschlossen wird. Bei dieser ungewissen Verbindlichkeit sind weder der genaue Fälligkeitstermin noch der konkrete zu zahlende Betrag bekannt. Entsprechend ist zum 31.12.2021 eine Rückstellung zu bilden. Dabei ist zu beachten, dass der Nettobetrag zu buchen ist. Die Buchung der Umsatzsteuer erfolgt erst bei der Rechnungsstellung, wenn das Verfahren beendet ist.

6.2.2

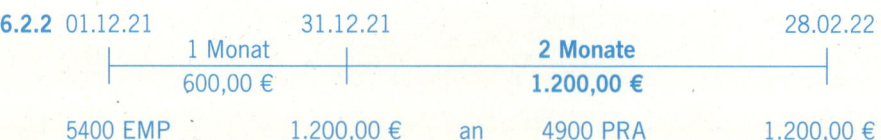

5400 EMP 1.200,00 € an 4900 PRA 1.200,00 €   3

Da bereits im Dezember zum Zeitpunkt der Bankgutschrift, also im Voraus, die Miete als Ertrag im Konto 5400 EMP gebucht wurde, liegt der Fall Passive Rechnungsabgrenzung (4900 PRA) vor. Der abzugrenzende Betrag bezieht sich immer auf das nächste Jahr (hier: 2 Monate).

6.2.3 6022 NH 1.050.00 € an 6020 AWH 1.050.00 €   2

Am 31.12. wird der Saldo im Konto 6022 NH im Soll gebucht. Als Unterkonto wird die Vorabschlussbuchung über das Konto 6020 AWH vorgenommen.

6.2.4 Einwandfreie Forderungen brutto   178.500,00 €   119 %
– Umsatzsteuer   28.500,00 €   19 %
= Einwandfreie Forderungen netto   150.000,00 €   100 %
davon 1 % Pauschalwertberichtigung   1.500,00 €

6950 ABFO   1.500,00 €   an   3680 PWB   1.500,00 €   3

> Im Gegensatz zu zweifelhaften Forderungen werden einwandfreie Forderungen pauschalwertberichtigt (3680 PWB). Die Forderungsbewertung erfolgt aufgrund des Prinzips der kaufmännischen Vorsicht, wonach auch scheinbar sichere Forderungen ausfallen können. Dabei wird ausgehend vom Forderungsbestand netto die Wertberichtigung durch Prozentrechnung (1 %) bestimmt. Es erfolgt eine indirekte Abschreibung (Konto 6950 ABFO im Soll) ohne Umsatzsteuerkorrektur.

6.3.1 Absetzung für Abnutzung   1

> Für die Wertminderung wird im Handelsrecht der Begriff Abschreibung, im Steuerrecht der Begriff Absetzung für Abnutzung verwendet.

6.3.2 Abschreibungsbetrag pro Jahr in € = $\dfrac{120.000,00}{5}$ = 24.000,00

Abschreibungsbetrag für 2021 in € = $\dfrac{24.000,00 \cdot 10}{12}$ = 20.000,00   2

> Findet die Anschaffung einer hochwertigen Sachanlage (Anschaffungskosten > 800,00 € netto) nicht im Januar (hier März) statt, also von Februar bis Dezember, so ist monatsgenau abzuschreiben. Dabei rechnet man den Anteil an der jährlichen Abschreibung (Anschaffungskosten netto : 5 Jahre) für die Monate beginnend mit dem Anschaffungsmonat bis zum Dezember aus (10/12).

15

A7

7.1.1 Gesamter Stromverbrauch in kWh = 11 050 + 24 000 + 8 650 + 4 300 = 48 000

136.000,00 € ≙ 48 000 kWh
x € ≙ 24 000 kWh

x = $\dfrac{24\,000 \cdot 136.000,00}{48\,000}$ = 68.000,00 → Die Stromkosten im Fertigungsbereich betragen 68.000,00 €.   2

> Zur Berechnung der anteiligen Stromkosten im Fertigungsbereich ist zuerst der gesamte Stromverbrauch der vier Kostenstellen durch Addition aller Kilowattstunden (kWh) zu ermitteln. Dieser wird im Dreisatz den gesamten Stromkosten gleichgesetzt.

7.1.2 z. B.: energiesparende LED-Leuchtmittel einbauen   1

> Weitere Möglichkeiten könnten sein: einen günstigeren Stromanbieter finden, durch Anbringung von Solarzellen auf dem Dach des Gebäudes diesen Strom direkt zu nutzen bzw. eine Einspeisevergütung zu erhalten (je nach gesetzlichen Vorgaben), ...

ÜBUNGS-ABSCHLUSSPRÜFUNG 5

7.2

| A | Gemeinkosten | B | Betriebsabrech-nungsbogens | C | Produkte (Fußballschuhe) |

3

A	Gemeinkosten können im Gegensatz zu Einzelkosten keinem Kostenträger/Fertigerzeugnis direkt zugeordnet werden.
B	Mit sinnvollen Verteilungsschlüsseln können die Gemeinkosten zunächst einer Kostenstelle zugeordnet werden; dies geschieht mit dem Betriebsabrechnungsbogen.
C	Die konkreten Fertigerzeugnisse/Produkte sind im Modellunternehmen auf dem Deckblatt aufgeführt.

7.3

Fertigungsmaterial	❶ 17,70 €	100,0 %
+ Materialgemeinkosten	3,54 €	20,0 %
= Materialkosten	21,24 €	120,0 %
+ Fertigungskosten	32,40 €	
= Herstellkosten	❷ 53,64 €	100,0 %
+ Verwaltungs- und Vertriebsgemeinkosten	6,76 €	12,6 %
= **Selbstkosten**	❸ 60,40 €	112,6 %

4

Es ist eine Kostenträgerstückrechnung als Vorwärtskalkulation zu erstellen:

Zunächst müssen die Materialgemeinkosten auf der Grundlage des Fertigungsmaterials durch Prozentrechnung ermittelt werden ❶. Dann sind die Materialkosten und die Fertigungskosten zu addieren, um die Herstellkosten zu erhalten ❷. Die Selbstkosten ergeben sich durch Addition der Verwaltungs- und Vertriebsgemeinkosten ❸, wobei die Zuschlagssätze dieser beiden Kostenstellen aufgrund des gleichen Grundwertes zusammengefasst werden können.

7.4

Selbstkostenpreis	65,50 €	
+ **Gewinn**	**8,09 €**	
= Barverkaufspreis	73,59 €	97,0 %
+ Kundenskonto	2,28 €	3,00 %
= Listenverkaufspreis	75,87 €	100,0 %

→ Der Gewinn beträgt 8,09 €.

2

Zur Lösung der Aufgabe wird das Schema der Verkaufskalkulation benötigt. Schema aufschreiben, gegebene Werte eintragen und Grundwerte festlegen. Durch eine Differenzkalkulation lässt sich dann der Gewinn in Euro berechnen.

7.5

6760 PROV	1.800,00 €			
2600 VORST	342,00 €	an	4400 VE	2.142,00 €

3

Die Provision wird als Aufwand im Konto 6760 PROV im Soll gebucht. Um den Nettobetrag bei einem Umsatzsteuersatz von 19 % zu erhalten, rechnet man schnell 2.142,00 € : 1,19. Da eine Eingangsrechnung vorliegt, wird diese im Konto 4400 VE im Haben erfasst.

15

ÜBUNGS-ABSCHLUSSPRÜFUNG 5

A8

8.1.1 Liniendiagramm

> Liniendiagramme eignen sich besonders dafür, einen Trend bzw. eine zeitliche Entwicklung darzustellen. Neben dieser Diagrammart werden in der vorliegenden Infografik auch zwei Kreisdiagramme zur Veranschaulichung eingesetzt. Diese geben über die prozentuale Aufteilung eines Ganzen Auskunft.

8.1.2 15 841 ≙ 100 %
           x ≙ 32 %

$$x = \frac{32 \cdot 15\,841}{100} = 5\,069$$

→ Bei 5 069 Unternehmen hatten Gläubiger Forderungen von weniger als 50.000,00 €.

> Bei dieser Anteilsrechnung stellt die Zahl der Unternehmensinsolvenzen für das Jahr 2020 den Grundwert (100 %) dar. Mit dem gegebenen Prozentsatz unter „Forderung der Gläubiger (2020)" aus dem Kreisdiagramm erfolgt die rechnerische Ermittlung des Prozentwertes mit dem Dreisatz.

8.1.3 Unternehmen, die 8 Jahre und älter sind, waren am häufigsten im Jahr 2020 von einer Insolvenz betroffen.

> In dem linken Kreisdiagramm werden die insolventen Unternehmen für das Jahr 2020 nach ihrem Alter unterschieden. Am häufigsten sind die Unternehmen von einer Insolvenz betroffen, für die der höchste Prozentsatz angegeben ist.

8.2 z. B.:
– Der Factor verlangt für die Finanzdienstleistung hohe Gebühren.
– Eventuell wird die Kundenbeziehung belastet.

> Ein weiterer Nachteil des Factorings wäre, dass dies nicht für jede Wirtschaftsbranche geeignet ist (vor allem nicht für die Dienstleistungsbranche).

8.3.1 Ein Kunde begleicht seine zweifelhafte Forderung über 2.528,75 € per Banküberweisung.

> Das Konto BK bei Eintragung Nr. 1 ist das Gegenkonto der zu betrachtenden Buchung, für die sich als Buchungssatz ergibt:

2800 BK   2.528,75 €   an   2470 ZWFO   2.528,75 €

> Im aktiven Bestandskonto 2800 BK findet aufgrund der Sollbuchung eine Mehrung (Bankgutschrift), im aktiven Bestandskonto 2470 ZWFO aufgrund der Habenbuchung eine Minderung (Verringerung der zweifelhaften Forderungen) statt.

8.3.2

Bruttoforderung	50.575,00 €	
– Zahlungseingang	4.046,00 €	
= Bruttoausfall	46.529,00 €	119 %
– Umsatzsteuer	7.429,00 €	19 %
= **Nettoausfall**	**39.100,00 €**	**100 %**

2800 BK	4.046,00 €			
6950 ABFO	39.100,00 €			
4800 UST	7.429,00 €	an	2470 ZWFO	50.575,00 €

i Da sich der geschuldete Betrag im Konto 2470 ZWFO (50.575,00 €) und die Bankgutschrift zu dieser Forderung (4.046,00 €) unterscheiden, liegt ein teilweiser Ausfall einer Forderung vor.

Mit einer Nebenrechnung wird der Nettoausfall bestimmt, wobei zunächst der Zahlungseingang zu berücksichtigen ist.

Die Gutschrift auf dem Geschäftsbankkonto wird im Soll des Kontos 2800 BK erfasst. Der Forderungsausfall (Nettoausfall) wird direkt abgeschrieben und im Konto 6950 ABFO auf der Sollseite gebucht. Die nicht erhaltene Umsatzsteuer muss auch nicht an das Finanzamt abgeführt werden und wird auf der Sollseite mit dem entsprechenden Betrag korrigiert.

8.4.1 Verzugszinsen in € $= \dfrac{23.800,00 \cdot 8,12 \cdot 20}{100 \cdot 360} = 107,36$

i Zur Ermittlung der Verzugszinsen werden in die Zinsformel die gegebenen Größen eingesetzt:

Zinsen in € $= \dfrac{\text{Rechnungsbetrag} \cdot \text{Verzugszinssatz} \cdot \text{Verzugszeitraum}}{100 \cdot 360}$

8.4.2 „GOAL" kann eine Mahngebühr als Kostenpauschale in Rechnung stellen.

i Für den Zeitaufwand des Mahnwesens darf der Gläubiger die Mahngebühr zusätzlich veranschlagen.

ÜBUNGS-ABSCHLUSSPRÜFUNG 6
für den LehrplanPLUS

Als Mitarbeiterin bzw. Mitarbeiter im Unternehmen „Lena Brentler E-Lastenfahrräder e. Kfr.", kurz „Brentler", bearbeiten Sie verschiedene betriebswirtschaftliche Aufgaben.

Brentler

Lena Brentler E-Lastenfahrräder e. Kfr.
Geltinger Straße 27
82515 Wolfratshausen

Inhaberin:	Lena Brentler
Rechtsform:	Einzelunternehmen
Geschäftsjahr:	1. Januar bis 31. Dezember 2021
Zweck des Unternehmens:	Hauptwerk Wolfratshausen: Herstellung von E-Lastenfahrrädern
	Zweigwerk Baierbrunn: Herstellung von Kinderfahrradanhängern
Unternehmensphilosophie:	Innovative Lastenfahrräder für eine sichere und umweltbewusste Mobilität

Werkstoffe:

Rohstoffe
Stahl, Aluminium, Carbon

Fremdbauteile
Elektromotoren, Pedale, Bremsscheiben, Reifen, ...

Hilfsstoffe
Lacke, Schrauben, ...

Betriebsstoffe
Strom, Gas, Öl, ...

Formale Vorgaben:

- Bei Buchungssätzen sind stets Kontennummern, Kontennamen (abgekürzt möglich) und Beträge anzugeben.
- Bei Berechnungen sind jeweils alle notwendigen Lösungsschritte und Nebenrechnungen darzustellen.
- Alle Ergebnisse sind in der Regel auf zwei Nachkommastellen gerundet anzugeben.
- Soweit nicht anders vermerkt, gilt ein Umsatzsteuersatz von 19 %.

A1 Im Unternehmen „Brentler" liegt folgender Beleg vor:

Lena Brentler E-Lastenfahrräder e. Kfr., Geltinger Str. 27, 82515 Wolfratshausen

Firma
Fahrradwelt München GmbH
Am Bavariapark 5
80339 München

Lena Brentler E-Lastenfahrräder e. Kfr.
Geltinger Str. 27, 82515 Wolfratshausen

Tel.: +49(0)8171 0260-20
Fax: +49(0)8171 0260-30
E-Mail: service@brentler.xyz
Internet: www.brentler.xyz

RECHNUNG Nr. 1036/21

Rechnungsdatum: 10. Januar 2021
(Bei Zahlung bitte angeben!)

Bestellnummer: 00122111
Lieferdatum: 10.01.2021

Kunden-Nr.: 800256
Ansprechpartnerin: Frau Azra

Aufgrund Ihrer Bestellung lieferten wir Ihnen „frei Haus":

Pos.	Artikelbezeichnung	Menge	Einzelpreis	Gesamtpreis
1	E-Lastenfahrrad „CargoEX 15"	5	4.900,00 €	24.500,00 €
2	E-Lastenfahrrad „CargoPro 10"	4	3.875,00 €	15.500,00 €
			Zwischensumme	40.000,00 €
			– 25 % Rabatt	10.000,00 €
			Warenwert	30.000,00 €
			+ 19 % Umsatzsteuer	5.700,00 €
			Rechnungsbetrag	**35.700,00 €**

Vielen Dank für Ihren Auftrag!

Zahlung fällig am 10.02.2021 rein netto.
Bei Zahlung bis zum 20.01.2021 gewähren wir 2 % Skonto.

Die gelieferte Ware bleibt bis zur vollständigen Bezahlung Eigentum
von Lena Brentler E-Lastenfahrräder e. Kfr.

Oberlandbank Wolfratshausen
IBAN: DE28 7002 0270 0005 1040 68
BIC: OLBKDEMMXXX

Amtsgericht München: HRA 73450
USt-IdNr.: DE 233 265 730
Steuernummer: 169/214/73050

1.1 Geben Sie auf dem Lösungsblatt unter Angabe des Kennbuchstabens an, ob die Aussagen A bis D richtig oder falsch sind.

A	„Brentler" übernimmt die Transportkosten für die Lastenfahrräder.
B	Der Verkauf von Lastenfahrrädern unterliegt dem ermäßigten Umsatzsteuersatz.
C	Aufgrund der gewählten Rechtsform haftet der Kunde „Fahrradwelt München GmbH" mit seinem Privat- und Gesellschaftsvermögen.
D	Die Lieferung erfolgte unter Eigentumsvorbehalt.

1.2 Bilden Sie den Buchungssatz zu nebenstehender Rechnung Nr. 1036/21.

1.3 Lena Brentler hat sich für den indirekten Vertrieb der produzierten Lastenräder über den Einzelhandel entschieden.

1.3.1 Erläutern Sie zwei Vorteile der Einbeziehung des Fahrradeinzelhandels beim Vertrieb der Lastenfahrräder.

1.3.2 Lena Brentler hat die Fachmesse „Cargobikes" für den Fahrradeinzelhandel in Nürnberg besucht.

Bilden Sie den Buchungssatz für den folgenden Beleg:

1.4 Am 19. Januar 2021 erfolgt der Zahlungseingang für die Rechnung Nr. 1036/21 auf dem Geschäftsbankkonto von „Brentler". Bilden Sie den Buchungssatz.

ÜBUNGS-ABSCHLUSSPRÜFUNG 6

A2 Die Personalabteilung im Unternehmen „Brentler" ist für die Personalbeschaffung und die Erfassung des Personalaufwands zuständig.

2.1 Lena Brentler informiert sich über die Situation bei den Arbeitsverhältnissen. Hierzu betrachtet sie unter anderem die folgende Infografik.

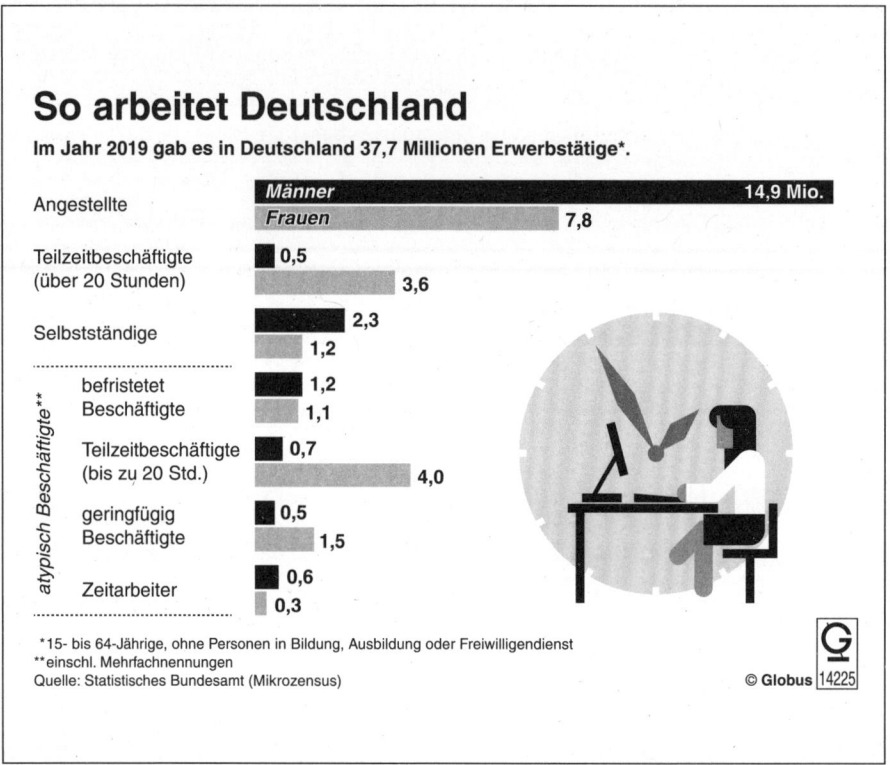

2.1.1 Notieren Sie auf Ihrem Lösungsblatt jeweils unter Angabe des Kennbuchstabens die zutreffenden Begriffe bzw. Werte für die Textlücken A bis C.

> Der überwiegende Teil der Erwerbstätigen in Deutschland arbeitet in einem Normalarbeitsverhältnis. Darunter fallen Vollzeit-Arbeitnehmer und Teilzeitbeschäftigte mit mehr als … **A** … .
>
> Als Selbstständige arbeiteten laut Statistischem Bundesamt … **B** … Millionen Beschäftigte.
>
> Zu den atypisch Beschäftigten zählen unter anderem Zeitarbeiter. Mit dieser Arbeitsform können Stellen schnell und flexibel besetzt werden. Falls eine Stelle im Unternehmen mit einem Zeitarbeiter besetzt wird, spricht man von einer … **C** … Personalbeschaffung.

2.1.2 Berechnen Sie für das Jahr 2019, um wie viel Prozent mehr Frauen einer geringfügigen Beschäftigung nachgehen als Männer.

2.2 Für den Monat März liegt im Unternehmen „Brentler" folgender Auszug des Lohn-/Gehaltsjournals vor:

LOHN-/GEHALTSJOURNAL Monat März 2021
Lena Brentler E-Lastenfahrräder e. Kfr.

Brentler

Name	Brutto	Steuern	Soz. Vers. AN	Soz. Vers. AG	Netto
...	...	...	...	...	...
SUMME	59.580,00 €	10.447,50 €	11.811,75 €	11.811,75 €	37.320,75 €

2.2.1 Bilden Sie die Buchungssätze für die Erfassung des Personalaufwands laut vorliegender Summenzeile, wenn die Auszahlung per Banküberweisung erfolgt.

2.2.2 Die Höhe der Steuerabzüge kann bei den Beschäftigten im Unternehmen „Brentler" erheblich voneinander abweichen. Zeigen Sie einen Faktor auf, der die Höhe der Lohnsteuer beeinflusst.

2.3 Schließen Sie aufgrund der vorliegenden Mitarbeiteraussagen auf die entsprechende Entgeltform. Geben Sie auf dem Lösungsblatt jeweils unter Angabe des Kennbuchstabens A bis C die Entgeltform des Mitarbeiters an.

	Aussagen der Mitarbeiter
A	„Mein Verantwortungsbereich ist die Fertigungsabteilung von ‚Brentler'. Falls das Unternehmen einen Gewinn erwirtschaftet, bekomme ich neben meinem Gehalt einen Anteil am Gewinn."
B	„Ich bin im Unternehmen ‚Brentler' im Lager beschäftigt und erhalte einen Stundenlohn von 13,60 €."
C	„Ich bin in der Verkaufsabteilung beschäftigt. Für jedes verkaufte Lastenfahrrad erhalte ich von ‚Brentler' eine zusätzliche Prämie."

A3 Aufgrund der guten wirtschaftlichen Entwicklung stehen „Brentler" liquide Mittel zur Verfügung, die möglichst ertragreich angelegt werden sollen.

3.1 Lena Brentler erhält von ihrem Anlageberater folgendes Diagramm zur Kapitalanlage in Immobilien:

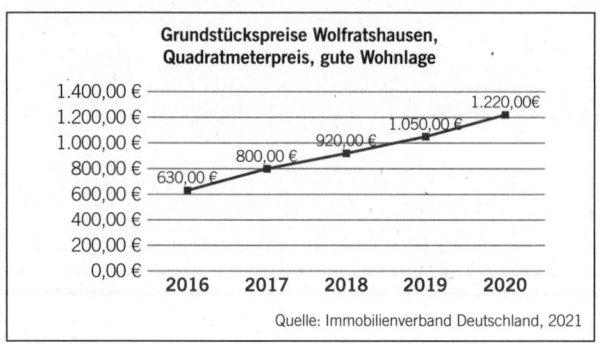

3.1.1 Geben Sie an, welche Diagrammart in der Infografik verwendet wird, und begründen Sie deren besondere Eignung in dem vorliegenden Fall.

3.1.2 Beurteilen Sie die Kapitalanlage in Immobilien anhand von zwei Aspekten des magischen Dreiecks der Geldanlage unter Berücksichtigung des Standorts in Wolfratshausen.

3.1.3 Für ein bereits vermietetes Ladengeschäft in Wolfratshausen erhält „Brentler" eine Bankgutschrift in Höhe von 1.487,50 € brutto. Bilden Sie den Buchungssatz.

3.2 Nach gründlicher Abwägung entscheidet sich „Brentler" für die Kapitalanlage in Aktien.

3.2.1 Stellen Sie ein Risiko der Geldanlage in Aktien dar.

3.2.2 Lena Brentler hat 400 Aktien des Unternehmens „Anemos AG" im Januar gekauft. Die Banklastschrift beträgt 23.432,00 €. Bilden Sie den Buchungssatz für den Aktienkauf.

3.3 Lena Brentler erhält für die Aktien eine Dividende in Höhe von insgesamt 460,00 € auf dem Geschäftsbankkonto gutgeschrieben. Bilden Sie den Buchungssatz.

3.4 „Brentler" benötigt zur Finanzierung eines Lkw dringend flüssige Mittel und verkauft deshalb die „Anemos AG"-Aktien. Bilden Sie den Buchungssatz zu vorliegendem Beleg.

Oberlandbank Wolfratshausen Auftragsdatum: 15. November 2021			Wertpapier-Verkauf Börse Frankfurt
Wertpapierbezeichnung:	Anemos AG	WKN 349105	ISIN DE000A6FDDO
Stückzahl: 400	Kurs: 56,00 €	Kurswert	22.400,00 €
Kapitalerträge sind steuerpflichtig.		Spesen 1 % v. Kurswert	224,00 €
		Gutschrift	**22.176,00 €**
Lena Brentler E-Lastenfahrräder e. Kfr. Geltinger Str. 27 82515 Wolfratshausen Der Beleg ist ohne Unterschrift gültig.		Handelsdatum: 16.11.2021 Wert: 16.11.2021 Verrechnung über Konto: DE28700202700005104068 Depotnummer: 9/77643 Verwahrart: Girosammeldepot	

A4

Aus der Kosten- und Leistungsrechnung liegt Ihnen in Auszügen der Betriebsabrechnungsbogen für das dritte Quartal 2021 vor:

Betriebsabrechnungsbogen für das 3. Quartal 2021					
Gemeinkostenarten	Zahlen der KLR	Kostenstellen			
		I Material	II Fertigung	III Verwaltung	IV Vertrieb
Hilfsstoffe	40.250,00 €	15.500,00 €	22.500,00 €	–	2.250,00 €
...	...	...	...	...	...
Mietaufwendungen	6.000,00 €	1.500,00 €	3.500,00 €	400,00 €	600,00 €
Kalk. Abschreibung	41.000,00 €	4.300,00 €	21.500,00 €	8.800,00 €	6.400,00 €
Kalk. Unternehmerlohn	21.000,00 €	2.100,00 €	5.250,00 €	8.400,00 €	5.250,00 €
Summe der Gemeinkosten	**215.550,00 €**	**37.500,00 €**	**97.500,00 €**	**45.000,00 €**	**35.550,00 €**
	Zuschlagsgrundlage	312.500,00 €	75.000,00 €	537.000,00 €	
	Zuschlagssatz	12 %	130 %	15 %	

4.1 Geben Sie für folgende Kosten des Unternehmens „Brentler" unter Angabe der Kennbuchstaben A und B die entsprechende Kostenart an.

A	Kosten für den Messestand bei einer Verkaufsmesse in München.
B	Kosten für ein Spezialwerkzeug für die Montage von Lastenfahrrädern.

4.2 Im BAB werden die Gemeinkosten mithilfe von Verteilungsschlüsseln den Kostenstellen zugeordnet. Nennen Sie einen geeigneten Verteilungsschlüssel für die Mietaufwendungen.

4.3 Für die Herstellung eines Lastenfahrrades vom Typ „CargoCity 100" liegen Ihnen folgende Werte vor:

Daten zum Lastenfahrrad „CargoCity 100"		
	Materialkosten	1.400,00 €
	Fertigungslöhne	710,00 €
	Sondereinzelkosten der Fertigung	27,00 €

Berechnen Sie auf der Grundlage obiger Zuschlagssätze (BAB) die Selbstkosten für ein Lastenfahrrad vom Typ „CargoCity 100".

4.4 Bilden Sie den Buchungssatz für folgenden Beleg (Auszug), der am 15.10.2021 im Unternehmen „Brentler" eingegangen ist.

GUTSCHRIFT

Sehr geehrte Frau Brentler,

aufgrund Ihrer Rücksendung (zu Rechnungs-Nr. 210256) von 10 defekten Bremsscheiben schreiben wir Ihnen den anteiligen Rechnungsbetrag in Höhe von 535,50 € brutto gut.

Wir bedauern die Unannehmlichkeiten.

4.5 Lena Brentler liegt eine Rechnung für den Kauf von Aluminiumrohren vor. Der Listenpreis beträgt 9.400,00 € netto, abzüglich 15 % Mengenrabatt. Der Lieferer berechnete für die Leihverpackung 250,00 € netto. Bilden Sie den Buchungssatz.

A5 Im Unternehmen „Brentler" sind zum 31.12.2021 noch einige Arbeiten zum Jahresabschluss zu erledigen.

5.1 Bilden Sie die Buchungssätze für folgende vorbereitende Abschlussbuchungen.

5.1.1 Im Unternehmen „Brentler" beträgt der Schlussbestand laut Inventur bei den Schrauben im Eingangslager 3.600,00 €. Der Anfangsbestand betrug 6.200,00 €.

5.1.2 Der Bestand an einwandfreien Forderungen beträgt im Unternehmen „Brentler" zum 31.12.2021 insgesamt 255.850,00 €. Nach Rücksprache mit dem Steuerberater soll darauf eine Wertberichtigung von 1 % gebildet werden.

5.2 Zur Analyse des Jahresabschlusses liegen Ihnen für das Unternehmen Lena Brentler E-Lastenfahrräder folgende Daten vor:

Aktiva	Aufbereitete Bilanz zum 31.12.2021 in €		Passiva
A. Anlagevermögen	2.950.000,00	**A. Eigenkapital**	2.850.000,00
B. Umlaufvermögen		**B. Fremdkapital**	
I. Vorräte	570.000,00	I. Langfristiges Fremdkapital	680.000,00
II. Forderungen	300.000,00	II. Kurzfristiges Fremdkapital	430.000,00
III. Flüssige Mittel	140.000,00		
	3.960.000,00		3.960.000,00

Weitere Daten zum 31.12.2021:

Aufwendungen	Erträge	Privatentnahmen	Privateinlagen
684.000,00 €	1.026.000,00 €	12.000,00 €	0,00 €

5.2.1 Ermitteln und bewerten Sie die Kennzahl der Einzugsliquidität für das Unternehmen „Brentler".

5.2.2 Berechnen Sie die Kennzahl der Eigenkapitalrentabilität.

5.2.3 Lena Brentler äußert sich zur Eigenkapitalrentabilität:

> „Die Eigenkapitalrentabilität des Unternehmens ‚Brentler'
> sollte deutlich über dem aktuellen Kapitalmarktzins liegen."

Begründen Sie die Richtigkeit dieser Aussage anhand von zwei Kriterien.

ÜBUNGS-ABSCHLUSSPRÜFUNG 6

Das Unternehmen „Brentler" produziert in seinem Zweigwerk in Baierbrunn zwei Modelle von Kinderfahrradanhängern. Für das 2. Quartal liegen Ihnen folgende Daten vor:

A6

Brentler Child Trailer 2. Quartal 2021	Produktions- und Kostenübersicht	
	Modell „CT-City"	Modell „CT-Sport"
Nettoverkaufspreis/Stück	590,00 €	990,00 €
Variable Kosten/Stück	310,00 €	640,00 €
Kapazität (in Stück)	280	120
Produktion/Absatz (in Stück)	220	55
Fixkosten	68.830,00 €	

6.1 Berechnen Sie das Betriebsergebnis im Zweigwerk für das 2. Quartal 2021.

6.2 Beim Modell „CT-Sport" gibt es Absatzprobleme. Deshalb wird die Produktion des Modells eingestellt. Die Fixkosten sinken dadurch um 21.000,00 €. Bestimmen Sie die Anzahl der Fahrradanhänger des Modells „CT-City", die im Zweigwerk produziert und abgesetzt werden muss, um einen Gewinn zu erwirtschaften.

6.3 Aufgrund freier Kapazitäten wird im Zweigwerk die Eigenfertigung von Sattelstützen beabsichtigt. Hierzu liegt Ihnen folgende Grafik vor:

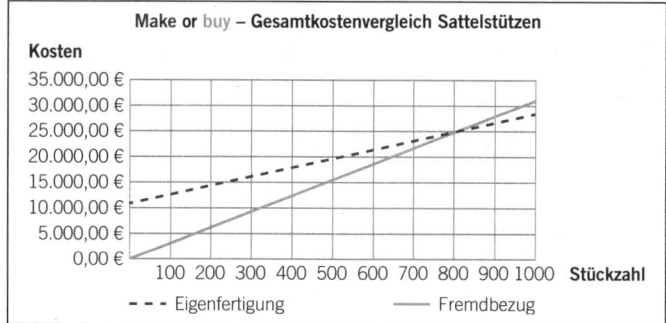

6.3.1 „Brentler" benötigt für das Modell „CT-City" 880 Sattelstützen je Kalenderjahr. Überprüfen Sie mithilfe der Grafik, ob „BRENTLER" die Sattelstützen im Zweigwerk in Eigenfertigung produzieren oder den Fremdbezug der Sattelstützen fortführen sollte.

6.3.2 Geben Sie auf Ihrem Lösungsblatt unter Angabe des Kennbuchstabens an, ob die Aussagen A bis C zur Eigenfertigung bzw. zum Fremdbezug der Sattelstützen richtig oder falsch sind.

A	Die Nutzung des „Know-how" des Lieferers ist ein Vorteil des Fremdbezugs („buy") von Sattelstützen.
B	Ein Nachteil der Eigenfertigung („make") ist der geringere Einfluss auf die Qualitätssicherung bei den Sattelstützen.
C	Bei der kritischen Menge für die Sattelstützen entsprechen die Gesamtkosten der Eigenfertigung den Gesamtkosten des Fremdbezugs.

6.4 „Brentler" erhält vom Handelsvertreter Elias Tross eine Rechnung über Provisionen für die Vermittlungstätigkeit in Höhe von 1.280,00 € netto. Bilden Sie den Buchungssatz.

ÜBUNGS-ABSCHLUSSPRÜFUNG 6

A7 Für die Anschaffung eines Lkw nahm „Brentler" im Januar 2019 einen Kredit auf.

7.1 Im Unternehmen „Brentler" liegt dazu folgender Tilgungsplan auszugsweise vor:

Oberlandbank Wolfratshausen

Tilgungsplan für Darlehen Nr. 18/2223

Kreditbetrag:	60.000,00 €	Laufzeit:	10 Jahre
Disagio:	840,00 €	Zinssatz p. a.:	2,20 %
Auszahlung:	59.160,00 €		

Jahr	Tilgung	Zinsen	Jährliche Rate	Restschuld
2019	4.680,00 €	1.320,00 €	6.000,00 €	55.320,00 €
2020	4.782,96 €	1.217,04 €	6.000,00 €	50.537,04 €
2021	4.888,19 €	1.111,81 €	6.000,00 €	45.648,85 €
2022				

7.1.1 Dem Tilgungsplan ist zu entnehmen, dass im Kreditvertrag ein Disagio vereinbart wurde. Erklären Sie den Fachbegriff Disagio.

7.1.2 Berechnen Sie die Höhe des vereinbarten Disagios in Prozent.

7.1.3 Schließen Sie aufgrund des vorliegenden Tilgungsplans auf die Art des Darlehens.

7.1.4 Berechnen Sie die Zinsen und die Tilgung für das Jahr 2022.

7.2 Im Unternehmen „Brentler" liegt folgender Beleg vor. Bilden Sie jeweils den Buchungssatz zu den Buchungsnummern 184 und 185.

Oberlandbank Wolfratshausen

IBAN DE28 7002 0270 0005 1040 68	Auszug/Jahr 61/2021
BIC OLBKDEMMXXX	Blatt-Nr. 1

KONTOAUSZUG — Betrag in €

BuTag	Wert	Bu.-Nr.	Vorgang	
			Alter Kontostand	34.649,98 +
01.12.	01.12.	184	Darlehen 18/2223 Tilgung: 4.888,19 € Zinsen: 1.111,81 €	6.000,00 −
02.12.	02.12.	185	Kontoführungsgebühren	9,90 −
			Neuer Kontostand	28.640,08 +

Lena Brentler E-Lastenfahrräder e.Kfr., 82515 Wolfratshausen

Meine Bank im Oberland
BANKING APP – EINFACH * SCHNELL * SICHER
Letzte Erstellung: 30.11.2021
Erstellungstag: 02.12.2021 / 09:14

7.3 Für die Finanzierung der Anschaffung eines Kopierers für die Verwaltung möchte Lena Brentler Kredite vermeiden. Sie entschließt sich deshalb den Kopierer zu leasen.

7.3.1 Geben Sie einen Vorteil und einen Nachteil der Finanzierungsform Leasing an.

7.3.2 Nennen Sie zwei weitere Anlagegegenstände, die „Brentler" sinnvoll leasen könnte.

Im Rahmen einer innerbetrieblichen Fortbildung der Auszubildenden zum Thema „Staat und Unternehmen" erhalten Sie folgende Aufgaben zur Bearbeitung vorgelegt.

8.1 Der Staat beschränkt Handlungen von Unternehmen oder unterstützt diese. Dazu liegt Ihnen ein Zeitungsartikel vor:

Mindestlohn: Was ändert sich?
Gesetzlicher Mindestlohn steigt zum 1. Januar 2022 auf 9,82 Euro

Am 30. Juni 2020 hat die Mindestlohnkommission ihre Empfehlung für die Erhöhung des gesetzlichen Mindestlohns in den Jahren 2021 und 2022 abgegeben. Die Bundesregierung ist dieser Empfehlung der Mindestlohnkommission gefolgt. Im Jahr 2021 gab es demnach zwei Steigerungen, ebenso 2022.

Der gesetzliche Mindestlohn in Deutschland hat sich seit seiner Einführung am 1. Januar 2015 wie folgt entwickelt:

Jahr	2015	2016	2017	2018	2019	2020	2021		2022	
Mindestlohn (je Stunde)	8,50 €	8,50 €	8,84 €	8,84 €	9,19 €	9,35 €	9,50 € 1. Hj.	9,60 € 2. Hj.	9,82 € 1. Hj.	10,45 € 2. Hj.

8.1.1 Wägen Sie die Auswirkungen der am 30. Juni 2020 beschlossenen Erhöhung des Mindestlohnes für Beschäftigte und Unternehmen gegeneinander ab.

8.1.2 Berechnen Sie den Anstieg des Mindestlohns von der Einführung bis zum 2. Halbjahr 2022 in Prozent.

8.2 Lena Brentler möchte die IT-Sicherheit in ihrem Unternehmen verbessern. Für die benötigte Hard- und Software erhält sie Subventionen. Erklären Sie den Begriff „Subventionen".

8.3 „Brentler" muss für alle Unternehmensfahrzeuge Kfz-Steuer an den Staat entrichten.

8.3.1 Nennen Sie ein Kriterium, das die Höhe der Kraftfahrzeugsteuer beeinflusst.

8.3.2 Die Kfz-Steuer in Höhe von 332,00 € wird vom Geschäftsbankkonto abgebucht. Bilden Sie den Buchungssatz.

8.4 Im Unternehmen „Brentler" liegen für den Monat Oktober folgende Salden vor:

Konto 2600 Vorsteuer	48.000,00 €	Konto 4800 Umsatzsteuer	76.000,00 €

Bilden Sie den Buchungssatz für die Banküberweisung der Zahllast.

8.5 Eine wichtige Einnahmequelle der Stadt Wolfratshausen ist die Gewerbesteuer, die auch das Unternehmen „Brentler" zu zahlen hat.

8.5.1 Im Unternehmen „Brentler" wurde ein Gewinn (Gewerbeertrag) in Höhe von 342.500,00 € erzielt. Berechnen Sie die Höhe der zu zahlenden Gewerbesteuer in Wolfratshausen unter Berücksichtigung der folgenden Daten:

Freibetrag	24.500,00 €	Steuermesszahl	3,5 %	Gewerbesteuer-Hebesatz	380 %

8.5.2 In Oberbayern liegt der Gewerbesteuer-Hebesatz bei durchschnittlich 330 %. Stellen Sie die Auswirkung des höheren Gewerbesteuer-Hebesatzes der Stadt Wolfratshausen auf den Gewinn des Unternehmens „Brentler" dar.

LÖSUNGEN ÜBUNGS-AP 6

A1 **1.1**

A	richtig	B	falsch	C	falsch	D	richtig

A	Die Lieferbedingung lautet „frei Haus", d. h. der Lieferer (Unternehmen „Brentler") übernimmt die Kosten für den Transport.
B	Der Verkauf von Lastenfahrrädern unterliegt dem regulären Umsatzsteuersatz (19 %).
C	Bei der Rechtsform „GmbH" (Gesellschaft mit beschränkter Haftung) ist die Haftung auf das Gesellschaftsvermögen beschränkt.
D	Der Eigentumsvorbehalt folgt aus dem Vermerk „Die gelieferte Ware bleibt bis zur vollständigen Bezahlung Eigentum von Lena Brentler E-Lastenfahrräder e. Kfr." in der Rechnung.

1.2   2400 FO   35.700,00 €   an   5000 UEFE   30.000,00 €
                                                  4800 UST   5.700,00 €

In der vorliegenden Abschlussprüfung sind Sie Mitarbeiter(in) des Unternehmens „Brentler". Da es sich um eine Ausgangsrechnung von uns an den Kunden „Fahrradwelt München GmbH" als Empfänger der Rechnung handelt, ist der Buchungssatz für den Zielverkauf von Fertigerzeugnissen zu bilden.

1.3.1 z. B.: Im Fahrradeinzelhandel kann eine Beratung im Geschäft erfolgen und der Kunde kann das Fahrrad ausprobieren.

Im Rahmen der Vertriebspolitik wird zwischen direktem (Verkauf der Fertigerzeugnisse direkt an den Endkunden) und indirektem Vertrieb (Verkauf über den Groß- und Einzelhandel) unterschieden. Die Berücksichtigung eigener Erfahrungen beim Kauf von Gütern im Fachhandel erleichtert eine schnelle Lösung.

1.3.2 6850 REK   20,00 €
          2600 VORST   1,40 €   an   2880 KA   21,40 €

Der Nettopreis für die Taxifahrt ist als Aufwand für Reisekosten im Konto 6850 REK im Soll zu buchen. Die fällige Vorsteuer (hier 7 %) für die Dienstleistung wird ebenfalls im Soll gebucht. Da die Taxifahrt bar (Quittung!) bezahlt wurde, wird als Zahlungsmittelkonto das Konto 2880 KA im Haben benötigt.

1.4

	Rechnungsbetrag	35.700,00 €	100 %	:1,19	600,00 €
–	Bruttoskonto	714,00 €	2 %		114,00 €
=	**Überweisungsbetrag**	**34.986,00 €**	**98 %**		

2800 BK   34.986,00 €
5001 EBFE   600,00 €
4800 UST   114,00 €   an   2400 FO   35.700,00 €

Der Kunde überweist laut Angabe die Rechnung Nr. 1036/21 am 19. Januar 2021. Gemäß Zahlungsbedingungen (siehe Beleg) wird bis zum 20. Januar 2021 ein Skontoabzug von 2 % gewährt, weshalb hier der Skontobuchungssatz des Verkaufsbereichs zu bilden ist. Die Angabe der Nebenrechnung ist Pflicht!

ÜBUNGS-ABSCHLUSSPRÜFUNG 6

A2

2.1.1

| A | 20 Std./Woche | B | 3,5 | C | externen |

> Das vorliegende Schaubild und der Lückentext sind genau zu lesen. Die Informationen für die Teilaufgaben A und B können dem Schaubild entnommen werden. Eine Möglichkeit der externen Personalbeschaffung ist das Einsetzen von Zeitarbeitnehmern. Über Zeitarbeitsunternehmen können Mitarbeiter mit einem passenden Profil außerhalb des eigenen Unternehmens für die Stelle gesucht und befristet im Unternehmen eingesetzt werden.

2.1.2 0,5 Mio. ≙ 100 % Unterschied = 1,5 Mio. − 0,5 Mio. = 1,0 Mio.
1,0 Mio. ≙   x %

$x = \dfrac{1,0 \cdot 100}{0,5} = 200$ → Im Jahr 2019 gingen um 200 % mehr Frauen einer geringfügigen Beschäftigung nach als Männer.

> Als Grundwert (100 %) bei Vergleichen zwischen zwei Personengruppen wird stets der Wert für die Personengruppe herangezogen, die nach dem Wort „als" erwähnt wird, hier die Männer. Der Unterschied in Prozent kann mit dem Dreisatz berechnet werden.

2.2.1

6200 LG	59.580,00 €	an	2800 BK	37.320,75 €
			4830 VFA	10.447,50 €
			4840 VSV	11.811,75 €
6400 AGASV	11.811,75 €	an	4840 VSV	11.811,75 €

> Zur Erfassung des Personalaufwands sind zwei Buchungssätze zu bilden. Im ersten Buchungssatz werden die gesamten Bruttoverdienste der Mitarbeiter als Aufwand (6200 LG) im Soll bei gleichzeitiger Berücksichtigung der Auszahlung des Nettoverdienstes per Banküberweisung (2800 BK) und der Steuer- (4830 VFA) und Sozialversicherungsbeiträge des Arbeitnehmers (4840 VSV) im Haben erfasst. Im zweiten Buchungssatz sind die Sozialversicherungsbeiträge des Arbeitgebers (6400 AGASV) in einem separaten Buchungssatz zu buchen. Die Beträge zu den jeweiligen Konten können dem Lohn-/Gehaltsjournal entnommen werden.

2.2.2 z. B.: Die Höhe der Lohnsteuer ist abhängig vom Bruttoentgelt.

> Die Höhe der Lohnsteuer kann sich bei Arbeitnehmern erheblich unterscheiden, da die Höhe vom Bruttoentgelt und der jeweiligen Steuerklasse abhängig ist. Die Steuerklassen spiegeln dabei den Familienstand des Arbeitnehmers wider.

2.3

| A | Gewinnbeteiligung (Beteiligungsentgelt) | B | Zeitentgelt | C | Leistungsentgelt (Prämienlohn) |

> Das Entgelt eines Arbeitnehmers kann auf unterschiedliche Art berechnet werden. Insgesamt werden drei Entgeltformen unterschieden. Mitarbeiter A erhält bei der Erwirtschaftung eines Gewinns eine zusätzliche Entlohnung (Beteiligungsentgelt bzw. Gewinnentgelt). Mitarbeiter B wird nach der erbrachten Arbeitszeit entlohnt (Zeitentgelt). Bei Mitarbeiter C erfolgt eine Entlohnung nach der Anzahl der verkauften Lastenfahrräder (Leistungsentgelt bzw. Prämienlohn).

ÜBUNGS-ABSCHLUSSPRÜFUNG 6

A 3 **3.1.1** Es wird ein Liniendiagramm eingesetzt, da im Zeitablauf die Entwicklung der Grundstückspreise in Wolfratshausen von 2016 bis 2020 dargestellt werden soll. | **2**

> In Schaubildern werden oftmals auch Säulendiagramme für Vergleiche (senkrechte Säulen), Balkendiagramme für Rangfolgen (waagrechte Balken) oder Kreisdiagramme zur Darstellung von Anteilen eines Ganzen verwendet.

3.1.2 z. B.: Die Kapitalanlage in Immobilien in Wolfratshausen stellt zurzeit eine gute Geldanlagemöglichkeit dar, da die Kapitalanlage in Immobilien eine hohe Rendite ermöglicht und die Sicherheit bei Immobilien ebenfalls hoch ist. | **3**

> Entsprechend der Aufgabenstellung muss zur Kapitalanlage in Immobilien in Wolfratshausen ein selbstständiges Urteil formuliert und mithilfe von Geldanlagekriterien (Rendite, Sicherheit und Liquidität) begründet werden. Das Diagramm zeigt, dass eine hohe Wertsteigerung (Rendite) in Wolfratshausen erwirtschaftet werden kann. Da Immobilien dort knapp sind, ist die Geldanlage sehr sicher.

3.1.3 2800 BK   1.487,50 €   an   5400 EMP   1.250,00 €
                                                           4800 UST   237,50 € | **3**

> Die Miete für das vermietete Ladengeschäft stellt einen Ertrag dar und wird im Konto 5400 EMP im Haben gebucht. Die Bankgutschrift wird im Konto 2800 BK im Soll erfasst. Der Vorgang ist umsatzsteuerpflichtig.

3.2.1 z. B.: Verluste durch Kursschwankungen | **1**

> Bei Aktien besteht das Risiko des starken Wertverlustes durch Kursschwankungen. Diese können auch unabhängig vom Unternehmenserfolg, z. B. durch politische Ereignisse oder die gesamtwirtschaftliche Lage, ausgelöst werden.

3.2.2 1500 WP   23.432,00 €   an   2800 BK   23.432,00 € | **2**

> Die Spesen als Anschaffungsnebenkosten sind in der angegebenen Banklastschrift bereits erfasst, weshalb keine Nebenrechnung nötig ist. Die Aktien werden mit den Anschaffungskosten auf dem Konto 1500 WP im Soll gebucht.

3.3 2800 BK   460,00 €   an   5780 DDE   460,00 € | **2**

> Dividenden sind Erträge für „Brentler" und werden daher im Haben des Kontos 5780 DDE erfasst. Die Bankgutschrift erfolgt im Soll.

3.4

Bankgutschrift	22.176,00 €
– Banklastschrift (Buchwert)	23.432,00 €
= Kursverlust	**– 1.256,00 €**

2800 BK   22.176,00 €
7460 VAWP   1.256,00 €   an   1500 WP   23.432,00 € | **4**

> Durch den Aktienverkauf vermindert sich der Bestand an Wertpapieren im aktiven Bestandskonto 1500 WP, das mit dem Buchwert aus Lösung 3.2.2 im Haben gebucht wird. Die Bankgutschrift ist im Konto 2800 BK im Soll zu erfassen. Um den Erfolg des Aktiengeschäfts zu ermitteln, wird die Bankgutschrift beim Verkauf mit der Banklastschrift beim Kauf verglichen. Als Differenz ergibt sich ein Kursverlust (negativer Betrag), der als Aufwand im Soll des Kontos 7460 VAWP gebucht wird. Anfallende Spesen werden sofort abgezogen und nicht gebucht. | **17**

ÜBUNGS-ABSCHLUSSPRÜFUNG 6

A4

4.1

| A | Gemeinkosten | B | Sondereinzelkosten der Fertigung |

ℹ️
| A | Kosten für den Messestand werden durch mehrere oder alle Produkte verursacht und können nicht direkt dem einzelnen Erzeugnis zugerechnet werden. Sie sind deshalb Gemeinkosten. |
| B | Kosten für Spezialwerkzeug sind Kosten, die aufgrund besonderer Produktionsbedingungen nur für einen bestimmten Auftrag anfallen. Sie werden deshalb den Sondereinzelkosten der Fertigung zugeordnet. |

4.2 Nach Fläche (m²) (Mengenschlüssel)

ℹ️ Ein verursachungsgerechter Verteilungsschlüssel für die Miete ist die Fläche in m² der jeweiligen Kostenstelle (= Mengenschlüssel), da zwischen Mietkosten und Fläche ein hohes Maß an Abhängigkeit besteht.

4.3

	Materialkosten			1.400,00 € ❶	
	Fertigungslöhne	710,00 €	100 %		
+	Fertigungsgemeinkosten	923,00 €	130 %		
+	Sondereinzelkosten der Fertigung	27,00 €			
=	Fertigungskosten			1.660,00 € ❷	
=	Herstellkosten			3.060,00 €	100 %
+	Verwaltungs-/Vertriebsgemeinkosten			459,00 € ❸	15 %
=	**Selbstkosten**			▼ 3.519,00 €	

ℹ️ Die Selbstkosten für ein Lastenfahrrad werden mit der Kostenträgerstückrechnung (Stückkalkulation) ermittelt. Das Kalkulationsschema entspricht weitgehend dem der Gesamtkalkulation. Allerdings werden bei der Zuschlagskalkulation keine Bestandsveränderungen berücksichtigt, deshalb gibt es auch keine Herstellkosten des Umsatzes. Die Selbstkosten ergeben sich aus der Summe der anfallenden Materialkosten ❶, der Fertigungskosten ❷ sowie der Verwaltungs- und Vertriebsgemeinkosten ❸.

4.4 4400 VE   535,50 €   an   6010 AWF   450,00 €
                                        2600 VORST   85,50 €

ℹ️ „Brentler" erhält eine Gutschrift für die Rücksendung von Bremsscheiben (= Fremdbauteile). Der Wert muss daher mit einer Storno- bzw. Rückbuchung korrigiert werden. Der ursprüngliche Buchungssatz wird dabei „umgedreht". Die Rücksendung vermindert den Aufwand, daher wird im Konto 6010 AWF im Haben gebucht. Entsprechend muss auch die Vorsteuer im Haben korrigiert werden.

4.5 6000 AWR   7.990,00 €
         6001 BZKR   250,00 €
         2600 VORST   1.565,60 €   an   4400 VE   9.805,60 €

ℹ️ Die Aluminiumrohre werden als Rohstoffe im Konto 6000 AWR im Soll gebucht. Der Rabatt wird vom Listenpreis abgezogen und nicht gesondert gebucht. Die Leihverpackung wird im Unterkonto 6001 BZKR im Soll erfasst. Der Kauf ist umsatzsteuerpflichtig. Da eine Eingangsrechnung vorliegt, wird diese im Konto 4400 VE erfasst.

ÜBUNGS-ABSCHLUSSPRÜFUNG 6

A5 **5.1.1**

Schlussbestand	3.600,00 €	
− Anfangsbestand	6.200,00 €	
= **Bestandsminderung**	**2.600,00 €**	

6020 AWH 2.600,00 € an 2020 H 2.600,00 €

Für die vorbereitende Abschlussbuchung muss mit einer Nebenrechnung zunächst die Art und Höhe der Bestandsveränderung ermittelt werden. Die Bestandsminderung bedeutet, dass Hilfsstoffe aus dem Lager entnommen und zusätzlich verbraucht wurden. Im Aufwandskonto 6020 AWH muss deshalb im Soll gebucht werden. Das aktive Bestandkonto 2020 H hat sich dementsprechend vermindert und wird deshalb im Haben gebucht.

5.1.2

Einwandfreie Forderungen brutto	255.850,00 €	119 %
− Umsatzsteuer	40.850,00 €	19 %
= Einwandfreie Forderungen netto	215.000,00 €	100 %
davon 1 % Pauschalwertberichtigung	2.150,00 €	

6950 ABFO 2.150,00 € an 3680 PWB 2.150,00 €

Für die Wertberichtigung der einwandfreien Forderungen muss das Abrechnungsschema zur Ermittlung des geschätzten Ausfalls (= Pauschalwertberichtigung) erstellt werden.

Dabei muss beachtet werden, dass der Forderungsbestand immer brutto ist. Die Umsatzsteuer darf aber erst bei einem endgültigen Ausfall korrigiert werden und muss deshalb abgezogen werden.

Die Wertberichtigung erfolgt über die Buchung im Konto 3680 PWB im Haben. Der geschätzte Ausfall wird im Konto 6950 ABFO im Soll gebucht.

5.2.1 Einzugsliquidität in % = $\dfrac{(140.000,00 + 300.000,00) \cdot 100}{430.000,00}$ = 102,33

→ Die Einzugsliquidität von „Brentler" ist mit 102,33 % sehr gut, sie liegt nur geringfügig über dem Idealwert von 100 %.

Zur Berechnung der Einzugsliquidität sind in die folgende Formel die entsprechenden Werte einzusetzen:

Einzugsliquidität in % = $\dfrac{\text{(flüssige Mittel + Forderungen)} \cdot 100}{\text{kurzfristiges Fremdkapital}}$

Der Idealwert beträgt 100 %.

5.2.2 Gewinn (Jahresüberschuss) in € = 1.026.000,00 − 684.000,00 = 342.000,00

Eigenkapital (Anfangsbestand)	**2.520.000,00 €**
− Privatentnahmen	12.000,00 €
+ Gewinn (Jahresüberschuss)	342.000,00 €
= Eigenkapital (Schlussbestand)	2.850.000,00 €

Eigenkapitalrentabilität in % = $\dfrac{342.000,00 \cdot 100}{2.520.000,00}$ = 13,57

> Zunächst muss mit dem bekannten Schema durch Rückwärtsrechnung der Anfangsbestand des Eigenkapitals ermittelt werden. Um die Eigenkapitalrentabilität zu berechnen, sind die Werte in die folgende Formel einzusetzen:

$$\text{Eigenkapitalrentabilität in \%} = \frac{\text{Gewinn (Jahresüberschuss)} \cdot 100}{\text{Eigenkapital (Anfangsbestand)}}$$

Die Zielvorgabe liegt in Deutschland bei 10 % bis 20 %.

5.2.3 z. B.: Die Eigenkapitalrentabilität sollte deutlich über dem aktuellen Kapitalmarktzins liegen, da durch den Gewinn außerdem noch ein angemessener Unternehmerlohn sowie das unternehmerische Risiko abgedeckt werden sollte.

2

> Die Verzinsung des eingesetzten Eigenkapitals sollte weitaus höher sein als der aktuelle marktübliche Zinssatz auf den freien Kapitalmärkten. Die Zielvorgabe liegt in Deutschland bei 10 % bis 20 %. Diese Höhe berücksichtigt, dass durch den Gewinn außerdem noch der Unternehmerlohn abgegolten und das unternehmerische Risiko abgedeckt werden.

16

A6

6.1

	„CT-City" 220 Stück (€)	„CT-Sport" 55 Stück (€)	gesamt (€)
Nettoverkaufserlöse	590,00	990,00	
− Variable Kosten	310,00	640,00	
= Stück-DB	280,00	350,00	
Gesamt-DB	❶ 61.600,00	❶ 19.250,00	❷ 80.850,00
− Fixkosten			❸ 68.830,00
= **Betriebsergebnis (Gewinn)**			**12.020,00**

→ Im 2. Quartal 2021 hat das Unternehmen „Brentler" 12.020,00 € Gewinn erwirtschaftet.

Bei zwei Produkten wird zunächst gesondert für jedes Modell der Deckungsbeitrag je Modell ❶ und danach der gesamte Deckungsbeitrag ❷ berechnet.

Vom gesamten Deckungsbeitrag werden die Fixkosten zur Ermittlung des Betriebsergebnisses abgezogen ❸.

6.2

Fixkosten 2. Quartal	68.830,00 €
− Verringerung	21.000,00 €
= Fixkosten 3. Quartal	47.830,00 €

$$\text{Gewinnschwellenmenge} = \frac{47.830,00}{280} = 170,82$$

→ Ein Gewinn wird ab einer abgesetzten Menge von 171 Stück erreicht werden.

Die Stückzahl, bei der erstmals ein Gewinn erzielt werden kann, wird auch als Gewinnschwellenmenge bezeichnet. Diese ist mit folgender Formel zu berechnen:

$$\text{Gewinnschwellenmenge} = \frac{\text{Fixkosten}}{\text{Deckungsbeitrag pro Stück}}$$

Als Ergebnis ist eine ganze Zahl anzugeben, wobei grundsätzlich aufzurunden ist.

6.3.1 z.B.: Ab einer benötigten bzw. produzierten Stückzahl von 801 Sattelstützen sind die Gesamtkosten der Eigenfertigung geringer als die Gesamtkosten des Fremdbezugs. „Brentler" sollte deshalb die Eigenfertigung der 880 benötigten Sattelstützen anstreben.

Ab einer benötigten bzw. produzierten Stückzahl von 800 Sattelstützen entsprechen die Gesamtkosten der Eigenfertigung den Gesamtkosten des Fremdbezugs. Man spricht hier auch von der „kritischen Menge". Ab 801 Sattelstützen ist „make" somit günstiger als „buy".

6.3.2

A	richtig	B	falsch	C	richtig

A	Die Lieferer sind für die jeweiligen Fremdbauteile Spezialisten, die in ihrem Gebiet über umfangreiches Wissen verfügen. Dies kann von den belieferten Kunden bei Fremdbezug („buy") genutzt werden.

B	Beim Fremdbezug („buy") ist der Einfluss auf die Qualitätssicherung des Lieferers eher gering. Werden die Sattelstützen hingegen in Eigenfertigung („make") erstellt, können der Umfang oder die Maßnahmen der Qualitätssicherung selbst bestimmt werden.
C	Die kritische Menge ist die Menge, bei der die Kosten von Eigenfertigung („make") und Fremdbezug („buy") gleich hoch sind. Bei Überschreiten der kritischen Menge ist eine Eigenfertigung günstiger als der Fremdbezug.

6.4
6760 PROV	1.280,00 €			
2600 VORST	243,20 €	an	4400 VE	1.523,20 €

Der Handelsvertreter stellt uns Provisionen in Höhe von netto 1.280,00 € in Rechnung. Die Provision stellt einen Aufwand dar, der im Konto 6760 PROV im Soll gebucht wird. Für die Dienstleistung des Handelsvertreters fällt Umsatzsteuer an, die im Konto 2600 VORST im Soll gebucht wird. Die Eingangsrechnung wird im Konto 4400 VE im Haben erfasst.

7.1.1 z. B.: Disagio ist der Unterschiedsbetrag zwischen dem Kreditbetrag und dem von der Bank ausgezahlten Betrag.

Wird ein Disagio vereinbart, behält das Kreditinstitut einen bestimmten Prozentanteil des vereinbarten Kreditbetrags ein und stellt nur den Auszahlungsbetrag zur Verfügung. Das Disagio ist eine Art vorausbezahlter Zins.

7.1.2
Kreditbetrag	60.000,00 €	100,0 %
– Disagio	840,00 €	1,4 %
= **Auszahlungsbetrag**	**59.160,00 €**	

Disagio in % = $\dfrac{840,00 \cdot 100}{60.000,00}$ = 1,40

Bei der Berechnung des Disagios stellt der Kreditbetrag den Grundwert (100 %) dar. Mit dem Dreisatz lässt sich die Höhe des Disagios in Prozent ermitteln.

7.1.3 Es handelt sich um ein Annuitätendarlehen.

Kennzeichen des Annuitätendarlehens ist eine gleichmäßige Darlehensrate während der Laufzeit, wobei der Tilgungsanteil steigt und der Zinsanteil entsprechend sinkt.

7.1.4 Zinsen in € = $\dfrac{45.648{,}85 \cdot 2{,}2}{100}$ = 1.004,27

      Darlehensrate (Annuität)   6.000,00 €
    – Zinsen   1.004,27 €
    = Tilgung   **4.995,73 €**

> Die Höhe der Zinsen werden mithilfe der Jahreszinsformel von der Restschuld des Jahres 2021 berechnet:
>
> Zinsen in € = $\dfrac{\text{Kapital (Restschuld)} \cdot \text{Zinssatz}}{100}$
>
> Zur Ermittlung der Tilgung werden von der Darlehensrate die Zinsen abgezogen.

7.2 Buchungsnummer 184:
    4250 LBKV   4.888,19 €
    7510 ZAW   1.111,81 €   an   2800 BK   6.000,00 €

> Die Tilgung (Rückzahlung) des Darlehens wird im passiven Bestandskonto 4250 LBKV im Soll gebucht. Die fälligen Zinsen für das Darlehen werden als Aufwand im Konto 7510 ZAW im Soll erfasst. Die Tilgung und die Zinsen führen zu einer Buchung im aktiven Bestandskonto 2800 BK im Haben (= Minderung).

Buchungsnummer 185:
6750 KGV   9,90 €   an   2800 BK   9,90 €

> Kontoführungsgebühren stellen umsatzsteuerfreie Aufwendungen dar, die im Soll des Kontos 6750 KGV gebucht werden. Die Banklastschrift wird im Haben erfasst.

7.3.1 Vorteil: z. B. neueste Technik
Nachteil: z. B. hohe Leasinggebühren

> Leasing stellt eine alternative Finanzierungsform dar. „Brentler" kann als Leasingnehmer das geleaste Wirtschaftsgut gegen eine Leasinggebühr im Unternehmen einsetzen. Eigentümer an der Sachanlage bleibt der Leasinggeber, „Brentler" wird zum Besitzer.

Weitere Vorteile: höhere Liquidität als beim Kauf, Kostensicherheit durch feststehende Leasingraten

Weitere Nachteile: kein Eigentum am Anlagengut, kaum Kündigungsmöglichkeiten des Leasingvertrags

7.3.2 z. B.: Fahrzeuge, Maschinen

> Es können sowohl Immobilien (Grundstücke mit Gebäude) als auch Mobilien (z. B. Fahrzeuge, Maschinen, Kopierer) geleast werden.

8.1.1 z. B.: Ein Mindestlohn sichert den Beschäftigten einen angemessenen Verdienst. Allerdings erhöht der Mindestlohn die Personalkosten der Unternehmen.

ⓘ Der Staat greift mit dem Mindestlohn in Marktabläufe ein, um soziale Missstände (zu niedrige Entlohnung der Arbeitnehmer) zu verhindern. Allerdings hat die Maßnahme auch negative Auswirkungen auf Unternehmen.

8.1.2
2015   + x %   2020
8,50 € ≙ 100 %   + 1,95 €   10,45 €

8,50 € ≙ 100 %
1,95 € ≙   x %

$$x = \frac{1{,}95 \cdot 100}{8{,}50} = 22{,}94$$

→ Der Anstieg des Mindestlohns von 2015 bis 2020 beträgt 22,94 %.

ⓘ Als Grundwert (100 %) bei Vergleichen zwischen zwei Jahren wird stets der Wert für das Jahr herangezogen, das am längsten zurückliegt, hier 2015. Dieses Jahr war der Ausgangspunkt des Anstiegs, der z. B. mit dem Dreisatz in Prozent zu berechnen ist.

8.2 z. B.: Zuschuss des Staates zur Unterstützung bestimmter Wirtschaftszweige bzw. einzelner Unternehmen

ⓘ Der Staat gibt Hilfeleistungen für Unternehmen im Rahmen von Subventionen weiter. Mit Subventionen kann der Staat Einfluss auf unternehmerische Entscheidungen nehmen.

8.3.1 z. B.: Die Kraftfahrzeugsteuer wird durch die Höhe des CO_2-Ausstoßes beeinflusst.

ⓘ Die Höhe der Kraftfahrzeugsteuer wird insbesondere durch den CO_2-Ausstoß und den Hubraum sowie den Antrieb (z. B. Benzin, Diesel, Strom) des Fahrzeugs beeinflusst.

8.3.2 7030 KFZST   332,00 €   an   2800 BK   332,00 €

ⓘ Die Kraftfahrzeugsteuer verursacht einen Aufwand, der im Konto 7030 KFZST im Soll gebucht wird. Die Abbuchung bewirkt eine Buchung im Haben des Kontos 2800 BK.

8.4

Saldo Konto UST	76.000,00 €
− Saldo Konto VORST	48.000,00 €
= Zahllast	**28.000,00 €**

4800 UST   28.000,00 €   an   2800 BK   28.000,00 €

ⓘ Die Zahllast ist die Differenz zwischen der eingenommenen Umsatzsteuer und der Vorsteuer. Die Überweisung der Zahllast an das Finanzamt bewirkt eine Buchung im Soll des Kontos 4800 UST und im Haben des Kontos 2800 BK.

8.5.1

Gewinn (Gewerbeertrag)	342.500,00 €	
− Freibetrag	24.500,00 €	
= Steuerpflichtiger Gewerbeertrag	318.000,00 €	
Gewerbesteuermessbetrag	11.130,00 €	$(0{,}035 \cdot 318.000{,}00)$
Gewerbesteuer	**42.294,00 €**	$(3{,}8 \cdot 11.130{,}00)$

3

> Zur Berechnung der Gewerbesteuer muss das Berechnungsschema verwendet werden. Dieses muss auswendig gelernt werden.

8.5.2 z. B.: Der Gewinn fällt dadurch geringer aus.

1

> Ein höherer Hebesatz für die Gewerbesteuer erhöht die zu zahlende Gewerbesteuer. Die Gewerbesteuer ist eine betriebliche Steuer und stellt einen Aufwand dar, der den Gewinn des Unternehmens somit verringert.

15

ÜBUNGS-ABSCHLUSSPRÜFUNG 7
für den LehrplanPLUS

Als Mitarbeiterin bzw. Mitarbeiter im Unternehmen „Sven-Charly Wunger Spielgeräte e. K.", kurz „SCHWUNG", bearbeiten Sie verschiedene betriebswirtschaftliche Aufgaben.

Sven-Charly Wunger Spielgeräte e. K.
Handwerkerring 25
80339 Garmisch-Partenkirchen

Inhaber:	Sven-Charly Wunger
Rechtsform:	Einzelunternehmen
Geschäftsjahr:	1. Januar bis 31. Dezember 2021
Zweck des Unternehmens:	Hauptwerk Garmisch-Partenkirchen: Fertigung von Schaukeln Zweigwerk Bodenmais: Fertigung von Kinderwippen
Unternehmensphilosophie:	Langlebige Spielgeräte für Kinder nachhaltig hergestellt

Werkstoffe:

Rohstoffe
Massivhölzer aus bayerischer, nachhaltiger Forstwirtschaft

Fremdbauteile
Sitze aus Metall und Kunststoff, Schaukelaufhängungen

Hilfsstoffe
Seile, Schrauben, Holzlacke, ...

Betriebsstoffe
Strom, Gas, Schmiermittel, ...

Hoch hinaus mit SCHWUNG SCHAUKELN

Formale Vorgaben:

- Bei Buchungssätzen sind stets Kontennummern, Kontennamen (abgekürzt möglich) und Beträge anzugeben.
- Bei Berechnungen sind jeweils alle notwendigen Lösungsschritte und Nebenrechnungen darzustellen.
- Alle Ergebnisse sind in der Regel auf zwei Nachkommastellen gerundet anzugeben.
- Soweit nicht anders vermerkt, gilt ein Umsatzsteuersatz von 19 %.

ÜBUNGS-ABSCHLUSSPRÜFUNG 7

A 1 Im Unternehmen „SCHWUNG" liegt folgender Beleg vor:

Sägewerk Salg GmbH

Sägewerk Salg GmbH, Waldgasse 13, 63879 Weibersbrunn

Firma
Sven-Charly Wunger Spielgeräte e. K.
Handwerkerring 25
80339 Garmisch-Partenkirchen

Registergericht: Aschaffenburg HRB 76458
Steuernummer: 204/482/37135
USt-IdNr.: DE 192 384 756

Ihr Auftrag vom: 07.01.2021
Auftrags-Nr.: 379/2021
Kunden-Nr.: 7116

Rechnung Nr. 379/2021
(bei Zahlung bitte angeben)

Weibersbrunn, 12.01.2021

Am 12.01.2021 lieferten wir Ihnen:

Pos.	Art.-Nr.	Beschreibung	Menge fm	Einzelpreis	Gesamtpreis
01	4576	Buchenholz Stammholz Güteklasse B Stärkeklasse D5/6	150	110,00 €	16.500,00 €
		20 % Rabatt			3.300,00 €
		Zwischensumme			13.200,00 €
		19 % USt			2.508,00 €
		Rechnungsbetrag			**15.708,00 €**

Zahlbar unter Abzug von 2 % Skonto bis 22.01.2021
Zahlbar rein netto bis 12.02.2021

Die Ware bleibt bis zur vollständigen Bezahlung Eigentum der Sägewerk Salg GmbH.

Bankverbindung: Handelsbank Aschaffenburg
IBAN: DE32 754 0430 0004 1753 22 • BIC: HABKABXX1

Qualitätsholz aus dem Spessart

1.1 Geben Sie auf Ihrem Lösungsblatt jeweils unter Angabe des Kennbuchstabens an, ob folgende Aussagen A bis D richtig oder falsch sind.

A	„SCHWUNG" darf den Rabatt nur bei frühzeitiger Zahlung abziehen.
B	Ein Nachteil bei der Anlieferung von Buchenholz nach dem Just-in-time-Verfahren ist für „SCHWUNG", dass es bei Lieferverzögerungen zu einem Produktionsstillstand kommen kann.
C	Sowohl „Sven-Charly Wunger Spielgeräte e. K." als auch die „Sägewerk Salg GmbH" sind jeweils als Kapitalgesellschaft im Handelsregister eingetragen.
D	Die Abkürzung USt-IdNr. steht für Umsatzsteuer-Identifikationsnummer.

1.2 Bilden Sie den Buchungssatz zu Rechnung Nr. 379/2021.

1.3 „SCHWUNG" liegt ein weiterer Beleg vor. Bilden Sie den Buchungssatz.

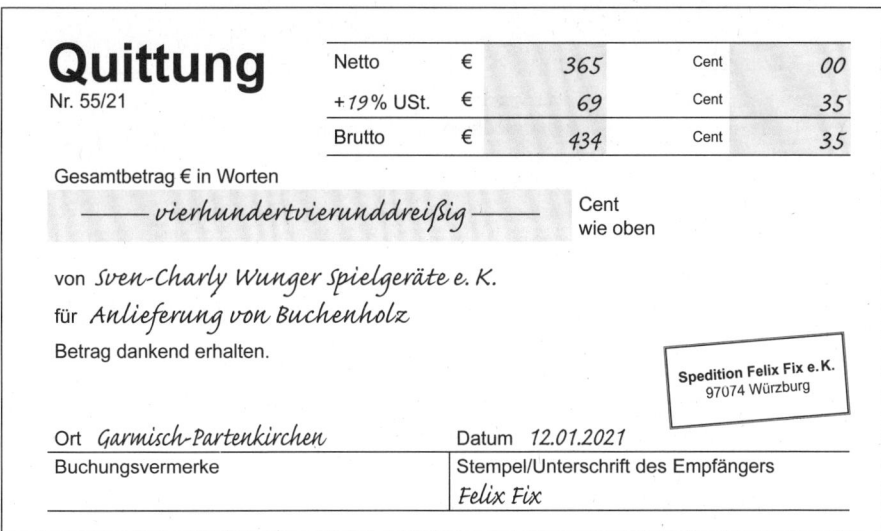

1.4 Zur Begleichung der Rechnung Nr. 379/2021 am 22.01.2021 innerhalb der Skontofrist muss von „SCHWUNG" ein Kontokorrentkredit in Anspruch genommen werden, da das Geschäftsbankkonto derzeit einen Sollsaldo aufweist.

1.4.1 Erklären Sie, was man unter einem Kontokorrentkredit versteht.

1.4.2 Begründen Sie rechnerisch, dass es sich lohnt, zur Begleichung der Rechnung Nr. 379/2021 den Kontokorrentkredit für 20 Tage in Anspruch zu nehmen. Das Kreditinstitut berechnet 10,00 % p. a. Sollzinsen.

1.4.3 Bilden Sie den Buchungssatz für die Begleichung der Rechnung Nr. 379/2021 am 22.01.2021 per Banküberweisung.

ÜBUNGS-ABSCHLUSSPRÜFUNG 7

A2 Unternehmer Sven-Charly Wunger möchte liquide Mittel gewinnbringend anlegen.

2.1 Ihm liegt eine Infografik mit zugehörigem Lückentext vor.

Bearbeiten Sie dazu die Aufgaben auf nebenstehender Seite:

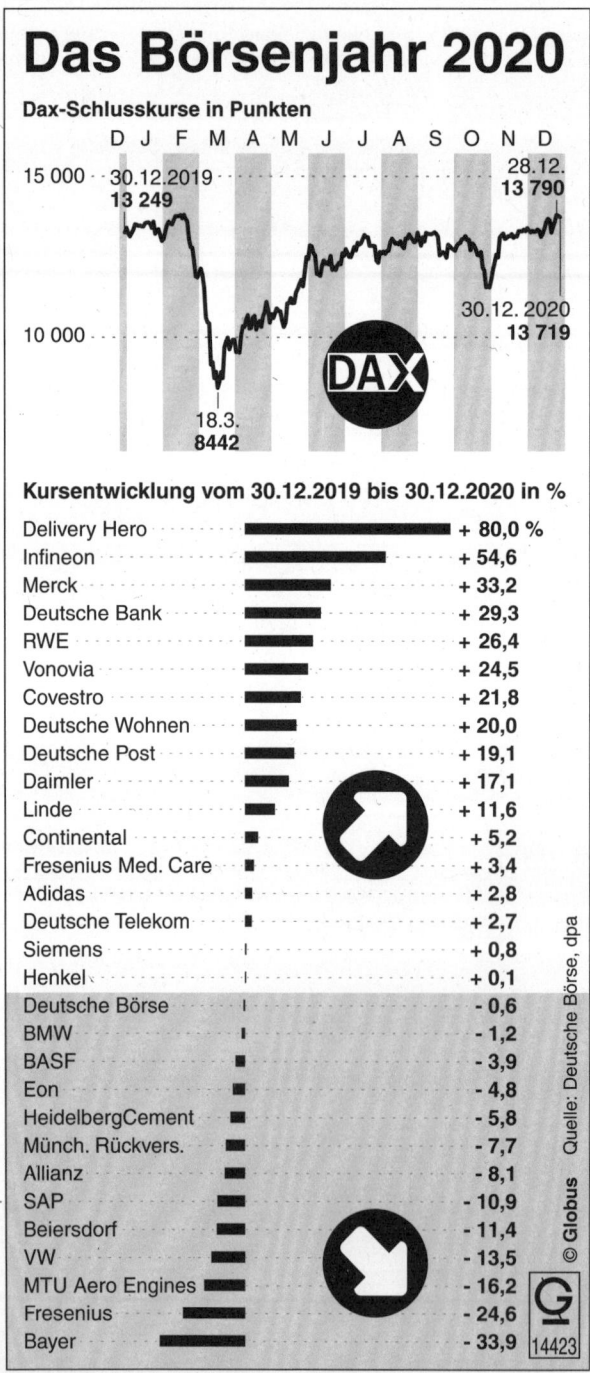

Massiver Kurssturz im Frühjahr

Das Börsenjahr 2020 verlief für die Anleger wegen der Corona-Pandemie sehr unruhig. Im weiteren Jahresverlauf erholte sich der (A), abgekürzt DAX, und schloss am letzten Handelstag mit einem leichten Jahresplus von rund 3,5 Prozent.

Der Fachbegriff für die Art des Diagramms, das die Kursentwicklung in Prozent darstellt, lautet: (B).

Die meisten Unternehmen konnten positive Kursentwicklungen verzeichnen. Im Gegensatz dazu haben genau 13 Unternehmen eine (C) Kursentwicklung hinnehmen müssen.

Am besten schnitt im Jahr 2020 die Aktie des DAX-Neulings Delivery Hero ab. Bei dem Berliner Unternehmen handelt es sich um eine Online-Bestellplattform, über die die Kunden bei Restaurants und Essenslieferdiensten bestellen können. Delivery Hero erzielte ein Kursplus von (D) Prozent.

ÜBUNGS-ABSCHLUSSPRÜFUNG 7

2.1.1 Notieren Sie auf Ihrem Lösungsblatt jeweils unter Angabe des Kennbuchstabens die zutreffenden Begriffe bzw. Werte für die Textlücken A bis D.

2.1.2 Berechnen Sie den prozentualen Anstieg des DAX-Schlusskurses vom 18.03.2020 bis 30.12.2020.

2.2 Aufgrund einer positiven Kursentwicklung hat sich „SCHWUNG" für den Kauf von 500 Aktien der „MediForm AG" entschieden. Die Banklastschrift beträgt 19.675,00 €. Bilden Sie den Buchungssatz für den Aktienkauf.

2.3 Während der Besitzdauer erhält Sven-Charly Wunger eine Dividendenzahlung in Höhe von 150,00 €.
Definieren Sie den Fachbegriff „Dividende".

2.4 Im März 2021 benötigt Sven-Charly Wunger liquide Mittel.
Bilden Sie den Buchungssatz zu dem vorliegenden Beleg:

ABRECHNUNG WERTPAPIERVERKAUF **Bankhaus SÜD-BAY**

Firma
Sven-Charly Wunger Spielgeräte e. K.
Handwerkerring 25
80339 Garmisch-Partenkirchen

Auftragsnummer 697235
Verwahrungsart Girosammeldepot
Börse   Frankfurt
ISIN   DE000352162
Schlusstag/-zeit 03.03.2021 um
                 12:21:59 Uhr

Sehr geehrter Kunde,

folgende Werte (Depot-Nr.: 1502431) wurden von uns in Ihrem Auftrag verkauft:

Wertpapierbezeichnung   MediForm AG
Stückkurs   40,50 Euro
Stückzahl   500

Kurswert	20.250,00 Euro
Spesen	202,50 Euro (1 % des Kurswerts)
Gutschrift	20.047,50 Euro

Verrechnung über Bankverbindung:
IBAN: DE84 7233 6040 0005 6511 00; Valuta: 04.03.2021

*Bitte prüfen Sie diese Abrechnung auf Vollständigkeit und Richtigkeit.
Kapitalerträge sind einkommensteuerpflichtig.
Dieser Beleg wurde maschinell erstellt und ist ohne Unterschrift gültig.*

2.5 Die Anlage liquider Mittel wäre für Sven-Charly Wunger statt in Aktien auch in Edelmetalle möglich gewesen.

2.5.1 Nennen Sie ein Beispiel für Edelmetalle.

2.5.2 Beschreiben Sie zwei Gründe, die für den Erwerb von Edelmetallen sprechen.

A 3 Sven-Charly Wunger plant, eine alte Holzsägeanlage durch eine neue auszutauschen.

3.1 Nennen Sie den Fachbegriff für die vorliegende Art von Investition.

3.2 Die Anschaffung muss zum Teil durch einen Kredit in Höhe von 11.000,00 € (Laufzeit: 330 Tage, Zinsen: 292,42 €) finanziert werden. Das Disagio beträgt 1,5 %.

3.2.1 Bilden Sie den Buchungssatz zur Bereitstellung des Kredits auf dem Geschäftsbankkonto.

3.2.2 Ermitteln Sie durch Rechnung die effektive Verzinsung für den vorliegenden Kredit.

3.3 Für die Investitionsentscheidung liegen zwei Angebote vor. Die notwendigen Daten für die Investitionsrechnung sind in dem folgenden Tabellenblatt zusammengefasst:

	A	B	C	D	E	F
1	Investitionsrechnung für die Holzsägeanlage					
2						
3						Angebot 1	Angebot 2
4					FUTURETEC AG	Ma+Ro GmbH
5	Anschaffungskosten				50.400,00 €	49.000,00 €
6	Nutzungsdauer in Jahren				7	7
7	max. Produktionsmenge/Jahr in Stück				200 000	200 000
8						
9	Daten zur Berechnung der fixen Kosten					
10	Abschreibungsverfahren				linear	linear
11	Kalkulatorischer Zinssatz p. a.				3,5 %	3,5 %
12	sonst. fixe Kosten/Jahr (Versicherung, Wartung, …)				4.000,00 €	3.000,00 €
13						
14	Variable Kosten				111.000,00 €	114.000,00 €
15	Fixe Kosten					10.857,50 €
16	Gesamtkosten					124.857,50 €
17						

3.3.1 Für das Angebot der Ma+Ro GmbH hat Herr Wunger bereits die Gesamtkosten ermittelt (Zelle F16). Berechnen Sie für das Angebot der FUTURETEC AG die jährlichen Gesamtkosten.

3.3.2 Begründen Sie, warum neben der Kostenvergleichsrechnung auch die Amortisationsrechnung bei Investitionsentscheidungen zum Einsatz kommen sollte.

3.4 „SCHWUNG" hat sich nach Abwägen verschiedener Kriterien für das Modell des Herstellers „FUTURETEC AG" entschieden. Es liegt die Eingangsrechnung für den Kauf der Holzsägeanlage vor, Rechnungsbetrag 59.976,00 €.

3.4.1 Bilden Sie den Buchungssatz.

3.4.2 Im Rechnungsbetrag sind auch Anschaffungsnebenkosten für die Holzsägeanlage enthalten. Geben Sie unter Angabe des zutreffenden Kennbuchstabens an, welches der folgenden Beispiele **nicht** zu den Anschaffungsnebenkosten gehört.

A	B	C
Montagekosten	Kosten für Einweisung	Kosten für Schmiermittel

Sven-Charly Wunger beschäftigt sich mit Unternehmens- und Personalführung.

A4

4.1 Die folgende Darstellung zu den Hauptaufgaben der Unternehmensführung ist unvollständig.

4.1.1 Geben Sie die in der Darstellung fehlende Aufgabe der Unternehmensführung an.

4.1.2 Beschreiben Sie beispielhaft eine Tätigkeit von Sven-Charly Wunger, die er bei der Aufgabe „entscheiden" ausführt.

4.2 Bei der Aufbauorganisation fiel die Wahl von Sven-Charly Wunger auf das Einliniensystem.

4.2.1 Nennen Sie den Kennbuchstaben, der das Organigramm des Einliniensystems zeigt.

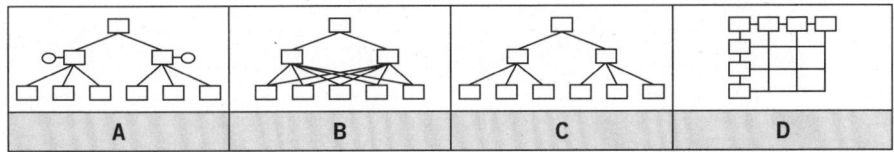

4.2.2 Herr Wunger hat in seinem Unternehmen verschiedene Abteilungen eingerichtet. Definieren Sie den Fachbegriff „Abteilung".

4.2.3 Das Einliniensystem von „SCHWUNG" soll durch Stäbe erweitert werden. Erklären Sie die Funktion der Stäbe.

4.3 In einer Managerzeitschrift befindet sich folgendes Schaubild:

Eine Mitarbeiterin von „SCHWUNG" behauptet:
„Frauen sind in deutschen Führungsetagen äußerst selten anzutreffen!"

Belegen Sie die Richtigkeit dieser Aussage mithilfe der Infografik anhand von zwei Argumenten.

4.4 Der Führungsstil von Sven-Charly Wunger kann als „kooperativ" bezeichnet werden. Leiten Sie daraus zwei konkrete Merkmale seines Führungsverhaltens ab.

4.5 Bei seiner Führungstechnik erarbeitet Unternehmensleiter Wunger mit seinen Mitarbeitern konkrete Ziele. Nennen Sie den englischsprachigen Fachausdruck für diese Form der Führungstechnik.

4.6 Als Ausgleich für seine Tätigkeit im Unternehmen „SCHWUNG" entnimmt Herr Wunger der Geschäftskasse 4.400,00 €. Bilden Sie den Buchungssatz.

A 5 „SCHWUNG" fertigt in seinem Zweigwerk in Bodenmais die Kinderwippe „Fun". Dazu liegt eine Grafik vor:

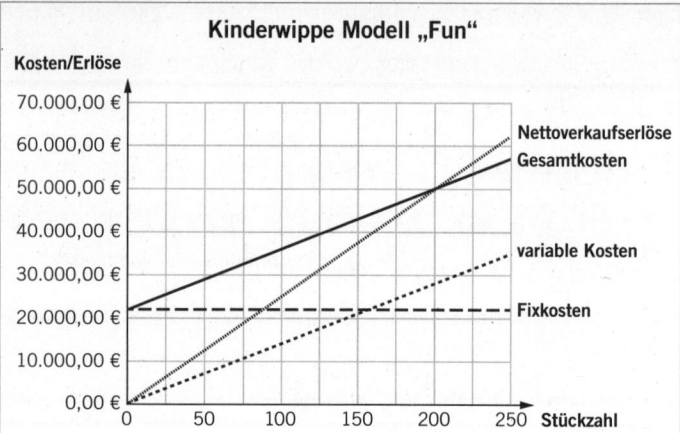

5.1 Bearbeiten Sie folgende Aufgaben mit Hilfe der Grafik.

5.1.1 Geben Sie die Gewinnschwellenmenge beim Modell „Fun" an.

5.1.2 Geben Sie auf Ihrem Lösungsblatt unter Angabe des Kennbuchstabens an, ob folgende Aussagen richtig oder falsch sind.

A	Die Fixkosten steigen bei zunehmender Produktionsmenge.
B	Wenn 50 Stück des Modells „Fun" produziert werden, dann fallen keine variablen Kosten an.
C	Bei der Produktion von 100 Stück sind die Gesamtkosten höher als die Nettoverkaufserlöse.

5.2 Die Nachfrage nach hochwertigeren Kinderwippen steigt. Deshalb wird zusätzlich das neue Modell „Joy" produziert.

5.2.1 Berechnen Sie das gesamte Betriebsergebnis, wenn folgende Werte vorliegen:

	„Fun"	„Joy"
Nettoverkaufspreis/Stück	250,00 €	400,00 €
Variable Kosten/Stück	140,00 €	210,00 €
Produktion ≙ Absatz	300 Stück	150 Stück
Kapazität	500 Stück	400 Stück
Fixkosten	38.000,00 €	

5.2.2 „SCHWUNG" bietet das Modell „Joy" bei der Bau- und Gartenmesse zur kurzfristigen Preisuntergrenze an. Geben Sie die kurzfristige Preisuntergrenze an.

5.2.3 Berechnen Sie die Kapazitätsauslastung des Modells „Joy" in Prozent.

5.3 Handelsvertreter sollen den Vertrieb von „SCHWUNG" bei der Markteinführung des Modells „Joy" unterstützen.

5.3.1 Nennen Sie zwei Gründe, weshalb der Einsatz von Handelsvertretern Möglichkeiten für einen hohen Absatz der Kinderwippe „Joy" bietet.

5.3.2 Bilden Sie den Buchungssatz, wenn von der Handelsvertreterin Melanie Rührig eine Rechnung für Provisionen in Höhe von 1.963,50 € brutto eingeht.

Zum 31.12.2021 sind im Unternehmen „SCHWUNG" noch einige Arbeiten zu erledigen.

A6

6.1 Zur Ermittlung von Inventurdifferenzen liegt folgende Tabelle vor:

Pos.	Werkstoffe	Ermittelter Bestand laut Inventur	Vorliegende Werte laut Geschäftsbuchführung
1	Rohstoffe	245.700,00 €	245.700,00 €
2	Fremdbauteile	125.300,00 €	127.700,00 €
3	Hilfsstoffe	24.900,00 €	25.100,00 €
4	Betriebsstoffe	81.850,00 €	81.850,00 €

6.1.1 Stellen Sie eine Ursache für Inventurdifferenzen dar.

6.1.2 Ermitteln Sie die Höhe der Inventurabweichung bei den Fremdbauteilen.

6.2 Bilden Sie die Buchungssätze für folgende vorbereitende Abschlussbuchungen.

6.2.1 Im Rahmen der zeitlichen Abgrenzung betrachtet Sven-Charly Wunger einen älteren Kontoumsatz:

Kontoinhaber: Sven-Charly Wunger Spielgeräte e. K.
Bankhaus SÜD-BAY
IBAN: DE84 7233 6040 0005 6511 00

Aktueller Kontostand
+5.845,63 €

Kontoumsätze
01.10.2021

Buchungstag	Vorgang	Betrag
01.10.2021	Darlehenszinsen 01. Oktober 2021 bis 28. Februar 2022	−1.500,00 €

6.2.2 Zum 31.12.2021 wird der Bestand einwandfreier Forderungen mit 392.000,00 € netto ermittelt. Hierauf bildet das Unternehmen „SCHWUNG" nach Rücksprache mit der Steuerberaterin eine Wertberichtigung von 1 %.

6.3 Sven-Charly Wunger betrachtet folgendes Konto:

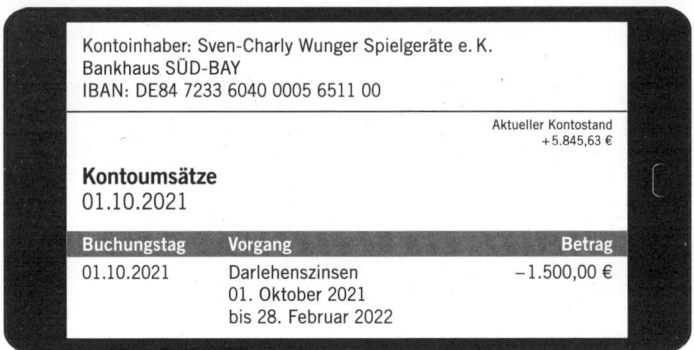

Soll (€)		3000 EK		Haben (€)
8010 SBK	610.000,00		AB	523.000,00
			8020 GUV **A**	87.000,00
	610.000,00			610.000,00

6.3.1 Formulieren Sie den Geschäftsfall zum Konteneintrag **A**.

6.3.2 Bilden Sie den Buchungssatz für den Abschluss des Kontos 3000 EK.

6.3.3 Berechnen und beurteilen Sie die Kennzahl der Eigenkapitalrentabilität.

ÜBUNGS-ABSCHLUSSPRÜFUNG 7

A7 „SCHWUNG" listet die monatlichen Kosten auf und überprüft diese.

	Kostenübersicht Monat Mai		
Einzelkosten	Fertigungsmaterial: 84.200,00 €	Fertigungslöhne: 135.800,00 €	
Gemeinkosten	Materialgemeinkosten: 26.944,00 €	Fertigungsgemeinkosten: 174.200,00 €	Verwaltungs- und Vertriebsgemeinkosten: 102.000,00 €

7.1 Begründen Sie, warum Einzelkosten nicht auf Kostenstellen verteilt werden.

7.2 Nennen Sie ein Beispiel für Materialgemeinkosten.

7.3 Berechnen Sie den Materialgemeinkostenzuschlagssatz.

7.4 Berechnen Sie die Selbstkosten (Gesamtkosten), wenn bei den fertigen Erzeugnissen eine Bestandsmehrung in Höhe von 8.694,00 € vorliegt.

7.5 Sven-Charly Wunger hat zum Ziel, die Verwaltungsgemeinkosten in Höhe von 65.280,00 € zu senken.

7.5.1 Geben Sie zwei konkrete Maßnahmen zur Verringerung der Verwaltungsgemeinkosten an.

7.5.2 Die Verwaltungsgemeinkosten konnten im Juni um 20 % gesenkt werden. Berechnen Sie die Höhe der neuen Verwaltungsgemeinkosten in Euro.

7.6 Bilden Sie den Buchungssatz für folgenden Belegauszug:

SEITZ & ZELLER
Unternehmensberatung

Seitz & Zeller Unternehmensberatung, Ratweg 1, 80802 Garmisch-Partenkirchen

Firma
Sven-Charly Wunger Spielgeräte e. K.
Handwerkerring 25
80339 Garmisch-Partenkirchen

RECHNUNG

Nr. 34771/2021

Garmisch-Partenkirchen,
30. Juni 2021
Auftragsnummer: 673-9

Für Beratungsdienste im Zeitraum von 01.03.–30.06.2021 stellen wir Ihnen in Rechnung:

10 Sitzungen   Thema:
à 60 Minuten   „Kostenrechnung im Unternehmen optimieren"
                Honorar pro Sitzung 178,00 €

	Gesamtpreis netto	1.780,00 €
	19 % Umsatzsteuer	338,20 €
	Rechnungsbetrag	**2.118,20 €**

Sven-Charly Wunger sendet an den neuen Kunden „Kinderparadies Sommer" folgende E-Mail: **A 8**

	Von: sc.wunger@schwung.xyz				
	An: h.sommer@kinderparadies.xyz				
	Betreff: Angebot Kinderschaukel „Skywalker"				

Sehr geehrte Frau Sommer,

vielen Dank für Ihr Interesse an unserem Produkt. Gerne unterbreite ich Ihnen unverbindlich folgendes Angebot:

Artikel-Nr.	Bezeichnung	Menge	Listenpreis	Gesamtpreis netto
A167-K	Kinderschaukel „Skywalker"	5	640,00 €	3.200,00 €

Bei Zahlung innerhalb von 10 Tagen erhalten Sie 2 % Skonto. Ich hoffe, unser Angebot findet Ihre Zustimmung.

Mit freundlichen Grüßen
Sven-Charly Wunger

8.1 Der neue Kunde „Kinderparadies Sommer" hat Interesse an dem Angebot, fordert aber 10 % Rabatt.

8.1.1 Nennen Sie einen Grund, der für die Gewährung des Rabatts spricht.

8.1.2 Dem „Kinderparadies Sommer" wird der Rabatt gewährt. Berechnen Sie den Gesamtgewinn in Euro, wenn die Selbstkosten für 5 Stück insgesamt 2.520,00 € betragen.

8.1.3 Bilden Sie den Buchungssatz für den Verkauf von 5 Stück der Kinderschaukeln „Skywalker" gegen Rechnung.

8.2 Gegenüber dem Kunden „Hobbybaumarkt Grün" wurde ein Insolvenzverfahren eröffnet. Es besteht eine offene Forderung in Höhe von 6.188,00 € gegenüber dem Unternehmen.

8.2.1 Bilden Sie den Buchungssatz.

8.2.2 Herr Wunger liest nachfolgende Paragraphen der Insolvenzordnung (InsO):

> **§ 3 Örtliche Zuständigkeit**
> (1) Örtlich zuständig ist ausschließlich das Insolvenzgericht, in dessen Bezirk der Schuldner seinen allgemeinen Gerichtsstand hat.
>
> **§ 28 Aufforderungen an die Gläubiger und die Schuldner**
> (1) Im Eröffnungsbeschluss sind die Gläubiger aufzufordern, ihre Forderungen innerhalb einer bestimmten Frist [...] anzumelden. Die Frist ist auf einen Zeitraum von [...] höchstens drei Monaten festzusetzen.

Geben Sie auf Ihrem Lösungsblatt die Kennbuchstaben der zwei richtigen Aussagen an.

A	„SCHWUNG" kann entscheiden, an welchem Insolvenzgericht das Verfahren gegen „Hobbybaumarkt Grün" geführt wird.
B	§ 28 InsO regelt nur die Schuldnerseite.
C	Sven-Charly Wunger muss seine Forderung anmelden.
D	Die Frist für die Anmeldung der Forderung beträgt höchstens drei Monate.

8.3 Das Insolvenzverfahren gegenüber einem weiteren Kunden wird mangels Masse abgelehnt.

8.3.1 Erklären Sie den Fachausdruck „mangels Masse".

8.3.2 Die zweifelhafte Forderung beträgt 5.950,00 € (USt-Anteil: 950,00 €). Bilden Sie den Buchungssatz.

LÖSUNGEN ÜBUNGS-AP 7

A1 **1.1**

| A | falsch | B | richtig | C | falsch | D | richtig |

4

A	Rabatte werden als sofort gewährter Preisnachlass z. B. als Mengenrabatt unabhängig vom Zahlungszeitpunkt gewährt. Hingegen ist ein Skontoabzug ein Preisnachlass, der bei vorzeitiger Zahlung berücksichtigt wird.
B	Das Prinzip des Just-in-time-Verfahrens ist es, Werkstoffe genau zu dem Zeitpunkt anliefern zu lassen, wenn diese in der Produktion gebraucht werden. Aus diesem Grund kann es bei Lieferproblemen vorkommen, dass der Fertigungsprozess ins Stocken gerät.
C	Nur die GmbH (Gesellschaft mit beschränkter Haftung) ist eine Kapitalgesellschaft, hingegen zählt der eingetragene Kaufmann (e. K.) zur Rechtsform der Einzelunternehmen.
D	Über die Umsatzsteuer-Identifikationsnummer kann jedes Unternehmen innerhalb der Europäischen Union (EU) eindeutig gekennzeichnet werden. Sie wird benötigt, wenn Unternehmen ihre Dienstleistungen oder Produkte an Unternehmen in anderen EU-Ländern verkaufen oder aus anderen EU-Ländern Angebote beziehen wollen.

1.2 6000 AWR   13.200,00 €
       2600 VORST   2.508,00 €   an   4400 VE   15.708,00 €

3

In der vorliegenden Abschlussprüfung sind Sie Mitarbeiter(in) des Unternehmens SCHWUNG. Da es sich um eine Eingangsrechnung eines Lieferers über Buchenholz an uns handelt, ist der Buchungssatz für den Zielkauf von Rohstoffen zu bilden. Dem Deckblatt kann unter „Werkstoffe" entnommen werden, dass Buchenholz als Hauptbestandteil der Schaukeln zu den Rohstoffen gehört.

1.3 6001 BZKR   365,00 €
       2600 VORST   69,35 €   an   2880 KA   434,35 €

3

Die vorliegende Quittung ist ein Fremdbeleg, da als Geldempfänger die Spedition Felix Fix e. K. vermerkt ist. Durch Unterschrift und Stempel wird bestätigt, dass das Unternehmen SCHWUNG (wir) den Geldbetrag bar bezahlt hat und somit das Konto 2880 KA mit dem Bruttobetrag im Haben zu buchen ist (Abnahme eines aktiven Bestandskontos). Die Anlieferung von Buchenholz ist als Aufwand im Konto 6001 BZKR im Soll zu buchen. Die Leistung der Spedition ist umsatzsteuerpflichtig.

1.4.1 Ein Kontokorrentkredit ist ein kurzfristiger Kredit, bei dem ein Unternehmen das Geschäftsbankkonto bis zu einem vereinbarten Kreditlimit überziehen darf.

1

Kontokorrentkredite sollten aufgrund der hohen Kreditkosten (Sollzinsen) nur zur kurzfristigen Überbrückung von Zahlungsengpässen in Anspruch genommen werden.

1.4.2

❶	Rechnungsbetrag	15.708,00 €	100 %	: 1,19	264,00 €
	− Bruttoskonto	314,16 €	2 %		50,16 €
	= **Überweisungsbetrag**	**15.393,84 €**	**98 %**		

❷ Zinsen in € = $\dfrac{15.393{,}84 \cdot 10{,}00 \cdot 20}{100 \cdot 360}$ = 85,52

❸	Nettoskonto	264,00 €
	− Zinsaufwand	85,52 €
	= **Ersparnis (Skontovorteil)**	**178,48 €**

Vorüberlegungen: Bei dieser Aufgabe ist ein Vergleich von Lieferanten- und Kontokorrentkredit vorzunehmen. Eine Zeitleiste zeigt die beiden unterschiedlichen Zahlungszeitpunkte und die damit verbundene Kreditart:

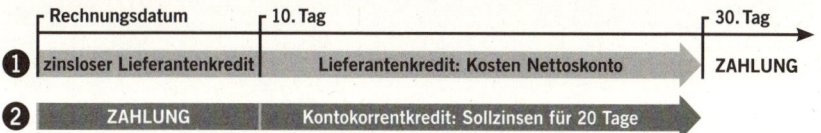

Die Berechnung des Skontovorteils erfolgt in drei Schritten:

❶ Berechnung der Kreditkosten für den Lieferantenkredit
Wird mit der Zahlung des Rechnungsbetrages bis zum Ende des Zahlungsziels gewartet, wird ein Lieferantenkredit für 20 Tage in Anspruch genommen. Ein Skontoabzug ist zu diesem Termin nicht mehr möglich, weshalb als Kosten für den Lieferantenkredit der entgangene Nettoskonto anfällt. Dieser wird mit dem **Nebenrechnungsschema für den Skontobuchungssatz** ermittelt.

❷ Berechnung der Kreditkosten (Zinsen) für den Kontokorrentkredit
Wird der Rechnungsbetrag unter Abzug von Skonto innerhalb der Skontofrist beglichen, so muss bis zum Zahlungsziel ein Kontokorrentkredit in Anspruch genommen werden. Als Kosten fallen für 20 Tage Sollzinsen an, die mit der **Zinsformel** berechnet werden. Als Kreditbetrag ist in der Formel der Überweisungsbetrag anzusetzen:

Zinsen in € = $\dfrac{\text{Überweisungsbetrag} \cdot \text{Zinssatz} \cdot \text{Zinstage}}{100 \cdot 360}$

❸ Vergleich der Kreditkosten
Schließlich wird der Unterschiedsbetrag durch Gegenüberstellung der beiden Kreditkosten ermittelt. Es ergibt sich durch Inanspruchnahme des Kontokorrentkredits bei Zahlung innerhalb der Skontofrist eine Ersparnis von 178,48 €.

1.4.3

4400 VE	15.708,00 €	an	2800 BK	15.393,84 €
			6002 NR	264,00 €
			2600 VORST	50,16 €

SCHWUNG überweist laut Angabe die vorliegende Rechnung Nr. 379/2021 am 22.01.2021 an den Lieferer. Gemäß Zahlungsbedingungen wird bis einschließlich 22.01.2021 ein Skontoabzug von 2 % gewährt, weshalb hier der Skontobuchungssatz des Einkaufsbereichs zu bilden ist. Die benötigten Beträge können der Nebenrechnung aus Lösung 1.4.2 entnommen werden.

ÜBUNGS-ABSCHLUSSPRÜFUNG 7

A2 2.1.1

| A | Deutsche Aktienindex | B | Balkendiagramm | C | negative | D | 80,0 |

A	Ursprünglich enthielt der DAX die 30 bedeutendsten deutschen Aktiengesellschaften. Im September 2021 wurde er von 30 auf 40 Werte erweitert.
B	Balkendiagramme dienen zur Darstellung einer Rangfolge. Hier werden die DAX-Werte entsprechend ihres Erfolgs in eine Reihenfolge gebracht.
C	Hier wird das Gegenteil einer „positiven Kursentwicklung" verlangt.
D	Die Wertsteigerung von Delivery Hero ist am obersten Balken ablesbar.

2.1.2 18.03.2020   + x %   30.12.2020
8 442 Punkte ≙ 100 %   + 5 277   13 719 Punkte

8 442 Punkte ≙ 100 %
5 277 Punkte ≙   x %

$$x = \frac{5277 \cdot 100}{8442} = 62{,}51$$ → Der Anstieg beträgt 62,51 %.

Als Grundwert (100 %) bei Vergleichen zwischen zwei Jahren wird stets der Wert für den Zeitpunkt herangezogen, der am längsten zurückliegt, hier 18.03.2020. Dieses Datum war der Ausgangspunkt des Anstiegs, der z. B. mit dem Dreisatz in Prozent zu berechnen ist.

2.2   1500 WP   19.675,00 €   an   2800 BK   19.675,00 €

Durch den Aktienkauf erhöht sich der Bestand an Wertpapieren im aktiven Bestandskonto 1500 WP, das folglich im Soll gebucht wird. Die Banklastschrift ist im Konto 2800 BK im Haben zu erfassen. Anfallende Spesen werden nicht in einem eigenen Konto gebucht, sondern im Konto 1500 WP aktiviert.

2.3   Eine Dividende ist die Gewinnausschüttung einer Aktiengesellschaft.

Die Dividendenausschüttung ist eine Möglichkeit für die Aktionäre, um mit Aktien Rendite zu erzielen. Eine Weitere ist das Erreichen eines Kursgewinns, wenn die Aktien zu einem höheren Kurs als beim Erwerb verkauft werden können.

2.4

	Bankgutschrift	20.047,50 €
–	Banklastschrift (Buchwert)	19.675,00 €
=	**Kursgewinn**	**372,50 €**

2800 BK   20.047,50 €   an   1500 WP   19.675,00 €
                                                                           5650 EAWP   372,50 €

Durch den Aktienverkauf vermindert sich der Bestand an Wertpapieren im aktiven Bestandskonto 1500 WP, das mit dem Buchwert (siehe Lösung 2.2) im Haben gebucht wird. Die Bankgutschrift (siehe Beleg) ist im Konto 2800 BK im Soll zu erfassen. Um den Erfolg eines Aktiengeschäfts zu ermitteln, wird die Bankgutschrift beim Verkauf mit der Banklastschrift beim Kauf verglichen. Als Differenz ergibt sich ein Kursgewinn (positiver Betrag), der als Ertrag im Haben des Kontos 5650 EAWP gebucht wird. Anfallende Spesen werden sofort abgezogen und nicht gebucht.

2.5.1 z. B. Gold, Silber

Gold und Silber sind die bekanntesten Edelmetalle. Ebenso gehören z. B. Platin oder Palladium zu dieser Gruppe wertvoller Metalle.

2.5.2 z. B.:
– Greifbarkeit von Edelmetallen schließt Totalverlust so gut wie aus
– Krisensicherheit bei politischen und wirtschaftlichen Krisen

Bei der Beurteilung von Geldanlagemöglichkeiten sollten die Kriterien des magischen Dreiecks der Geldanlage, d. h. Sicherheit, Liquidität und Rendite, zugrunde gelegt werden. Die angegebenen zwei klassischen Kaufgründe für Edelmetalle zielen auf das Kriterium „Sicherheit" ab.

3.1 Ersatzinvestition

Für die Angabe der richtigen Investitionsart ist der Hinweis „alte durch neue austauschen" im Einleitungssatz der Aufgabe zu berücksichtigen.

3.2.1

	Kreditbetrag	11.000,00 €	100,0 %
–	Disagio	165,00 €	1,5 %
=	**Auszahlungsbetrag**	**10.835,00 €**	**98,5 %**

2800 BK	10.835,00 €			
7510 ZAW	165,00 €	an	4200 KBKV	11.000,00 €

Laut Angabe ist bei der Kreditbereitstellung ein Disagio von 1,5 % zu berücksichtigen. Dieser vorausbezahlte Zins wird zuerst in einer Nebenrechnung vom Kreditbetrag abgezogen und es ergibt sich der Auszahlungsbetrag. Die Bankgutschrift wird mit dem Auszahlungsbetrag im Soll des Kontos 2800 BK gebucht, das Disagio als Aufwand im Konto 7510 ZAW ebenso im Soll. Da die Laufzeit des Kredits weniger als ein Jahr beträgt, handelt es sich um kurzfristige Bankverbindlichkeiten, die im Haben des Kontos 4200 KBKV erfasst werden.

3.2.2 ❶ Zinsen 292,42 €
    + Disagio 165,00 €
    = **tatsächliche Kreditkosten** **457,42 €**

❷ Effektiver Zinssatz in % = $\dfrac{457,42 \cdot 100 \cdot 360}{10.835,00 \cdot 330}$ = 4,61

> Die Berechnung des effektiven Zinssatzes erfolgt in zwei Schritten:
>
> ❶ **Berechnung der tatsächlichen Kreditkosten**
> Der effektive Zinssatz berücksichtigt alle Kreditkosten. Daher werden zuerst die anfallenden Zinsen (siehe Angabe) und das Disagio (siehe Lösung 3.2.1) addiert.
>
> ❷ **Berechnung des effektiven Zinssatzes**
> In die umgestellte Zinsformel werden die entsprechenden Werte eingesetzt:
>
> Effektiver Zinssatz in % = $\dfrac{\text{tatsächliche Kreditkosten} \cdot 100 \cdot 360}{\text{Auszahlungsbetrag} \cdot \text{Kreditlaufzeit}}$

3.3:1   Abschreibung pro Jahr in € = 50.400,00 : 7 =   7.200,00

+ Kalk. Zinsen pro Jahr in € = $\dfrac{50.400,00 \cdot 3,5}{100 \cdot 2}$ =   882,00

+ Sonstige fixe Kosten in €   4.000,00

= Summe fixe Kosten in €   12.082,00

+ Summe variable Kosten in €   111.000,00

= **Gesamtkosten in €**   **123.082,00**

> Zur Berechnung der Gesamtkosten für die Holzsägeanlage der FUTURETEC AG müssen die gesamten variablen Kosten und die gesamten fixen Kosten addiert werden. Der Betrag der gesamten variablen Kosten liegt im Tabellenblatt in der Zelle E14 bereits vor.
>
> Die gesamten fixen Kosten setzen sich aus drei Bestandteilen zusammen, wobei der Betrag der sonstigen fixen Kosten der Zelle E12 entnommen werden kann. Der jährliche Abschreibungsbetrag und die kalkulatorischen Zinsen können durch Einsetzen der entsprechenden Werte aus dem Tabellenblatt (Spalte E) mit den folgenden Formeln berechnet werden:
>
> Abschreibung pro Jahr in € = Anschaffungskosten : Nutzungsdauer
>
> Kalk. Zinsen pro Jahr in € = $\dfrac{\text{Anschaffungskosten} \cdot \text{kalkulatorischer Zinssatz}}{100 \cdot 2}$

3.3.2 Durch die Amortisationsrechnung werden nicht nur die Kosten, sondern auch die Höhe des Nutzens und der erwartete Gewinn berücksichtigt.

> Der Vorteil der Kostenvergleichsrechnung liegt darin, dass die Berechnung einfach und schnell durchführbar ist. Da eine Gewinnberücksichtigung nicht erfolgt, sollten mit der Kostenvergleichsrechnung nur Investitionsalternativen mit annähernd gleichen Ertragsmöglichkeiten verglichen werden.

3.4.1 0700 MA   50.400,00 €
2600 VORST   9.576,00 €   an   4400 VE   59.976,00 € | 3

> SCHWUNG kauft eine Holzsägeanlage, weshalb hier das Konto 0700 MA im Soll gebucht wird. Um den Nettobetrag bei einem Umsatzsteuersatz von 19 % zu erhalten, rechnet man schnell 59.976,00 € : 1,19 oder liest die Netto-Anschaffungskosten aus der Zelle E5 des Tabellenblatts ab. Da eine Eingangsrechnung vorliegt, wird diese mit dem angegebenen Rechnungsbetrag im Konto 4400 VE im Haben erfasst.

3.4.2 C | 1

> Anschaffungsnebenkosten werden aufgewendet, um ein Anlagegut in einen betriebsbereiten Zustand zu versetzen. Diese Bedingung trifft auf die Beispiele Montagekosten und Kosten für Einweisung zu. Bei den Kosten für Schmiermittel handelt es sich um Kosten für Verbrauchsmaterial, das als Aufwand im Konto 6030 AWB gebucht wird.

18

4.1.1 realisieren (umsetzen) | 1   **A4**

> Die fünf Hauptaufgaben der Unternehmensführung greifen wie die Räder eines Zahnrads ineinander. So folgt auf eine Entscheidung die entsprechende Realisierung (Umsetzung), die anschließend verschiedenen Kontrollmaßnahmen unterzogen wird. Die übergeordnete Aufgabe „informieren/koordinieren" soll das reibungslose Zusammenspiel der einzelnen Aufgaben (Zahnräder) gewährleisten.

4.1.2 Herr Wunger wählt nach der Prüfung von Vorschlägen aus mehreren Alternativen (z. B. beim Werkstoffeinkauf oder bei einer Investition) eine passende Möglichkeit für eine betriebliche Entscheidungssituation aus. | 1

> Im Mittelpunkt unternehmerischen Handelns stehen die Entscheidungen. Durch Abwägen von Vor- und Nachteilen soll die richtige Alternative herausgefunden und Fehlentscheidungen vermieden werden. Der Erfolg eines Unternehmens hängt besonders davon ab, ob die „richtigen" Entscheidungen getroffen werden.

4.2.1 C | 1

> Kennbuchstabe A stellt das Stabliniensystem, Kennbuchstabe B das Mehrliniensystem und Kennbuchstabe D die sogenannte Matrixorganisation dar.

4.2.2 Eine Abteilung ist die Zusammenfassung mehrerer Stellen eines einheitlichen Arbeitsgebiets. | 1

> Als kleinste Organisationseinheit gelten in der Organisationsstruktur eines Unternehmens die Stellen. Aus diesen können funktionsbezogen Abteilungen gebildet werden.

4.2.3 Die Stäbe beraten die Führungskräfte ohne selbst Weisungsbefugnisse zu haben. | 2

> Die Stabstellen verfügen über Spezialwissen (z. B. im Bereich EDV und Digitalisierung) und tragen damit zur Entlastung der Führungskräfte bei.

4.3 – Im Vergleich zu den anderen aufgeführten Ländern schneidet Deutschland beim Thema „Frauen in der Unternehmensleitung" viel schlechter ab, z. B. ist in den USA der Frauenanteil mehr als doppelt so hoch.

– Zudem ist der Frauenanteil in deutschen Führungsetagen im Vergleich zu 2019 zurückgegangen, in den anderen aufgeführten Ländern hingegen gestiegen. | 2

> Aus der Platzierung von Deutschland in dem Schaubild können die angegebenen Folgerungen gezogen werden. Dabei ist ein Vergleich mit den anderen aufgeführten Ländern vorzunehmen und der negative Trend im Vergleich zum Vorjahr zu berücksichtigen.

4.4 z. B.:
– respektvoller Umgang
– offene Kommunikation | 2

> Ziel des kooperativen Führungsstils ist es, Mitarbeitermotivation zu steigern, um Arbeitsergebnisse zu verbessern und den Unternehmenserfolg zu erhöhen. Weitere Antwortmöglichkeiten: enge Zusammen- und Teamarbeit, vertrauensvolle Aufgabenübertragung.

4.5 Management by Objectives | 1

> „Management by Objectives" wird auch als Führung durch Zielvereinbarungen bezeichnet. Entsprechend kann die Form der Führungstechnik aus der kurzen Beschreibung des Aufgabentextes („erarbeitet konkrete Ziele") abgeleitet werden.

4.6 3001 P   4.400,00 €   an   2880 KA   4.400,00 € | 2

> Es handelt sich bei dem vorliegenden Geschäftsfall um eine Privatentnahme, die im Konto 3001 P als Unterkonto des passiven Bestandskontos 3000 EK im Soll erfasst wird. Gleichzeitig wird der Kassenbestand gemindert, was zur Habenbuchung im Konto 2880 KA führt.

13

ÜBUNGS-ABSCHLUSSPRÜFUNG 7

5.1.1 200 Stück

Die Gewinnschwellenmenge ergibt sich in der Grafik am Schnittpunkt der Geraden für die Nettoverkaufserlöse und für die Gesamtkosten. Begibt man sich ausgehend davon auf die waagrechte Achse („x-Achse"), ist die gesuchte Stückzahl ablesbar.

5.1.2

A	falsch	B	falsch	C	richtig

A	Die Gerade für die Fixkosten verläuft parallel zur waagrechten Achse für die Stückzahl, d. h. die Fixkosten sind unabhängig von der Stückzahl immer gleich hoch (rund 22.000,00 €).
B	Sobald produziert wird, fallen auch variable Kosten an. Für die Stückzahl 50 ergeben sich aus der Grafik variable Kosten, die bei rund 7.500,00 € liegen.
C	Bei der Stückzahl von 100 Stück liegt die Gerade für die Gesamtkosten oberhalb der Geraden für die Nettoverkaufserlöse.

5.2.1

	Modell „Fun" 300 Stück (€)	Modell „Joy" 150 Stück (€)	gesamt (€)
Nettoverkaufserlöse	250,00	400,00	
– Variable Kosten	140,00	210,00	
= Stück-DB	110,00 ❶	190,00	
Gesamt-DB	33.000,00 ❷	28.500,00	❸ 61.500,00
– Fixkosten			38.000,00
= **Betriebsergebnis (Gewinn)**		❹	**23.500,00**

→ Betriebsgewinn: 23.500,00 €

Mit dem vorliegenden Schema werden zuerst für beide Modelle die Stück-Deckungsbeiträge ermittelt ❶. Dann werden die Gesamt-Deckungsbeiträge durch Multiplikation mit der Stückzahl berechnet ❷. Die Addition der gesamten Deckungsbeiträge der Modelle ergibt für das Unternehmen den gesamten Deckungsbeitrag in Höhe von 61.500,00 € ❸, von dem die Fixkosten in Höhe von 38.000,00 € subtrahiert werden müssen, um das Betriebsergebnis ❹ zu erhalten.

5.2.2 Die kurzfristige Preisuntergrenze beträgt 210,00 €.

Bei der kurzfristigen Preisuntergrenze ist es Ziel, nur die variablen Kosten zu decken. Es gilt: kurzfristige Preisuntergrenze = variable Kosten pro Stück

Wichtig: Genau lesen, damit für das Modell „Joy" die kurzfristige Preisuntergrenze angegeben wird.

5.2.3 400 Stück ≙ 100 %
150 Stück ≙ x %   → x = 37,50

→ Die Auslastung beim Modell „Joy" beträgt 37,50 %.

Die Kapazität ist die maximal mögliche Produktionsmenge von 400 Stück, die 100 % entspricht. Gesucht ist davon der prozentuale Anteil der Produktions-/Absatzmenge von 150 Stück, der als Auslastung bezeichnet wird.

5.3.1 z. B.:
- Handelsvertreter zeichnen sich aufgrund von Ausbildung und Erfahrung durch besonderes Verkaufsgeschick aus
- Handelsvertreter kennen den Markt und verfügen über ein dichtes Kundennetz im Einzelhandel

> Handelsvertreter sind selbstständige Kaufleute, die im Auftrag eines Unternehmens Geschäfte abwickeln. Dafür erhalten sie als Gegenleistung eine Provision.

5.3.2 6760 PROV   1.650,00 €
          2600 VORST   313,50 €   an   4400 VE   1.963,50 €

> Die Provision wird als Aufwand im Konto 6760 PROV im Soll gebucht. Um den Nettobetrag bei einem Umsatzsteuersatz von 19 % zu erhalten, rechnet man schnell 1.963,50 € : 1,19. Da eine Eingangsrechnung vorliegt, wird diese im Konto 4400 VE im Haben erfasst.

A6

6.1.1 z. B.: Diebstahl durch Kunden oder Mitarbeiter

> Als Inventurdifferenz wird die Abweichung des bei der Inventur gezählten Bestandes (Ist-Bestand) von dem in der Buchhaltung ermittelten Bestand (Soll-Bestand) bezeichnet. Weitere Alternativen für die Antwort: mangelhafte Durchführung der Inventur, falsche Erfassung von Warenein-/ausgängen.

6.1.2
    Sollbestand (Schlussbestand des Kontos)   127.700,00 €
– Istbestand (Bestand laut Inventur)   125.300,00 €
= **Inventurdifferenz**   **2.400,00 €**

> Die Inventurdifferenz lässt sich mit dem Schema „Sollbestand minus Istbestand" ermitteln. Die Berechnung ist für den Werkstoff „Fremdbauteile" vorzunehmen.

6.2.1 01.10.21   31.12.21   28.02.22

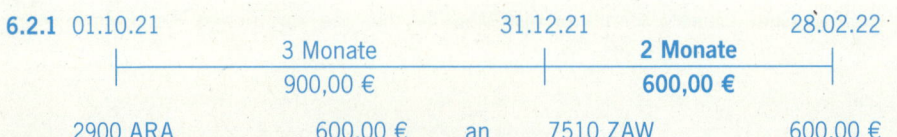

3 Monate   2 Monate
900,00 €   600,00 €

2900 ARA   600,00 €   an   7510 ZAW   600,00 €

> Nicht der Zahlungsvorgang im Oktober ist zu buchen, sondern die vorbereitende Abschlussbuchung zum 31.12. ist vorzunehmen: Da bereits im Oktober, also im Voraus, die Darlehenszinsen als Aufwand im Konto 7510 ZAW gebucht wurden, liegt der Fall Aktive Rechnungsabgrenzung (2900 ARA) vor. Der abzugrenzende Betrag bezieht sich immer auf das nächste Jahr (hier: 2 Monate).

6.2.2 Einwandfreie Forderungen netto   392.000,00 €
davon 1 % Pauschalwertberichtigung   3.920,00 €

| 6950 ABFO | 3.920,00 € | an | 3680 PWB | 3.920,00 € | 3 |

> Im Gegensatz zu zweifelhaften Forderungen werden einwandfreie Forderungen pauschalwertberichtigt (3680 PWB). Die Forderungsbewertung erfolgt aufgrund des Prinzips der kaufmännischen Vorsicht, wonach auch scheinbar sichere Forderungen ausfallen können. Dabei wird ausgehend vom Forderungsbestand netto die Wertberichtigung durch Prozentrechnung (1 %) bestimmt. Es erfolgt eine indirekte Abschreibung (Konto 6950 ABFO im Soll) ohne Umsatzsteuerkorrektur.

6.3.1 z. B. Abschluss des Kontos 8020 GUV mit einem Gewinn in Höhe von 87.000,00 €   2

> Zur Übersichtlichkeit und Klarheit der Buchhaltung werden alle Erfolgsvorgänge nicht direkt im Konto 3000 EK gesammelt, sondern im Konto 8020 GUV. Dieses Konto ist daher zum 31.12. auf das passive Bestandskonto 3000 EK abzuschließen. Diese Abschlussbuchung wurde im dargestellten T-Konto im Haben vorgenommen, weshalb eine Eigenkapitalmehrung vorliegt und das Geschäftsjahr mit einem Gewinn in Höhe von 87.000,00 € abgeschlossen wurde.

6.3.2 | 3000 EK | 610.000,00 € | an | 8010 SBK | 610.000,00 € | 2 |

> Für das passive Bestandskonto 3000 EK ergibt sich der Schlussbestand im Soll. Das benötigte Gegenkonto 8010 SBK wird folglich im Haben gebucht.

6.3.3 Eigenkapitalrentabilität in % = $\dfrac{87.000,00 \cdot 100}{523.000,00}$ = 16,63

→ Die Eigenkapitalrentabilität beträgt 16,63 %. Dieser Wert ist gut, da er weit über dem momentanen Kapitalmarktzins in Deutschland liegt.   3

> Um die Eigenkapitalrentabilität zu berechnen, sind in die folgende Formel die entsprechenden Werte einzusetzen:
>
> Eigenkapitalrentabilität in % = $\dfrac{\text{Gewinn (Jahresüberschuss)} \cdot 100}{\text{Eigenkapital (Anfangsbestand)}}$
>
> Zur Beurteilung: Legt ein Unternehmer sein Eigenkapital bei einer Bank an, erhält er dafür den kapitalmarktüblichen Zins (derzeit: 0 % p. a.). Durch den Gewinn sollen aber auch der Unternehmerlohn und die Risikoprämie abgedeckt werden, weshalb die Zielvorgabe derzeit 10 % bis 20 % beträgt.

15

ÜBUNGS-ABSCHLUSSPRÜFUNG 7

A7 **7.1** Einzelkosten werden dem Produkt direkt zugerechnet.

> Im Gegensatz zu Einzelkosten können Gemeinkosten nicht direkt zugerechnet werden. Die Kostenzurechnung auf die vier Kostenstellen erfolgt in diesem Fall durch entsprechende Verteilungsschlüssel im Betriebsabrechnungsbogen.

7.2 z. B.: Miete für die Lagerhalle

> Das Beispiel ist so zu wählen, dass es die Kostenstelle I betrifft (z. B. Lagerhalle) und zu den Gemeinkosten zählt (z. B. Miete). Weitere Beispiele sind: Heizkosten für die Lagerhalle, Brandschutzversicherung für die Lagerhalle, Leasing für die benötigten Gabelstapler.

7.3 Materialgemeinkostenzuschlagssatz in % = $\dfrac{26.944{,}00 \cdot 100}{84.200{,}00}$ = 32,00

→ Der Materialgemeinkostenzuschlagssatz beträgt 32,00 %.

> Zuschlagsgrundlage für die Kostenstelle I (Material) sind die entsprechenden Einzelkosten, das Fertigungsmaterial. Die Formel lautet:
>
> MGK-Zuschlagssatz in % = $\dfrac{\text{Materialgemeinkosten} \cdot 100}{\text{Fertigungsmaterial}}$

7.4

Fertigungsmaterial	84.200,00 €	
+ Materialgemeinkosten	26.944,00 €	
= Materialkosten		111.144,00 € ❶
Fertigungslöhne	135.800,00 €	
+ Fertigungsgemeinkosten	174.200,00 €	
= Fertigungskosten		310.000,00 € ❷
Herstellkosten der Erzeugung		421.144,00 € ❸
− Bestandsmehrung FE		8.694,00 €
= Herstellkosten des Umsatzes		412.450,00 € ❹
+ Verw./Vertriebsgemeinkosten		102.000,00 €
= Selbstkosten (Gesamtkosten)		**514.450,00 €** ❺

> Es ist eine Gesamtkalkulation als Vorwärtskalkulation zu erstellen: Zunächst sind die Materialkosten ❶, dann die Fertigungskosten ❷ zu ermitteln. Als Summe aus Material- und Fertigungskosten ergeben sich die Herstellkosten der Erzeugung ❸. Davon ist die Bestandsmehrung bei den fertigen Erzeugnissen zu subtrahieren, um die Herstellkosten des Umsatzes zu erhalten ❹. Die Selbstkosten ergeben sich durch Addition der Verwaltungs- und Vertriebsgemeinkosten ❺.

7.5.1 z. B.:
– stromsparende Geräte im Verwaltungsbereich einsetzen
– zu günstigerem Telefonanbieter wechseln

> Die zwei Beispiele sind so zu wählen, dass sie die Kostenstelle III betreffen (z. B. Geräte Verwaltungsbereich) und zu den Gemeinkosten zählen (z. B. Strom).

ÜBUNGS-ABSCHLUSSPRÜFUNG 7

7.5.2 65.280,00 € ≙ 100 %
  x € ≙ 20 %

$$x = \frac{20 \cdot 65.280,00}{100} = 13.056,00$$

Verwaltungsgemeinkosten in € = 65.280,00 − 13.056,00 = 52.224,00

→ Die Verwaltungsgemeinkosten betragen 52.224,00 €.

i Ausgehend von den bisherigen Verwaltungsgemeinkosten in Höhe von 65.280,00 € (100 %) kann mittels Dreisatz zuerst die Ersparnis von 20 % berechnet werden. Durch Subtraktion ergeben sich dann die neuen Verwaltungsgemeinkosten.

Alternativ kann durch Ansatz der neuen Verwaltungsgemeinkosten in Höhe von 80 % in der zweiten Zeile des Dreisatzes sofort der entsprechende Betrag in Euro berechnet werden.

7.6

6770 RBK	1.780,00 €			
2600 VORST	338,20 €	an	4400 VE	2.118,20 €

i In dem Beleg werden Beratungskosten in Rechnung gestellt, die mit ihrem Nettobetrag als Aufwand im Soll des Kontos 6770 RBK gebucht werden. Dienstleistungen sind umsatzsteuerpflichtig. Da eine Eingangsrechnung vorliegt, wird diese im Konto 4400 VE im Haben erfasst.

8.1.1 z. B. Durch die Gewährung des Rabatts kann ein neuer Kunde für unser Unternehmen gewonnen werden.

i Rabatte sind im Marketing ein wichtiges Mittel der Preispolitik. Ihre Gewährung trägt zur Kundengewinnung und -bindung bei.

8.1.2

Selbstkosten	2.520,00 €		
+ **Gewinn**	**302,40 €**		
= Barverkaufspreis	2.822,40 €	98 %	
+ Kundenskonto	57,60 €	2 %	
= Zielverkaufspreis	2.880,00 €	100 %	90 %
+ Kundenrabatt	320,00 €		10 %
= Listenverkaufspreis	3.200,00 €		100 %

→ Gewinn = 302,40 €

i Zur Lösung der Aufgabe wird das Schema der Verkaufskalkulation benötigt: Schema aufschreiben, gegebene Werte eintragen und Grundwerte festlegen. Durch eine Differenzkalkulation lässt sich dann der Gewinn in Euro und ggf. in Prozent berechnen.

8.1.3 2400 FO 3.427,20 € an 5000 UEFE 2.880,00 €
4800 UST 547,20 € | 3

> Da eine Ausgangsrechnung vorliegt, wird diese im Konto 2400 FO im Soll erfasst. Der Verkauf der Schaukeln wird im Konto 5000 UEFE im Haben mit dem Listenverkaufspreis der Kalkulation gebucht. Außerdem ist Umsatzsteuer in Höhe von 19 % zu berücksichtigen.

8.2.1 2470 ZWFO 6.188,00 € an 2400 FO 6.188,00 € | 2

> Die Eröffnung des Insolvenzverfahrens gegen den Kunden hat eine Umbuchung der einwandfreien Forderungen im Konto 2400 FO in das Konto 2470 ZWFO (zweifelhafte Forderungen) zur Folge.

8.2.2 C, D | 2

A	siehe § 3, (1): Frei wählbar ist der Ort des Verfahrens nicht; zuständig ist das Insolvenzgericht, in dessen Bezirk der Schuldner seinen Geschäftssitz hat.
B	siehe § 28: Laut Überschrift richten sich Aufforderungen an die Gläubiger und die Schuldner.
C	siehe § 28: Sven-Charly Wunger muss entsprechend dem Paragraphen als Gläubiger seine Forderungen fristgerecht anmelden.
D	siehe § 28: Laut Paragraph beträgt die Frist höchstens drei Monate.

8.3.1 Das vorhandene Vermögen reicht nicht aus, um die Kosten für das Insolvenzverfahren zu decken. | 1

> Die Abweisung eines Insolvenzverfahrens mangels Masse ist ein Rechtsbegriff aus dem Insolvenzverfahren (§ 26 InsO). In diesem Fall wird das Unternehmen des Schuldners geschlossen und die Außenstände der Gläubiger werden uneinbringlich.

8.3.2 6950 ABFO 5.000,00 €
4800 UST 950,00 € an 2470 ZWFO 5.950,00 € | 3

> Die Abweisung eines Insolvenzverfahrens hat einen vollständigen Ausfall der zweifelhaften Forderung zur Folge. Diese ist im Haben des Kontos 2470 ZWFO auszubuchen. Der Nettoausfall wird als Abschreibung (Aufwand) im Konto 6950 ABFO im Soll gebucht. Die Umsatzsteuer ist entsprechend im Soll des Kontos 4800 UST zu korrigieren.

15

ÜBUNGS-ABSCHLUSSPRÜFUNG 8
für den LehrplanPLUS

Als Mitarbeiterin bzw. Mitarbeiter im Unternehmen „Kaya Wild Kajakbau e. Kfr.", kurz „KWK", bearbeiten Sie verschiedene betriebswirtschaftliche Aufgaben.

Kaya Wild Kajakbau e. Kfr.
Rodachweg 18
96317 Kronach

Inhaberin:	Kaya Wild
Rechtsform:	Einzelunternehmen
Geschäftsjahr:	1. Januar bis 31. Dezember 2021
Zweck des Unternehmens:	Hauptwerk Kronach: Herstellung von Kajaks Zweigwerk Prien am Chiemsee: Herstellung von Surfbrettern
Unternehmensphilosophie:	Qualitätsboote nachhaltig und umweltschonend produziert

Werkstoffe:

Rohstoffe
Recyceltes PE-Kunststoffgranulat, ...

Fremdbauteile
Tragegriffe, Gepäcknetze, ...

Hilfsstoffe
Schrauben, Muttern, Epoxidharz, ...

Betriebsstoffe
Strom, Schmieröl, ...

Formale Vorgaben:

- Bei Buchungssätzen sind stets Kontennummern, Kontennamen (abgekürzt möglich) und Beträge anzugeben.
- Bei Berechnungen sind jeweils alle notwendigen Lösungsschritte und Nebenrechnungen darzustellen.
- Alle Ergebnisse sind in der Regel auf zwei Nachkommastellen gerundet anzugeben.
- Soweit nicht anders vermerkt, gilt ein Umsatzsteuersatz von 19 %.

ÜBUNGS-ABSCHLUSSPRÜFUNG 8

A1 Im Unternehmen „KWK" liegt folgender Beleg vor:

 Kaya Wild Kajakbau e. Kfr.

Kaya Wild Kajakbau e. Kfr., Rodachweg 18, 96317 Kronach

Firma
Waterworld GmbH
Neckarstraße 98
70175 Stuttgart

Registergericht: Kronach HRA 0799
Steuernummer: 228/333/65432
USt-IdNr.: DE 228 954 123

Tel.: 09261 01250-10
Fax: 09261 01250-12

Rechnung Nr. 104/21
(Bei Zahlung bitte angeben!)

Datum: 19. Januar 2021

Ihr Auftrag vom: 11.01.2021   Auftrags-Nr.: 21-0067   Kunden-Nr.: 813

Am 19.01.2021 lieferten wir Ihnen frei Haus:

Pos.	Menge	Art.-Nr.	Artikel	Einzelpreis (EUR)	Gesamtpreis (EUR)
1	12	PO-5411	Kajak Modell „Poseidon"	880,00 €	10.560,00 €
			Rabatt 10 %		1.056,00 €
			Warenwert		9.504,00 €
			USt 19 % **1.805,76 €**		**Rechnungsbetrag** **11.309,76 €**

Bei Zahlung bis zum 29.01.2021 gewähren wir 3 % Skonto.
Zahlung fällig „rein netto" am 19.02.2021

Die Ware bleibt bis zur vollständigen Bezahlung Eigentum von Kaya Wild Kajakbau e. Kfr.

Bankverbindung: Frankenbank Kronach
IBAN: DE33 7420 0000 3614 5557 77 • BIC: FRBKXX01

1.1 Geben Sie auf Ihrem Lösungsblatt jeweils unter Angabe des jeweiligen Kennbuchstabens die Fachbegriffe bzw. Werte für die Textlücken A bis D an:

> Der vorliegende Beleg muss bei „KWK" über einen Zeitraum von ... **A** ... Jahren aufbewahrt werden.
>
> Im Beleg ist der Vermerk „HRA 0799" zu sehen. Dieser zeigt, dass „KWK" in Abteilung A im ... **B** ... eingetragen ist.
>
> „KWK" bietet als nachträglichen Preisnachlass ... **C** ... an. Die Lieferbedingung lautet ... **D** ... .

1.2 Bilden Sie den Buchungssatz zu Rechnung Nr. 104/21.

1.3 Am 27.01.2021 geht auf dem Geschäftsbankkonto von „KWK" der Betrag zur Begleichung der Rechnung Nr. 104/21 ein. Bilden Sie den Buchungssatz.

1.4 Kaya Wild betrachtet die Positionierung des Kajak-Modells „Poseidon" im Produktlebenszyklus.

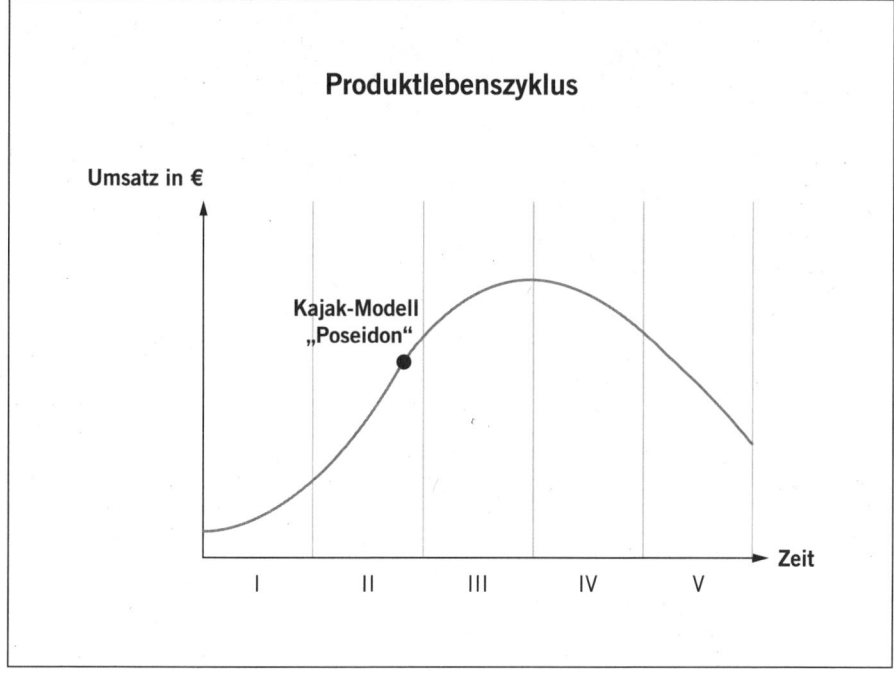

1.4.1 Geben Sie den Fachbegriff für die Phase des Produktlebenszyklus an, in der sich das Modell „Poseidon" derzeit befindet.

1.4.2 Begründen Sie folgende Aussage von Kaya Wild:

> „Um am Markt bestehen zu können,
> schalte ich Werbung für das Kajak-Modell ‚Poseidon'."

1.4.3 Nennen Sie eine Möglichkeit, das Kajak-Modell „Poseidon" indirekt zu vertreiben.

A2 „KWK" möchte auch im nächsten Jahr wieder Auszubildende einstellen. Kaya Wild entdeckt hierzu einen Artikel in einer Fachzeitschrift:

Lohnt sich Ausbildung in meinem Betrieb?

Jeder Unternehmer sollte sich mit dem Thema Ausbildung gründlich auseinandersetzen. Selbst auszubilden hat – neben Nachteilen – auch viele Vorteile, wie z. B. die Gewinnung von Nachwuchskräften, das Einbringen neuer Ideen ins Unternehmen oder die Imageverbesserung des Unternehmens.

Trotz Rückgang bei den abgeschlossenen Ausbildungsverträgen bildeten im vergangenen Jahr rund 427 300 Betriebe in Deutschland aus. Nachfolgende Infografik gibt dazu eine Übersicht:

Wer bildet aus in Deutschland?

So viel Prozent der Betriebe in Deutschland bilden aus*

- 11,2% **Kleinstbetriebe** (bis 9 Beschäftigte)
- 42,6% **Kleinbetriebe** (10 bis 49)
- 65,8% **mittlere Betriebe** (50 bis 249)
- 81,3% **Großbetriebe** (250 und mehr)

Von je 1 000 Auszubildenden lernen so viele in diesen Betrieben: 270 / 282 / 291 / 157

Neu abgeschlossene Ausbildungsverträge nach Branchen*

Aufteilung 2021		Veränderung ggü. 2020 in %
Industrie und Handel	262 Tsd.	−13,9
Handwerk	135 Tsd.	−10,0
Freie Berufe	43 Tsd.	− 8,4
Öffentlicher Dienst	15 Tsd.	− 2,9
Landwirtschaft	13 Tsd.	+ 0,9
Hauswirtschaft	2 Tsd.	−10,4
Seeschifffahrt	0,1 Tsd.	− 8,5

Quelle: Bundesagentur für Arbeit, Bundesinstitut für Berufsbildung (2021)

Quelle: BIBB
*Die gegebenen Daten wurden zu Prüfungszwecken gemäß BwR-Abschlussprüfung 2022 angepasst.

2.1 Bearbeiten Sie mithilfe des Textes und der Infografik folgende Aufgaben:

2.1.1 Nennen Sie einen möglichen Vorteil für „KWK", Ausbildungsplätze im eigenen Unternehmen anzubieten.

2.1.2 Geben Sie auf Ihrem Lösungsblatt jeweils unter Angabe des Kennbuchstabens an, ob die Aussagen A bis D richtig oder falsch sind:

A	Über 40 % der Kleinbetriebe bilden aus.
B	Von je 1 000 Auszubildenden lernen mehr als die Hälfte in mittleren Betrieben und Großbetrieben.
C	Die Aufteilung der neu abgeschlossenen Ausbildungsverträge nach Branchen wird mittels Kreisdiagramm dargestellt.
D	Alle in der Infografik dargestellten Branchen verzeichnen einen Rückgang bei den neu abgeschlossenen Ausbildungsverträgen.

2.1.3 Berechnen Sie die Anzahl der abgeschlossenen Ausbildungsverträge im Handwerk im Jahr 2020.

2.2 Um Auszubildende zu finden, schaltet Kaya Wild im Stellenmarkt einer Tageszeitung folgende Anzeige:

> Wir sind ein modernes Fertigungsunternehmen, das für den Freizeitsport Kajaks und Surfbretter herstellt.
>
> Wir suchen zum 1. September 2022 Auszubildende zum/zur
> **Industriekaufmann/-frau (m/w/d)**
>
> **DEIN PROFIL:**
> - gute bis sehr gute Noten in Deutsch, Englisch, BwR sowie Wirtschaft und Recht
> - Interesse an kaufmännischen Zusammenhängen
> - Sorgfalt und Ausdauer
> - Kommunikationsfähigkeit und Teamfähigkeit
> - grundlegende Kenntnisse in Textverarbeitungs- und Präsentationsprogrammen
>
> **DU MÖCHTEST DABEI SEIN?**
> Dann sende uns deine aussagekräftigen Bewerbungsunterlagen ausschließlich online an personal@kwk.de. Die zuständige Personalmitarbeiterin für diese Position ist Frau Regine Regler.
>
> Kaya Wild Kajakbau e. Kfr.
> Rodachweg 18 – 96317 Kronach – Tel. 09261 01250-10

2.2.1 Die Anzeige verdeutlicht, dass das Unternehmen „KWK" von seinen Auszubildenden eine Reihe von „Soft Skills" erwartet. Definieren Sie diesen Begriff.

2.2.2 Analysieren Sie die Anzeige nach einem Beispiel für „Soft Skills".

2.2.3 Erläutern Sie die Bedeutung von „Soft Skills" für ein Unternehmen wie „KWK".

2.3 Für den Monat März liegt im Unternehmen „KWK" folgendes Lohn-/Gehaltsjournal vor:

KWK	Lohn-/Gehaltsjournal März 2021 Kaya Wild Kajakbau e. Kfr.				
Name	**Bruttolohn**	**Steuern**	**AN-Anteil Soz.**	**AG-Anteil Soz.**	**Nettolohn**
Sorgsam, Silas	2.500,00 €	281,39 €	505,61 €	505,61 €	1.713,00 €
...	...	...	...	...	...
Summe	**82.680,00 €**	**13.728,00 €**	**15.965,00 €**	**15.965,00 €**	**52.987,00 €**

2.3.1 Bilden Sie die Buchungssätze für die Erfassung des gesamten Personalaufwands laut vorliegendem Lohn-/Gehaltsjournal, wenn die Auszahlung per Banküberweisung erfolgt.

2.3.2 Eine der folgenden Steuern wird vom Bruttolohn des Mitarbeiters Silas Sorgsam einbehalten. Geben Sie auf Ihrem Lösungsblatt den zutreffenden Kennbuchstaben an.

A	Umsatzsteuer	B	Kirchensteuer	C	Gewerbesteuer

2.3.3 Am 10. April werden die einbehaltenen Steuerabzüge der Arbeitnehmer an das Finanzamt vom Geschäftsbankkonto überwiesen. Bilden Sie den Buchungssatz.

A 3 Kaya Wild hat begonnen, die Unternehmensphilosophie von „KWK" zu überarbeiten. Ihnen liegt ein Auszug daraus vor:

> „... Wir fördern das Mitdenken und eigenverantwortliche Handeln unserer Mitarbeiterinnen und Mitarbeiter. Wir tauschen uns täglich in Gesprächen über unsere Ideen und Verbesserungsvorschläge aus. Unsere Kunden beraten wir fachlich, fair und erstellen individuelle, transparente Angebote. Da wir unsere hochwertigen Produkte ausschließlich in Deutschland fertigen, gibt es kurze Transportwege, womit der CO_2-Ausstoß so gering wie möglich gehalten wird. ..."

3.1 Ein Ziel, das sich aus dem Leitbild ableiten lässt, ist der Umweltschutz. Nennen Sie zwei weitere Ziele aus der vorliegenden Unternehmensphilosophie.

3.2 Die Unternehmensphilosophie von „KWK" enthält im weiteren Verlauf auch die folgenden Ziele:

A	Senkung von Produktionskosten	D	Steigerung Marktanteile
B	Einsatz neuester Technik	E	Energieeinsparung
C	Verwendung von Leihverpackung	F	gerechte Entlohnung

3.2.1 Geben Sie die Kennbuchstaben der zwei Zieldarstellungen an, die den ökologischen Zielen zugerechnet werden können.

3.2.2 Stellen Sie zwei positive Auswirkungen auf das Unternehmen „KWK" dar, wenn es den Umweltschutz in den Mittelpunkt seines Handelns stellt.

3.2.3 Beurteilen Sie folgende Aussage eines Mitarbeiters von „KWK":

> „Die Ziele Energieeinsparung und Senkung von Produktionskosten können nicht gleichzeitig erreicht werden. Es besteht ein Zielkonflikt."

3.3 Um einen Beitrag zur Verminderung der Schadstoffemissionen zu leisten, wurden für die Außendienstmitarbeiter elektrobetriebene Pkws angeschafft. In diesem Zusammenhang liegt folgender Beleg vor. Bilden Sie den Buchungssatz.

E-Tankstelle Kronach – Tankbeleg	
Ladesäule-Nr. 0191232122	Tel.: 09261 0778866
Beleg-Nr. 5982/004/000003	12.05.2021 – 11:28
StNr. Station: 258 900 22	USt-Ident-Nr. DE 118616888
Betankung/Ladevorgang Strom S02 (03:21:12, 20.78 kWh)	10,08 €
+ Umsatzsteuer 19 %	1,92 €
Bruttobetrag	**12,00 €**
Girocard-Zahlung Lastschrift	
Vorgangs-Nr.: 9183	TA-Nr.: 293815
IBAN:	DE89 37XX XXXX XXXX XXXX 00
BIC:	KBKAB001X
Karte gültig bis:	12/25
Betrag:	12,00 €
Karte akzeptiert	
Allzeit gute Fahrt mit unserem Strom: **Nachhaltig gut!**	

Im Zweigwerk Prien am Chiemsee werden Surfbretter hergestellt. Für den Monat Juni liegen folgende Zahlen vor:

A4

	Surfbrett „Enjoy"	Surfbrett „Fun"
Nettoverkaufspreis pro Stück	285,00 €	505,00 €
Variable Kosten pro Stück	235,00 €	464,00 €
Produktion (≙ Absatz) pro Monat	500 Stück	800 Stück
Kapazität pro Monat	2 000 Stück	3 000 Stück
Fixkosten	56.700,00 €	

4.1 Ermitteln Sie rechnerisch Art und Höhe des gesamten Betriebsergebnisses für den Monat Juni.

4.2 Aufgrund hoher Auftragsrückgänge überlegt die Inhaberin von „KWK" die Produktion von Surfbrettern im Zweigwerk einzustellen. Geben Sie an, wie sich die Einstellung der Produktion auf die variablen Kosten auswirken würde.

4.3 Kaya Wild entscheidet sich gegen die Einstellung der Produktion. Durch gezielte Werbung sollen die Verkaufszahlen beim Modell „Enjoy" erhöht werden.

4.3.1 Bilden Sie den Buchungssatz für vorliegenden Belegauszug:

WERBEAGENTUR FARBIG GMBH
Mühlstr. 37, 96317 Kronach – Geschäftsführer: Vincent Farbig

Werbeagentur Farbig GmbH, Mühlstr. 37, 96317 Kronach

Firma
Kaya Wild Kajakbau e. Kfr.
Rodachweg 18
96317 Kronach

Registergericht: HRB 305/3933
Steuernummer: 228/171/10359
USt-IdNr.: DE 022 112 093
Tel.: 09261 020826-0
Fax: 09261 020626-10

Rechnung Nr. 291071/21 (Bei Zahlung bitte angeben!)   Kronach, 02.07.2021

Ihr Auftrag vom: 30.06.2021   Auftrags-Nr.: 47/21   Kunden-Nr.: 210573

Für unsere Bemühungen stellen wir Ihnen in Rechnung:

Grafische Gestaltung Ihrer Werbeanzeige sowie eines Werbevideos nach individuellen Wünschen:	Netto	3.700,00 €
	zzgl. 19 % USt.	703,00 €
Beratung, Gestaltung, Musterdruck, Mustervideo	**Rechnungsbetrag**	**4.403,00 €**

4.3.2 Berechnen Sie, wie viel Stück des Modells „Enjoy" im nächsten Monat mehr hergestellt und verkauft werden müssen, um eine Gewinnsteigerung von 15.000,00 € zu erreichen. Die Zahlen für das Modell „Fun" bleiben unverändert.

4.4 „KWK" liegt überraschend eine Anfrage des Kunden „Sportshop Aktiv Müller e. K." über die Abnahme von 1 200 Surfbrettern des Modells „Fun" vor.

4.4.1 Begründen Sie rechnerisch, dass die Kapazität für den Zusatzauftrag ausreicht.

4.4.2 Aufgrund der großen Bestellmenge erhält „Sportshop Aktiv Müller e. K." einen Sonderpreis von netto 479,00 € pro Stück. Berechnen Sie, um wie viel Euro sich das Betriebsergebnis durch den Zusatzauftrag verbessert.

A 5 Zum 31.12.2021 sind im Unternehmen „KWK" noch einige Arbeiten zu erledigen.

5.1 Bilden Sie jeweils den Buchungssatz für die folgenden vorbereitenden Abschlussbuchungen (VAB):

5.1.1 Der Austausch der defekten Antriebsbatterie unseres E-Transporters konnte im Dezember nicht mehr durchgeführt werden. Hierzu liegt „KWK" ein Kostenvoranschlag der Kfz-Werkstatt über 6.050,00 € vor. Die Reparatur ist für die zweite Januarwoche des Folgejahres geplant.

5.1.2 „KWK" vermietet überzählige Parkplätze an einen benachbarten Gewerbebetrieb. Die Miete für den Zeitraum vom 01.11.2021 bis 30.04.2022 wurde bereits am 01.11.2021 auf dem Geschäftsbankkonto von „KWK" gutgeschrieben. Diese beträgt 720,00 € netto.

5.1.3 Das Konto 0890 GWG weist Anschaffungen aus dem aktuellen Geschäftsjahr in Höhe von 4.600,00 € aus.

5.2 Zur Analyse des Jahresabschlusses liegt Ihnen folgendes Tabellenblatt vor:

	A	B	C	D
1	Unternehmensanalyse Kaya Wild Kajakbau e. Kfr.			
2				
3	Aktiva	aufbereitete Bilanz zum 31.12.2021		Passiva
4	Anlagevermögen	6.000.000,00 €	Eigenkapital	4.570.000,00 €
5	Umlaufvermögen		Fremdkapital	
6	Vorräte	800.000,00 €	langfristig	2.000.000,00 €
7	Forderungen	800.000,00 €	kurzfristig	1.500.000,00 €
8	Flüssige Mittel	470.000,00 €		
9	Gesamtvermögen	8.070.000,00 €	Gesamtkapital	8.070.000,00 €
10				
11	Kennzahlen 2021	KWK	Branche	Gewinn 3-Jahres-Übersicht
12	Eigenkapitalanteil	56,63 %	52,75 %	Jahr 2021	420.000,00 €
13	Eigenkapitalrentabilität		8,54 %	Jahr 2020	270.000,00 €
14	Anlagendeckung I	76,17 %	70,68 %	Jahr 2019	520.000,00 €
15	Anlagendeckung II		98,82 %		

5.2.1 Berechnen und beurteilen Sie die Kennzahl der Anlagendeckung II von „KWK".

5.2.2 Führen Sie einen externen Betriebsvergleich für die Kennzahl der Anlagendeckung I durch.

5.2.3 Berechnen und beurteilen Sie die Eigenkapitalrentabilität für das Jahr 2021.

5.2.4 Die Unternehmensanalyse ist nicht nur für Kaya Wild wichtig. Geben Sie einen weiteren Adressaten an, für den die Unternehmenskennzahlen von „KWK" von Bedeutung sind.

ÜBUNGS-ABSCHLUSSPRÜFUNG 8

„KWK" muss überraschend eine ausgefallene Maschine für die Produktion ersetzen. Dazu liegt Ihnen folgender Belegauszug vor: **A6**

Maschinenbau NFE GmbH, Voltstr. 10, 90443 Nürnberg
– Kompetenz im Maschinenbau –

Firma
Kaya Wild Kajakbau e. Kfr.
Rodachweg 18
96317 Kronach

Rechnung 042/21 vom 15.01.2021

Bankverbindung: Salierbank
IBAN: DE51 7009 1600 0004 1135 00
BIC: SBNKBEF1N10

Wir lieferten Ihnen ab Werk:

Pos.	Menge	Art.-Nr.	Artikel	Einzelpreis	Gesamtpreis
1	1	1017	Fräsmaschine FM 40	78.000,00 €	78.000,00 €
2	1	0003	Anlieferung	800,00 €	800,00 €
					78.800,00 €
			Umsatzsteuer 19 %		14.972,00 €
			Rechnungsbetrag		**93.772,00 €**

Zahlungsziel 30 Tage rein netto

6.1 Bilden Sie den Buchungssatz zu obigem Beleg.

6.2 Für die Begleichung der Rechnung muss kurzfristig der Kontokorrentkredit in Anspruch genommen werden. Nennen Sie einen Nachteil dieser Kreditart.

6.3 Zur langfristigen Finanzierung der Maschine holt „KWK" ein Darlehensangebot ein.

Darlehensangebot — **Frankenbank**
Kaya Wild Kajakbau e. Kfr.

Kreditsumme:	80.000,00 €	Disagio:	1,5%
Zinsen gesamte Laufzeit:	5.520,00 €	Laufzeit:	5 Jahre

Tilgungsplan

Jahr	Zinsen	Tilgung	Darlehensrate	Restschuld
2021	1.840,00 €	16.000,00 €	17.840,00 €	64.000,00 €
2022	1.472,00 €	16.000,00 €	17.472,00 €	48.000,00 €
2023	1.104,00 €	16.000,00 €	17.104,00 €	32.000,00 €
2024	736,00 €	16.000,00 €	16.736,00 €	16.000,00 €
2025	368,00 €	16.000,00 €	16.368,00 €	0,00 €

6.3.1 Begründen Sie, um welche Art von Darlehen es sich handelt.

6.3.2 Berechnen Sie die effektive Verzinsung.

6.3.3 „KWK" entscheidet sich für die Aufnahme des Darlehens. Bilden Sie den Buchungssatz für die Gutschrift auf dem Geschäftsbankkonto.

6.4 Bilden Sie den Buchungssatz für die Banküberweisung der ersten Zins- und Tilgungszahlung Ende 2021.

A7 Die Zusammenarbeit mit dem Stammlieferanten für Epoxidharz ist für „KWK" zunehmend schwieriger.

7.1 Hierzu liegt Ihnen folgende E-Mail vor. Bilden Sie den Buchungssatz.

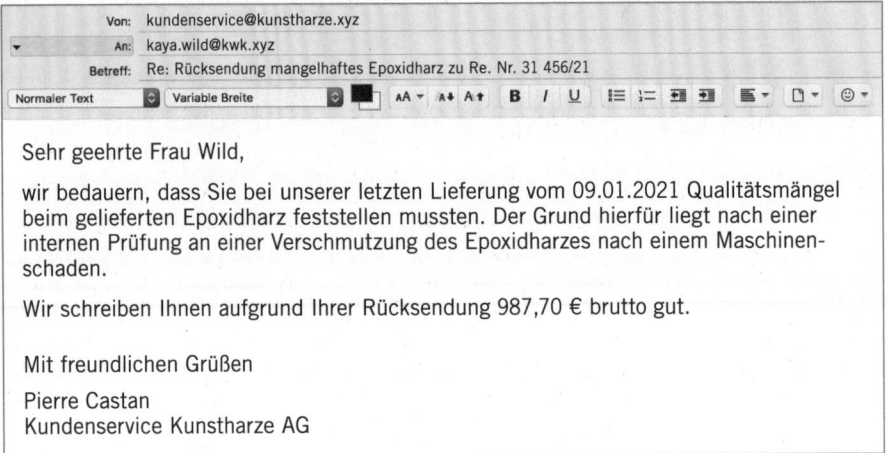

7.2 Kaya Wild entscheidet sich für einen Lieferantenwechsel und lässt sich vom Unternehmen „EpoxyHarze GmbH" folgendes Angebot unterbreiten:

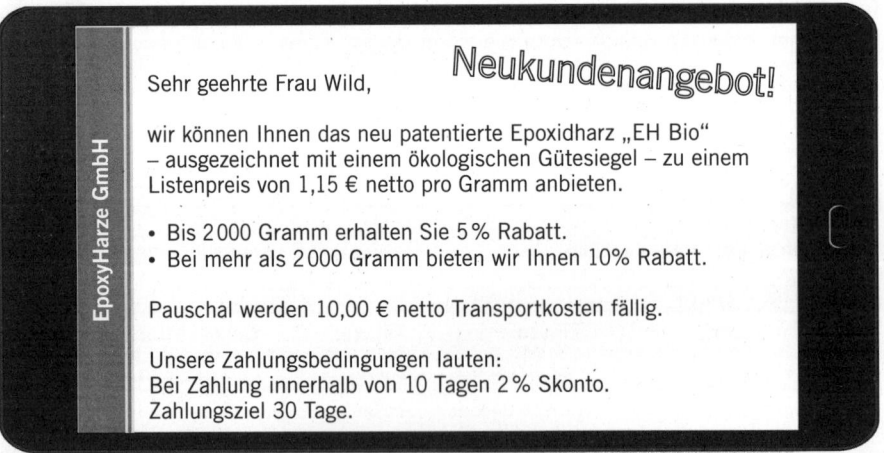

7.2.1 Ermitteln Sie den Einstandspreis für den Bezug von 3 000 Gramm Epoxidharz.

7.2.2 Berechnen Sie den Preisvorteil in Euro gegenüber dem ehemaligen Stammlieferanten, bei dem die gleiche Menge Epoxidharz zum Einstandspreis von 3.250,00 € bezogen wurde.

7.2.3 Nennen Sie mithilfe des vorliegenden Angebots einen weiteren Grund für die Entscheidung, bei „EpoxyHarze GmbH" zu bestellen.

7.2.4 Bilden Sie den Buchungssatz für den Kauf von 3 000 Gramm „Epoxidharz EH Bio" bei „EpoxyHarze GmbH" gegen Rechnung.

ÜBUNGS-ABSCHLUSSPRÜFUNG 8

Im Unternehmen „KWK" liegt folgender unvollständiger Betriebsabrechnungsbogen (BAB) vor: **A 8**

Betriebsabrechnungsbogen (BAB) für die Zeit vom 1. Juli bis 30. September 2021					
Gemeinkosten-arten	Zahlen der KLR	Kostenstellen			
		I Material	II Fertigung	III Verwaltung	IV Vertrieb
Betriebsstoffe	3.950,00 €	1.170,00 €	1.460,00 €	820,00 €	500,00 €
Mietkosten	7.728,00 €	680,00 €	3.908,00 €	940,00 €	2.200,00 €
Betriebssteuern	6.990,00 €	950,00 €	1.530,00 €	710,00 €	3.800,00 €
...	...	...	...	...	...
Summe der Gemeinkosten	115.196,00 €	12.570,00 €	58.500,00 €	26.475,60 €	17.650,40 €
	Zuschlagsgrundlage	100.560,00 €	45.000,00 €	220.630,00 €	220.630,00 €
	Zuschlagssatz		130,00 %	12,00 %	8,00 %

8.1 Geben Sie auf Ihrem Lösungsblatt jeweils unter Angabe des Kennbuchstabens an, ob folgende Aussagen A bis C richtig oder falsch sind.

A	Der BAB dient der verursachungsgerechten Verteilung der Einzelkosten auf die jeweiligen Kostenstellen.
B	Die Einzelkosten für den Fertigungsbereich betragen 45.000,00 €.
C	In der Summe der Betriebssteuern ist die Umsatzsteuer enthalten.

8.2 Geben Sie einen möglichen Verteilungsschlüssel für Mietkosten an.

8.3 Berechnen Sie den Materialgemeinkostenzuschlagssatz.

8.4 „KWK" hat sich das Modell „Wildwasser-Kajak" mit besonderer Oberflächenbeschichtung patentieren lassen. Hierzu liegt die Eingangsrechnung von der Rechtsanwaltskanzlei „Reht" für die Beratung in Patentangelegenheiten über 925,00 € netto vor. Bilden Sie den Buchungssatz.

8.5 Der weltweite Anstieg der Rohstoffpreise hat zu erhöhten Kosten geführt. Für ein „Wildwasser-Kajak" betragen die Selbstkosten jetzt 637,80 €.

8.5.1 Berechnen Sie die Höhe der Materialkosten je Kajak, wenn die Fertigungskosten 374,00 € betragen und die Zuschlagssätze aus dem BAB verwendet werden.

8.5.2 Auf Grundlage des neuen Selbstkostenpreises soll zur Einführung des Modells „Wildwasser-Kajak" ein Listenverkaufspreis von 799,00 € festgelegt werden. Ermitteln Sie rechnerisch den Gewinn in Euro und in Prozent, wenn 10 % Kundenrabatt einkalkuliert werden.

LÖSUNGEN ÜBUNGS-AP 8

A1 **1.1**

| A | 10 | B | Handelsregister | C | Skonto | D | frei Haus |

A	Die gesetzlichen Regelungen zur Aufbewahrungsdauer befinden sich in § 257 des Handelsgesetzbuchs (HGB) und in § 147 der Abgabenordnung (AO).
B	Das Handelsregister ist ein öffentliches, von den jeweils regional zuständigen Amtsgerichten geführtes Verzeichnis aller Kaufleute und Handelsgesellschaften. In der Abteilung A befinden sich die Einzelunternehmen und Personengesellschaften, in Abteilung B die Kapitalgesellschaften.
C	Im Gegensatz zum sofort gewährten Rabatt, wird ein Skonto erst bei Zahlung (nachträglich) berücksichtigt.
D	Lieferung „frei Haus" bedeutet, dass der Lieferer (also „KWK") die gesamten Transportkosten übernimmt.

1.2

| 2400 FO | 11.309,76 € | an | 5000 UEFE | 9.504,00 € |
| | | | 4800 UST | 1.805,76 € |

In der vorliegenden Abschlussprüfung sind Sie Mitarbeiter(in) des Unternehmens „KWK" – Kaya Wild Kajakbau e. Kfr. Da es sich um eine Ausgangsrechnung von uns an den Kunden „Waterworld GmbH" als Empfänger der Rechnung handelt, ist der Buchungssatz für den Zielverkauf von Fertigerzeugnissen zu bilden.

1.3

	Rechnungsbetrag	11.309,76 €	100 %	:1,19 →	285,12 €
–	Bruttoskonto	339,29 €	3 %	→	54,17 €
=	Überweisungsbetrag	10.970,47 €	97 %		

2800 BK	10.970,47 €			
5001 EBFE	285,12 €			
4800 UST	54,17 €	an	2400 FO	11.309,76 €

Der Kunde überweist laut Angabe die vorliegende Rechnung Nr. 104/21 am 27. Januar 2021. Gemäß Zahlungsbedingungen wird bis 29. Januar 2021 ein Skontoabzug von 3 % gewährt, weshalb hier der Skontobuchungssatz des Verkaufsbereichs zu bilden ist. Die Angabe der Nebenrechnung ist Pflicht!

1.4.1 Wachstum

Der Produktlebenszyklus zeigt, in welcher Phase sich das jeweilige Erzeugnis befindet. Idealtypisch werden die fünf Phasen Einführung, Wachstum, Reife, Sättigung und Degeneration durchlaufen.

1.4.2 Um den Umsatz für das Modell „Poseidon" auszubauen, ist Werbung in der derzeitigen Phase sinnvoll. Denn allmählich kommen Konkurrenten auf den Markt, um dort ähnliche Kajaks anzubieten.

Mit den Wettbewerbern drohen oftmals harte Preiskämpfe. Auch bringt die Konkurrenz nicht selten Nachahmerprodukte (Imitationen) auf den Markt, die bei den Kunden besser ankommen könnten.

1.4.3 z. B.: Vertrieb über Großhändler | 1

 Beim indirekten Vertrieb kaufen die Endverbraucher die Produkte über den Einzelhandel, wobei Handelsvertreter oder Großhändler dazwischengeschaltet sein können.

16

2.1.1 z. B.: Gewinnung von Nachwuchskräften | 1 A2

 Die Übernahme nach der Ausbildung ist ein wichtiger Weg der internen Personalbeschaffung, wobei eine freie Stelle mit einem Mitarbeiter besetzt wird, der bereits im Unternehmen tätig ist. Weitere Antwortmöglichkeiten: Einbringen neuer Ideen ins Unternehmen oder Imageverbesserung des Unternehmens.

2.1.2

| A | richtig | B | richtig | C | falsch | D | falsch |

4

A	Das entsprechende Kreisdiagramm zeigt, dass 42,6 % der Kleinbetriebe ausbilden.
B	Das große Kreisdiagramm gibt darüber Auskunft. Eine genaue Berechnung muss nicht erfolgen, da nur die Größe der entsprechenden Kreisringteile verglichen werden muss.
C	Die Aufteilung der neu abgeschlossenen Ausbildungsverträge nach Branchen wird mit einem Balkendiagramm vorgenommen, das die Branchen in eine Rangfolge bringt.
D	Das Balkendiagramm zeigt, dass im Bereich der Landwirtschaft ein geringer Anstieg von 0,9 % verzeichnet wurde.

2.1.3 2020   – 10 %   2021
100 %   135 000 ≙ 90 %

135 000 ≙ 90 %
      x ≙ 100 %

$$x = \frac{100 \cdot 135\,000}{90} = 150\,000$$

2

Als Grundwert (100 %) bei Vergleichen zwischen zwei Jahren wird stets der Wert für das Jahr herangezogen, das am längsten zurückliegt, hier 2020. Da die prozentuale Änderung (Rückgang) und die Zahl für das Jahr 2021 gegeben sind, kann damit die Anzahl der abgeschlossenen Ausbildungsverträge im Handwerk für das Jahr 2020 ermittelt werden. Die Berechnung erfolgt mit dem Dreisatz.

2.2.1 Soft Skills sind überfachliche Qualifikationen, die die persönlichen, sozialen oder methodischen Kompetenzen eines Bewerbers beschreiben. | 1

„Soft Skills" sind von den „Hard Skills" zu unterscheiden. Diese fachlichen Qualifikationen beschreiben die berufliche Eignung des Bewerbers und können bei der Auswahl der Bewerber anhand von Noten, Abschlusszeugnissen, Arbeitszeugnissen oder Praktikumsbescheinigungen leicht überprüft werden.

ÜBUNGS-ABSCHLUSSPRÜFUNG 8

2.2.2 z. B.: Teamfähigkeit | 1

ℹ️ Weitere Antwortmöglichkeiten: Sorgfalt, Ausdauer und Kommunikationsfähigkeit.

2.2.3 Unternehmen wie „KWK" legen heutzutage aufgrund der hohen Zusammenarbeit zwischen den Mitarbeitern großen Wert auf soziale Kompetenzen und wollen Bewerber, die nicht nur mit fachlichem Wissen ausgestattet sind. | 2

ℹ️ Für Unternehmen werden die „weichen" Mitarbeiterqualifikationen wie Teamarbeit immer wichtiger. In einem guten Team werden kreative Ideen entwickelt, die ein Unternehmen voranbringen. Außerdem unterstützen sich die Teammitglieder gegenseitig. Sie fühlen sich daher in ihrem Team wohl, was auf Dauer die Motivation steigert und somit zu einer positiven Mitarbeiterbindung beiträgt.

2.3.1

6200 LG	82.680,00 €	an	2800 BK	52.987,00 €
			4830 VFA	13.728,00 €
			4840 VSV	15.965,00 €
6400 AGASV	15.965,00 €	an	4840 VSV	15.965,00 €

| 6

ℹ️ Für die Erfassung des Personalaufwands sind zwei Buchungssätze zu bilden. Im ersten werden die gesamten Bruttoverdienste der Mitarbeiter als Aufwand (6200 LG) im Soll bei gleichzeitiger Berücksichtigung der Auszahlung des Nettoverdienstes per Banküberweisung (2800 BK) und der Steuer- (4830 VFA) und Sozialversicherungsbeiträge des Arbeitnehmers (4840 VSV) im Haben erfasst. Im zweiten Buchungssatz sind die Sozialversicherungsbeiträge des Arbeitgebers (6400 AGASV) in einem separaten Buchungssatz zu buchen. Die Beträge zu den jeweiligen Konten können dem Lohn-/Gehaltsjournal entnommen werden.

2.3.2 B | 1

ℹ️

A	Die Umsatzsteuer wird bei allen Käufen und Verkäufen von Produkten oder der Nutzung von Dienstleistungen berücksichtigt.
B	Die Kirchensteuer wird, wenn der Mitarbeiter der katholischen oder evangelischen Kirchengemeinschaft angehört, vom Arbeitgeber mit der Lohnsteuer einbehalten und spätestens am 10. des Folgemonats an das Finanzamt überwiesen.
C	Die Gewerbesteuer ist eine betriebliche Steuer, die von Unternehmen an die jeweilige Gemeinde zu zahlen ist.

2.3.3 4830 VFA 13.728,00 € an 2800 BK 13.728,00 € | 2

ℹ️ Es erfolgt eine Überweisung an das Finanzamt, weshalb das Konto 2800 BK im Haben gebucht wird. Gleichzeitig werden die in Aufgabe 2.3.1 gebildeten Verbindlichkeiten gegenüber dem Finanzamt (4830 VFA) beglichen und im Soll ausgebucht.

20

ÜBUNGS-ABSCHLUSSPRÜFUNG 8

A 3

3.1 – Förderung der Mitarbeiter
– gute Kundenbeziehungen

2

> Die Unternehmensphilosophie enthält die Grundsätze, an denen das Handeln eines Unternehmens langfristig ausgerichtet ist. Bezeichnet wird die Unternehmensphilosophie auch als Leitbild, das die drei Bereiche Gesellschaftsbild, Unternehmensbild und Menschenbild abdeckt.

3.2.1 C, E

2

> In Unternehmen erfolgt eine Unterscheidung nach ökonomischen, ökologischen und sozialen Zielen. Zu den ökonomischen Zielen gehören in der Tabelle: Senkung von Produktionskosten, Einsatz neuester Technik und Steigerung Marktanteile. Die gerechte Entlohnung ist ein soziales Ziel.

3.2.2 z. B.:
– Der Ruf des Unternehmens verbessert sich in der Öffentlichkeit und bei Kunden.
– Gegenüber der Konkurrenz ergeben sich Wettbewerbsvorteile.

2

> Der Klimawandel veranlasst die Unternehmen, verstärkt ökologische Ziele zu verfolgen. Dabei spielt der Nachhaltigkeitsgedanke eine große Rolle. Darunter wird ein Handeln verstanden, das langfristig ausgerichtet ist und sicherstellt, dass zukünftige Generationen nicht unter Fehlentwicklungen, Umweltverschmutzung, Verschuldung oder sozialen Problemen leiden müssen.

3.2.3 Diese Aussage des Mitarbeiters stimmt nicht. Energieeinsparung bedeutet, dass weniger Betriebsstoffe wie Strom oder Wasser verbraucht werden. Diese geringeren Aufwendungen führen zur Senkung von Produktionskosten. Es besteht kein Zielkonflikt, sondern Zielharmonie.

2

> Unternehmensziele können sich unterschiedlich beeinflussen: Bei Zielharmonie ergänzen sich die Ziele, bei einem Zielkonflikt schließen sich die Ziele gegenseitig aus.

3.3
6030 AWB	10,08 €			
2600 VORST	1,92 €	an	2800 BK	12,00 €

3

> Strom gehört gemäß der Auflistung der Werkstoffe auf dem Deckblatt zu den Betriebsstoffen, weshalb das Konto 6030 AWB als Aufwandskonto im Soll gebucht wird. Der Kauf ist umsatzsteuerpflichtig. Dem Beleg kann zudem entnommen werden, dass die Zahlung mit der Girocard erfolgt. Dies wird im Konto 2800 BK auf der Habenseite gebucht.

11

A4 4.1

	Modell „Enjoy" 500 Stück (€)	Modell „Fun" 800 Stück (€)	gesamt (€)
Nettoverkaufserlöse	285,00	505,00	
− Variable Kosten	235,00	464,00	
= Stück-DB	50,00 ❶	41,00	
Gesamt-DB	25.000,00 ❷	32.800,00	❸ 57.800,00
− Fixkosten			56.700,00
= **Betriebsergebnis (Gewinn)**			❹ 1.100,00

→ Betriebsgewinn: 1.100,00 €

> Mit dem vorliegenden Schema werden zuerst für beide Modelle die Stück-Deckungsbeiträge ermittelt ❶. Dann werden die Gesamt-Deckungsbeiträge durch Multiplikation mit der Stückzahl berechnet ❷. Die Addition der gesamten Deckungsbeiträge der Modelle ergibt für das Unternehmen den gesamten Deckungsbeitrag in Höhe von 57.800,00 € ❸, von dem die Fixkosten in Höhe von 56.700,00 € subtrahiert werden müssen, um das Betriebsergebnis ❹ zu erhalten.

4.2 Die variablen Kosten entfallen.

> Im Gegensatz zu den fixen Kosten fallen die variablen Kosten nur an, wenn das Unternehmen „KWK" produziert.

4.3.1

6870 WER	3.700,00 €			
2600 VORST	703,00 €	an	4400 VE	4.403,00 €

> Die Gestaltung der Werbeanzeige sowie der Videodreh stellen einen Aufwand dar, der mit dem Nettobetrag im Konto 6870 WER im Soll gebucht wird. Der Vorgang ist umsatzsteuerpflichtig. Da es sich um eine Eingangsrechnung handelt, wird das Konto 4400 VE im Haben benötigt.

4.3.2 Stückzahl (Enjoy) = $\dfrac{15.000,00}{(285 - 235)}$ = 300

→ Um die Gewinnsteigerung von 15.000,00 € zu erreichen, müssen 300 Stück vom Surfbrett „Enjoy" mehr hergestellt werden.

> Grundsätzlich sind die variablen Kosten des Modells „Enjoy" zu decken, weshalb zunächst der Deckungsbeitrag pro Stück zu berechnen ist. Der Deckungsbeitrag wird in vollem Umfang gewinnwirksam, da die Fixkosten bereits vollständig gedeckt sind. Entsprechend kann mit folgender Formel die Stückzahl berechnet werden:
>
> Stückzahl = $\dfrac{\text{Zusatzgewinn}}{\text{Deckungsbeitrag pro Stück}}$

4.4.1

Stückzahl Zusatzauftrag	1 200
+ Stückzahl aktuell	800
= Stückzahl neu	2 000

→ Die Kapazität von 3 000 Stück ist ausreichend, weil die neu herzustellende Stückzahl nur 2 000 Stück beträgt.

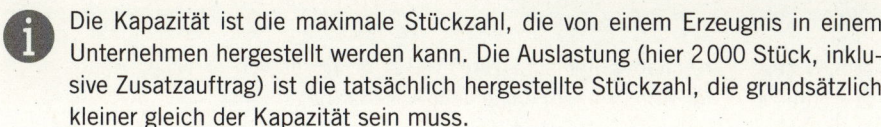

Die Kapazität ist die maximale Stückzahl, die von einem Erzeugnis in einem Unternehmen hergestellt werden kann. Die Auslastung (hier 2 000 Stück, inklusive Zusatzauftrag) ist die tatsächlich hergestellte Stückzahl, die grundsätzlich kleiner gleich der Kapazität sein muss.

4.4.2

	Nettoverkaufserlöse/Stück	479,00 €
−	variable Kosten/Stück	464,00 €
=	Deckungsbeitrag/Stück	15,00 €

Zusätzlicher Gewinn in € = 1 200 · 15,00 = 18.000,00

→ Das Betriebsergebnis verbessert sich um 18.000,00 €.

Für den Zusatzauftrag ist mit dem bekannten Schema der Deckungsbeitrag pro Stück zu berechnen. Da die Fixkosten bereits vollständig gedeckt sind, wird der erzielte Deckungsbeitrag in vollem Umfang gewinnwirksam. Durch Multiplikation mit der Abnahmemenge von 1 200 Stück kann der Zusatzgewinn aufgrund des Zusatzauftrags berechnet werden.

A5

5.1.1 6160 FRI   6.050,00 €   an   3900 RST   6.050,00 €

Hier handelt es sich um einen Kostenvoranschlag für eine Reparatur, die erst für den Beginn des folgenden Jahres in der zweiten Januarwoche geplant ist. Da weder der genaue Fälligkeitstermin noch der konkrete zu zahlende Betrag bekannt sind, ist eine Rückstellung zu bilden. Dabei ist zu beachten, dass bei der Rückstellungsbildung der Nettobetrag zu buchen ist. Die Buchung der Umsatzsteuer erfolgt erst bei Rechnungseingang im neuen Jahr.

5.1.2

5400 EMP   480,00 €   an   4900 PRA   480,00 €

Da die Gutschrift der Miete bereits im November, also im Voraus, auf dem Konto 5400 EMP erfolgte, liegt nun am 31.12.2021 der Fall Passive Rechnungsabgrenzung vor. Der abzugrenzende Betrag bezieht sich immer auf das nächste Jahr (hier: 4 Monate).

5.1.3 6540 ABGWG 4.600,00 € an 0890 GWG 4.600,00 €

Geringwertige Wirtschaftsgüter sind zum 31.12. grundsätzlich in voller Höhe abzuschreiben. Dies erfolgt unabhängig vom Anschaffungsmonat.

5.2.1 Anlagendeckung II in % = $\frac{(4.570.000,00 + 2.000.000,00) \cdot 100}{6.000.000,00}$ = 109,50

→ Die Anlagendeckung II liegt mit 109,50 % über dem Zielwert von 100 % und ist als gut zu bewerten.

Zur Berechnung der Anlagendeckung II sind in die folgende Formel die entsprechenden Werte einzusetzen:

Anlagendeckung II in % = $\frac{(\text{Eigenkapital} + \text{langfristiges FK}) \cdot 100}{\text{Anlagevermögen}}$

Der Idealwert sollte größer als 100 % sein.

5.2.2 Beim externen Betriebsvergleich ist erkennbar, dass die Anlagendeckung I mit 76,17 % über dem Branchendurchschnitt von 70,68 % liegt.

Beim externen Betriebsvergleich werden die Kennziffern eines Jahres mit denen anderer Betriebe derselben Branche verglichen. „KWK" kann daraus ableiten, wie gut das Unternehmen innerhalb der Bootsbaubranche abschneidet.

5.2.3

Eigenkapital (Anfangsbestand)	4.150.000,00 €
+ Jahresüberschuss	420.000,00 €
= Eigenkapital (Schlussbestand)	4.570.000,00 €

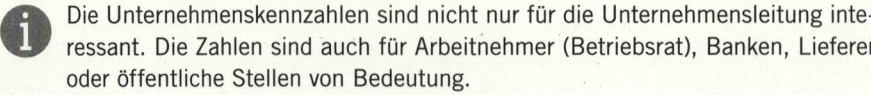

Eigenkapitalrentabilität in % = $\frac{420.000,00 \cdot 100}{4.150.000,00}$ = 10,12

→ Die Eigenkapitalrentabilität liegt mit 10,12 % deutlich über dem marktüblichen Zinssatz und ist deshalb als gut zu bewerten.

Zunächst muss mit dem bekannten Schema durch Rückwärtsrechnung der Anfangsbestand des Eigenkapitals ermittelt werden. Um die Eigenkapitalrentabilität zu berechnen, sind die Werte in die folgende Formel einzusetzen:

Eigenkapitalrentabilität in % = $\frac{\text{Gewinn (Jahresüberschuss)} \cdot 100}{\text{Eigenkapital (Anfangsbestand)}}$

Die Zielvorgabe liegt in Deutschland bei 10 % bis 20 %.

5.2.4 z. B.: Banken

Die Unternehmenskennzahlen sind nicht nur für die Unternehmensleitung interessant. Die Zahlen sind auch für Arbeitnehmer (Betriebsrat), Banken, Lieferer oder öffentliche Stellen von Bedeutung.

ÜBUNGS-ABSCHLUSSPRÜFUNG 8

A6

6.1

0700 MA	78.800,00 €				
2600 VORST	14.972,00 €	an	4400 VE	93.772,00 €	3

ⓘ Die Kosten für die Anlieferung der Fräsmaschine sind Anschaffungsnebenkosten, die im Konto 0700 MA im Soll zu aktivieren (= einzubuchen) sind. Der Vorgang ist umsatzsteuerpflichtig. Die Eingangsrechnung wird im Konto 4400 VE im Haben erfasst.

6.2 z. B.: sehr teure Kreditform 1

ⓘ Kontokorrentkredite sollten aufgrund der hohen Kreditkosten (Sollzinsen) nur zur kurzfristigen Überbrückung von Zahlungsengpässen in Anspruch genommen werden.

6.3.1 Es handelt sich um ein Abzahlungsdarlehen, da der jährliche Tilgungsbetrag stets gleich hoch ist. 2

ⓘ Beim Abzahlungsdarlehen nehmen die Zinsen und die Darlehensrate mit der Zeit ab. Dadurch steigt der finanzielle Spielraum beim Schuldner.

6.3.2

❶

Kreditbetrag	80.000,00 €	100,0 %
− Disagio	1.200,00 €	1,5 %
= **Auszahlungsbetrag**	**78.800,00 €**	**98,5 %**

❷

Zinsen	5.520,00 €
+ Disagio	1.200,00 €
= **tatsächliche Kreditkosten**	**6.720,00 €**

❸ Effektiver Zinssatz in % = $\dfrac{6.720,00 \cdot 100 \cdot 1}{78.800,00 \cdot 5}$ = 1,71

→ Die effektive Verzinsung beträgt 1,71 %. 3

ⓘ Die Berechnung des effektiven Zinssatzes erfolgt in drei Schritten:
❶ **Berechnung des Auszahlungsbetrags**
Laut Angabe ist bei der Kreditbereitstellung ein Disagio von 1,5 % zu berücksichtigen. Dieser vorausbezahlte Zins wird zuerst in einem Rechenschema vom Kreditbetrag abgezogen und es ergibt sich der Auszahlungsbetrag.
❷ **Berechnung der tatsächlichen Kreditkosten**
Der effektive Zinssatz berücksichtigt alle Kreditkosten. Daher werden zuerst die anfallenden Kreditkosten (Zinsen und Disagio) addiert. In der vorliegenden Aufgabe sind die Zinsen in Höhe von 5.520,00 € bereits angegeben.
❸ **Berechnung des effektiven Zinssatzes**
In die umgestellte Zinsformel werden die entsprechenden Werte eingesetzt:

Effektiver Zinssatz in % = $\dfrac{\text{tatsächliche Kreditkosten} \cdot 100 \cdot 1}{\text{Auszahlungsbetrag} \cdot \text{Kreditlaufzeit (Jahre)}}$

6.3.3 | 2800 BK | 78.800,00 € | | | |
| 7510 ZAW | 1.200,00 € | an | 4250 LBKV | 80.000,00 € | 3

ℹ️ Die Gutschrift des Kredits erfolgt auf dem Konto 2800 BK. Das Disagio stellt einen vorweggenommenen Zins dar und wird im Konto 7510 ZAW als Zinsaufwand ebenso im Soll gebucht. Da die Laufzeit des Kredits länger als 1 Jahr (hier 5 Jahre) beträgt, erfolgt die Buchung im Konto 4250 LBKV auf der Habenseite.

6.4 | 4250 LBKV | 16.000,00 € | | | |
| 7510 ZAW | 1.840,00 € | an | 2800 BK | 17.840,00 € | 3

ℹ️ Die Tilgung (Rückzahlung) des Darlehens wird im passiven Bestandskonto 4250 LBKV im Soll gebucht. Die fälligen Zinsen für das Darlehen werden als Aufwand im Konto 7510 ZAW im Soll erfasst. Die Tilgung und die Zinsen führen zu einer Buchung im aktiven Bestandskonto 2800 BK im Haben (= Minderung).

15

A7 7.1 | 4400 VE | 987,70 € | an | 6020 AWH | 830,00 € |
| | | | 2600 VORST | 157,70 € | 3

ℹ️ „KWK" erhält eine Gutschrift für die Rücksendung von Epoxidharz (= Hilfsstoffe). Der Wert muss deshalb mithilfe einer Storno- bzw. Rückbuchung korrigiert werden. Der ursprüngliche Buchungssatz wird dabei „umgedreht". Die Rücksendung vermindert den Aufwand, deshalb wird im Konto 6020 AWH im Haben gebucht. Entsprechend muss auch die Vorsteuer im Haben korrigiert werden.

7.2.1

Listeneinkaufspreis (3 000 · 1,15 €)	3.450,00 €	100 %	
– Liefererrabatt	345,00 €	10 %	
= Zieleinkaufspreis	3.105,00 €	90 %	100 %
– Lieferskonto	62,10 €		2 %
= Bareinkaufspreis	3.042,90 €		98 %
+ Bezugskosten	10,00 €		
= Einstandspreis	**3.052,90 €**		

5

ℹ️ Zur Lösung der Aufgabe wird das Schema der Einkaufskalkulation benötigt: Schema aufschreiben, gegebene Werte eintragen und Grundwerte festlegen. Für die Berechnung des Einstandspreises ist die Menge von 3 000 Gramm zu berücksichtigen. Der angegebene Listenpreis von 1,15 € bezieht sich auf ein Gramm. Beim Rabatt ist aufgrund der gewünschten Menge der höhere Prozentsatz (10 %) anzusetzen. Außerdem sind Bezugskosten von pauschal 10,00 € netto bei der Kalkulation zu berücksichtigen.

ÜBUNGS-ABSCHLUSSPRÜFUNG 8

7.2.2	Einstandspreis Stammlieferant	3.250,00 €	
	– Einstandspreis Stammlieferant „EpoxyHarze GmbH"	3.052,90 €	
	= **Preisvorteil**	**197,10 €**	1

ℹ️ Der Preisvorteil wird durch Gegenüberstellung der beiden Einstandspreise ermittelt. Es ergibt sich durch den Lieferantenwechsel eine Ersparnis von 197,10 €.

7.2.3 Dem Unternehmen „EpoxyHarze GmbH" wird ein ökologisches Gütesiegel für sein Produkt bescheinigt. | 1

ℹ️ Aufgrund der Aufgabenstellung muss der anzugebende Grund aus dem vorliegenden Angebot des Lieferers herausgelesen werden.

7.2.4

6020 AWH	3.105,00 €				
6021 BZKH	10,00 €				
2600 VORST	591,85 €	an	4400 VE	3.706,85 €	5

ℹ️ Das Epoxidharz wird als Hilfsstoff (siehe Unternehmensbeschreibung) im Konto 6020 AWH im Soll mit dem Zieleinkaufspreis der Kalkulation gebucht. Bei der Buchung müssen gemäß Kalkulation die Bezugskosten berücksichtigt werden, die im Unterkonto 6021 BZKH im Soll zu erfassen sind. Der Kauf ist umsatzsteuerpflichtig. Da eine Eingangsrechnung vorliegt, wird diese im Konto 4400 VE im Haben erfasst.

15

A8

8.1

A	falsch	B	richtig	C	falsch

3

A	Gemeinkosten können dem Kostenträger nicht direkt wie Einzelkosten zugerechnet werden. Daher ist der Betriebsabrechnungsbogen erforderlich.
B	Die Einzelkosten für den Fertigungsbereich betragen laut BAB 45.000,00 €.
C	Betriebliche Steuern (Aufwandssteuern) sind die Gewerbesteuer, die Grundsteuer und die Kfz-Steuer. Die Umsatzsteuer ist ein durchlaufender Posten (Durchlaufsteuer) und wird vom Endverbraucher gezahlt.

8.2 z. B.: Fläche (Quadratmeter) | 1

ℹ️ Ein verursachungsgerechter Verteilungsschlüssel für die Miete ist die Fläche in m² der jeweiligen Kostenstelle (= Mengenschlüssel), da zwischen Mietkosten und Fläche ein hohes Maß an Abhängigkeit besteht.

8.3 Materialgemeinkostenzuschlagssatz in % = $\dfrac{12.570,00 \cdot 100}{100.560,00}$ = 12,50

→ Der Materialgemeinkostenzuschlagssatz beträgt 12,50 %.

> Zuschlagsgrundlage für die Kostenstelle I (Material) sind die entsprechenden Einzelkosten, das Fertigungsmaterial. Die Formel lautet:
>
> MGK-Zuschlagssatz in % = $\dfrac{\text{Materialgemeinkosten} \cdot 100}{\text{Fertigungsmaterial}}$

8.4

6770 RBK	925,00 €			
2600 VORST	175,75 €	an	4400 VE	1.100,75 €

> Es werden Beratungskosten für Patentangelegenheiten in Rechnung gestellt, die mit ihrem Nettobetrag als Aufwand im Soll des Kontos 6770 RBK gebucht werden. Dienstleistungen sind umsatzsteuerpflichtig. Da eine Eingangsrechnung vorliegt, wird diese im Konto 4400 VE im Haben erfasst.

8.5.1

Materialkosten	157,50 €		
+ Fertigungskosten	374,00 €		
= Herstellkosten	531,50 €	100,00 %	
+ Verw./Vertriebsgemeinkosten	106,30 €	20,00 %	(12 + 8)
= Selbstkosten	637,80 €	120,00 %	

> Ausgehend von den Selbstkosten ist eine Kostenträgerstückrechnung als Rückwärtskalkulation zu erstellen: Zunächst müssen von den Selbstkosten die Verwaltungs- und Vertriebsgemeinkosten subtrahiert werden, um die Herstellkosten zu erhalten. Die Zuschlagssätze dieser beiden Kostenstellen können dabei aufgrund des gleichen Grundwerts zusammengefasst werden. Durch Subtraktion der Fertigungskosten von den Herstellkosten erhält man die Materialkosten je Kajak.

8.5.2

Selbstkosten	637,80 €	100,00 %
+ Gewinn	81,30 €	12,75 %
= Barverkaufspreis	719,10 €	90,00 %
+ Kundenrabatt	79,90 €	10,00 %
= Listenverkaufspreis	799,00 €	100,00 %

Gewinn in % = $\dfrac{81,30 \cdot 100}{637,80}$ = 12,75

→ Der Gewinn beträgt 81,30 € bzw. 12,75 %.

> Zur Lösung der Aufgabe wird das Schema der Verkaufskalkulation benötigt: Schema aufschreiben, gegebene Werte eintragen und Grundwerte festlegen. Durch eine Differenzkalkulation lässt sich dann der Gewinn in Euro und Prozent berechnen.

BEISPIEL-ABSCHLUSSPRÜFUNG 1
für den LehrplanPLUS

Als Mitarbeiterin bzw. Mitarbeiter im Unternehmen „Tobias Steinbach Elektrogabelstapler e. K.", kurz „TSE", bearbeiten Sie verschiedene betriebswirtschaftliche Aufgaben.

Tobias Steinbach Elektrogabelstapler e. K.
Gewerbering 150
83646 Bad Tölz

Inhaber:	Tobias Steinbach
Rechtsform:	Einzelunternehmen
Geschäftsjahr:	1. Januar bis 31. Dezember 2022
Zweck des Unternehmens:	Hauptwerk Bad Tölz: Herstellung von Elektrogabelstaplern Zweigwerk Grünmarkt: Herstellung von Autoanhängern
Unternehmensphilosophie:	Beste Qualität für zuverlässige und umweltbewusste Lagerhaltung

Werkstoffe:

Rohstoffe
Bleche aus Stahl und Aluminium

Fremdbauteile
Räder, Achsen, Elektromotoren, ...

Hilfsstoffe
Farben, Schrauben, ...

Betriebsstoffe
Strom, Gas, Öl, ...

Formale Vorgaben:

- Bei Buchungssätzen sind stets Kontennummern, Kontennamen (abgekürzt möglich) und Beträge anzugeben.
- Bei Berechnungen sind jeweils alle notwendigen Lösungsschritte und Nebenrechnungen darzustellen.
- Alle Ergebnisse sind in der Regel auf zwei Nachkommastellen gerundet anzugeben.
- Soweit nicht anders vermerkt, gilt ein Umsatzsteuersatz von 19 %.

A1 Im Unternehmen „TSE" liegt folgender Beleg vor:

Tobias Steinbach Elektrogabelstapler e. K., Gewerbering 150, 83646 Bad Tölz

Firma
Baumaschinen Burger GmbH
Memminger Straße 12
87719 Mindelheim

Tobias Steinbach Elektrogabelstapler e. K.
Gewerbering 150
83646 Bad Tölz

Tel.: +49(0)8041 0880-0
Fax: +49(0)8041 0880-224
E-Mail: service@tse.xyz
Internet: www.tse.xyz

Rechnung Nr. 22/1028

Rechnungsdatum: 26. Januar 2022
(Bei Zahlung bitte angeben!)

Bestellnummer: 2200022 Kunden-Nr.: 23401
Lieferdatum: 26.01.2022 Ansprechpartner: Herr Höhbauer

Aufgrund Ihrer Bestellung lieferten wir Ihnen „frei Haus":

Pos.	Artikelbezeichnung	Menge	Einzelpreis	Gesamtpreis
1	Elektrogabelstapler „E-Power"	5	19.990,00 €	99.950,00 €
2	Elektrogabelstapler „Lupfi"	8	13.756,25 €	110.050,00 €
		Zwischensumme		210.000,00 €
		− 10 % Neukundenrabatt		21.000,00 €
		Warenwert		189.000,00 €
		+ 19 % Umsatzsteuer		35.910,00 €
		Rechnungsbetrag		**224.910,00 €**

Herzlichen Dank für Ihr Vertrauen!

Zahlung fällig am 26. Februar 2022 rein netto.
Bei Zahlung bis zum 5. Februar 2022 gewähren wir 3 % Skonto.

Die gelieferte Ware bleibt bis zur vollständigen Bezahlung Eigentum
von Tobias Steinbach Elektrogabelstapler e. K.

Innovative Elektrogabelstapler von TSE: Leistungsstark, effizient, umweltschonend

Bayeralpbank Bad Tölz
IBAN: DE22 7007 1200 0012 8478 95
BIC: BAYADEF1BXX

Amtsgericht Wolfratshausen HRA 6384
USt.-IdNr.: DE816070475
Steuernr.: 104/5056/0651

1.1 Geben Sie auf dem Lösungsblatt unter Angabe des Kennbuchstabens an, ob die Aussagen A bis C richtig oder falsch sind.

A	Im Gegensatz zur „Baumaschinen Burger GmbH" haftet Tobias Steinbach auch mit seinem Privatvermögen.
B	Beim vorliegenden Eigentumsvorbehalt sichert sich „TSE" das Eigentum an der Ware bis zur vollständigen Zahlung.
C	Tobias Steinbach gewährt aufgrund der gekauften Menge einen Skonto.

1.2 Bei der Lieferung frei Haus trägt „TSE" die Kosten der Lieferung. Begründen Sie anhand eines Aspekts die Entscheidung von Tobias Steinbach, dem Neukunden „Baumaschinen Burger GmbH" diese Lieferbedingung zu gewähren.

1.3 Bilden Sie den Buchungssatz zu nebenstehender Rechnung Nr. 22/1028.

1.4 Am 04.02.2022 erfolgt der Zahlungseingang für die Rechnung Nr. 22/1028 auf dem Geschäftsbankkonto von „TSE". Bilden Sie den Buchungssatz.

1.5 Tobias Steinbach betrachtet folgende Portfolio-Matrix, um die Verkaufszahlen durch entsprechende Marketing-Maßnahmen zu erhöhen:

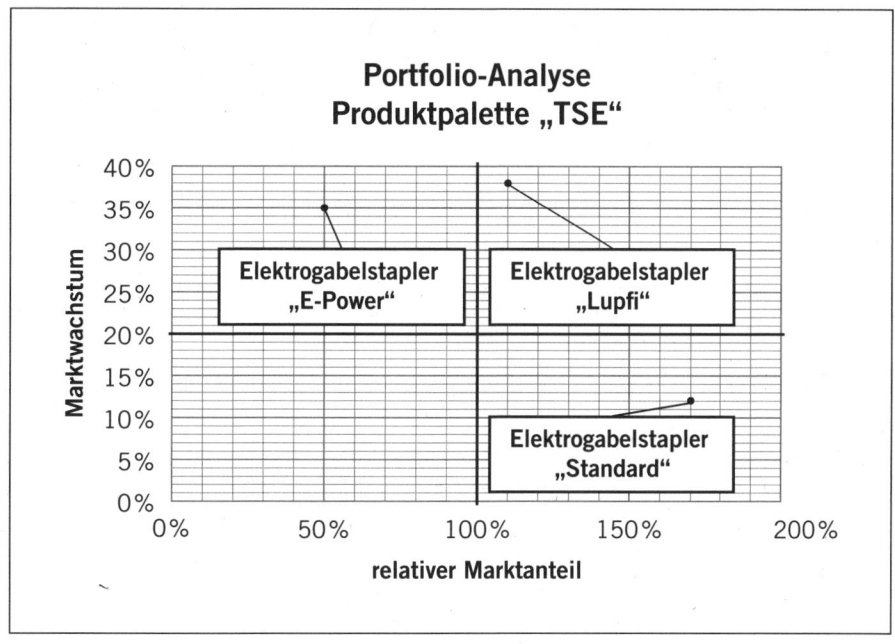

1.5.1 Charakterisieren Sie die Position des Modells „E-Power" im Koordinatensystem mit Hilfe der Begriffe der Portfolio-Analyse.

1.5.2 Leiten Sie aufgrund der Position des Modells „Lupfi" in der Portfolio-Matrix eine konkrete Marketing-Maßnahme für „TSE" ab.

BEISPIEL-ABSCHLUSSPRÜFUNG 1

A2 Tobias Steinbach hat sich im Rahmen der externen Personalbeschaffung dafür entschieden, Luis Beck als neuen Monteur in der Produktion einzustellen.

2.1 Grenzen Sie die Begriffe externe und interne Personalbeschaffung voneinander ab.

2.2 Luis Beck ist alleinerziehend und betreut seine zwei Kinder. Entscheiden Sie sich für eine geeignete Arbeitsform.

2.3 Ihnen liegt auszugsweise das Lohn-/Gehaltsjournal des Unternehmens „TSE" für den Monat März vor:

LOHN-/GEHALTSJOURNAL Tobias Steinbach Elektrogabelstapler e. K. Monat März 2022			Tobias Steinbach Gewerbering 150 83646 Bad Tölz		
Name	**Brutto**	**Steuern**	**Soz. Vers. AN**	**Soz. Vers. AG**	**Netto**
Beck, Luis	2.750,00 €	354,25 €	546,57 €	546,57 €	1.849,18 €
Eberl, Anian	3.840,00 €	330,18 €	763,20 €	763,20 €	2.746,62 €
...	...	...	...	...	...
Summe	**84.029,00 €**	**12.989,00 €**	**16.671,00 €**	**16.671,00 €**	**54.369,00 €**

2.3.1 Bilden Sie auf Grundlage des Lohn-/Gehaltsjournals die Buchungssätze zur Erfassung des gesamten Personalaufwands, wenn die Auszahlung per Banküberweisung erfolgt.

2.3.2 Am 10. April werden die einbehaltenen Steuerabzüge der Arbeitnehmer an das Finanzamt Bad Tölz überwiesen. Bilden Sie hierzu den Buchungssatz.

2.4 Die Aufbauorganisation des Unternehmens „TSE" ist durch ein Einliniensystem gekennzeichnet.

2.4.1 Entscheiden Sie sich bei der Zuordnung des Mitarbeiters Luis Beck für eine bestimmte Hierarchieebene.

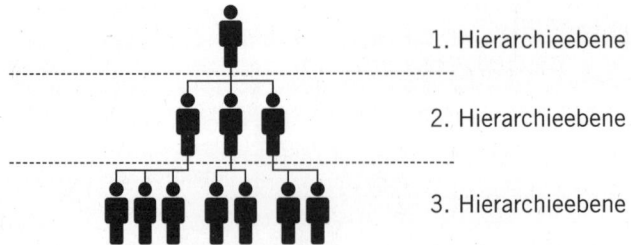

2.4.2 Vergleichen Sie das Einliniensystem mit dem Mehrliniensystem anhand eines unterschiedlichen Merkmals.

2.5 Schließen Sie aufgrund der vorliegenden Aussage von Luis Beck auf die Führungstechnik und den Führungsstil von Tobias Steinbach:

„Wir alle dürfen in verschiedensten Bereichen eigenverantwortlich mitbestimmen und es werden uns Aufgaben übertragen, die jederzeit machbar sind. Es herrscht ein vertrauensvolles und partnerschaftliches Arbeitsklima im Unternehmen. Außerdem hat Herr Steinbach bei Schwierigkeiten oder Problemen immer ein offenes Ohr und unterstützt uns."

BEISPIEL-ABSCHLUSSPRÜFUNG 1

Tobias Steinbach plant den Ersatz einer alten Maschine durch eine moderne, energiesparende CNC-Fräsmaschine. Aufgrund der langjährig hervorragenden Auftragslage ist eine Selbstfinanzierung dieser Fräsmaschine in voller Höhe möglich. **A 3**

3.1 Geben Sie das Investitionsziel zu dieser Anschaffung an.

3.2 Tobias Steinbach äußert sich zur Finanzierung:

„Unsere Kunden haben die Anschaffung der neuen CNC-Fräsmaschine ermöglicht, da wir die Abschreibungen in die Verkaufspreise einkalkulieren."

Beurteilen Sie diese Aussage mithilfe des Abschreibungskreislaufs.

3.3 Die Daten von zwei unterschiedlichen Anbietern für CNC-Fräsmaschinen hat „TSE" gegenübergestellt. Der kalkulatorische Zinssatz beträgt 5,5 %.

Angebot 1: CNC-Fräsmaschine EXAKT 4000	
Anschaffungskosten	360.000,00 €
Nutzungsdauer	5 Jahre
Produktionsmenge	70 000 Stück/Jahr
Gewinnerwartung pro Stück	0,32 €
Durchschnittliche Gesamtkosten pro Jahr	138.000,00 €
Weitere Informationen zum Lieferer	– Kostenloser Wartungsservice – Sitz des Lieferers: München

Angebot 2: CNC-Fräsmaschine Sayo-Nara	
Amortisationszeit	3,46 Jahre
Durchschnittliche Gesamtkosten pro Jahr	145.000,00 €
Weitere Informationen zum Lieferer	Sitz des Lieferers: Südkorea

3.3.1 Berechnen Sie die Amortisationszeit des ersten Angebots.

3.3.2 „TSE" entscheidet sich für das Angebot 1. Nennen Sie hierfür neben der Amortisationszeit einen weiteren Grund.

3.3.3 Ihnen liegt folgender Belegauszug vor. Bilden Sie den Buchungssatz.

BEISPIEL-ABSCHLUSSPRÜFUNG 1

A4 Das Unternehmen „TSE" produziert in seinem Zweigwerk in Grünmarkt die beiden Autoanhänger „Packhorse" und „Trailer". Für das 2. Quartal liegen Ihnen folgende Daten vor:

2. QUARTAL 2022	Modell „Packhorse"	Modell „Trailer
Nettoverkaufspreis/Stück	1.500,00 €	2.600,00 €
Variable Kosten/Stück	1.150,00 €	1.800,00 €
Kapazitätsauslastung	45 %	80 %
■ Produktion (Absatz) in Stück ■ freie Kapazität in Stück	360 / 440	50 / 200
Fixkosten	311.000,00 €	

4.1 Berechnen Sie das gesamte Betriebsergebnis im Zweigwerk für das 2. Quartal 2022.

4.2 Folgende Anfrage geht per E-Mail ein. Weisen Sie durch Berechnung nach, dass der Zusatzauftrag das Betriebsergebnis verbessert.

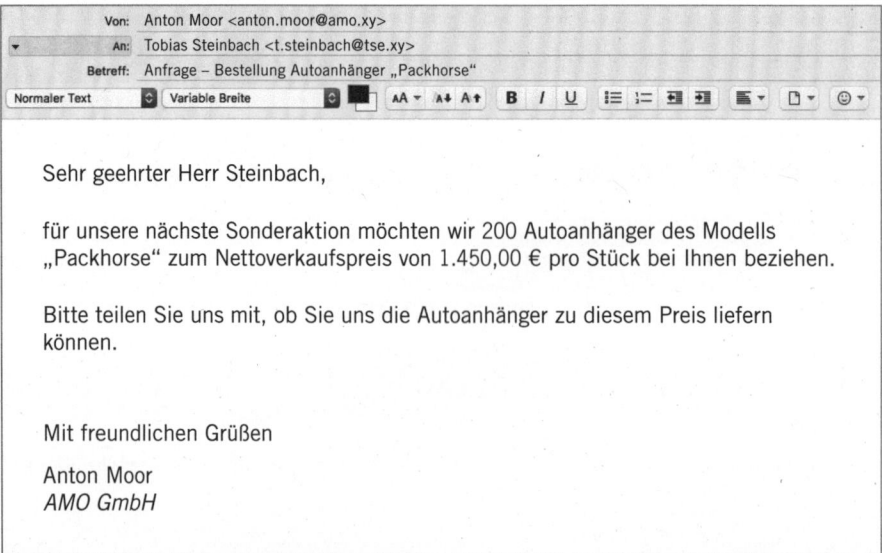

Von: Anton Moor <anton.moor@amo.xy>
An: Tobias Steinbach <t.steinbach@tse.xy>
Betreff: Anfrage – Bestellung Autoanhänger „Packhorse"

Sehr geehrter Herr Steinbach,

für unsere nächste Sonderaktion möchten wir 200 Autoanhänger des Modells „Packhorse" zum Nettoverkaufspreis von 1.450,00 € pro Stück bei Ihnen beziehen.

Bitte teilen Sie uns mit, ob Sie uns die Autoanhänger zu diesem Preis liefern können.

Mit freundlichen Grüßen

Anton Moor
AMO GmbH

4.3 Durch Billigimporte kann das Modell „Packhorse" nicht mehr abgesetzt werden. Die Produktion des Modells wird deshalb Ende des 3. Quartals eingestellt. Die Fixkosten betragen nun 170.000,00 €.

Berechnen Sie die Stückzahl des Modells „Trailer", die abgesetzt werden muss, um einen Gewinn zu erwirtschaften.

4.4 Aufgrund freier Kapazitäten wird im Zweigwerk die Eigenfertigung der Achsen für das Modell „Trailer" beabsichtigt. Hierzu liegen folgende Daten vor:

EIGENFERTIGUNG	
Variable Kosten/Stück	192,00 €
Fixe Kosten im Quartal	15.850,00 €

FREMDBEZUG	
Listeneinkaufspreis (Stück)	260,00 €
– Liefererrabatt 20 %	52,00 €
Einstandspreis (Stück)	208,00 €
Lieferung erfolgt frei Haus	

4.4.1 „TSE" benötigt 500 Achsen je Quartal für das Anhängermodell „Trailer".

Überprüfen Sie rechnerisch, ob „TSE" die Achsen in Eigenfertigung produzieren oder den Fremdbezug der Achsen fortführen sollte.

4.4.2 Nennen Sie einen Nachteil des Fremdbezugs von Achsen im Unternehmen „TSE".

4.4.3 Tobias Steinbach entscheidet sich nach Abwägung der Vor- und Nachteile für den Fremdbezug. Bilden Sie den Buchungssatz für den vorliegenden Beleg:

Passauer Achsentechnik GmbH

Passauer Achsentechnik GmbH, Donaustraße 100, 94034 Passau

Firma
Tobias Steinbach Elektrogabelstapler e. K.
Gewerbering 150
83646 Bad Tölz

Passauer Achsentechnik GmbH
Donaustraße 100
94034 Passau

Tel.: +49(0)851 0439-0
Fax: +49(0)851 043-12
E-Mail: service@achsentechnik.xyz
Internet: www.achsentechnik.xz

Rechnung Nr. 22070121

Kundennummer: 22/0298
Ihre Bestellung vom: 14.09.2022

Passau, 12.10.2022

Wir lieferten Ihnen am 12.10.2022 in Ihr Zweigwerk in Grünmarkt:

Artikel	Menge	Einzelpreis	Gesamtpreis
Anhängerachse AT10	120	260,00 €	31.200,00 €
	– 20 % Rabatt		6.240,00 €
	Warenwert		24.960,00 €
	+ 19 % Umsatzsteuer		4.742,40 €
	Rechnungsbetrag		**29.702,40 €**

Wir bedanken uns für Ihren Auftrag!

Zahlungsbedingungen: Zahlbar innerhalb von 30 Tagen rein netto.
Die gelieferte Ware bleibt bis zur vollständigen Bezahlung unser Eigentum.

Bankverbindung: Dreiflüssebank Passau
IBAN: DE23 7407 5000 1203 9452 68
BIC: DBNKDEF1PAS

Amtsgericht Passau HRB 5664
USt.-IdNr.: DE245002410
Steuernr.: 153/164/20651

Geschäftsführung: Dr. Florian Kust – Sitz der Gesellschaft: Passau

BEISPIEL-ABSCHLUSSPRÜFUNG 1

A 5 Der Server im Unternehmen „TSE" ist veraltet und soll zeitnah ersetzt werden. Tobias Steinbach möchte den Serverkauf teilweise mit eigenen Mitteln finanzieren.

5.1 Um einen Einblick in die Vermögens- und Kapitalsituation zu erhalten, betrachtet Tobias Steinbach die aufbereitete Bilanz:

Aktiva	Bilanz zum 31.12.2022 in €		Passiva
A. **Anlagevermögen**	4.590.000,00	A. **Eigenkapital**	4.488.000,00
B. **Umlaufvermögen**		B. **Fremdkapital**	
I. Vorräte	1.091.400,00	I. Langfristiges Fremdkapital	1.428.000,00
II. Forderungen	740.520,00	II. Kurzfristiges Fremdkapital	903.720,00
III. Flüssige Mittel	397.800,00		
	6.819.720,00		6.819.720,00

5.1.1 Berechnen Sie die Kennzahl der Eigenkapitalquote.

5.1.2 Für die Finanzierung von Sachanlagen sollte auch die Kennzahl der Anlagendeckung II betrachtet werden. Berechnen und beurteilen Sie die Anlagendeckung II.

5.2 Erklären Sie die „Goldene Finanzierungsregel" in Bezug auf die Finanzierung des Servers bei einer Nutzungsdauer von sieben Jahren.

5.3 Tobias Steinbach liegen zwei Kreditangebote vor:

KREDITKONDITIONEN	**Sparbank Lenggries**	**Bayeralpbank Bad Tölz**
Kreditbetrag	45.000,00 €	45.000,00 €
Zinssatz p. a.	1,9 %	1,7 %
Disagio	0,5 %	1 %
Laufzeit (Tage)	1888	1888
Effektiver Zinssatz	2,01 %	?

5.3.1 Weisen Sie durch Berechnung nach, dass sich Tobias Steinbach für das Angebot der Bayeralpbank Bad Tölz entscheiden sollte.

5.3.2 Tobias Steinbach hat sich für das Kreditangebot der Bayeralpbank Bad Tölz entschieden. Bilden Sie den Buchungssatz für die Kreditaufnahme.

5.4 Für den neu erworbenen Server hat Tobias Steinbach eine Versicherung abgeschlossen. Bilden Sie den Buchungssatz für die vorbereitende Abschlussbuchung zum 31.12. auf Grundlage des nachfolgenden Belegs:

```
BAYERALPBANK BAD TÖLZ

IBAN  DE22 7007 1200 0012 8478 95        Auszug/Jahr  84/2022
BIC   BAYADEF1BXX                         Blatt-Nr.    1

KONTOAUSZUG                                          Betrag in €

BuTag   Wert    Vorgang                  Alter Kontostand   11.536,54 +
                                         ----------------------------
01.12.  01.12.  Server-Versicherung                             990,00 -
                Dez. 2022 bis Feb. 2023
                                         ----------------------------
                                         Neuer Kontostand   10.546,54 +
                                         ----------------------------
Tobias Steinbach Elektrogabelstapler e.K., 83646 Bad Tölz

Bayeralpbank – Ihre Servicebank
Erstellungstag  02.12.2022 / 09:14       Letzte Erstellung  30.11.2022
```

Im Unternehmen „TSE" soll im Rahmen einer betriebsinternen Fortbildung die Vollkostenrechnung thematisiert werden.

A6

6.1 Ihnen liegt aus der Kosten- und Leistungsrechnung für das 2. Quartal ein unvollständiger Auszug des Betriebsabrechnungsbogens (BAB) vor:

Betriebsabrechnungsbogen für das 2. Quartal 2022						
Gemeinkostenarten	Zahlen der KLR	Verteilungsgrundlage	Kostenstellen			
			I Material	II Fertigung	III Verwaltung	IV Vertrieb
Hilfsstoffe	24.480,00 €	Belege	880,00 €	23.600,00 €	–	–
Mietaufwendungen	9.600,00 €	Fläche	1.200,00 €	6.600,00 €	–	1.800,00 €
…	…	…	…	…	…	…
Kalk. Abschreibung	17.496,00 €	Wert Sachanlagen	972,00 €	12.052,80 €	1.944,00 €	2.527,20 €
Kalk. Unternehmerlohn	25.128,00 €	Prozentsätze	2.512,80 €	12.564,00 €	6.282,00 €	3.769,20 €
Summe der Gemeinkosten	279.638,00 €		13.563,00 €	201.600,00 €	41.264,00 €	23.211,00 €
		Zuschlagsgrundlage	150.700,00 €	144.000,00 €		
		Zuschlagssatz	9 %	140 %		

6.1.1 Definieren Sie den Begriff Kostenstelle.

6.1.2 Überprüfen Sie die folgenden Aussagen zum BAB. Geben Sie auf Ihrem Lösungsblatt den Kennbuchstaben der nicht zutreffenden Aussage an und berichtigen Sie diese.

A	Der BAB dient der verursachungsgerechten Verteilung der Gemeinkosten auf die einzelnen Kostenstellen.
B	Der kalkulatorische Unternehmerlohn zählt zu den Anderskosten.
C	Einige Gemeinkosten können direkt, z. B. mithilfe von Belegen, auf die Kostenstellen zugerechnet werden.

6.1.3 Im Unternehmen „TSE" wurde bei den fertigen und unfertigen Erzeugnissen im 2. Quartal eine Bestandsminderung von 5.937,00 € ermittelt. Berechnen Sie die Höhe der Herstellkosten des Umsatzes, wenn die Materialkosten 164.263,00 € betragen.

6.2 Aufgrund der Konkurrenzsituation schlägt die Marketingabteilung für den Elektrogabelstapler „Standard" einen Listenverkaufspreis von 15.999,00 € vor.

6.2.1 Bewerten Sie die Vorgehensweise der Marketingabteilung bei der Festlegung des Listenverkaufspreises.

6.2.2 Berechnen Sie mithilfe der nachfolgenden Daten den Gewinn in Euro.

Daten zum Elektrogabelstapler „Standard"		
	Selbstkosten	11.500,00 €
	Kundenrabatt	20 %
	Gewinn	?

6.3 „TSE" erhält vom Handelsvertreter „Meier" eine Rechnung für die Provision für das 3. Quartal über 16.660,00 € brutto. Bilden Sie den Buchungssatz.

A 7 Tobias Steinbach möchte liquide Mittel langfristig ertragreich anlegen. Während eines Telefonats mit seinem Anlageberater macht er sich folgende Notizen:

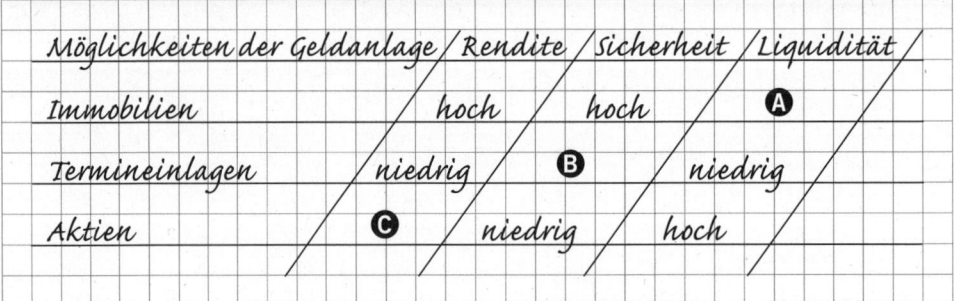

Möglichkeiten der Geldanlage	Rendite	Sicherheit	Liquidität
Immobilien	hoch	hoch	**A**
Termineinlagen	niedrig	**B**	niedrig
Aktien	**C**	niedrig	hoch

7.1 Geben Sie auf Ihrem Lösungsblatt jeweils unter Angabe des Kennbuchstabens die zutreffenden Begriffe für die Lücken A bis C an.

7.2 Um den Zielkonflikt im Rahmen des magischen Dreiecks der Geldanlage möglichst gering zu halten, schlägt der Anlageberater eine „Diversifikation" der Geldanlage vor.

Erklären Sie den Begriff „Diversifikation".

7.3 Tobias Steinbach entscheidet sich für den Kauf von 900 Aktien des Ökostromanbieters „PowerGreen AG" zum Kurs von 51,50 €, um eine nachhaltige Geldanlage zu tätigen.

7.3.1 Nennen Sie neben dem ökologischen einen weiteren Aspekt der nachhaltigen Geldanlage.

7.3.2 Bilden Sie den Buchungssatz für den Kauf der Aktien per Banklastschrift, wenn Spesen in Höhe von 1 % vom Kurswert anfallen.

7.4 Während der Besitzdauer der „PowerGreen AG"-Aktien wird „TSE" eine Gesamtdividende von 1.350,00 € überwiesen. Bilden Sie den Buchungssatz.

7.5 Tobias Steinbach muss die „PowerGreen AG"-Aktien wieder verkaufen, weil er dringend flüssige Mittel für eine Investition benötigt.

Bilden Sie den Buchungssatz zu folgendem Belegauszug:

BAYERALPBANK BAD TÖLZ			**Wertpapier-Verkauf**
Firma		Börse	München
Tobias Steinbach Elektrogabelstapler e. K.		Depot-Nr.	5943006143
Gewerbering 150		Auftragsnummer	005999/22
83646 Bad Tölz		Auftragsdatum	15.07.2022
		Wert/Valuta	16.07.2022

Wertpapierbezeichnung: PowerGreen AG
ISIN: DE0008756812 / WKN: 259
Stückzahl: 900
Kurs: 55,00 €

Kurswert	49.500,00 €
Spesen 1 % v. Kurswert	495,00 €
Gutschrift	**49.005,00 €**

Das Unternehmen „TSE" hat bewusst den Standort für sein Zweigwerk in Grünmarkt gewählt. **A 8**
Ihnen liegt eine Werbeanzeige dieser Stadt vor:

GRÜNMARKT IN ZAHLEN	
Fläche des Stadtgebietes	50 km²
Einwohner	30.500
Beschäftigte	4.500
Zahl der Unternehmen	153
Kaufkraft je Einwohner in Euro	25.000
Gewerbesteuer-Hebesatz	250 %
Grundsteuer A	270 %

KONTAKT
Wirtschaftsförderung der Stadt Grünmarkt
Leiter: Florian Müller
Marktplatz 7
99999 Grünmarkt

Wir bieten Ihnen eine funktionierende kommunale Verwaltung und Kooperationsmöglichkeiten mit Forschungseinrichtungen.

Wir denken global und handeln lokal. Unsere Stadtwerke produzieren ausschließlich erneuerbare Energien.

Wir weisen aufgrund von hervorragender Sport- und Kulturinfrastruktur einen hohen Freizeitwert auf.

Wir liegen verkehrsgünstig, setzen aber vor allem auf einen gut ausgebauten öffentlichen Nahverkehr.

8.1 Nennen Sie zwei weiche Standortfaktoren der Stadt Grünmarkt, die in dieser Anzeige hervorgehoben werden.

8.2 Die Gewerbesteuer stellt für alle Unternehmen einen harten Standortfaktor dar.

8.2.1 Begründen Sie, dass diese Aussage zutreffend ist.

8.2.2 „TSE" hat einen Gewinn (Gewerbeertrag) in Höhe von 224.500,00 € erzielt und kann einen Freibetrag von 24.500,00 € nutzen.

Berechnen Sie mithilfe der Anzeige die Höhe der zu zahlenden Gewerbesteuer unter Berücksichtigung einer Steuermesszahl von 3,5 %.

8.2.3 Bilden Sie den Buchungssatz für die vierteljährliche Abbuchung der Gewerbesteuer vom Geschäftsbankkonto von „TSE" in Höhe von 4.375,00 €.

8.3 Der Bescheid für die Abwassergebühren in Höhe von 2.500,00 € geht ein.

8.3.1 Bilden Sie den Buchungssatz.

8.3.2 Grenzen Sie die Begriffe „Gebühren" und „Steuern" voneinander ab.

8.4 „TSE" möchte eine Umweltschutzinvestition tätigen. Die Stadt Grünmarkt subventioniert solche Maßnahmen, sofern sie gemäß Bundesimmissionsschutzgesetz schädliche Umwelteinwirkungen (Immissionen) verringern:

> **§ 3 Bundesimmissionsschutzgesetz:**
> (1) [...]
> (2) Immissionen im Sinne dieses Gesetzes sind auf Menschen, Tiere und Pflanzen, den Boden, das Wasser, die Atmosphäre sowie Kultur- und sonstige Sachgüter einwirkende Luftverunreinigungen, Geräusche, Erschütterungen, Licht, Wärme, Strahlen und ähnliche Umwelteinwirkungen.

8.4.1 Nennen Sie eine mögliche Investition von „TSE", um die Immissionen für die benachbarten Wohngebiete zu reduzieren.

8.4.2 Beurteilen Sie die Vergabe von Subventionen an Unternehmen.

LÖSUNGEN BEISPIEL-AP 1

A1 **1.1**

A	richtig	B	richtig	C	falsch

3

A	Das Unternehmen von Tobias Steinbach hat die Rechtsform eines Einzelunternehmens. Herr Steinbach haftet daher sowohl mit dem Geschäfts- als auch mit seinem Privatvermögen.
B	Erst wenn der Kunde „Baumaschinen Burger GmbH" die gelieferte Ware vollständig bezahlt hat, wird dieser Eigentümer. Solange dies nicht geschehen ist, bleibt der Verkäufer Tobias Steinbach Eigentümer der Elektrogabelstapler.
C	Der Preisnachlass für eine große Menge wird sofort gewährt und ist ein Rabatt. Hingegen wird ein Skonto erst nachträglich für die Zahlung einer Rechnung vor dem eigentlichen Zahlungsziel gewährt.

1.2 z. B.: „TSE" übernimmt bei diesem neuen Kunden die Kosten der Lieferung, um ihn langfristig ans Unternehmen zu binden.

1

Maßnahmen der Preispolitik haben grundsätzlich das Ziel, entweder neue Kunden zu gewinnen oder bestehende Kunden zu halten (Kundenbindung).

1.3 2400 FO   224.910,00 €   an   5000 UEFE   189.000,00 €
                                                                4800 UST   35.910,00 €

3

In der vorliegenden Abschlussprüfung sind Sie Mitarbeiter(in) des Unternehmens TSE, Tobias Steinbach Elektrogabelstapler e. K. Da es sich um eine Ausgangsrechnung von uns an den Kunden „Baumaschinen Burger GmbH" als Empfänger der Rechnung handelt, ist der Buchungssatz für den Zielverkauf von Fertigerzeugnissen zu bilden.

1.4

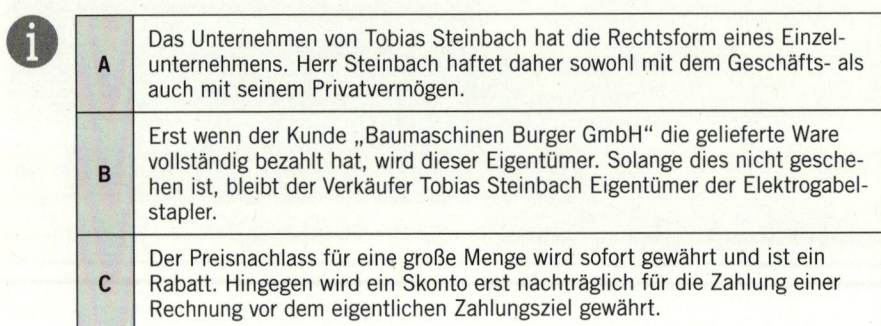

Rechnungsbetrag	224.910,00 €	100 %	:1,19 → 5.670,00 €
– Bruttoskonto	6.747,30 €	3 %	→ 1.077,30 €
= Überweisungsbetrag	218.162,70 €	97 %	

2800 BK   218.162,70 €
5001 EBFE   5.670,00 €
4800 UST   1.077,30 €   an   2400 FO   224.910,00 €

5

Der Kunde überweist laut Angabe die vorliegende Rechnung Nr. 22/1028 am 4. Februar 2022. Gemäß Zahlungsbedingungen wird bis 5. Februar 2022 ein Skontoabzug von 3 % gewährt, weshalb hier der Skontobuchungssatz des Verkaufsbereichs zu bilden ist. Die Angabe der Nebenrechnung ist Pflicht!

1.5.1 z. B.: Das Modell E-Power lässt sich dem Feld „Question Marks" zuordnen, da es mit 35 % ein hohes Marktwachstum besitzt und der relative Marktanteil aktuell mit 50 % noch vergleichsweise gering ist.

3

ℹ️ Die Portfoliomatrix ist grundsätzlich wie folgt aufgebaut:

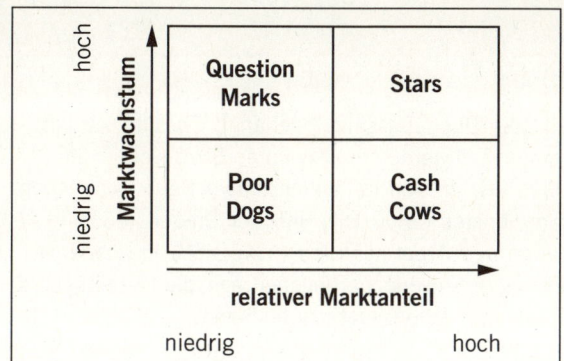

1.5.2 z. B.: Um den Marktanteil beim Modell „Lupfi" weiter auszubauen, eignet sich die preispolitische Maßnahme des Skimmings.

ℹ️ Das Modell „Lupfi" gehört zu den „Stars", dessen Position gehalten und ausgebaut werden sollte. Da die Konkurrenz inzwischen ähnliche Produkte wie „Lupfi" anbietet, wäre eine mögliche Maßnahme, den anfangs hohen Einführungspreis jetzt schrittweise zu senken (Skimming).

2.1 z. B.: Der eingestellte Mitarbeiter hat bei einer externen Personalbeschaffung vorher noch nicht im Unternehmen gearbeitet. Bei einer internen Personalbeschaffung hingegen wechselt ein Mitarbeiter innerhalb des Betriebes auf eine andere Stelle.

ℹ️ Die Personalbeschaffung ist für Unternehmen wichtig, um geeignete Mitarbeiter für neue oder frei gewordene Stellen zu finden. Dabei werden zumeist alle Möglichkeiten externer (z. B. Inserate in Zeitungen) wie interner Personalbeschaffungswege (z. B. Übernahme eines Auszubildenden) ausgeschöpft.

2.2 z. B.: Luis Beck könnte einer Teilzeitbeschäftigung nachgehen, um nachmittags seine Kinder betreuen zu können.

ℹ️ Bei der Teilzeitbeschäftigung handelt es sich um eine atypische Beschäftigungsform, bei der ein Mitarbeiter unbefristet und voll sozialversicherungspflichtig angestellt ist, aber im Gegensatz zu einer Vollzeitstelle maximal 20 Wochenstunden im Unternehmen arbeitet.

BEISPIEL-ABSCHLUSSPRÜFUNG 1

2.3.1 6200 LG   84.029,00 €   an   2800 BK   54.369,00 €
                                                 4830 VFA   12.989,00 €
                                                 4840 VSV   16.671,00 €

     6400 AGASV   16.671,00 €   an   4840 VSV   16.671,00 €   6

> ℹ Laut Aufgabenstellung sind „die Buchungssätze" verlangt. Es sind zwei Buchungssätze zu bilden. Im ersten Teil werden die gesamten Bruttoverdienste der Mitarbeiter als Aufwand (6200 LG) im Soll bei gleichzeitiger Berücksichtigung der Auszahlung des Nettoverdienstes (2800 BK) und der Steuer- (4830 VFA) und Sozialversicherungsabzüge des Arbeitnehmers (4840 VSV) im Haben erfasst. Im zweiten Teil sind die Sozialversicherungsbeiträge des Arbeitgebers (6400 AGASV) in einem separaten Buchungssatz zu buchen.

2.3.2 4830 VFA   12.989,00 €   an   2800 BK   12.989,00 €   2

> ℹ Es erfolgt eine Überweisung an das Finanzamt, weshalb das Konto 2800 BK im Haben gebucht wird. Gleichzeitig werden die in Aufgabe 2.3.1 gebildeten Verbindlichkeiten gegenüber dem Finanzamt (4830 VFA) beglichen und werden im Soll ausgebucht.

2.4.1 Luis Beck lässt sich der 3. Hierarchieebene zuordnen, da er als Monteur ausführend tätig ist.   2

> ℹ Der ersten Hierarchieebene ist der Unternehmensleiter Tobias Steinbach zugeordnet. Auf der zweiten Hierarchieebene befinden sich die Bereichsleitungen (z. B. kaufmännischer und technischer Bereich). Die ausführenden Mitarbeiter sind in der dritten Hierarchieebene angesiedelt.

2.4.2 z.B.: Das Einliniensystem weist eine übersichtliche Organisation mit klaren Verantwortungsbereichen auf. Beim Mehrliniensystem hingegen hat jeder Mitarbeiter mehrere unmittelbare Vorgesetzte.   2

> ℹ Beim **Einliniensystem** hat jeder Mitarbeiter genau einen direkten Vorgesetzten, d.h. der Mitarbeiter erhält nur von einer übergeordneten Stelle Anweisungen und Arbeitsaufträge. Beim **Mehrliniensystem** hat jeder Mitarbeiter mehrere unmittelbare Vorgesetzte, von denen er seine Anweisungen und Arbeitsaufträge erhält.

2.5 Die Führungstechnik entspricht dem „Management by Delegation". Es handelt sich um einen kooperativen Führungsstil.   2

> ℹ Unter **Führungsstil** versteht man die Art und Weise, wie ein Vorgesetzter seine Führungsaufgabe im Umgang mit untergeordneten Mitarbeitern erfüllt (autoritativ bzw. kooperativ). **Führungstechniken** sind hingegen Vorgehensweisen und Methoden der Personalführung zur Verwirklichung vorgegebener Ziele (Management-by-Techniken).

18

BEISPIEL-ABSCHLUSSPRÜFUNG 1

A 3

3.1 z. B.: „TSE" verfolgt damit das ökologische Investitionsziel des Energiesparens. | 1

Für die Angabe des richtigen Investitionsziels ist der Hinweis „energiesparende CNC-Fräsmaschine" im Einleitungssatz der Aufgabe zu berücksichtigen.

3.2 Die Aussage trifft zu, da es durch die erzielten Umsatzerlöse zum Rückfluss der Abschreibungen in flüssigen Mitteln kommt. | 3

Der Abschreibungskreislauf beschreibt eine Form der Selbstfinanzierung: Durch die Abschreibungsrückflüsse kann Geld angespart werden, damit nach der Nutzungsdauer genügend flüssige Mittel zur Verfügung stehen, um wiederum eine neue CNC-Fräsmaschine anschaffen zu können.

3.3.1 Berechnung der Amortisationszeit Angebot 1:

Abschreibung pro Jahr in € = $\dfrac{360.000,00}{5}$ = 72.000,00

Kalkulatorische Zinsen pro Jahr in € = $\dfrac{360.000,00 \cdot 5,5}{100 \cdot 2}$ = 9.900,00

Gewinn pro Jahr in € = 70.000 · 0,32 = 22.400,00

Amortisationszeit in Jahren = $\dfrac{360.000,00}{(72.000,00 + 9.900,00 + 22.400,00)}$ = 3,45 | 4

Die Amortisationszeit wird mit folgender Formel berechnet:

Amortisationszeit in Jahren = $\dfrac{\text{Anschaffungskosten}}{\text{Abschreibung + kalkulatorische Zinsen + Gewinn}}$

Die Anschaffungskosten sind im Angebot 1 gegeben. Abschreibungen, kalkulatorische Zinsen und Gewinn können mit folgenden Formeln rechnerisch ermittelt werden:

Abschreibung pro Jahr in € = Anschaffungskosten : Nutzungsdauer

Kalk. Zinsen pro Jahr in € = $\dfrac{\text{Anschaffungskosten} \cdot \text{kalkulatorischer Zinssatz}}{100 \cdot 2}$

Gewinn pro Jahr in € = Produktionsmenge · Gewinn pro Stück

3.3.2 z. B.: Die durchschnittlichen Gesamtkosten pro Jahr sind bei Angebot 1 niedriger. | 1

Zusätzliche Gründe für die Entscheidung für die CNC-Fräsmaschine EXAKT 4000 können auch den weiteren Informationen zum Angebot 1 entnommen werden:
– Angebot eines kostenlosen Wartungsservice
– Sitz des Lieferers ist München, ca. 50 km von Bad Tölz entfernt

3.3.3 0700 MA   360.000,00 €
         2600 VORST   68.400,00 €   an   4400 VE   428.400,00 € | 3

Die Montage und Installation der CNC-Fräsmaschine sind Anschaffungsnebenkosten, die im Konto 0700 MA im Soll zu aktivieren (einzubuchen) sind. Der Kauf ist umsatzsteuerpflichtig. Die Eingangsrechnung wird im Konto 4400 VE im Haben erfasst.

12

BEISPIEL-ABSCHLUSSPRÜFUNG 1

A4 4.1

	„Packhorse" 360 Stück (€)	„Trailer" 200 Stück (€)	gesamt (€)
Nettoverkaufserlöse	1.500,00	2.600,00	
− Variable Kosten	1.150,00	1.800,00	
= Stück-DB	350,00 ❶	800,00	
Gesamt-DB	126.000,00 ❷	160.000,00 ❸	286.000,00
− Fixkosten			311.000,00
= **Betriebsergebnis (Verlust)**		❹	**− 25.000,00**

4

> Mit dem vorliegenden Schema werden zunächst für beide Modelle die Stück-Deckungsbeiträge ermittelt ❶. Anschließend werden die beiden Gesamt-Deckungsbeiträge durch Multiplikation mit der Stückzahl berechnet ❷. Die Addition der gesamten Deckungsbeiträge der zwei Modelle ergibt für das Unternehmen den gesamten Deckungsbeitrag in Höhe von 286.000,00 € ❸, von dem die Fixkosten in Höhe von 311.000,00 € subtrahiert werden müssen, um das Betriebsergebnis ❹ zu erhalten.

4.2

Nettoverkaufspreis	1.450,00 €
− variable Kosten/Stück	1.150,00 €
= **Deckungsbeitrag/Stück**	**300,00 €**

→ Das Betriebsergebnis kann durch den Zusatzauftrag um 300,00 € pro Stück (oder insgesamt um 60.000,00 €) verbessert werden.

2

> Grundsätzlich ist noch ausreichend Kapazität zur Ausführung des Zusatzauftrags für das Modell „Packhorse" vorhanden. Das zweite Entscheidungskriterium ist, dass die anfallenden variablen Kosten durch den Nettoverkaufspreis gedeckt werden, damit das Betriebsergebnis verbessert werden kann.

4.3 $\text{Gewinnschwellenmenge} = \dfrac{170.000,00}{(2.600,00 - 1.800,00)} = 212,50$

→ Ein Gewinn wird ab einer abgesetzten Menge von 213 Stück erreicht.

3

> Die Stückzahl, bei der erstmals Gewinn erzielt werden kann, wird auch als Gewinnschwellenmenge bezeichnet. Diese ist mit folgender Formel zu berechnen:
>
> Deckungsbeitrag pro Stück in € = Nettoverkaufspreis − variable Kosten
>
> $\text{Gewinnschwellenmenge} = \dfrac{\text{fixe Kosten}}{\text{Deckungsbeitrag pro Stück}}$
>
> Als Ergebnis ist eine ganze Zahl anzugeben, wobei hier grundsätzlich aufzurunden ist.

4.4.1 Eigenfertigung (500 Stück):

variable Kosten (500 · 192,00 €)	96.000,00 €
+ fixe Kosten je Quartal	15.850,00 €
= **Gesamtkosten**	**111.850,00 €**

Fremdbezug (500 Stück):
Gesamtkosten = 500 · 208,00 € = 104.000,00 €

→ Der Fremdbezug sollte fortgeführt werden, da die Gesamtkosten niedriger sind.   **4**

ℹ Für die Entscheidung sind für Eigenfertigung und für Fremdbezug jeweils die Gesamtkosten zu ermitteln:

Eigenfertigung	Fremdbezug
gesamte variable Kosten + fixe Kosten = Gesamtkosten	Gesamtkosten in € = Stückzahl · Einstandspreis pro Stück

Die Entscheidung ist nach der Rechnung kurz zu begründen.

4.4.2 z. B.: Abhängigkeit vom Lieferer   **1**

ℹ Weitere Nachteile:
Lieferzeit-, Qualitäts- und Preisschwankungen

4.4.3 6010 AWF   24.960,00 €
         2600 VORST   4.742,40 €   an   4400 VE   29.702,40 €   **3**

ℹ Da es sich um eine Eingangsrechnung eines Lieferers über Anhängerachsen an uns handelt, ist der Buchungssatz für den Zielkauf von Fremdbauteilen zu bilden. Der ersten Seite der Unternehmensbeschreibung kann unter „Werkstoffe" entnommen werden, dass Anhängerachsen zu den Fremdbauteilen gehören. Der Kauf ist umsatzsteuerpflichtig.

17

BEISPIEL-ABSCHLUSSPRÜFUNG 1

A5 **5.1.1** Eigenkapitalquote in % = $\dfrac{4.488.000,00 \cdot 100}{6.819.720,00}$ = 65,81

> ℹ️ Um die Eigenkapitalquote zu berechnen, sind in die folgende Formel die entsprechenden Werte einzusetzen:
>
> Eigenkapitalquote in % = $\dfrac{\text{Eigenkapital} \cdot 100}{\text{Gesamtkapital}}$
>
> Der Durchschnittswert beträgt in Deutschland ca. 30 %.

5.1.2 Anlagendeckung II in % = $\dfrac{(4.488.000,00 + 1.428.000,00) \cdot 100}{4.590.000,00}$ = 128,89

→ Das Ergebnis zur Anlagendeckung II liefert einen sehr guten Wert, da der Zielwert größer als 100 % sein sollte.

> ℹ️ Zur Ermittlung der Anlagendeckung II sind in die folgende Formel die entsprechenden Werte einzusetzen:
>
> Anlagendeckung II in % = $\dfrac{(\text{Eigenkapital} + \text{langfristiges Fremdkapital}) \cdot 100}{\text{Anlagevermögen}}$
>
> Der Idealwert sollte größer als 100 % sein.

5.2 z. B.: Bei einer Nutzungsdauer von sieben Jahren sollte die Finanzierung des Netzwerkrechners auch langfristig auf sieben Jahre ausgerichtet sein.

> ℹ️ Die Goldene Finanzierungsregel besagt, dass langfristiges Vermögen (Anlagevermögen) langfristig und kurzfristiges Vermögen (Umlaufvermögen) entsprechend kurzfristig finanziert werden soll. Wird die Goldene Finanzierungsregel eingehalten, ist die benötigte Liquidität vorhanden, um die mit der Sachanlage erwirtschafteten Finanzmittel für die Kreditrückzahlung zu verwenden.

5.3.1 ❶ Kreditbetrag 45.000,00 €   100 %
– Disagio 450,00 €   1 %
= **Auszahlungsbetrag** 44.550,00 €   99 %

❷ Zinsen in € = $\dfrac{45.000,00 \cdot 1,7 \cdot 1888}{100 \cdot 360}$ = 4.012,00

Zinsen 4.012,00 €
+ Disagio 450,00 €
= **tatsächliche Kreditkosten** 4.462,00 €

❸ Effektiver Zinssatz in % = $\dfrac{4.462,00 \cdot 100 \cdot 360}{44.550,00 \cdot 1888}$ = 1,91

→ Der effektive Zinssatz ist bei der Bayeralpbank Bad Tölz geringer als bei der Sparbank Lenggries.

> ℹ️ Die Berechnung des effektiven Zinssatzes erfolgt in drei Schritten:
> ❶ **Berechnung des Auszahlungsbetrags**
> Laut Angabe ist bei der Kreditbereitstellung ein Disagio von 1 % zu berücksichtigen. Dieser vorausbezahlte Zins wird zuerst in einem Rechenschema vom Kreditbetrag abgezogen und es ergibt sich der Auszahlungsbetrag.

❷ **Berechnung der tatsächlichen Kreditkosten**
Der effektive Zinssatz berücksichtigt alle Kreditkosten. Daher werden zuerst die anfallenden Kreditkosten (Zinsen und Disagio) addiert. Die Berechnung der Zinsen erfolgt mit der Tageszinsformel:

$$\text{Zinsen in } € = \frac{\text{Kreditbetrag} \cdot \text{Zinssatz} \cdot \text{Kreditlaufzeit}}{100 \cdot 360}$$

❸ **Berechnung des effektiven Zinssatzes**
In die umgestellte Zinsformel werden die entsprechenden Werte eingesetzt:

$$\text{Effektiver Zinssatz in \%} = \frac{\text{tatsächliche Kreditkosten} \cdot 100 \cdot 360}{\text{Auszahlungsbetrag} \cdot \text{Kreditlaufzeit}}$$

5.3.2 2800 BK   44.550,00 €
         7510 ZAW   450,00 €   an   4250 LBKV   45.000,00 €   3

Die Bankgutschrift für den Kredit wird mit dem Auszahlungsbetrag im Soll des Kontos 2800 BK gebucht, das Disagio (= vorausbezahlter Zins) als Aufwand im Konto 7510 ZAW ebenso im Soll. Da die Laufzeit des Kredits mehr als ein Jahr beträgt, handelt es sich um langfristige Bankverbindlichkeiten, die im Haben des Kontos 4250 LBKV erfasst werden.

5.4

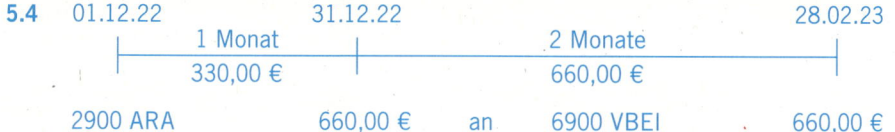

2900 ARA   660,00 €   an   6900 VBEI   660,00 €   3

Nicht der Zahlungsvorgang im Dezember ist zu buchen, sondern die vorbereitende Abschlussbuchung zum 31.12.2022 ist vorzunehmen: Da bereits am 1. Dezember 2022, also im Voraus, die Versicherungsbeiträge als Aufwand im Konto 6900 VBEI gebucht wurden, liegt der Fall Aktive Rechnungsabgrenzung (2900 ARA) vor. Der abzugrenzende Betrag bezieht sich immer auf das nächste Jahr (hier: 2 Monate).

17

BEISPIEL-ABSCHLUSSPRÜFUNG 1

A6 **6.1.1** z. B.: Kostenstellen sind die Bereiche der Kostenverursachung im Betrieb. | 1

ℹ️ Es werden die vier Kostenstellen I: Material, II: Fertigung, III: Verwaltung und IV: Vertrieb unterschieden.

6.1.2 Aussage B: Der kalkulatorische Unternehmerlohn zählt zu den Zusatzkosten. | 2

ℹ️
A	Gemeinkosten können dem Kostenträger nicht direkt wie Einzelkosten zugerechnet werden. Daher ist der Betriebsabrechnungsbogen erforderlich.
B	Es werden zwei Arten von kalkulatorischen Kosten unterschieden: Anderskosten (kalkulatorische Abschreibungen) und Zusatzkosten (kalkulatorischer Unternehmerlohn).
C	Der große Teil der Gemeinkosten kann den Kostenstellen nur indirekt mithilfe von Verteilungsschlüsseln zugerechnet werden. Der Betrag für die jeweilige Kostenstelle muss in diesem Fall erst berechnet werden.

6.1.3
	Materialkosten		164.263,00 €	
	Fertigungslöhne	144.000,00 €		
+	Fertigungsgemeinkosten	201.600,00 €		
=	Fertigungskosten		❶ 345.600,00 €	
	Herstellkosten der Erzeugung		❷ 509.863,00 €	
+	Bestandsminderungen		5.937,00 €	
=	**Herstellkosten des Umsatzes**		❸ **515.800,00 €**	4

ℹ️ Es ist eine Gesamtkalkulation als Vorwärtskalkulation zu erstellen: Zunächst sind die Fertigungskosten ❶ zu ermitteln. Als Summe aus Material- und Fertigungskosten ergeben sich die Herstellkosten der Erzeugung ❷. Dazu ist die Bestandsminderung bei den fertigen und unfertigen Erzeugnissen zu addieren, um die Herstellkosten des Umsatzes zu erhalten ❸.

6.2.1 z. B.: Die Marketingabteilung handelt sinnvoll, da die Festsetzung des Listenverkaufspreises auf 15.999,00 € der Schwellenpreisstrategie entspricht. | 2

ℹ️ Psychologische Preise werden im Rahmen der Preispolitik im Marketing oft eingesetzt, da sie dem Kunden günstiger erscheinen, obwohl sie nur unwesentlich niedriger sind als der „glatte" Betrag.

6.2.2
	Selbstkosten	11.500,00 €	
+	**Gewinn**	**1.299,20 €**	
=	Barverkaufspreis	12.799,20 €	
+	Kundenskonto	0,00 €	
=	Zielverkaufspreis	12.799,20 €	80 %
+	Kundenrabatt	3.199,80 €	20 %
=	Listenverkaufspreis	15.999,00 €	100 %

(3)

ℹ️ Zur Lösung wird das Schema der Verkaufskalkulation benötigt: Schema aufschreiben, gegebene Werte eintragen und Grundwerte festlegen. Durch eine Differenzkalkulation lässt sich dann der Gewinn in Euro und ggf. in Prozent berechnen.

6.3

6760 PROV	14.000,00 €				
2600 VORST	2.660,00 €	an	4400 VE	16.660,00 €	3

ℹ️ Die Provision wird als Aufwand im Konto 6760 PROV im Soll gebucht. Um den Nettobetrag bei einem Umsatzsteuersatz von 19 % zu erhalten, rechnet man schnell 16.660,00 € : 1,19. Da eine Eingangsrechnung vorliegt, wird diese im Konto 4400 VE im Haben erfasst.

15

A7

7.1

A	niedrig	B	hoch	C	hoch	3

A	Bei Immobilien ist das Kapital langfristig gebunden.
B	Bei Termineinlagen wird am Laufzeitende der angelegte Geldbetrag von der Bank in gleicher Höhe wieder zurückgezahlt.
C	Bei Aktien können auf lange Sicht Kursgewinne erzielt werden.

7.2 Unter Diversifikation versteht man eine Geldanlagestrategie, bei der man aus Gründen der Risikominimierung das Vermögen in verschiedene Anlageformen investiert.

1

ℹ️ Diversifikation kann zum Beispiel bei Aktien auch durch den Kauf von Fonds erreicht werden. Dabei werden bei Investmentfonds die Wertpapiere durch professionelle Fondsmanager verwaltet, die in ihren Fonds die Aktienauswahl streuen. Hingegen setzen sich ETFs (Exchange Trading Funds) entsprechend eines bestimmten Aktienindexes zusammen.

7.3.1 z. B.: sozialer Aspekt

1

ℹ️ Der Begriff „Nachhaltigkeit" ist im Finanzbereich nicht gesetzlich definiert. Anleger, die ihr Geld mit gutem Gewissen anlegen wollen, beachten Aspekte wie Ethik, Soziales und Ökologie (Umwelt).

BEISPIEL-ABSCHLUSSPRÜFUNG 1

7.3.2

	Kurswert (900 · 51,50 €)	46.350,00 €	100 %
+	Spesen	463,50 €	1 %
=	**Banklastschrift**	**46.813,50 €** ▼	**101 %**

1500 WP	46.813,50 €	an	2800 BK	46.813,50 €	4

ℹ️ Laut Angabe sind beim Kauf 1 % Spesen vom Kurswert zu berücksichtigen. Dazu wird mit dem Schema der Kaufabrechnung zunächst der Kurswert der Aktien bestimmt (Stückzahl · Stückkurs). Zum Kurswert werden die Spesen addiert (Prozentrechnung) und es ergibt sich die Banklastschrift.

Durch den Aktienkauf erhöht sich der Bestand an Wertpapieren im aktiven Bestandskonto 1500 WP (Buchung im Soll). Die Banklastschrift ist im Konto 2800 BK im Haben zu erfassen. Anfallende Spesen werden nicht in einem eigenen Konto gebucht, sondern im Konto 1500 WP aktiviert.

7.4

2800 BK	1.350,00 €	an	5780 DDE	1.350,00 €	2

ℹ️ Es erfolgt eine Überweisung auf das Geschäftsbankkonto des Unternehmens TSE, weshalb das Konto 2800 BK im Soll gebucht wird. Die Dividende wird als Ertrag im Konto 5780 DDE im Haben erfasst.

7.5

	Bankgutschrift	49.005,00 €
–	Banklastschrift (Buchwert)	46.813,50 €
=	**Kursgewinn**	**2.191,50 €**

2800 BK	49.005,00 €	an	1500 WP	46.813,50 €	
			5650 EAWP	2.191,50 €	4

ℹ️ Durch den Aktienverkauf vermindert sich der Bestand an Wertpapieren im aktiven Bestandskonto 1500 WP, das mit dem Buchwert (siehe Lösung 7.3.2) im Haben gebucht wird. Die Bankgutschrift (siehe Beleg) ist im Konto 2800 BK im Soll zu erfassen. Um den Erfolg eines Aktiengeschäfts zu ermitteln, wird die Bankgutschrift beim Verkauf mit der Banklastschrift beim Kauf verglichen. Als Differenz ergibt sich ein Kursgewinn (positiver Betrag), der als Ertrag im Haben des Kontos 5650 EAWP gebucht wird. Anfallende Spesen werden sofort abgezogen und nicht gebucht.

15

BEISPIEL-ABSCHLUSSPRÜFUNG 1

A8

8.1 z. B.: gut ausgebauter öffentlicher Nahverkehr, hoher Freizeitwert — 2

> ℹ️ **Weiche Standortfaktoren** sind nur schwer messbar und durch subjektive Einschätzungen geprägt. Sie richten sich nach persönlichen Interessen und beschreiben die (Lebens-) Qualität des Standorts.
>
> **Harte Standortfaktoren** hingegen sind gut messbare, kostenmäßig berechenbare, objektive Faktoren eines Standorts. Sie bestimmen, ob es für ein Unternehmen wirtschaftlich sinnvoll ist, sich dort niederzulassen.

8.2.1 Die Gewerbesteuer zählt zu den harten Standortfaktoren, da sie für „TSE" eine messbare Größe darstellt. — 1

> ℹ️ Die Gewerbesteuer zählt zu den Aufwandssteuern (betriebliche Steuern) und stellt für ein Unternehmen einen Kostenfaktor dar.

8.2.2

Gewinn (Gewerbeertrag)	224.500,00 €	
− Freibetrag	24.500,00 €	
= Steuerpflichtiger Gewerbeertrag	200.000,00 €	
Gewerbesteuermessbetrag	7.000,00 €	(0,035 · 200.000,00 €)
Gewerbesteuer	**17.500,00 €**	(2,5 · 7.000,00 €)

— 3

> ℹ️ Die Gewerbesteuer ist mit dem entsprechenden Schema zu berechnen. Die meisten der benötigten Informationen können direkt der Aufgabenstellung 8.2.2 entnommen werden. Der Hebesatz von 250 % für die Gewerbesteuer befindet sich in der Auflistung der Daten in der Werbeanzeige.

8.2.3   7000 GWST   4.375,00 €   an   2800 BK   4.375,00 € — 2

> ℹ️ Es erfolgt eine Abbuchung vom Geschäftsbankkonto des Unternehmens TSE, weshalb das Konto 2800 BK im Haben gebucht wird. Die Gewerbesteuer wird als Aufwandssteuer im Konto 7000 GWST im Soll gebucht.

8.3.1   6730 GEB   2.500,00 €   an   4400 VE   2.500,00 € — 2

> ℹ️ Ein Bescheid ist eine Mitteilung, die von einer Behörde (Gemeinde) oder einem Amt (Finanzamt) erstellt wird. Darin werden beispielsweise Steuern, Beiträge, Gebühren oder Gerichtskosten in Rechnung gestellt, weshalb Bescheide im Konto 4400 VE im Haben zu buchen sind. Die Abwassergebühren werden als Aufwand im Konto 6730 GEB im Soll gebucht und sind umsatzsteuerfrei.

8.3.2 z. B.: Gebühren sind Abgaben für eine bestimmte Leistung des Staates, während es sich bei Steuern um Abgaben ohne eine spezielle Gegenleistung des Staates handelt. — 2

> ℹ️ Die Abgaben an den Staat (Beiträge, Gebühren und Steuern) können danach unterschieden werden, ob mit der Zahlung eine bestimmte Leistung des Staates verbunden ist oder nicht.

BEISPIEL-ABSCHLUSSPRÜFUNG 1

8.4.1 z. B.: Filteranlage für Abgase

 Weitere Möglichkeiten, um die benachbarten Wohngebiete vor Beeinträchtigungen durch das Unternehmen zu schützen, sind: Schallschutzwände (Lärm), Schutzabstände, Einsatz schadstoffarmer Brennstoffe, Verwendungsverbote bestimmter chemischer Stoffe, ...

8.4.2 z. B.: Subventionen sind positiv zu sehen, weil z. B. die Unternehmer die Investitionen aufgrund der Förderung umsetzen.

oder:

z. B.: Sie sind negativ zu sehen, weil z. B. Konkurrenten an anderen Standorten benachteiligt werden.

Unter Subventionen versteht man Leistungen des Staates zur Unterstützung ausgewählter Industriebranchen (z. B. Luft- und Raumfahrt) oder für die Landwirtschaft, um deren Fortbestand zu sichern.

Je nach Begründung ist es möglich, Subventionen positiv bzw. negativ zu beurteilen.

BEISPIEL-ABSCHLUSSPRÜFUNG 2
für den LehrplanPLUS

Als Mitarbeiterin bzw. Mitarbeiter im Unternehmen „Miriam Walser Ski e. Kfr.", kurz „WalserSki", bearbeiten Sie verschiedene betriebswirtschaftliche Aufgaben.

Miriam Walser Ski e. Kfr.
Staufenstraße 160
83435 Bad Reichenhall

Inhaberin:	Miriam Walser
Rechtsform:	Einzelunternehmen
Geschäftsjahr:	1. Januar bis 31. Dezember 2022
Zweck des Unternehmens:	Hauptwerk Bad Reichenhall: Herstellung von Alpinski Zweigwerk Traunstein: Herstellung von Snowboards
Unternehmensphilosophie:	Mit nachhaltigen und qualitativ hochwertigen Skiern den Sport in der Natur genießen.

Werkstoffe:

Rohstoffe
Eschenholz, Glasfaser, Kohlefaser

Fremdbauteile
Skibindungen, Edelstahlkanten, ...

Hilfsstoffe
Kunstharze, Farben, Schrauben, ...

Betriebsstoffe
Schmierstoffe, Strom, Gas, ...

Formale Vorgaben:

- Bei Buchungssätzen sind stets Kontennummern, Kontennamen (abgekürzt möglich) und Beträge anzugeben.
- Bei Berechnungen sind jeweils alle notwendigen Lösungsschritte und Nebenrechnungen darzustellen.
- Alle Ergebnisse sind in der Regel auf zwei Nachkommastellen gerundet anzugeben.
- Soweit nicht anders vermerkt, gilt ein Umsatzsteuersatz von 19 %.

A1 Im Unternehmen „WalserSki" liegt folgender Beleg vor:

Josef Almer Skibindungen GmbH

JAS

Josef Almer Skibindungen GmbH · Hofener Str. 16 · 87527 Sonthofen

Firma
Miriam Walser Ski e. Kfr.
Staufenstraße 160
83435 Bad Reichenhall

Josef Almer Skibindungen GmbH
Hofener Str. 16
87527 Sonthofen

Tel.: +49(0)8321 0200
Fax: +49(0)8321 02025
E-Mail: service@jas.xyz
Internet: www.jas.xyz

Sonthofen, 15.01.2022

Rechnung Nr. 0125/22
(Bei Zahlung bitte angeben!)

Bestellnummer: 2200034   Bestelldatum: 07.01.2022   Kunden-Nr.: 0520

Am 15.01.2022 lieferten wir Ihnen:

Pos.	Artikelbezeichnung	Menge/Paar	Einzelpreis	Gesamtpreis
1	Skibindung „XX 015 FS"	200	151,25 €	30.250,00 €
		Zwischensumme – 20 % Rabatt		30.250,00 € 6.050,00 €
		Warenwert + 19 % Umsatzsteuer		24.200,00 € 4.598,00 €
		Rechnungsbetrag		**28.798,00 €**

Vielen Dank für Ihren Auftrag!

Bei Zahlung bis zum 25.01.2022 gewähren wir 2 % Skonto.
Zahlung fällig „rein netto" am 14.02.2022.

Lieferung „frei Haus".

Die Ware bleibt bis zur vollständigen Bezahlung Eigentum
von Josef Almer Skibindungen GmbH.

JAS – Innovative Skibindungen für jeden Ski und jedes Gelände

Allgäubank Sonthofen
IBAN: DE36 7335 0000 0005 0500 35
BIC: ABNKDEF1SON

Amtsgericht Sonthofen HRB 5242
USt.-IdNr.: DE128512044
Steuernr.: 127/142/50022

Sitz der Gesellschaft: Sonthofen
Geschäftsführer: Josef Almer

1.1 Bilden Sie den Buchungssatz zu Rechnung Nr. 0125/22.

1.2 Erklären Sie die Bedeutung der in der Rechnung ausgewiesenen Lieferbedingung.

1.3 Die Rechnung weist einen Sofortrabatt aus. Nennen Sie ein Beispiel für einen derartigen Rabatt.

1.4 Neben dem Preis spielen für Miriam Walser auch noch andere Kriterien bei der Wahl des Lieferers eine Rolle. Geben Sie ein weiteres Kriterium an.

1.5 Bilden Sie den Buchungssatz für die Begleichung der nebenstehenden Rechnung am 24.01.2022 durch Banküberweisung.

1.6 Miriam Walser möchte die Skibindungen so kostengünstig wie möglich einkaufen und ordnet daher eine Überprüfung der Bestellmengen durch die Einkaufsabteilung an. Dazu liegt folgende Grafik vor:

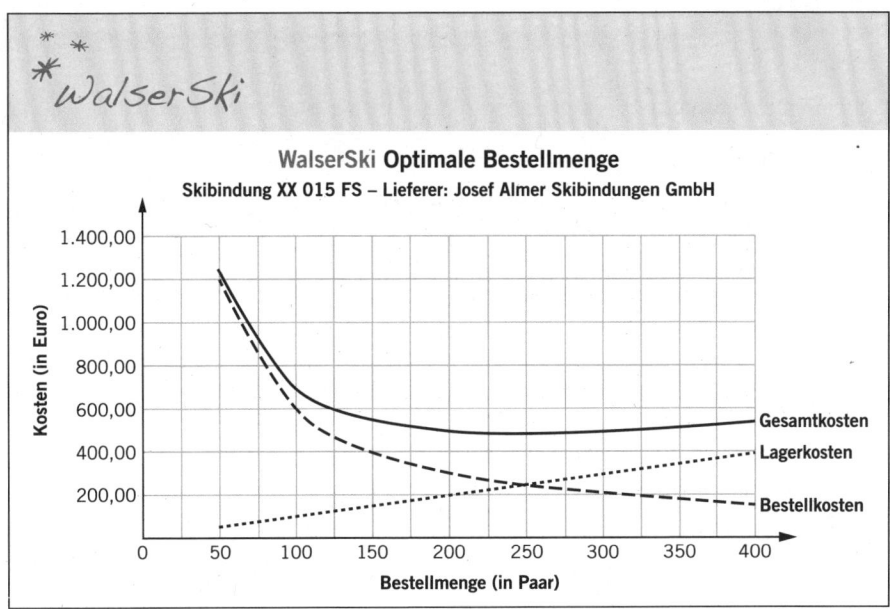

1.6.1 Geben Sie auf dem Lösungsblatt unter Angabe des Kennbuchstabens an, ob die folgenden Aussagen A bis C jeweils richtig oder falsch sind.

A	Die Lagerkosten im Unternehmen „WalserSki" sind höher, wenn die Bestellmenge höher ist.
B	Je größer die Bestellmenge, desto geringer die Anzahl der Bestellungen.
C	Bei einer Bestellmenge von 150 Skibindungen fallen 600,00 € Bestellkosten an.

1.6.2 Bestimmen Sie mithilfe der Grafik die optimale Bestellmenge für Skibindungen.

1.6.3 Nennen Sie je ein konkretes Beispiel für Lagerkosten und für Bestellkosten.

BEISPIEL-ABSCHLUSSPRÜFUNG 2

A2 „WalserSki" möchte freie liquide Mittel möglichst gewinnbringend anlegen.

2.1 Miriam Walser verfolgt daher die Entwicklungen auf dem Immobilienmarkt:

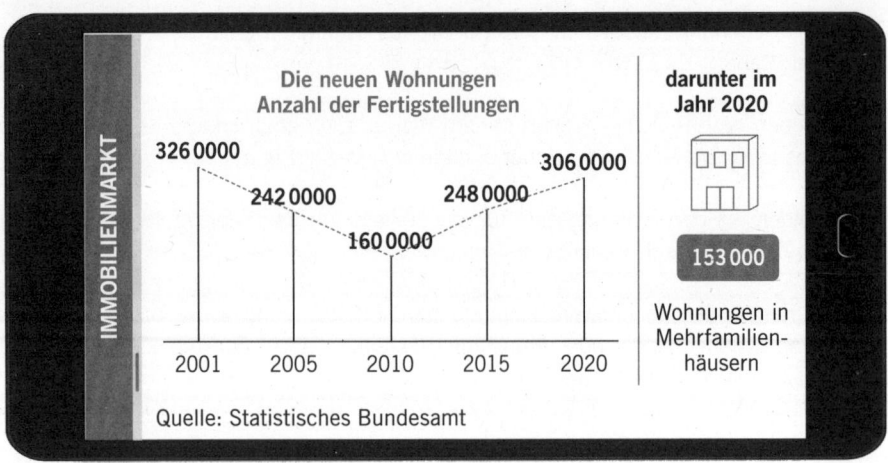

2.1.1 Berechnen Sie den prozentualen Anteil fertig gestellter Wohnungen in Mehrfamilienhäusern im Jahr 2020.

2.1.2 Beschreiben Sie einen konkreten Grund, weshalb zurzeit viele Anleger vermehrt in den Immobiliensektor investieren.

2.2 Das Unternehmen „WalserSki" hat schließlich eine gewerbliche Immobilie erworben, die weitervermietet wird. Bilden Sie den Buchungssatz zum vorliegenden Beleg:

```
Alpbank Bad Reichenhall

IBAN DE72 7515 0080 4040 8080 20          Auszug/Jahr  21/2022
BIC  ALPBDERE700                           Blatt-Nr.     1

KONTOAUSZUG                                            Betrag in €

Buchungstag   Wert      Vorgang         Alter Kontostand   2.473,20 +
                                        ------------------------------
01.03.        01.03.    Miete März 2022                      892,50 +
                        Bernd Printer GmbH
                                        ------------------------------
                                        Neuer Kontostand   3.365,70 +
                                        ------------------------------
Miriam Walser Ski e.Kfr., 83435 Bad Reichenhall


Ihre Servicebank               Letzte Erstellung      27.02.2022
                               Erstellungstag         02.03.2022 / 15:04
```

2.3 Nach Abschluss des Immobilienkaufs sollen weitere liquide Mittel angelegt werden. Ein Zeitungsartikel zum Thema Geldanlageformen liegt Ihnen dazu vor:

> **Gold oder MSCI World Index?**
> **Die Rendite zu vergleichen lohnt sich!**
>
> Gold hat in der Vergangenheit im Durchschnitt wesentlich weniger an Wert gewonnen als beispielsweise eine Anlage in weltweit gestreute Aktien.
>
> Im Zeitraum von 1975 bis Mitte 2021 brachte eine reine Geldanlage in den Weltaktienmarkt (gemessen am MSCI World Index) pro Jahr mehr als doppelt so viel Rendite als das Edelmetall Gold.
>
> Das Edelmetall war in der Vergangenheit meist ein „sicherer Anlagehafen". Dennoch zeigte Gold im Vergleich zum MSCI World Index im genannten Zeitraum oft höhere Wertschwankungen.
>
> Quelle: Bundesbank

2.3.1 „WalserSki" strebt eine möglichst hohe Rendite an. Leiten Sie auf Grundlage des Zeitungsartikels die geeignete Anlageform ab.

2.3.2 Nennen Sie den Fachbegriff für eine Geldanlagestrategie, die die Verteilung in verschiedene Anlagemöglichkeiten beinhaltet, um das Risiko zu minimieren.

2.4 Im Zusammenhang mit der Geldanlage liegt Ihnen folgender Belegauszug vor:

WERTPAPIER-KAUF		**Alpbank Bad Reichenhall**
Firma Miriam Walser Ski e. Kfr. Staufenstraße 160 83435 Bad Reichenhall	Börse: Depot-Nr.: Verwahrungsart: Auftragsnummer: Auftragsdatum: Wert/Valuta:	München 348579854 Girosammeldepot 3984234/22 04.03.2022 05.03.2022 um 11:19:59 Uhr
Wertpapierbezeichnung:	Solartech AG ISIN: DE4925392307 / WKN: 539230	
Stückzahl:	78	
Kurs:	192,50 €	
Spesen:	1,00 % vom Kurswert	

2.4.1 Bilden Sie den Buchungssatz.

2.4.2 „WalserSki" benötigt kurzfristig 4.000,00 € auf dem Geschäftsbankkonto. Daher müssen einige der Solartech AG-Aktien zum 28.03.2022 veräußert werden.

Ermitteln Sie die Stückzahl der Aktien, wenn der Verkaufskurs bei 109,20 € liegt und 1 % Spesen vom Kurswert berechnet werden.

A3 Die Marketingabteilung von „WalserSki" hat eine Werbeagentur beauftragt, eine Zeitungsanzeige zu gestalten:

3.1 In der Werbebotschaft wird der Begriff „Nachhaltigkeit" erwähnt. Nennen Sie ein psychologisches Marketingziel, das „WalserSki" damit verbindet.

3.2 Erklären Sie unter Verwendung der Fachbegriffe zwei unterschiedliche Preisdifferenzierungen in der Anzeige.

3.3 Geben Sie den Fachbegriff für den in der Anzeige genannten Absatzweg an.

3.4 „WalserSki" erhält von der Werbeagentur für die Gestaltung der Anzeige eine Rechnung über brutto 2.975,00 €. Bilden Sie den Buchungssatz.

3.5 Folgende Tabelle liegt Miriam Walser für ihr Unternehmen vor:

	A	B	C	D	E
1	Ausgaben für Werbung nach Werbeträgern				
2		1. Quartal	2. Quartal	3. Quartal	4. Quartal
3	Rundfunk	10.000,00 €	5.000,00 €		
4	Außenwerbung	10.500,00 €	6.300,00 €		
5	Zeitungen/Zeitschriften	29.500,00 €	24.000,00 €		
6	Internet	41.000,00 €	44.000,00 €		
7	Gesamtausgaben	91.000,00 €	79.300,00 €		

3.5.1 Nennen Sie den Werbeträger, für den die geringsten Ausgaben im 2. Quartal bei „WalserSki" entstanden sind.

3.5.2 „WalserSki" plant für Internetwerbung im 3. Quartal 15 % mehr als im Vorquartal auszugeben. Berechnen Sie die Höhe der geplanten Ausgaben für Internetwerbung im 3. Quartal.

3.6 Auf dem Postweg soll Stammkunden zusätzlich ein Flyer zugesendet werden. In diesem Zusammenhang kauft „WalserSki" Briefmarken im Wert von 230,00 € gegen Barzahlung. Bilden Sie den Buchungssatz.

„WalserSki" liegen die Zahlen aus dem BAB aufbereitet in folgenden Grafiken vor:

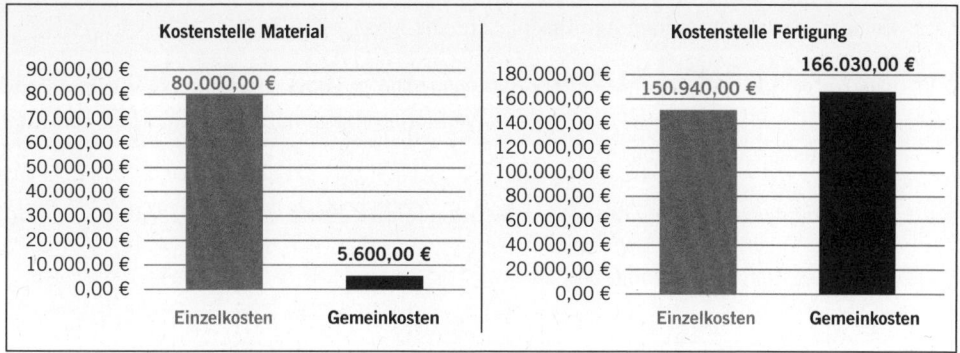

4.1 Definieren Sie den Begriff „Kostenstelle".

4.2 Unterscheiden Sie Einzel- und Gemeinkosten.

4.3 Ermitteln Sie rechnerisch den Materialgemeinkostenzuschlagssatz.

4.4 Berechnen Sie die Herstellkosten der Erzeugung.

4.5 „WalserSki" verkauft 100 Paar Skier des Modells „Woody" an den Kunden „Sporthaus Selig".

4.5.1 Berechnen Sie für diesen Auftrag den Gesamtgewinn in Euro und Prozent, wenn folgende Daten vorliegen:

Selbstkosten/Paar	425,00 €
Listenverkaufspreis/Paar	620,00 €
Kundenrabatt	15 %

4.5.2 Nach dem Verkauf antwortet Miriam Walser auf die Mängelrüge des „Sporthauses Selig" mit nachfolgender E-Mail. Bilden Sie den Buchungssatz:

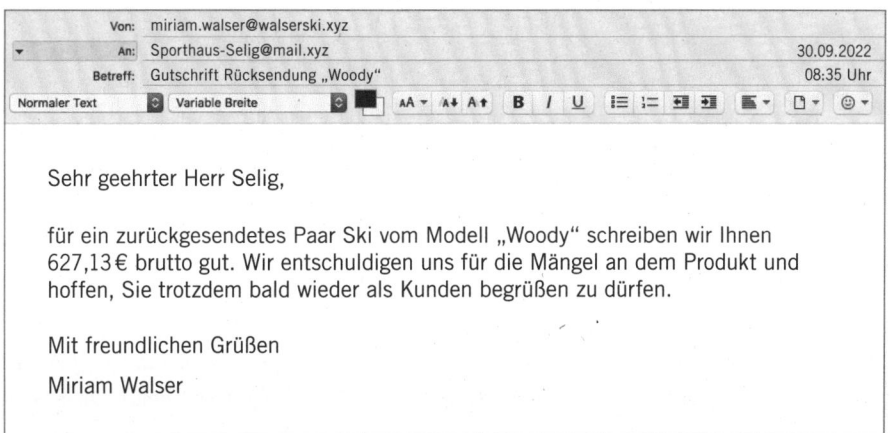

A5 Am 31.12.2022 sind im Unternehmen „WalserSki" noch einige Arbeiten zu erledigen.

5.1 Bilden Sie die vorbereitenden Abschlussbuchungssätze.

5.1.1 Die Gebäudebrandversicherung für die Lagerhalle in Höhe von 360,00 € für den Zeitraum 01.11.2022 bis 31.01.2023 wurde vereinbarungsgemäß am 01.11.2022 vom Geschäftsbankkonto abgebucht.

5.1.2 Im Eschenholz-Lager ergibt sich ein Mehrbestand in Höhe von 7.530,00 €.

5.1.3 Ihnen liegt folgendes Konto vor:

S	0890 GWG	H
1. KA	820,00 €	
2. VE	1.380,00 €	

5.2 Beurteilen Sie folgende Aussage von Miriam Walser:

„Als Unternehmerin freue ich mich, wenn ich am Geschäftsjahresende möglichst viele Abschreibungen buchen kann."

5.3 Zum Jahresabschluss liegen Miriam Walser folgende Informationen vor:

Aktiva	Bilanz zum 31.12.2022 in €		Passiva
A. Anlagevermögen	8.970.000,00	A. Eigenkapital	8.150.000,00
B. Umlaufvermögen		B. Fremdkapital	
I. Vorräte	3.250.000,00	I. Langfristiges Fremdkapital	4.428.000,00
II. Forderungen	1.260.250,00	II. Kurzfristiges Fremdkapital	1.203.000,00
III. Flüssige Mittel	300.750,00		
	13.781.000,00		13.781.000,00

Kennzahlen

	2021	2022
Barliquidität	24,13 %	
EK-Rentabilität	3,94 %	
Anlagendeckung I	87,51 %	90,86 %
Anlagendeckung II	120,40 %	140,22 %

Gewinn in Euro (2021: ca. 400.000,00 €; 2022: ca. 600.000,00 €)

5.3.1 Bilden Sie den Buchungssatz für den Abschluss des Kontos 8020 GUV.

5.3.2 Am Bilanzstichtag sind 20 % aller kurzfristigen Verbindlichkeiten fällig. Beurteilen Sie durch Berechnung der Barliquidität, ob „WalserSki" diesen Zahlungsverpflichtungen vollständig nachkommen kann.

5.3.3 Berechnen Sie die Eigenkapitalrentabilität, wenn Privatentnahmen in Höhe von 50.000,00 € zu berücksichtigen sind.

5.3.4 Führen Sie einen internen Betriebsvergleich für die Kennzahl der Anlagendeckung II durch.

Miriam Walser beabsichtigt für die Erweiterung des Unternehmens ein Nachbargrundstück mit Lagerhalle in Bad Reichenhall zu kaufen.

A6

6.1 Miriam Walser liegt ein Zeitungsausschnitt vor:

> **Anschaffungsnebenkosten beim Immobilienkauf berücksichtigen**
>
> **Bad Reichenhall (ch.)**
> Wer den Kauf einer Immobilie plant, weiß, dass hierfür ein großer finanzieller Aufwand nötig ist. Die größten Ausgaben, wie den Kaufpreis des Grundstückes oder des Gebäudes hat man meist noch gut im Blick, andere Kostenpunkte werden aber oft vergessen. Umso wichtiger ist es daher zu wissen, welche Anschaffungsnebenkosten einkalkuliert werden müssen. Insgesamt machen diese Nebenkosten etwa 10 % des Kaufpreises für die Immobilie aus. Sobald der Immobilienkauf getätigt ist, folgt der Steuerbescheid des Finanzamtes. Die Grunderwerbsteuer beträgt je nach Bundesland zwischen 3,5 % (z. B. in Bayern) und 6,5 % (z. B. in Brandenburg) und wird auf den Kaufpreis fällig. Diese darf nicht mit der Grundsteuer verwechselt werden, die Immobilienbesitzer jährlich an die Gemeinde bezahlen müssen. [...]

6.1.1 Notieren Sie auf Ihrem Lösungsblatt jeweils unter Angabe des Kennbuchstabens die zutreffenden Begriffe bzw. Werte für die Textlücken A bis D.

> Käufer von Immobilien müssen mit mehr Kosten als nur dem Kaufpreis kalkulieren. Die Anschaffungsnebenkosten verteuern den Preis um etwa ... **A** ... Prozent des Immobilienpreises. Hierzu zählt auch die Grunderwerbsteuer, die in Bayern ... **B** ... Prozent des Kaufpreises beträgt. Neben dieser Steuer fallen beispielsweise auch Grundbuchgebühren oder ... **C** ... als Anschaffungsnebenkosten an. Nach dem Kauf fällt für Immobilienbesitzer jährlich die ... **D** ... an, die an die zuständige Gemeinde zu zahlen ist.

6.1.2 Das Nachbargrundstück mit Lagerhalle wurde zum Gesamtpreis von 560.000,00 € (Grundstück 320.000,00 €, Lagerhalle 240.000,00 €) erworben. „WalserSki" erhält den Bescheid über die fälligen Grundbuchgebühren in Höhe von insgesamt 11.200,00 €. Bilden Sie den Buchungssatz.

6.1.3 „WalserSki" benötigt weitere Sachanlagen für die Ausstattung der Lagerhalle. Grenzen Sie die Begriffe „Kleingüter" und „Geringwertige Wirtschaftsgüter" nach der Höhe der Anschaffungskosten voneinander ab.

6.2 Ihnen liegt folgende unvollständige Anlagenkarte vor.

ANLAGENKARTE			WalserSki
Bezeichnung:	Lagerhalle Staufenstraße 162	voraussichtliche Nutzungsdauer (Jahre):	25
Konto:	0530 BVG	Abschreibungssatz:	4 %
Inventar-Nr.:	002418	Abschreibungsverfahren:	linear
Anschaffungsdatum:	15.03.2022	Anschaffungspreis:	240.000,00 €
		Anschaffungsnebenkosten:	24.000,00 €
		Anschaffungskosten:	264.000,00 €
Jahr	**Datum**	**Abschreibungsbetrag**	**Restbuchwert**
1	31.12.2022		

6.2.1 Bilden Sie den Buchungssatz für die Abschreibung der Lagerhalle am 31.12.2022.

6.2.2 Nennen Sie eine mögliche Ursache für die Wertminderung von Sachanlagen.

A7 Miriam Walser überprüft die Bonität ihrer Kunden stets genau, um Forderungsausfälle zu verhindern.

7.1 Sie betrachtet hierzu folgende Informationen:

Unternehmensinsolvenzen gesunken

In Deutschland sank die Anzahl der insolventen Unternehmen auch in diesem Jahr weiter. Laut statistischem Bundesamt wurden 2021 von den Amtsgerichten 15 810 Fälle registriert, was einem Minus von 15 % zum Vorjahr entspricht. Die meisten Insolvenzen hatte die Baubranche zu verzeichnen.

Bei einem Insolvenzverfahren kommt der Gläubigerversammlung eine große Bedeutung zu. Sie entscheidet, ob eine Sanierung (73 % im Jahr 2021) oder eine Auflösung/Liquidation (27 % im Jahre 2021) des Unternehmens erfolgen soll.

Lehnt das Gericht aber einen Insolvenzantrag „mangels Masse" ab, wird das Unternehmen aus dem Handelsregister gelöscht – ohne Mitspracherecht der Gläubigerversammlung. Im vergangenem Jahr war dies bei acht Prozent der Unternehmen der Fall.

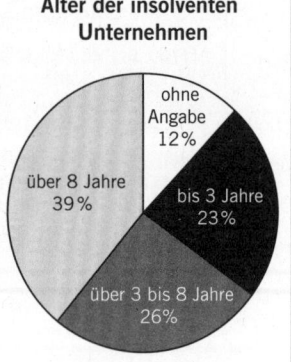

Alter der insolventen Unternehmen
- ohne Angabe 12 %
- bis 3 Jahre 23 %
- über 3 bis 8 Jahre 26 %
- über 8 Jahre 39 %

Quelle: Statistisches Bundesamt

7.1.1 Beurteilen Sie folgende Aussage eines Mitarbeiters von „WalserSki":

„Ich denke, dass insbesondere junge Unternehmen in den ersten drei Jahren Insolvenz anmelden müssen."

7.1.2 Berechnen Sie die Anzahl der Unternehmensinsolvenzen im Jahr 2020.

7.1.3 Nennen Sie eine Folge für insolvente Unternehmen, sofern das Insolvenzverfahren vom Gericht aufgrund zu geringer Vermögenswerte abgelehnt wird.

7.1.4 Stellen Sie dar, worüber die Gläubigerversammlung im Insolvenzverfahren entscheidet.

7.2 Auch bei Kunden von „WalserSki" kann es zu Zahlungsschwierigkeiten kommen. Deshalb werden Forderungen ständig überwacht:

Kunde	Fälligkeitsdatum	Forderungsbetrag	Art der Forderung	
			einwandfrei	zweifelhaft
Herminator Ski AG	10.04.2022	77.350,00 €	X	
SkiJöring GmbH	02.05.2022	30.226,00 €	X	
Sport Hannes e. K.	12.05.2022	9.877,00 €		X

7.2.1 „WalserSki" erfährt von der Eröffnung des Insolvenzverfahrens gegenüber der „Herminator Ski AG". Bilden Sie den Buchungssatz.

7.2.2 Miriam Walser bemerkt beim Kunden „SkiJöring GmbH" einen Zahlungsverzug von 25 Tagen und stellt Verzugszinsen in Höhe von 8,12 % sowie eine Mahngebühr von 40,00 € in Rechnung. Bilden Sie den Buchungssatz.

7.2.3 Die zweifelhafte Forderung gegenüber „Sport Hannes e. K." wird uneinbringlich, deshalb möchte Miriam Walser ihr Unternehmen zukünftig gegen Liquiditätsengpässe durch Forderungsausfälle absichern. Entwickeln Sie hierzu eine geeignete Lösungsstrategie.

Das Unternehmen „WalserSki" stellt in seinem Zweigwerk in Traunstein Snowboards her. **A8**
Ihnen liegen die aktuellen Quartalszahlen vor:

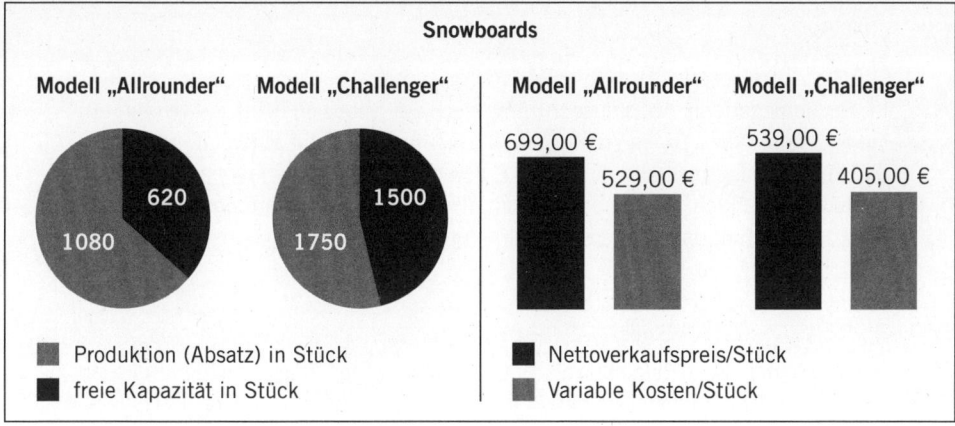

8.1 Überprüfen Sie die folgenden Aussagen zu den Quartalszahlen. Geben Sie auf Ihrem Lösungsblatt den Kennbuchstaben der nicht zutreffenden Aussage an und berichtigen Sie diese.

A	Gemessen an der Gesamtkapazität beider Snowboard-Modelle ist die derzeitige Produktionsauslastung beim Modell „Allrounder" höher.
B	Bei der Preisgestaltung beider Modelle setzt das Unternehmen „WalserSki" auf die Schwellenpreisstrategie.
C	Aktuell liegt die kurzfristige Preisuntergrenze beim Modell „Challenger" bei 134,00 €.

8.2 Berechnen Sie auf Grundlage der oben genannten Quartalszahlen den Betriebsgewinn, wenn die gesamten Fixkosten 379.500,00 € betragen.

8.3 Im Vergleich zum letzten Quartal ist beim Modell „Challenger" ein Absatzrückgang zu verzeichnen.

8.3.1 Beschreiben Sie eine konkrete Maßnahme der Verkaufsförderung.

8.3.2 Die gewählte Form der Verkaufsförderung zeigt Wirkung. „WalserSki" verkauft an die „Skischule Rauschberg GmbH" Snowboards vom Modell „Challenger". Der Rechnungsbetrag beläuft sich auf 6.414,10 €. Bilden Sie den Buchungssatz.

8.4 Aufgrund eines Maschinenausfalls besteht ein kurzfristiger Produktionsengpass. Es können entweder vom Modell „Allrounder" oder vom Modell „Challenger" maximal 1 000 Stück gefertigt werden.

8.4.1 Entscheiden Sie, welches Modell vorübergehend aus dem Produktionsprogramm gestrichen werden sollte.

8.4.2 Eine beauftragte Werkstatt hat die Reparatur der Produktionsmaschine erfolgreich durchgeführt. Es geht die Rechnung in Höhe von 1.606,50 € brutto ein. Bilden Sie den Buchungssatz.

LÖSUNGEN BEISPIEL-AP 2

A 1

1.1

6010 AWF	24.200,00 €			
2600 VORST	4.598,00 €	an	4400 VE	28.798,00 €

3

ℹ️ In der vorliegenden Abschlussprüfung sind Sie Mitarbeiter(in) des Unternehmens „WalserSki". Da es sich um eine Eingangsrechnung eines Lieferers über Skibindungen an uns handelt, ist der Buchungssatz für den Zielkauf von Fremdbauteilen zu bilden. Dem Deckblatt kann unter „Werkstoffe" entnommen werden, dass Skibindungen zu den Fremdbauteilen gehören.

1.2 z. B.: Das Unternehmen „Josef Almer Skibindungen GmbH" trägt die anfallenden Transportkosten.

1

ℹ️ Der Rechnung kann der Hinweis entnommen werden, dass die Lieferung an „WalserSki" „frei Haus" erfolgt.

1.3 z. B.: Mengenrabatt

1

ℹ️ Sofortrabatte werden vom Listeneinkaufspreis sofort abgezogen und nicht gebucht. Weitere Beispiele: Treue- und Sonderrabatt, z. B. bei Firmenjubiläen.

1.4 z. B.: Lieferzeit

1

ℹ️ Neben dem Preis können bei der Liefererauswahl andere Gründe eine Rolle spielen, z. B. Qualität, langjährige Geschäftsverbindungen, Service, Umweltschutz oder Zuverlässigkeit.

1.5

	Rechnungsbetrag	28.798,00 €	100 %	:1,19	484,00 €
–	Bruttoskonto	575,96 €	2 %		91,96 €
=	**Überweisungsbetrag**	**28.222,04**	**98 %**		

4400 VE	28.798,00 €	an	2800 BK	28.222,04 €
			6012 NF	484,00 €
			2600 VORST	91,96 €

5

ℹ️ „WalserSki" überweist laut Angabe die vorliegende Rechnung am 24.01.2022 an den Lieferer. Gemäß Zahlungsbedingungen wird bis einschließlich 25.01.2022 ein Skontoabzug von 2 % gewährt, weshalb hier der Skontobuchungssatz des Einkaufsbereichs zu bilden ist. Die Angabe der Nebenrechnung ist Pflicht!

1.6.1

A	richtig	B	richtig	C	falsch

3

ℹ️

A	Die Grafik zeigt, dass die Gerade für die Lagerkosten bei zunehmender Bestellmenge steigend verläuft.
B	Ausgehend von einer feststehenden jährlichen Menge für einen bestimmten Werkstoff gibt es bei Bestellungen zwei grundsätzliche Möglichkeiten: Entweder selten in großen Mengen kaufen oder häufig in kleinen Mengen kaufen.
C	Die Aussage lässt sich überprüfen, indem man auf der x-Achse die Bestellmenge von 150 aufsucht und dort den entsprechenden Betrag für die Bestellkosten von 400,00 € an der y-Achse abliest.

1.6.2 Optimale Bestellmenge: 250 Paar Skibindungen

ℹ️ Die optimale Bestellmenge ergibt sich im Schnittpunkt der grafischen Darstellungen von Bestellkosten und Lagerkosten. Der Grafik kann entnommen werden, dass bei dieser Bestellmenge die Gesamtkosten am geringsten sind.

1.6.3 Lagerkosten: z. B. Personalkosten für Mitarbeiter im Lager
Bestellkosten: z. B. Kosten für Transport

ℹ️ Weitere Beispiele Lagerkosten:
Miete, Energiekosten Lager (Strom, Heizung), ...

Weitere Beispiele Bestellkosten:
Verpackungskosten, Versicherungskosten, Zoll, ...

A2

2.1.1 $306\,000 \triangleq 100\,\%$
$153\,000 \triangleq x\,\%$

$$x = \frac{153\,000 \cdot 100}{306\,000} = 50$$

→ Der Anteil fertiggestellter Wohnungen in Mehrfamilienhäusern beträgt 50 %.

ℹ️ Um den Prozentanteil zu berechnen, müssen die Werte dem Schaubild auf dem Handy entnommen werden. Die Anzahl an Wohnungen in Mehrfamilienhäusern im Jahr 2020 betrug 153 000. Die Gesamtzahl von 306 000 aller neu fertig gestellten Wohnungen im Jahr 2020 stellt den Grundwert dar (100 %).

2.1.2 z. B.: Wegen der aktuellen Niedrigzinsphase bietet eine Investition in Immobilien gute Ertragschancen.

ℹ️ Für die Antwort bietet sich ein Vergleich mit anderen Geldanlagemöglichkeiten an, z. B. Aktien oder Bankeinlagen. Es ist auch möglich, auf die Vorteile bei einer Geldanlage in Immobilien einzugehen: z. B. Wertsteigerung in gefragten Wirtschaftsregionen, Schutz vor Inflation (Geldentwertung) oder Unabhängigkeit von Börsenschwankungen und politischen Konflikten.

2.2 2800 BK   892,50 €   an   5400 EMP   750,00 €
                                                4800 UST   142,50 €

ℹ️ Die Mietzahlung der Bernd Printer GmbH an „WalserSki" stellt einen Ertrag dar und wird im Konto 5400 EMP im Haben gebucht. Die Bankgutschrift wird im Konto 2800 BK im Soll erfasst. Der Vorgang ist umsatzsteuerpflichtig.

2.3.1 „WalserSki" sollte in Aktien investieren, da die Rendite bei Aktien langfristig höher ist als der Wertzuwachs bei Gold.

ℹ️ Weitere Kriterien des magischen Dreiecks der Geldanlage neben der Rendite sind Sicherheit und Verfügbarkeit. Gleichzeitig können diese Ziele nicht erreicht werden.

BEISPIEL-ABSCHLUSSPRÜFUNG 2

2.3.2 Diversifikation

Einzelne Geldanlagen können zum Teil stark an Wert verlieren. Da es nicht vorhersehbar ist, wie sich eine solche Geldanlage entwickeln wird, geht man ein großes Risiko ein. Verteilt man jedoch das Risiko, indem man sein Vermögen gleichmäßig in verschiedene Anlagemöglichkeiten investiert (= Diversifikation oder Streuung), sind die Schwankungen geringer und die Rendite berechenbarer.

2.4.1

Kurswert (78 · 192,50 €)	15.015,00 €	100 %
+ Spesen (1 % des Kurswerts)	150,15 €	1 %
= Banklastschrift (Anschaffungskosten)	15.165,15 €	101 %

1500 WP   15.165,15 €   an   2800 BK   15.165,15 €

Laut Beleg sind beim Kauf 1 % Spesen vom Kurswert zu berücksichtigen. Dazu wird mit dem Schema der Kaufabrechnung zunächst der Kurswert der Aktien bestimmt (Stückzahl · Stückkurs). Zum Kurswert werden die Spesen addiert (Prozentrechnung) und es ergibt sich die Banklastschrift.

Durch den Aktienkauf erhöht sich der Bestand an Wertpapieren im aktiven Bestandskonto 1500 WP (Buchung im Soll). Die Banklastschrift ist im Konto 2800 BK im Haben zu erfassen. Anfallende Spesen werden nicht in einem eigenen Konto gebucht, sondern im Konto 1500 WP aktiviert.

2.4.2

Kurswert	**4.040,40 €**	**100 %**
− Spesen (1 % des Kurswerts)	40,40 €	1 %
= Bankgutschrift	4.000,00 €	99 %

Stückzahl = 4.040,00 € : 109,20 € = 37

Zunächst muss mit dem Schema der Verkaufsabrechnung durch Rückwärtsrechnung der Kurswert berechnet werden. Die Spesen betragen 1 % vom Kurswert, daher entspricht der gegebene Betrag für die Bankgutschrift in Höhe von 4.000,00 € dem verminderten Grundwert 99 %.

Um die Stückzahl der Aktien zu erhalten, wird schließlich der Kurswert durch den gegebenen Verkaufskurs von 109,20 € dividiert.

A3 3.1 z. B.: Das Unternehmens- bzw. Markenimage soll verbessert werden.

Nachhaltigkeit ist ein Handeln, das langfristig ausgerichtet ist und sicherstellt, dass zukünftige Generationen nicht unter Fehlentwicklungen, Umweltverschmutzung oder sozialen Problemen leiden müssen. Dieses Unternehmensziel wird in der heutigen Zeit von vielen Menschen geschätzt und führt zu einem besseren Ruf des betreffenden Unternehmens.

3.2

z. B.: Zeitliche Preisdifferenzierung:
Der beworbene Sonderpreis gilt nur für eine bestimmte Zeit.

Personelle Preisdifferenzierung:
Nur Käufer mit der Walser-Kundenkarte erhalten einen zusätzlichen Rabatt.

4

> Unter Preisdifferenzierung versteht man eine Strategie, für das gleiche Produkt unterschiedliche Preise zu fordern. Die unterschiedliche Preisgestaltung kann außerdem mengenbezogen oder raumbezogen vorgenommen werden.

3.3

Direkter Vertrieb

1

> In der Zeitungsanzeige wird mit einem Lager-Abverkauf am Produktionsstandort geworben, d. h. die Fertigerzeugnisse werden direkt an den Kunden verkauft, ohne einen Zwischenhändler einzuschalten.

3.4

6870 WER	2.500,00 €			
2600 VORST	475,00 €	an	4400 VE	2.975,00 €

3

> Die Gestaltung der Anzeige durch die Werbeagentur stellt einen Aufwand dar, der mit dem Nettobetrag im Konto 6870 WER im Soll gebucht wird. Um den Nettobetrag bei einem Umsatzsteuersatz von 19 % zu erhalten, rechnet man schnell 2.975,00 € : 1,19. Da eine Eingangsrechnung vorliegt, wird diese im Konto 4400 VE im Haben erfasst.

3.5.1 Rundfunk

1

> Werbeträger sind Medien, die zur Übertragung von Werbebotschaften genutzt werden, z. B. Rundfunk oder Internet. Die Ausgaben für Werbung nach Werbeträgern im 2. Quartal sind in Spalte C des Tabellenblatts aufgeführt.

3.5.2

2. Quartal +15% → 3. Quartal
44.000,00 € ≙ 100%   115 %

44.000,00 € ≙ 100 %
x € ≙ 115 %

$$x = \frac{115 \cdot 44.000,00}{100} = 50.600,00$$

→ Die geplanten Ausgaben für Internetwerbung im 3. Quartal betragen 50.600,00 €.

2

> Als Grundwert (100 %) bei Vergleichen zwischen zwei Quartalen wird stets der Wert für das Quartal herangezogen, das am längsten zurückliegt, hier 2. Quartal. Dieses Quartal war der Ausgangspunkt des Anstiegs, der z. B. mit dem Dreisatz in Prozent zu berechnen ist.

3.6

6820 KOM	230,00 €	an	2880 KA	230,00 €

2

> Der Kauf von Briefmarken (Postwertzeichen) wird als Aufwand im Konto 6820 KOM im Soll erfasst. Der Vorgang ist umsatzsteuerfrei. Da der angegebene Betrag bar bezahlt wird, wird als Zahlungsmittelkonto das Konto 2880 KA im Haben gebucht.

14

BEISPIEL-ABSCHLUSSPRÜFUNG 2

A4 **4.1** Eine Kostenstelle ist ein Ort im Unternehmen, an dem Kosten entstehen.

Es werden die vier Kostenstellen I: Material, II: Fertigung, III: Verwaltung und IV: Vertrieb unterschieden.

4.2 Einzelkosten können dem Kostenträger direkt zugeordnet werden. Gemeinkosten können nur indirekt zugeordnet werden, da sie mehrere oder alle Kostenträger gleichzeitig betreffen.

Der Unterschied zwischen Einzel- und Gemeinkosten ergibt sich aufgrund der Zurechenbarkeit auf den Kostenträger. Gemeinkosten müssen von Unternehmen im Rahmen der Kostenstellenrechnung erst den passenden Kostenstellen zugeordnet werden. Dazu wird ein Betriebsabrechnungsbogen (BAB) eingesetzt.

4.3 Materialgemeinkostenzuschlagssatz in % $= \dfrac{5.600{,}00 \cdot 100}{80.000{,}00} = 7$

Zuschlagsgrundlage für die Kostenstelle I (Material) sind die entsprechenden Einzelkosten, das Fertigungsmaterial. Die Formel lautet:

$$\text{MGK-Zuschlagssatz in \%} = \dfrac{\text{Materialgemeinkosten} \cdot 100}{\text{Fertigungsmaterial}}$$

4.4

Fertigungsmaterial	80.000,00 €	
+ Materialgemeinkosten	5.600,00 €	
= Materialkosten ❶		85.600,00 €
Fertigungslöhne	150.940,00 €	
+ Fertigungsgemeinkosten	166.030,00 €	
= Fertigungskosten ❷		316.970,00 €
= Herstellkosten der Erzeugung ❸		**402.570,00 €**

Es ist eine Gesamtkalkulation als Vorwärtskalkulation zu erstellen: Zunächst sind die Materialkosten ❶ zu ermitteln, die sich als Summe aus Einzel- und Gemeinkosten der Kostenstelle Material ergeben (siehe Säulendiagramm der Aufgabe links). Im zweiten Schritt ❷ werden auf gleiche Weise die Fertigungskosten als Summe aus Einzel- und Gemeinkosten der Kostenstelle Fertigung summiert (siehe Säulendiagramm der Aufgabe rechts). Als Summe aus Material- und Fertigungskosten ergeben sich die Herstellkosten der Erzeugung ❸.

4.5.1

Selbstkostenpreis	42.500,00 €	100 %	
+ Gewinn	**10.200,00 €**	**24 %**	
= Zielverkaufspreis	52.700,00 €	124 %	85 %
+ Kundenrabatt	9.300,00 €		15 %
= Listenverkaufspreis	62.000,00 €		100 %

Gewinn in % $= \dfrac{10.200{,}00 \cdot 100}{42.500{,}00} = 24$

Zur Lösung der Aufgabe wird das Schema der Verkaufskalkulation benötigt: Schema aufschreiben, gegebene Werte eintragen und Grundwerte festlegen. Durch eine Differenzkalkulation lässt sich dann der Gewinn in Euro und Prozent berechnen. Der Grundwert für den Gewinn sind die Selbstkosten.

4.5.2

5000 UEFE	527,00 €				
4800 UST	100,13 €	an	2400 FO	627,13 €	3

> Das Unternehmen „WalserSki" gewährt dem Kunden Sporthaus Selig für die Rücksendung eines Skipaars vom Modell „Woody" eine Gutschrift. Es erfolgt eine Stornobuchung (der ursprüngliche Buchungssatz wird mit den entsprechenden Beträgen umgedreht). Die Verminderung der Umsatzerlöse wird auf der Sollseite gebucht (Ertragskonten werden auf der Sollseite weniger). Die Umsatzsteuerschuld an das Finanzamt wird anteilig korrigiert (Passivkonto nimmt auf der Sollseite ab). Die Forderung an den Kunden wird um den Gutschriftsbetrag verringert (Abnahme eines Aktivkontos auf der Habenseite).

16

5.1.1

2900 ARA	120,00 €	an	6900 VBEI	120,00 €	3

> Da bereits im November, also im Voraus, die Versicherungsbeiträge als Aufwand im Konto 6900 VBEI gebucht wurden, liegt der Fall „Aktive Rechnungsabgrenzung" (2900 ARA) vor. Der abzugrenzende Betrag bezieht sich immer auf das nächste Jahr (hier ein Monat).

5.1.2

2000 R	7.530,00 €	an	6000 AWR	7.530,00 €	2

> Eine Bestandsmehrung bedeutet im aktiven Bestandskonto 2000 R: Anfangsbestand < Schlussbestand.
>
> Der Mehrbestand kommt dadurch zustande, dass mehr Rohstoffe eingelagert, als verbraucht wurden. Der tatsächliche Rohstoffaufwand ist also niedriger als ursprünglich gebucht, weshalb der Verbrauch im Konto 6000 AWR im Haben zu korrigieren ist.

5.1.3

6540 ABGWG	2.200,00 €	an	0890 GWG	2.200,00 €	3

> Geringwertige Wirtschaftsgüter sind zum 31.12. grundsätzlich in voller Höhe abzuschreiben. Zur Ermittlung des zu buchenden Abschreibungsbetrags sind die Anschaffungskosten der beiden Konteneintragungen zu addieren.

5.2

Diese Aussage ist aus unternehmerischer Sicht richtig, da Abschreibungen den Gewinn und somit die Einkommensteuerschuld verringern.

2

> Abschreibungen werden als Aufwand gebucht und gelten als Betriebsausgaben, die den Gewinn und somit auch die gewinnabhängigen Steuern mindern.

5.3.1 8020 GUV   600.000,00 €   an   3000 EK   600.000,00 €

> Das Säulendiagramm weist für das Jahr 2022 einen Gewinn in Höhe von 600.000,00 € aus. Buchhalterisch führt ein Gewinn zu einer Eigenkapitalmehrung, die im Konto 3000 EK als passives Bestandskonto im Haben erfasst wird. Als Gegenkonto im Soll wird das Konto 8020 GUV benötigt.

5.3.2 Barliquidität in % = $\dfrac{300.750,00 \cdot 100}{1.203.000,00}$ = 25

→ Anhand der ermittelten Kennzahl der Barliquidität erkennt man, dass „WalserSki" allen kurzfristig fälligen Verbindlichkeiten nachkommen kann.

> Um die Barliquidität zu berechnen, sind in die folgende Formel die entsprechenden Werte einzusetzen:
>
> Barliquidität in % = $\dfrac{\text{flüssige Mittel} \cdot 100}{\text{kurzfristiges Fremdkapital}}$
>
> Sie sollte einen Wert von 20 % aufweisen.

5.3.3

Eigenkapital (Anfangsbestand)	7.600.000,00 €
− Privatentnahmen	50.000,00 €
+ Jahresüberschuss	600.000,00 €
= Eigenkapital (Schlussbestand)	8.150.000,00 €

Eigenkapitalrentabilität in % = $\dfrac{600.000,00 \cdot 100}{7.600.000,00}$ = 7,89

→ Die Eigenkapitalrentabilität beträgt 7,89 %.

> Zunächst muss mit dem bekannten Schema durch Rückwärtsrechnung der Anfangsbestand des Eigenkapitals ermittelt werden. Um die Eigenkapitalrentabilität zu berechnen, sind die Werte in die folgende Formel einzusetzen:
>
> Eigenkapitalrentabilität in % = $\dfrac{\text{Gewinn (Jahresüberschuss)} \cdot 100}{\text{Eigenkapital (Anfangsbestand)}}$
>
> Die Zielvorgabe liegt in Deutschland bei 10 % bis 20 %.

5.3.4 Beim internen Betriebsvergleich ist erkennbar, dass die Anlagendeckung II von 2021 auf 2022 gestiegen ist. Die Verbesserung der Kennzahl hat zur Folge, dass der Zielwert von mehr als 100 % noch besser erreicht wird.

> Bei einem internen Vergleich (Zeitvergleich) werden die Kennziffern mit denen früherer Jahre desselben Unternehmens verglichen.

BEISPIEL-ABSCHLUSSPRÜFUNG 2

6.1.1

| A | 10 | B | 3,5 | C | z. B. Notariatskosten | D | Grundsteuer |

A	Anschaffungsnebenkosten erhöhen die Anschaffungskosten einer Sachanlage. Hingegen führen Anschaffungspreisminderungen zu geringeren Anschaffungskosten.
B	Die Grunderwerbsteuer ist eine Steuer, die den Ländern zusteht. Sie zählt buchhalterisch zu den aktivierungspflichtigen Steuern und ist daher erfolgsneutral.
C	Weitere Beispiele von Anschaffungsnebenkosten bei Immobilien: Vermessungskosten, Maklergebühren und Erschließungskosten.
D	Die Grundsteuer ist eine Steuer, die den Gemeinden zusteht. Sie zählt buchhalterisch zu den betrieblichen Steuern (Aufwandssteuern) und ist daher erfolgsmindernd.

6.1.2 Grundstück: 11.200,00 € · 320.000,00 € : 560.000,00 € = 6.400,00 €
Lagerhalle: 11.200,00 € · 240.000,00 € : 560.000,00 € = 4.800,00 €

0500 GR   6.400,00 €
0530 BVG   4.800,00 €   an   4400 VE   11.200,00 €

Die Grundbuchgebühren gehören zu den Anschaffungsnebenkosten von Immobilien. Sie sind anteilig zu berücksichtigen, d. h. anteilmäßig auf Grundstück und Gebäude zu verteilen. Grundbuchgebühren sind umsatzsteuerfrei. Beide Anschaffungsnebenkosten sind auf den Konten 0500 GR und 0530 BVG im Soll zu aktivieren (= einzubuchen).

6.1.3 z. B.: Kleingüter sind geringwertige Wirtschaftsgüter, deren Anschaffungskosten pro Stück höchstens 250,00 € netto betragen. Geringwertige Wirtschaftsgüter sind Sachanlagen, deren Anschaffungskosten pro Stück 250,01 € bis 800,00 € netto betragen.

Als Merkhilfe kann folgende Darstellung dienen:

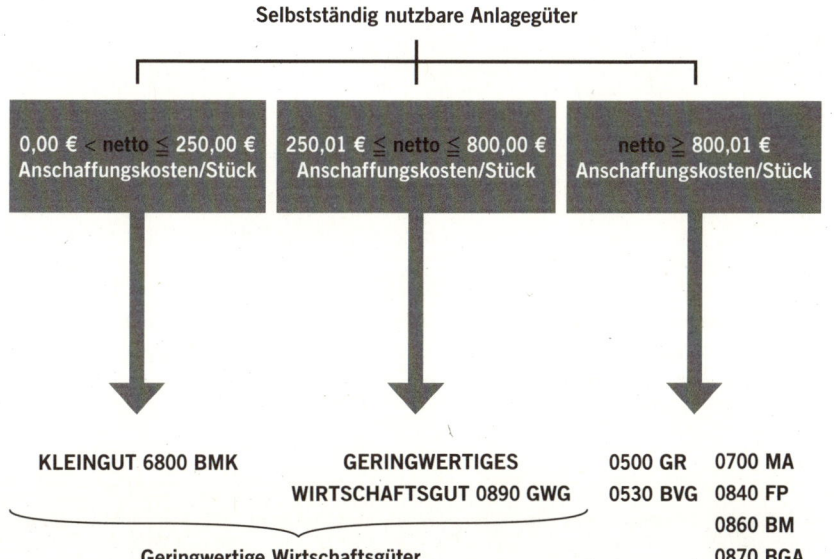

6.2.1 Abschreibungsbetrag pro Jahr in € = $\dfrac{264.000,00}{25}$ = 10.560,00

Abschreibungsbetrag für 2022 in € = $\dfrac{10.560,00 \cdot 10}{12}$ = 8.800,00

| 6520 ABSA | 8.800,00 € | an | 0530 BVG | 8.800,00 € |

> Findet die Anschaffung einer hochwertigen Sachanlage (Anschaffungskosten > 800,00 € netto) nicht im Januar (hier März) statt, also von Februar bis Dezember, so ist monatsgenau abzuschreiben. Dabei rechnet man den Anteil an der jährlichen Abschreibung (Anschaffungskosten netto : 25 Jahre) für die Monate beginnend mit dem Anschaffungsmonat bis zum Dezember aus (10/12).
>
> Der Betrag wird als Aufwand auf dem Konto 6520 ABSA im Soll erfasst, der Wert der Lagerhalle wird auf dem Konto 0530 BVG auf der Habenseite „heruntergeschrieben".

6.2.2 z. B.: natürlicher Verschleiß

> Sachanlagen unterliegen während ihrer Nutzungsdauer einer Wertminderung. Zum natürlichen Verschleiß werden Beispiele wie Alterung durch Verwitterung oder Rosten und Abnutzung durch Gebrauch gezählt. Weitere Gründe: Technischer Fortschritt, z. B. bei elektronischen Geräten, oder außerordentliche Umstände, z. B. Unfälle und Brandschäden.

A7 7.1.1 z. B.: Die Aussage trifft nicht zu, da man im Schaubild erkennen kann, dass die Mehrzahl der insolventen Unternehmen älter war.

> Das Kreisdiagramm stellt die prozentualen Anteile der insolventen Unternehmen nach deren Alter dar.

7.1.2 2020   – 15 %   2021
      x ≙ 100 %   85 %

      15 810 ≙ 85 %
           x ≙ 100 %

$$x = \dfrac{100 \cdot 15810}{85} = 18\,600$$

→ Die Zahl der Unternehmensinsolvenzen im Jahr 2020 betrug 18 600.

> Als Grundwert (100 %) bei Vergleichen zwischen zwei Jahren wird stets der Wert für das Jahr herangezogen, das am längsten zurückliegt, hier 2020. Da die prozentuale Änderung (Rückgang) und die Zahl für das Jahr 2021 gegeben sind, kann damit die Anzahl der Unternehmensinsolvenzen für das Jahr 2020 ermittelt werden. Die Berechnung erfolgt mit dem Dreisatz.

7.1.3 z. B.: Unternehmen wird aus dem Handelsregister gelöscht

> Das Handelsregister wird am zuständigen Amtsgericht geführt. Die Antwort kann dem dritten Textabsatz entnommen werden.

BEISPIEL-ABSCHLUSSPRÜFUNG 2

7.1.4 Die Gläubigerversammlung entscheidet über die Sanierung oder die Auflösung/ Liquidation des insolventen Unternehmens. | 2

> ℹ️ In einer Schuldbeziehung ist der Gläubiger derjenige, dem etwas geschuldet wird. Er steht damit dem Schuldner gegenüber, der die Schuld zu begleichen hat. Die Antwort kann dem zweiten Textabsatz entnommen werden.

7.2.1 2470 ZWFO 77.350,00 € an 2400 FO 77.350,00 € | 2

> ℹ️ Die Eröffnung des Insolvenzverfahrens gegen den Kunden hat eine Umbuchung der einwandfreien Forderungen im Konto 2400 FO in das Konto 2470 ZWFO (zweifelhafte Forderungen) zur Folge.

7.2.2 Verzugszinsen in € = $\dfrac{30.226,00 \cdot 8,12 \cdot 25}{100 \cdot 360}$ = 170,44

2400 FO 210,44 € an 5710 ZE 170,44 €
                          5430 ASBE 40,00 € | 4

> ℹ️ Die Belastung des Kunden erfolgt aufgrund der Rechnungsstellung im Konto 2400 FO im Soll. Verzugszinsen (5710 ZE) und Mahngebühren (5430 ASBE) an den Kunden stellen Erträge dar, die im Haben gebucht werden.
>
> Zur Ermittlung der Verzugszinsen werden in die Zinsformel die gegebenen Größen eingesetzt:
>
> Verzugszinsen in € = $\dfrac{\text{Rechnungsbetrag} \cdot \text{Verzugszinssatz} \cdot \text{Verzugszeitraum}}{100 \cdot 360}$

7.2.3 z. B.: Eine Lösungsstrategie stellt das Factoring dar, bei welchem „WalserSki" durch den Verkauf der Forderungen an einen Factor liquide Mittel erhält. | 2

> ℹ️ Das Factoring stellt eine viel genutzte Möglichkeit der Absicherung bei Forderungsausfällen dar. Neben dem Vorteil der Übernahme des Ausfallrisikos durch den Factor ist aber zu bedenken, dass hohe Gebühren für die Dienstleistungen des Factors anfallen.

15

A8

8.1 Aussage C: Die kurzfristige Preisuntergrenze beim Modell „Challenger" liegt aktuell bei 405,00 €. | 2

A	Der Vergleich der Kreisdiagramme zeigt, dass der Anteil der Produktion beim Modell „Challenger" geringer ist als beim Modell „Allrounder".
B	Bei der Schwellenpreisstrategie werden die Preise nicht auf „glatte" Beträge festgesetzt, sondern enden meist auf „99". Dies erscheint für den Kunden günstiger.
C	Die Preisuntergrenze ist der niedrigste Preis, den ein Unternehmen von seinen Kunden fordern muss, um lang- bzw. kurzfristig am Markt bestehen zu können. Die kurzfristige Preisuntergrenze ist durch die variablen Kosten festgelegt.

8.2

	„Allrounder" 1 080 Stück (€)	„Challenger" 1 750 Stück (€)	gesamt (€)
Nettoverkaufserlöse	699,00	539,00	
– Variable Kosten	529,00	405,00	
= Stück-DB	170,00 ❶	134,00	
Gesamt-DB	183.600,00 ❷	234.500,00 ❸	418.100,00
– Fixkosten			379.500,00
= Betriebsergebnis (Gewinn)		❹	38.600,00

4

ℹ️ Mit dem vorliegenden Schema werden zunächst für beide Modelle die Stück-Deckungsbeiträge ermittelt ❶. Anschließend werden die beiden Gesamt-Deckungsbeiträge durch Multiplikation mit der Stückzahl berechnet ❷. Die Addition der gesamten Deckungsbeiträge der Modelle ergibt für das Unternehmen den gesamten Deckungsbeitrag in Höhe von 418.100,00 € ❸, von dem die Fixkosten in Höhe von 379.500,00 € subtrahiert werden müssen, um das Betriebsergebnis ❹ zu erhalten.

8.3.1 z. B.: eine Ausgabe von Gutscheinen (Coupons) mit einem Sonderrabatt beim nächsten Einkauf

1

ℹ️ Im Gegensatz zur klassischen Werbung sind verkaufsfördernde Maßnahmen meist zeitlich begrenzte Aktionen, mit denen der Verkauf unmittelbar erhöht werden soll. Weitere Beispiele: Veranstaltung von Gewinnspielen und Verlosungen oder das Verschenken von Produkten wie Skibrillen.

8.3.2 2400 FO   6.414,10 €   an   5000 UEFE   5.390,00 €
                                                      4800 UST   1.024,10 €

3

ℹ️ Da es sich um einen Zielverkauf von uns an den Kunden „Skischule Rauschberg GmbH" handelt, ist der Buchungssatz für den Zielverkauf von Fertigerzeugnissen zu bilden. Um den Nettobetrag bei einem Umsatzsteuersatz von 19 % zu erhalten, rechnet man schnell 6.414,10 € : 1,19.

8.4.1 Das Modell „Challenger" sollte gestrichen werden, da der Deckungsbeitrag geringer als beim Modell „Allrounder" ist.

2

ℹ️ In der Programmgestaltung wird eine Anpassung, durch die ein Modell aus dem Produktionsprogramm gestrichen wird, als Produkteliminierung bezeichnet. Als Vergleichsmaß gelten die Stückdeckungsbeiträge der beiden Modelle (siehe Lösung 8.2).

8.4.2 6160 FRI   1.350,00 €
         2600 VORST   256,50 €   an   4400 VE   1.606,50 €

3

ℹ️ Die Reparatur einer Produktionsmaschine wird als Aufwand im Konto 6160 FRI im Soll gebucht. Um den Nettobetrag bei einem Umsatzsteuersatz von 19 % zu erhalten, rechnet man schnell 1.606,50 € : 1,19. Da eine Eingangsrechnung vorliegt, wird diese im Konto 4400 VE im Haben erfasst.

15

ABKÜRZUNGSVERZEICHNIS

AfA	Absetzung für Abnutzung
AG	Aktiengesellschaft
BAB	Betriebsabrechnungsbogen
BDI	Bundesverband der Deutschen Industrie
BGB	Bürgerliches Gesetzbuch
BIC	Bank Identifier Code (Internationale Bankleitzahl)
DAX	Deutscher Aktienindex
e. K.	eingetragener Kaufmann, eingetragene Kauffrau
e. Kfm.	eingetragener Kaufmann
e. Kfr.	eingetragene Kauffrau
ELStAM	Elektronische LohnSteuer-AbzugsMerkmale
EStG	Einkommensteuergesetz
ETF	Exchange Traded Fund (Börsengehandelter Fonds)
FIBU	Finanzbuchhaltung
GbR	Gesellschaft bürgerlichen Rechts
GmbH	Gesellschaft mit beschränkter Haftung
GoB	Grundsätze ordnungsmäßiger Buchführung
GWG	Geringwertige Wirtschaftsgüter
HGB	Handelsgesetzbuch
HRA	Handelsregister Abteilung A (Einzelunternehmen, Personengesellschaften)
HRB	Handelsregister Abteilung B (Kapitalgesellschaften)
HWK	Handwerkskammer
IBAN	International Bank Account Number (Internationale Bankkontonummer)
IHK	Industrie- und Handelskammer
IKR	Industriekontenrahmen
ISIN	International Securities Identification Number (Intern. Wertpapierkenn-Nr.)
KfW	Kreditanstalt für Wiederaufbau
KG	Kommanditgesellschaft
LfA	Landesanstalt für Aufbaufinanzierung
MwSt	Mehrwertsteuer
OHG	Offene Handelsgesellschaft
p. a.	per annum (jährlich) bzw. per anno (für das Jahr)
PIN	Persönliche Identifikationsnummer (Geheimzahl für Kontozugang)
Schufa	Schutzgemeinschaft für allgemeine Kreditsicherung
SEPA	Single Euro Payments Area (Einheitlicher Euro-Zahlungsverkehrsraum)
TAN	Transaktionsnummer (Einmalkennwort, z. B. für Überweisung)
USt	Umsatzsteuer
USt-IdNr.	Umsatzsteuer-Identifikationsnummer
WKN	Wertpapierkennnummer (national)
XETRA	Exchange Electronic Trading (Elektronisches Handelssystem)

STICHWORTVERZEICHNIS

Abgrenzungsrechnung 51 f.
Abschreibung 34, 41 f., 44
Abschreibungsbetrag 35
Abschreibungssatz 35
Absetzung für Abnutzung (AfA) 34
Abteilung 26
Abzahlungsdarlehen 31
AIDA-Modell 16
Aktien 37 ff.
Aktienfonds 37
Aktienindices 37
Aktive Rechnungsabgrenzung 45, 47
Aktivierung 33, 39
Amortisationsrechnung 35
Anderskosten 52
Angebotskalkulation 12
Anlagendeckung I und II 50
Annuitätendarlehen 31
Anschaffungskosten 33
Anschaffungsnebenkosten 33 f.
Arbeitsformen 19
Atypische Beschäftigung 19
Aufbauorganisation 26
Aufbereitete Bilanz 48
Aufbereitete GUV-Rechnung 48
Aufgaben Unternehmensführung 25
Ausführungsstelle 26
Ausgangsfrachten 12
Auslastung 57
Außenfinanzierung 29
Autoritativer Führungsstil 27

Baisse 38
Bankeinlagen 36
Barliquidität 50
Beiträge 22
Berechnung Zinstage 30, 40
Bestandsveränderungen 11, 44, 54
Bestellkosten 11
Beteiligungsentgelt 19
Beteiligungsfinanzierung 30
Betriebsabrechnungsbogen (BAB) 54
Betriebsergebnis 51 f., 56, 58

Betriebsstoffe 9
Bezugskosten 9, 10, 46
Bilanzkennzahlen 49 f.
Branchenvergleich 49
Break-even-Point 57
Bruttoentgelt 19
Buchungskreislauf 43
Bundessteuer 24
Businessplan 7

Cash Cows 15

Darlehensarten 31
Deckungsbeitrag 56 ff.
Depotgebühren 39
Deutscher Aktienindex (DAX) 38
Direkte Abschreibung 41
Direkter Vertrieb 16
Disagio 30
Diversifikation 39
Dividende 38 f.
Dumpingpreis 15

Edelmetalle 37
Effektiver Zinssatz 31
Eigenfertigung (Make) 59
Eigenfinanzierung 29 f.
Eigenkapitalquote 29
Eigenkapitalrentabilität 50
Eigenkapitalzins 28
Eingetragener Kaufmann/ eingetragene Kauffrau 8
Einkaufskalkulation 9
Einkommensteuergesetz (EStG) 34
Einlagenfinanzierung 30
Einliniensystem 26
Einwandfreie Forderungen 41
Einzelhändler 17
Einzelkosten 53 ff., 56
Einzelunternehmen 8
Einzelwertberichtigung 42, 45
Einzugsliquidität 50
Entgeltabrechnung 19
Erfolgsermittlung 28, 46
Erfolgskennzahlen 49 f.
Erinnerungswert 35
Erlösberichtigungen 13, 46
Ermäßigter Umsatzsteuersatz 23

Ersatzinvestition 33
Erweiterungsinvestition 33
Externe Personalbeschaffung 18
Externer Vergleich 49

Factoring 32, 41
Fertigungsgemeinkosten 54 f.
Fertigungsgemeinkostenzuschlagssatz 54
Fertigungskosten 54 f.
Fertigungslöhne 53 ff.
Fertigungsmaterial 53 ff.
Festdarlehen 31
Festgeld 36
Finanzierungsarten 29
Fixe Kosten 35, 56 ff.
Freiwillige betriebliche Personalzusatzkosten 20
Freiwillige betriebliche Sozialleistungen 18
Fremdbauteile 9
Fremdbezug (Buy) 59
Fremdfinanzierung 29
Fremdinstandhaltung 34
Führungsstile 27
Führungstechniken 27

Gebäude 34
Gebühren 22
Geldanlagekriterien 38
Gemeindesteuer 24
Gemeinkosten 53 ff., 56
Gemeinkostenzuschlagssätze 54
Gemeinschaftssteuer 24
Geringwertige Wirtschaftsgüter (GWG) 33 f., 44
Gesamtergebnis 51 f.
Gesamtkalkulation 55
Gesellschaft mit beschränkter Haftung (GmbH) 8
Gesetzliche Personalzusatzkosten 20
Gewerbesteuer 24
Gewinnschwellenmenge 57
Gewinnzone 57
Gold 37 f.
Goldene Finanzierungsregel 29
Großhändler 17

Grundsteuer 24
Grundstück 34

Handelsregister 8
Handelsvertreter 17
Hard Skills 18
Harte Standortfaktoren 8
Hausse 38
Herstellkosten der Erzeugung 54 f.
Herstellkosten des Umsatzes 54 f.
Hierarchieebene 26
Hilfsstoffe 9
Hochpreispolitik 15

Immobilien 34, 37 f.
Indirekte Abschreibung 42, 44 f.
Indirekter Vertrieb 17
Innenfinanzierung 29
Insolvenzquote 42
Insolvenzverfahren 40
Interne Personalbeschaffung 18
Interner Vergleich 49
Inventurdifferenzen 43
Investitionsrechnung 35

Just-in-time-Verfahren 11

Kalkulatorische Abschreibungen 52
Kalkulatorische Kosten 52
Kalkulatorische Zinsen 35
Kalkulatorischer Unternehmerlohn 52
Kapazität 57, 59
Kapitalanlage 36 ff.
Kapitalgesellschaften 8
Kaufabrechnung Aktien 39
Kirchensteuer 19
Kleingüter 33
Kommunikationsgebühren 17
Kommunikationspolitik 16
Kontokorrentkredit 32
Kooperativer Führungsstil 27
Kosten- und Leistungsrechnung 51
Kostenartenrechnung 51, 53
Kostenstellen 53 f.
Kostenstellenrechnung 51, 53 f.
Kostenträgerrechnung 51, 55

Kostenträgerstückrechnung 55
Kostenträgerzeitrechnung 55
Kostenvergleichsrechnung 35
Kraftfahrzeugsteuer 24
Kreditlinie 32
Kritische Menge 59
Kündigungsgeld 36
Kursgewinn 39
Kursverlust 39
Kurzfristige Preisuntergrenze 58

Lagerkosten 11
Landessteuer 24
Langfristige Preisuntergrenze 58
Leasing 32
Leihverpackung 10, 13
Leistungsentgelt 19
Leitungsstelle 26
Lieferantenkredit 32
Lineare Abschreibung 35
Liquidation 40
Liquidität (Verfügbarkeit) 38
Lohnnebenkosten 20
Lohnsteuer 19
Lohnsteuerklassen 19

Magisches Dreieck der Geldanlage 38
Mahngebühren 32, 40
Make or Buy 59
Management by Delegation 27
Management by Exception 27
Management by Objectives 27
Mangels Masse 40
Marketing-Mix 14
Marketingziele 14
Marktwachstum 15
Materialgemeinkosten 54 f.
Materialgemeinkostenzuschlagssatz 54
Materialkosten 54 f.
Mehrbestand 11, 44, 55
Mehrliniensystem 26
Mengenschlüssel 53
Mietaufwendungen 34
Mieterträge 36
Minderbestand 11, 44, 55

Nachhaltigkeit 38
Nachträgliche Preisnachlässe 10, 13, 46
Nettoentgelt 19

Neutrale Aufwendungen/ Erträge 52
Niedrigpreispolitik 15

Öffentliche Förderprogramme 32
Öffentlichkeitsarbeit 16
Ökologische Ziele 7, 33
Ökonomische Ziele 7, 14, 33

Optimale Bestellmenge 11
Order 38
Organigramm 26

Passive Rechnungsabgrenzung 45, 47
Pauschalwertberichtigung 42, 44
Periodenfremder Aufwand 47
Periodenfremder Ertrag 47
Personalbeschaffung 18
Personalführung 27
Personalzusatzkosten 20
Poor Dogs 15
Portfolio-Analyse 15
Preisdifferenzierung 15
Preispolitik 15
Preisstrategien 15
Preisuntergrenzen 58
Privateinlagen 28, 50
Privatentnahmen 28, 50
Privatkonto 28, 46
Produktdifferenzierung 15
Produkteliminierung 15
Produktinnovation 15
Produktionsprogramm 58
Produktlebenszyklus 15
Produktpolitik 15
Produktvariation 15
Programmgestaltung 15
Provisionen 17
Psychologische Ziele 14
Public Relations 16

Question Marks 15

Rabatt 9, 12
Rationalisierungsinvestition 33
Rechtsform 8
Regelsteuersatz 23
Reisekosten 17
Relativer Marktanteil 15
Rendite (Rentabilität) 38
Restbuchwert 35

Risikoprämie 28, 50
Rohstoffe 9
Rücksendung 10, 13
Rückstellungen 45, 47

Sachanlagen 33 ff.
Sales Promotion 16, 58
Sanierung 40
Schlussbilanzkonto 47
Schuldendienst 30
Schwellenpreis 15
Selbstfinanzierung 29 f.
Selbstkosten 56 ff.
Sicherheit 38
Sichteinlagen 36, 38
Skimming 15
Skonto 10, 13
Skontobuchungssatz 10, 13
Soft Skills 18
Solidaritätszuschlag 19
Sondereinzelkosten der Fertigung 53 ff.
Soziale Ziele 33
Sozialleistungen 21
Sozialversicherungsabzüge 19
Sparbrief 36
Sparbuch 36
Spareinlagen 36, 38
Sparplan 36
Spesen 38 f.
Sponsoring 16
Stäbe 26
Stabliniensystem 26
Standortfaktoren 8
Stars 15
Stelle 26
Stellenanzeigen 18

Steuerabzüge 19
Steuerarten 23
Steuerfreie Umsätze 23
Steuern 22
Stiller Gesellschafter 30
Stornobuchung 10, 13
Stückkalkulation 55
Subventionen 21

Tagesgeldkonto 36
Teilhaberpapier 37
Teilkostenrechnung 56 ff.
Teilweiser Forderungsausfall 42
Teilzeitarbeit 19
Termineinlagen 36, 38

Umsatzerlöse 12
Umsatzsteuer 23
Umsatzsteuersatz 22
Umsatzsteuerzahllast 23 f.
Uneinbringliche Forderungen 41
Unternehmensanalyse 48
Unternehmenskennzahlen 49 f.
Unternehmensphilosophie 25
Unternehmensvergleich 49
Unternehmensziele 7
Unternehmerlohn 28, 50

Variable Kosten 35, 56 ff.
Verbrauchsmaterial 33
Verkaufsabrechnung Aktien 39
Verkaufsförderung 16, 58
Verkaufskalkulation 12
Verlustzone 57
Verpackungsmaterial 12

Versandkosten 12 f.
Versicherungsbeiträge 34
Verteilungsschlüssel 53
Vertriebsgemeinkostenzuschlagssatz 54
Vertriebspolitik 16
Verwaltungsgemeinkostenzuschlagssatz 54
Verzugszinsen 32, 40
Vollkostenrechnung 51 ff.

Weiche Standortfaktoren 8
Werbemittel 16
Werbeträger 16
Werbung 16
Werkstoffarten 9
Wertminderung 34
Wertpapier 37 ff.
Wertschlüssel 53
Wirtschaftskreislauf 21

Zahllast 23 f.
Zahlungsverzug 32, 40
Zeitanteilige Abschreibung 35
Zeitarbeit 19
Zeitentgelt 19
Zeitschlüssel 53
Zeitvergleich 49
Zielharmonie 7, 14
Zielkonflikt 7, 11, 14, 38
Zinsaufwand 31
Zinsen 30, 36
Zinserträge 36
Zinsrechnung 30, 36
Zinstage 30
Zusatzaufträge 59
Zusatzkosten 52
Zweifelhafte Forderungen 41

Bildquellen

dpa Picture-Alliance GmbH
(Seiten 64, 86 [auszugsweise], 109, 130, 132, 159, 174, 196, 199)

Shutterstock, Inc.
(Umschlag, Seiten 15–16, 26, 51, 60, 64, 67–68, 71, 83–85, 87, 90, 152, 154, 159, 171–172, 177, 193–194, 198, 201, 226, 239, 247, 249, 263, 266, 268)